# 750 Russian Verbs and Their Uses

Also in the *750 Verbs Series*

**750 German Verbs and Their Uses**
**750 Spanish Verbs and Their Uses**
**750 French Verbs and Their Uses**

# 750 Russian Verbs and Their Uses

Issa R. Zauber, Ph.D.

Series Editors

Jan R. Zamir, Ph.D.

and

Sonia Nelson Zamir, M.A.

John Wiley & Sons, Inc.

# To my daughters

*Library of Congress Cataloging-in-Publication Data*

Zauber, Issa R.
    750 Russian verbs and their uses / Issa R. Zauber; editors, Jan R. Zamir and Sonia Nelson Zamir.
        p.   cm. —(750 verbs and their uses)
    ISBN 0-471-01274-2 (pbk. : alk. paper)
    1. Russian language—Verb.   2 Russian language—Usage.
3. Russian language—Textbooks for foreign speakers—English.
I. Zamir, Jan Roshan, 1941–  .  II. Zamir, Sonia.  III. Title
IV. Title: Seven hundred fifty Russian verbs and their uses.   V. Series
PG2271.Z36   1997
491.782'421—DC20
                                                            94-41643

# Preface

The purpose of this book is to give the user a clear picture of the uses of 750 Russian verbs with their prepositions and aspectual characteristics in context. The use of a number of illustrative sentences for each entry in Russian, with the corresponding English translation, attempts to reflect the various usages of the verb in context.

Following Russian linguistic and lexicographical conventions, all verbs are introduced with their corresponding aspectual characteristic of perfective or imperfective aspects. A perfective and an imperfective verb, forming an aspectual pair (see Organization, p. 00), both represent one entry verb.

Traditionally, Russian dictionaries present a verb with all its meanings in one entry, the different meanings being numbered. For easier reference, we have chosen to present each meaning of a given verb as a separate entry and to number all the entries illustrating a given verb with its different meanings. We have also conveniently divided the entries, whenever necessary, into a number of subentries, so as to describe and illustrate as simply as possible the objects that each verb may require (for further explanation, see Organization, p. viii).

We have made a number of decisions in the format of this book that make it uniquely valuable. First, we have varied the number of examples given for each entry according to the level of difficulty a particular verb poses to an English speaker. Hence more unusual expressions are treated more extensively. Second, special attention is given to verbs that, for example, require the use of a certain person or an impersonal mode (see Organization, p. x). Third, examples are presented to show various aspects and tenses. Finally, the examples attempt to give a representatively wide range of possible meanings and phrasings. These examples are based on current, everyday usage; we have tried to avoid pedantic or unusual, proscriptive structures.

This illustrative usage guide to Russian verbs and uses can be helpful at all levels of competency—both as an independent source and as a supplementary aid for developing writing skills, providing grammatical practice, and so forth.

The appendix should be considered as a grammatical guide to this dictionary. All grammar in the Appendix is illustrated with materials from the dictionary, and will facilitate the reader's use of the examples to the entry verbs.

# Acknowledgments

In June 1993 Dr. Jan Zamir introduced me to the philosophy and format of this series and encouraged me to undertake the Russian volume. After reading my initial draft, Dr. Sophia Lubenski of SUNY at Albany offered invaluable suggestions that helped me elaborate a more effective approach for the Russian materials. Dr. Howard I. Aronson of the University of Chicago reviewed the entries and checked the Appendix for linguistic accuracy. His suggestions have contributed greatly to the quality of the final version. Dr. Bill J. Darden of the University of Chicago gave generously of his time, discussing thorny points of grammar and lexicon with me.

I am also grateful to PJ Dempsey, senior editor at John Wiley & Sons, for her patience and constant encouragement through the many stages and changes the work has undergone. My copy editor and English language editor, Tamara Glenny and Henry Ehrlich, respectively, deserve my great appreciation for their part in this work. Dr. Kathryn Szczepanska did a brilliant job of refining the book, catching last-minute errors and polishing the examples.

Mr. John Caemmerer of the National Foreign Language Center has kindly allowed me to use the Cyrillic font he created.

Responsibility for any errors or oversights in this book is entirely my own.

# Abbreviations Used
# in This Book[*]

| Abb. | English |
|------|---------|
| A | accusative case |
| adj | adjective |
| adv | adverb |
| colloq | colloquial |
| D | dative case |
| def | definite verb of motion |
| etc. | et cetera |
| G | genitive case |
| idiom | idiomatic |
| imp | imperfective verb |
| indef | indefinite verb of motion |
| inf | infinitive |
| I | instrumental case |
| i.e. | that is |
| lit | literal |
| N | nominative case |
| pf | perfective verb |
| P | prepositional case |
| pl | plural |
| sb | somebody |
| sb's | somebody's |
| sth | something |

[*]See the following section for a detailed explanation of the abbreviations used in this book.

# Organization of This Book
## With an Explanation of Russian Terminology

*Entry:* Each entry represents one meaning of an entry verb.

*Subentry:* For the sake of convenience, an entry is divided into subentries. A subentry illustrates one set of objects usable with the entry verb in the given meaning. Thus, an entry is actually the sum of all its subentries.

*Note*: For the sake of simplicity here, every nominal or adverbial group used with an entry verb is termed an "object."

*Entry verb:* Every Russian verb has aspectual characteristics of an imperfective (*imp*) or a perfective (*pf*) verb (see Appendix, p. 335). A number of Russian verbs have aspectual pairs. In the latter case, both imperfective and perfective verbs of the pair represent the entry verb. In some entries, a perfective verb within an aspectual pair is represented by a verb denoting an instantaneous action (*instantaneous*). If an entry contains only an imperfective or only a perfective verb, it may mean that (a) the verb does not have an aspectual pair; or (b) an aspectual pair does exist, but the given meaning is limited by the use of one of the two aspects. The marker *imp/pf* indicates that the entry verb can be both perfective and imperfective.

An unprefixed verb of motion, being imperfective, can be either a verb of definite motion (*def*), which denotes motion in one definite direction, or a verb of indefinite motion (*indef*), which denotes motion in various directions, including "a round trip," that is, going and coming back (see also Appendix, p. 335).

*Impersonal sentences:* Most Russian sentences are personal, i.e., they have the grammatical subject in the nominative. Impersonal sentences (*impersonal*), as opposed to personal sentences, cannot contain a noun in the nominative or any of its equivalents. The marker *impersonal*, whenever applicable, follows the entry verb, indicating that the sentences made up with this entry verb do not allow the use of the nominative.

*Note:* The equivalents of Russian impersonal sentences are usually English sentences with "it" or with "there is (are)." Cf., for example, these Russian impersonal sentences and their English translations: 1."Надоедáет всё врéмя дéлать однó и то же."—"**It** is annoying to do the same thing all the time"; and 2."Там нé было университéта".—"**There was** no university there."

*Objects of the entry verb*: Each object of the entry verb is presented in parentheses, which contain a symbol of the case in which the noun appears and, if applicable, prepositions preceding the noun (for the symbols of the cases, see *Abbreviations*.) The notation (**A**), for example, means that this object is expressed by a noun in the accusative without a preposition. If the noun is regularly used in the plural, this is indicated by, for instance, (**D** *pl*), that is, use the noun in the dative plural. The notation (**к + D**) shows that the object is presented with the preposition к and a noun in the dative. The notation (**в, на + A**) means that the object in the accusative can be introduced either with the preposition **в** or with the preposition **на**.

*Note:* Semantic differences between prepositions in such a case are, for the most part, reflected in the translation of an entry. For other differences, consult a grammar book, (e.g., any edition of I. Pulkina et al., *Russian, A Practical Grammar with Exercises*).

There are instances when the object can be expressed by both a noun and an adjective (adj) in the given case. This is shown as (**I** noun/adj), i.e., this object can be expressed by either a noun or an adjective in the instrumental case.

Other possibilities by which an object can be expressed are: an adverb (*adv*), an infinitive (*inf*), or a subordinate clause, for example: бояться, что (чтобы) . . . to be afraid that . . . .

A dash (—) between objects, for example (**A**)—(**D**), means that these objects may coexist. A slash (/) between objects, for example (**A**)/(**G**), means that these objects cannot coexist, i.e, one must use a noun either in the accusative or in the genitive case in the sentence. Thus, воспитать (**A**)—(**y** + **G**)/(**в** + **P**) "to bring up (nurture) sth in sb" means that two objects coexist, and the second one can be expressed either by the preposition **y** and the genitive case or by the preposition **в** and the prepositional case.

*Stylistic markers:* As a rule, the stylistic markers to the entry verb go after the object's formula.

The marker *colloq* means a colloquial verb (see *Abbreviations*); other stylistic marks are not abbreviated. If the marker *colloq* stands after one of the examples, it means that it refers only to this specific usage of the entry verb.

*Translation of an entry verb and its objects:* The entry verb is translated as it occurs in the English counterparts of Russian examples. The objects are translated in the most general terms of "sb" (i.e., somebody, for a person) or "sth" (i.e., something, for an animal or inanimate object). If both animate and inanimate objects can occur, this is shown as "sb/sth" or "sb or sth."

If the object noun is in the plural, the translation of it will be "some people" for persons and "some things" for animals or inanimate objects. Prepositions used with "sb" and/or "sth" are those that occur in the translations of examples with the given verb.

In some cases, general characterizations of "sb, sth" are followed in parentheses by additional semantic characteristics. For example, "to go by sth (vehicle)" indicates that the corresponding noun must be the name of a vehicle.

In a number of cases, the notations (of sb) or (of sth) precede the translation of the entry verb, characterizing the subject in the English translations of Russian examples as being a person or an animal or inanimate object. These additional markers are used:

1. In all instances when the impersonal Russian sentence is not translated by an English "it" or "there is (are)" sentence (see above), to show what object in Russian is translated as a subject in English.

2. In all instances when Russian sentences and their English translations differ in structure to show what object in Russian is translated as a subject in English and vice versa.

These notations have been also used when it seemed necessary:
1. To stress differences between the usage of an entry verb in different entries (i.e., in different meanings).
2. To stress differences between the usage of an entry verb in two different subentries, (i.e., in the same meaning but with a different set of objects).
3. To show variations in the translation of an entry verb within one subentry, depending on whether the subject is a person or an animal or thing.

Indication of (*imp*) or (*pf*) in the translation of an entry verb is used to show how changing the aspect of the verb affects its translation into English. If the translation of the entry verb changes in case of negation, the appropriate translation variant is given after the marker *negative*.

*Examples illustrating the entry:* In a number of cases, concrete sentences illustrating the entry verb contain additional concrete objects (words) that can be used with the verb. These are introduced by means of (/ . . .). However, in case of two or more different morphological presentations of one and the same concrete object (word), the variants are presented in both the Russian sentence and the translation in parentheses. Examples: "дай мне вино́ (вина́)."—"Give me wine (some wine)"; or "роди́тели воспи́тывали у него́ (в нём) си́лу во́ли."—"His parents cultivated strength of will in him."
*Note:* As can be seen, these variants are not necessarily identical in terms of their meaning.

There are other instances when parentheses are used in the sentences illustrating the entry verb, as follows:
1. To introduce, for the sake of clarity, both in the Russian examples and their English translation, words that in normal speech would be repetitious or redundant.
2. To introduce, again for the sake of clarity, into English translations, words that are present in the Russian examples but are not required by English sentence structure.
*Note:* When the Russian and English structures differ drastically, the English translation is followed in parentheses by a literal (*lit*) translation of the given Russian sentence.
3. To show more than one meaning of any Russian word or expression, e.g., мастерска́я "workshop (studio)."

# А

**аплоди́ровать** *imp* (**D**) to applaud sb/sth

- Зри́тели аплоди́руют люби́мому актёру.
  The audience is applauding its favorite actor.

- Мы аплоди́ровали его́ исполне́нию.
  We applauded his performance.

**арендова́ть** *imp* /*pf* (**A**)—(**y** + **G**) to rent sth (*real estate*) (from sb)

- Он аренду́ет э́ту мастерску́ю (/э́тот дом).
  He rents this studio (workshop) (/this house).

- Крестья́не арендова́ли зе́млю у поме́щика.
  Peasants rented the land from a landlord.

**аресто́вывать** *imp* /**арестова́ть** *pf* (**A**)—(**за** + **A**) to arrest sb for sth

- Поли́ция не раз аресто́вывала его́ за кра́жу (/за торго́влю нарко́тиками/за шпиона́ж).
  The police arrested him for theft (/drug dealing/espionage) more than once.

- Кто арестова́л его́ в э́тот раз и за что?
  Who arrested him this time, and for what?

# Б

**бе́гать** *imp indef* (**по** + **D**)/(**в, на** + **P**)/(**за** + **I**)/(**вокру́г** + **G**) to run, jog in some place

- Ка́ждое у́тро я бе́гаю по бе́регу (/по доро́ге/по у́лице).
  Every morning I run (jog) along the beach (/along the road/along the street).

- Вчера́ он бе́гал в саду́ (/в за́ле/на пло́щади).
  Yesterday he was running in the garden (/in the hall/in the square).

- Почему́ ты не бе́гаешь за до́мом (/вокру́г до́ма)?
  Why don't you jog behind (/around) the house?

**(в, на + A)/(по + D pl)** *colloq* to go (often), frequent some place

- Она́ чуть не ка́ждый ве́чер бе́гает в кино́ (/на та́нцы).
  Almost every evening she goes to the movies (/dances).

- Ка́ждое воскресе́нье они́ бе́гали по магази́нам и кафе́.
  Every Sunday they frequented stores and cafés.

**(к + D)** *colloq* to visit sb often

- Ра́ньше она́ постоя́нно бе́гала к роди́телям (/к бра́ту/к друзья́м).
  She often visited (used to visit) her parents (/brother/friends) before.

**(в, на + A)/(к + D)—(за + I)** *colloq* to go to some place /sb's for sb/sth

- Я то и де́ло бе́гаю в магази́н за хле́бом (/в рестора́н за кита́йской едо́й).
  Now and then I go to the store for bread (/to a restaurant for Chinese food).

- Она́ бе́гала на ре́ку (/к ручью́) за водо́й.
  She went to the river (/creek) for water.

- В Росси́и сосе́ди ча́сто бе́гают друг к дру́гу за со́лью (/за пе́рцем).
  In Russia neighbors often go to each other to borrow salt (/pepper).

**бе́гать (inf)** *colloq* to go to do sth

- Молоды́е лю́ди бе́гают на мо́ре купа́ться (/встреча́ться с друзья́ми).
  Young people go to swim at the seashore (/meet with friends).

**бежа́ть 1.** *imp def* **(по + D)/(че́рез + A)/(ми́мо, впереди́, позади́ + G)** to run in some place, on, along, through something

- Я бегу́ домо́й по доро́ге (/по ле́су), а пото́м че́рез по́ле и ми́мо по́чты.
  I run home on (*or* along) the road (/through the forest) and then across the field and past the post office.

- Кто э́то бежи́т впереди́ (/позади́) нас?
  Who is running in front of (/behind) us?

**бежа́ть 2.** *imp def* **(в, на + A)/(к + D)** to run to some place/sb's

- У́тром я бегу́ на рабо́ту, а ве́чером в магази́н.
  In the morning I run to work, and in the evening I run to the store.

- Когда́ я встре́тил его́, он бежа́л к врачу́.
  When I met him, he was running to the doctor's.

**(из, с, от + G)—(в, на + A)/(к + D)** to run from some place/sb's to some place

- С рабо́ты (/из магази́на) я обы́чно бегу́ на вокза́л или в кафе́.
  From work (/the store), I usually run to the train station or a café.

- Де́ти бежа́ли из ле́са в дере́вню (/к до́му).
  Children were running out of the forest to the village (/toward home).

■ От врача́ мы обы́чно бежи́м в апте́ку.
From the doctor's we usually run to the pharmacy.

(в, на + A)/(к + D)—(за + I) to run to some place / sb's for sth/sb
■ Я бегу́ в магази́н за хле́бом (/в апте́ку за лека́рствами).
I'm running to the store for bread (/to the pharmacy for medicine).

■ В э́ту мину́ту она́ бежа́ла на факульте́т за свои́ми кни́гами.
At that moment she was running to the department for her books.

■ Мы ви́дели, как он бежа́л в больни́цу за врачо́м.
We saw him running to the hospital for the doctor.

■ Ты бежи́шь к врачу́ за реце́птом?
Are you running to the doctor's for a prescription?

(за + I) to run after sb/sth
■ Мы бежи́м за что ним (/за э́тим челове́ком), но не мо́жем догна́ть.
We are running after him (/that man) but can't catch him.

■ Я ви́дел, что вы бежа́ли за авто́бусом. Почему́?
I saw you (were) running after the bus. Why?

**бере́чь 1.** *imp* (A) to take care of sb/sth; to keep, cherish sth *(abstract)*
■ Береги́ отца́, у него́ сла́бое здоро́вье.
Take care of your father; his health is poor.

■ Ты не бережёшь своё здоро́вье (/се́рдце/зу́бы/зре́ние).
You don't take care of your health (/heart/teeth/eyesight).

■ Брат совсе́м не берёг свои́ ве́щи (/свою́ маши́ну).
My brother didn't take care of his belongings (/his car) at all.

■ Я всегда́ бу́ду бере́чь на́шу та́йну (/дру́жбу/любо́вь).
I'll always keep our secret (/cherish our friendship/love).

(A)—(от + G) to protect sb from sth
■ Я берегу́ сы́на (/дете́й) от боле́зней и просту́ды.
I try to protect my son (/children) from illnesses and colds.

**бере́чь 2.** *imp* (A) to save, conserve sth
■ Они́ уме́ют бере́чь де́ньги (/бума́гу/электроэне́ргию).
They know how to save money (/paper/energy).

■ Она́ совсе́м не берегла́ своё вре́мя.
She didn't conserve her time at all.

**бере́чься** *imp* to look out; to take care of oneself
- Береги́сь, идёт маши́на!
  Look out! There's a car coming.
- Е́сли не бу́дешь бере́чься, заболе́ешь
  If you don't take care of yourself, you'll get sick.

  **(G)** to avoid sb/sth
- Береги́сь э́того челове́ка (/просту́ды).
  Avoid this man (/colds).

**бесе́довать** *imp* **(с + I)—(о + P)** to talk with sb about sth; to discuss sth with sb
- Я бу́ду за́втра бесе́довать с врачо́м о здоро́вье сы́на.
  Tomorrow I'll discuss my son's health with the doctor.
- Мы мно́го раз бесе́довали с э́тим писа́телем о его́ кни́гах (/о литерату́ре).
  We talked with this writer about his books (/literature) many times.

**беспоко́ить 1.** *imp* **(A)** to bother, disturb sb
- Я не хочу́ беспоко́ить отца́ (/вас/Ива́на).
  I don't want to bother my father (/you/Ivan).
- Шум бепоко́ил больны́х (/дете́й).
  The noise disturbed the patients (/children).

**беспоко́ить 2.** *imp* **(A)** *(of sb)* to worry about sth
- Меня́ беспоко́ит здоро́вье сы́на (/его несерьёзность).
  I worry about my son's health (/his lack of seriousness).

**беспоко́иться** *imp* **(о + P)/(за + A)** to worry about sb/sth
- Не беспоко́йся, всё бу́дет хорошо́.
  Don't worry; everything will be all right.
- Не беспоко́йтесь о де́тях; они́ в поря́дке.
  Don't worry about the children; they are okay.
- Она́ никогда́ ни о чём не беспоко́илась.
  She never worried about anything.
- Я беспоко́юсь о сы́не (за сы́на) (/о здоро́вье ма́тери (за здоро́вье ма́тери)).
  I worry about my son (/my mother's health).

  **беспоко́иться (о том,) что** . . . to worry that . . .
- Оте́ц беспоко́ился (о том), что он не ко́нчит рабо́ту во́время.
  Father worried that he wouldn't finish his work in time.

**бить 1.** *imp* **(по + D)/(в + A)—(I)** to beat, kick, hit sth with sth
- Он бьёт по столу́ кулако́м (/па́лкой/молотко́м).
  He beats the table with his fist (/stick/hammer).
- Не бей по мячу́ ного́й.
  Don't kick the ball (with your foot).
- Э́то ты бил вчера́ в дверь (/в сте́ну) кулака́ми?
  Was it you who was hitting (beating) the door (/the wall) with your fists yesterday?

**бить 2.** *imp* **(A)—(I)** to beat (hit) sb with sth
- Он ча́сто бьёт свои́х дете́й ремнём.
  He often beats (hits) his children with his belt.

      **(A)—(по + G)** to beat sb in (about/over/on) sth
- Они́ би́ли меня́ по лицу́ (/по голове́/по спине́)
  They beat me on (about) the face (/over the head/on the back)

**бить 3.** *imp* **(A)** *colloq* to beat, defeat sb
- На́ша футбо́льная кома́нда всегда́ бьёт свои́х проти́вников.
  Our soccer team always beats its opponents.
- Он бил меня́ на всех соревнова́ниях.
  He defeated me in every competition.

**бить 4.** *imp* **(A)** *(of a clock)* to strike sth
- Часы́ бьют де́вять, нам пора́ идти́.
  The clock is striking nine; it's time for us to go.
- Когда́ я вошёл, часы́ уже́ би́ли во́семь.
  When I went in, the clock was already striking eight.

**би́ться 1.** *imp* *(of the heart)* to beat
- Послу́шай, как бьётся се́рдце.
  Listen how (rapidly) my heart is beating.

      **(о + A)** to beat *or* flutter against sth
- Во́лны я́ростно би́лись о бе́рег.
  The waves were beating fiercely against the coast.
- Смотри́, ба́бочка бьётся о стекло́.
  Look, a butterfly is fluttering against the windowpane.

**би́ться 2.** *imp* **(над + I)** to struggle with sth
- Мы це́лый день би́лись над э́тим вопро́сом (/над теоре́мой).
  We've been struggling with this problem (/theorem) all day.

**благодари́ть** *imp* /**поблагодари́ть** *pf* (**A**)—(**за + A**) to thank sb for sth

- Поблагодари́те от моего́ и́мени ва́шего отца́ (/учи́теля/Ива́на).
  Thank your father (/the teacher/Ivan) for me.
- Благодарю́ вас за подде́ржку (/за пода́рок /за хоро́шую рабо́ту).
  Thank you for your support (/gift/good work).

**боле́ть 1.** *imp* (**I**) to be sick with sth; to have some disease

- Мой мла́дший брат ча́сто боле́ет анги́ной.
  My younger brother is often sick with strep throat.

**боле́ть 2.** *imp* (*3rd person only*) (**у + G**) (*of sb's sth*) to ache, hurt, be sore

- Вчера́ ве́чером у него́ боле́ли зу́бы (/боле́л живо́т/боле́ла голова́).
  Last night his teeth (/stomach/head) ached.
- У меня́ боли́т го́рло.
  My throat is sore (or hurts).

**боле́ть 3.** *imp* (**за + A**) *colloq* to root for sb/sth

- За каку́ю кома́нду ты боле́ешь?
  What team do you root for?
- Я боле́л за э́того лы́жника, но он не получи́л меда́ль.
  I rooted for that skier, but he didn't get a medal.

**боро́ться** *imp* (**с + I**) to struggle with, fight sth/sb

- Он уже́ две неде́ли бо́рется с э́той боле́знью.
  He has been struggling (struggles) with this disease for two weeks.
- Ему́ нелегко́ бу́дет боро́ться с таки́м си́льным проти́вником (/сопе́рником).
  It won't be easy for him to fight such a strong adversary (/rival).

    (**за + A**) to fight for sth

- Все лю́ди бо́рются за свои́ права́ (/за лу́чшую жизнь).
  All people fight for their rights (/a better life).

**боя́ться 1.** *imp* (**G**) to fear, be afraid of sb/sth

- Де́ти боя́тся темноты́ (/учителе́й/соба́к).
  Children fear the dark (/teachers/dogs).
- Неуже́ли ты бои́шься э́того ма́ленького щенка́?
  Are you really afraid of this little puppy?

    **боя́ться** (*inf*) to be afraid of doing sth

- Он боя́лся заболе́ть (/встре́тить её/заблуди́ться).
  He was afraid of getting sick (/meeting her/getting lost).

**бояться, что** . . . to be afraid, fear that . . .
- Боюсь, что он забудет принести книгу.
  I'm afraid (that) he'll forget to bring the book.

**бояться 2.** *imp* (**за + A**) to worry about, fear for sb/sth
- Я боюсь за него (/за дочь/за Ивана/за его здоровье).
  I worry about (fear for) him (/my daughter/Ivan/his health).

**брать 1.** *imp* /**взять** *pf* (**A**)—(**в + A**)/(**из, с + G**) to take, borrow sth from  some place
- Ты берёшь книги в библиотеке?
  Do you borrow books from the library?

- Ты брал мою тетрадь со стола (/из шкафа/с полки)?
  Did you take my notebook from the desk (/cupboard/shelf)?

- Я возьму деньги из твоей сумки, хорошо?
  I'll take some money from your purse, okay?

- Возьми книгу из моего портфеля.
  Take the book out of my schoolbag.

      (**A**)—(**I**)/(**в + A**)/(**за + A**) to take *or* pick up sth/sb with/by sth
- Не бери мусор рукой (/руками).
  Don't pick up garbage with your hand (/hands).

- Мальчик взял палку в правую руку.
  A boy took (picked up) the stick with his right hand.

- Он взял девушку за руку (/за плечи/за талию).
  He took the girl by the hand (/shoulders/waist).

**брать 2.** *imp* /**взять** *pf* (**A**)—**с собой**—(**в, на + A**) to take sb (with oneself) some place
- Я возьму тебя с собой в Калифорнию.
  I will take you to California.

- Мать часто берёт меня с собой в путешествия.
  Mother often takes me with her on trips.

- Ты возьмёшь меня (с собой) в музей (/в театр/на пляж)?
  Will you take me (with you) to the museum (/theater/beach)?

**брать 3.** *imp* /**взять** *pf* (**A**)—(**у + G**) to borrow sth from sb
- Он возьмёт у тебя эту книгу на два дня.
  He'll borrow this book from you for two days.

- Можно я возьму у вас немного денег?
  May I borrow some money from you?

- Я взял маши́ну у това́рища.
  I borrowed the car from a friend.

  **(A)—(у + G)** *idiom* to take lessons from sb
- Я беру́ у неё уро́ки му́зыки (/пе́ния/ру́сского языка́).
  I take music (/singing/Russian) lessons from her.

**брать 4.** *imp* /**взять** *pf* **(A)—(за + A)** to charge sth for sth

- Ско́лько она берёт за час (/за день/за неде́лю)?
  How much does she charge an hour (/a day/week)?
- Он взял за э́ту рабо́ту (/за свои́ услу́ги/за консульта́цию) больши́е де́ньги.
  He charged a lot of money for the job (/his services/a consultation).

**бра́ться 1.** *imp* /**взя́ться** *pf* **(за + A)** to take hold of, hold on to sth

- Возьми́сь за пери́ла (/за перекла́дину/за коне́ц па́лки).
  Hold on to the railing (/bar/end of the stick).
- Де́ти взя́лись за́ руки.
  The children took (hold of) each other by the hand.

**бра́ться 2.** *imp* /**взя́ться** *pf* **(за + A)** to start sth, start doing sth

- Пора́ бра́ться за рабо́ту (/за учёбу).
  It's time to start work (/studying).
- Он наконе́ц взя́лся за почи́нку маши́ны (/за подгото́вку к ве́черу).
  He finally started fixing the car (/getting ready for the party).
- Я, пожа́луй, возьму́сь за статью́ (/за фи́зику).
  I'd better start (working on) the article (/(studying) my physics).
- Она помы́ла посу́ду и взяла́сь за кни́гу (/за шитьё).
  She washed the dishes and started reading (/sewing).

  **бра́ться/взя́ться (inf)** to start doing sth
- Я не раз бра́лся чита́ть э́ту кни́гу, но броса́л.
  More than once I started reading this book and gave up.

**бра́ться 3.** *imp* /**взя́ться** *pf* **(за + A)** to undertake sth

- Он взя́лся за устано́вку моего́ телеви́зора.
  He undertook the installation of (began installing) my TV set.

  **бра́ться/взя́ться (inf)** to promise to do sth
- Я беру́сь почини́ть вам э́ти часы́.
  I promise to fix this watch for you.

- Това́рищи взяли́сь помо́чь ему́ (/объясни́ть ему́ пра́вило/показа́ть ему́ доро́гу).

  His friends promised to help him (/explain this rule/show him the way).


**бри́ться** *imp* /**побри́ться** *pf* (**в, на** + **P**) to shave in some place

- Я сего́дня побре́юсь на рабо́те.

  Today I'll shave at work.

- Оте́ц обы́чно бри́лся в ва́нной или на ку́хне.

  Father usually shaved in the bathroom or the kitchen.

- Ты бре́ешьтся до́ма или в бюро́?

  Do you shave at home or at the office?


    **(I)** to shave with sth

- Он хорошо́ побри́лся но́вой бри́твой.

  He shaved well (got a good shave) with the new razor.


**броса́ть 1.** *imp* /**бро́сить** *pf* (**A**)—(**на, в** + **A**) to throw sth to some place; to drop a letter *(in a mailbox)*

- Не броса́й свои́ ве́щи на дива́н (/на́ пол/на стол).

  Don't throw your things on the couch (/floor/table).

- Ма́льчик бро́сил кни́гу в я́щик пи́сьменного стола́.

  The boy threw the book in his desk drawer.

- По доро́ге на рабо́ту брось э́то письмо́ в почто́вый я́щик.

  Drop this letter in the mailbox on your way to work.


**броса́ть 2.** *imp* /**бро́сить** *pf* (**A**) to quit, give up sth; to leave, desert sb

- Почему́ ты бро́сил му́зыку?

  Why did you give up music (i.e., studying music)?

- Неуже́ли э́тот знамени́тый спортсме́н бро́сил спорт?

  Did that famous athlete really quit sports?

- Два́ го́да наза́д её бро́сил муж.

  Her husband deserted her two years ago.

- Он сказа́л, что он броса́ет семью́ (/рабо́ту) и уезжа́ет за грани́цу.

  He said that he is leaving his family (/job) and going abroad.


    **бро́сить (inf)** to stop, quit doing sth

- Я обеща́ю, что бро́шу кури́ть (/пить).

  I promise I'll stop (or quit) smoking (/drinking).

**броса́ться 1.** *imp* /**бро́ситься** *pf* (за + I)/(к + D) to rush after/toward sb

■ Лю́ди бро́сились за маши́ной (/за челове́ком/за Ива́ном).
People rushed after the car (/the man/Ivan).

■ Он уви́дел Мари́ю и бро́сился к ней.
He saw Maria and rushed toward her.

    (в + A) to rush into sth

■ Не броса́йся сра́зу в дра́ку (/в ата́ку).
Don't rush into a fight (/the attack) immediately.

    **бро́ситься (inf)** to rush to do sth

■ Все бро́сились догоня́ть его́ (/помога́ть им/предлага́ть им де́ньги).
Everybody rushed to catch him (/help them/offer them money).

**броса́ться 2.** *imp* /**бро́ситься** *pf* (с + G)—(в + A) to jump from sth into sth

■ Мужчи́на бро́сился со скалы́ (/с моста́/с бе́рега) в во́ду.
The man jumped from the rock (/bridge/bank) into the water.

**буди́ть 1.** *imp* /**разбуди́ть** *pf* (A) to wake (up), rouse sb

■ Я всегда́ бужу́ его́ (/му́жа/сы́на) в семь часо́в утра́.
I always wake him (/my husband/my son) at seven a.m.

■ —Разбуди́ меня́ за́втра на заня́тия. —Хорошо́, разбужу́.
"Wake me up tomorrow for classes."—"Okay (I'll wake you)."

■ Мы буди́ли сы́на в во́семь часо́в, но не смогли́ разбуди́ть.
We tried to rouse (/get up) (*lit.* were waking) our son at eight but couldn't wake him.

**буди́ть 2.** *imp* /**пробуди́ть** *pf bookish* (A)—(в + P)/(у + G) to arouse, produce sth in sb

■ Э́тот рома́н пробуди́л в нём (у него́) интере́с к ру́сской литерату́ре.
This novel aroused his (*or* in him an) interest in Russian literature.

■ Его́ пе́ние всегда́ пробужда́ет у слу́шателей си́льные чу́вства.
His singing always produces strong feelings in his listeners.

**быва́ть** *imp* (в, на + P) to go (*repeatedly*) to some place; to be (*often*) in some place

■ Мы ча́сто быва́ем в Евро́пе (/на берегу́ мо́ря/в э́том кафе́).
We often go to Europe (/the seaside/this café).

■ По вечера́м он обы́чно быва́л в библиоте́ке.
In the evenings he was usually at the library.

    (у + G) to be (*frequently*) at sb's; to visit (*repeatedly*) sb; (*of sb*) to have sth (*regularly*)

■ Ве́чером я быва́ю у себя́ до́ма.
In the evening I am (usually) at home.

■ Он ча́сто быва́ет у меня́.
He often visits me.

■ Ра́ньше у нас быва́ли заседа́ния два ра́за в ме́сяц.
In the past, we had meetings twice a month.

(*3rd person only*) *impersonal* (**в, на** + **P**)/(**y** + **G**)—(*adv*) to be sth *(condition)* in some place *or* at sb's

■ В Чика́го (/на пля́же) быва́ет хо́лодно и ве́тренно.
It is (frequently) cold and windy in Chicago (/on the beach).

■ У них в до́ме быва́ло о́чень ве́село.
It was always cheerful at their place.

**быва́ет, что** . . . it happens (sometimes) that . . .

■ Быва́ет, что он опа́здывает.
(It happens that) He is sometimes late.

**быть 1.** *imp* (*3rd person only;* in the present the form **есть** is used) (**в, на** + **P**) to be (there) in some place/in sth

■ На э́той пло́щади бу́дет па́мятник (/фонта́н).
There will be a monument (/fountain) in this square.

■ В э́том го́роде есть мно́го больши́х зда́ний (/музе́ев/теа́тров).
In this city there are many tall buildings (/museums/theaters).

■ В письме́ была́ одна́ стра́нная фра́за.
In the letter there was one strange sentence.

■ В на́шем го́роде бы́ло мно́го интере́сных люде́й.
There were many interesting people in our town.

*negative impersonal* (**G**)—(**в, на** + **P**) sth/sb is/are not in some place/sth

■ На э́той пло́щади нет па́мятника.
There's no monument in this square.

■ В статье́ нет но́вых да́нных.
There's no new information in the article.

■ На э́той у́лице никогда́ не́ было теа́тра.
There was never a theater in this street.

■ Его́ вчера́ не́ было в университе́те (/на конце́рте).
He was not at the university (/concert) yesterday.

■ За́втра мои́х роди́телей не бу́дет в го́роде.
My parents won't be in town tomorrow.

**(y + G)** *(of sb)* to have sb/sth

- У него́ есть сестра́ (/семья́/де́ти/де́ньги).
  He has a sister (/family/children/money).

- У Мари́и ско́ро бу́дет маши́на (/свой дом).
  Maria will soon have a car (/her own house).

- У тебя́ есть тала́нт к му́зыке.
  You have a talent for music.

- У неё была́ хоро́шая библиоте́ка (/больша́я кварти́ра).
  She had a good library (/a big apartment).

- У меня́ есть жела́ние (/возмо́жность) пое́хать на э́ту конфере́нцию.
  I have a desire (/the possibility) (i.e., I would like) to go to this conference.

- У тебя́ за́втра бу́дет вре́мя пойти́ в кино́?
  Will you have time to go to the movies tomorrow?

- У нас вчера́ бы́ли го́сти (/блины́ на за́втрак).
  Yesterday we had guests (/pancakes for breakfast).

*negative impersonal* **(y + G)—(G)** *(of sb)* not to have sb/sth

- У Ма́рка нет друзе́й в э́том го́роде.
  Mark has no friends in this city.

- У меня́ никогда́ не́ было и не бу́дет маши́ны.
  I never had and never will have a car.

- У нас сего́дня нет на э́то вре́мени. Бою́сь, что и за́втра у нас на э́то вре́мени не бу́дет.
  We don't have time for that today, and I'm afraid we won't have time for it tomorrow either.

- У нас не́ было жела́ния встреча́ться с ним.
  We had no desire to meet him.

- У него́ вчера́ не́ было госте́й.
  He didn't have guests yesterday.

**быть 2.** *imp* (in the past or future only) **(в, на + P)** to be in some place

- Он был тогда́ в Росси́и (/на Аля́ске)
  At that time he was in Russia (/in Alaska).

- Я бу́ду в шко́ле (/в университе́те/на рабо́те/на собра́нии) до трёх часо́в.
  I'll be in school (/university/at work/a meeting) until three o'clock.

- Ключи́ бу́дут в шкафу́ (/в я́щике стола́/на ве́рхней по́лке).
  The keys will be in the closet (/desk drawer/on the top shelf).

■ Тетра́дь, кото́рую я иска́л, была́ в моём портфе́ле (/на столе́).
 The notebook I was looking for was in my schoolbag (/on my desk).

 **(в, на + P)—(с + I)** to be in some place with sb
■ Он был в лесу́ (/на берегу́ о́зера) с жено́й.
 He was in the forest (/on the lake shore) with his wife.
■ Я бу́ду в Евро́пе с бра́том (/с друзья́ми).
 I will be in Europe with my brother (/friends).

 **(у + G)** to be at sb's
■ Пётр бу́дет у меня́ за́втра.
 Peter will be at my place tomorrow.
■ Когда́ вы бы́ли у Ма́рковых (/у сестры́)?
 When were you at the Markovs' (/at your sister's)?

 **(за + I)** to be in some place
■ Ле́том де́ти бы́ли за́ городом (/за грани́цей).
 In the summer the children were in the country (/abroad).

**быть 3.** *imp* (*past or future only*) **(I noun/adj)** to be sb/sth
■ Он бу́дет хоро́шим инжене́ром (/врачо́м/учи́телем).
 He'll be a good engineer (/physician/teacher).
■ Она́ была́ краси́вой же́нщиной (/хоро́шей ма́терью)
 She was a beautiful woman (/a good mother).
■ Ты всегда́ был здоро́вым.
 You were always healthy.
■ Е́сли ты бу́дешь хоро́шим, я куплю́ тебе́ игру́шку (*colloq.*).
 If you're good, I'll buy you a toy.

 **(N noun/adj)** to be sb/sth
■ Он был вели́кий писа́тель(/выдаю́щийся учёный/прекра́сный учи́тель).
 He was a great writer (/an outstanding scientist/an excellent teacher).
■ У́тро бы́ло холо́дное (/па́смурное).
 The morning was cold (/gloomy).

# B

**валя́ться** *imp* (**в, на** + **P**) *colloq* to lie around/on, be scattered in some place

- Почему́ ва́ши портфе́ли валя́ются на земле́ (/в грязи́)?
  Why are your briefcases lying around (scattered) on the ground (/in the mud)?

**вари́ть** *imp* /**свари́ть** *pf* (**A**)—(**в, на** + **P**) to cook sth in sth/for sth

- Макаро́ны ва́рят в воде́.
  They cook pasta in water.

- Мать свари́ла щи на мясно́м отва́ре.
  Mother cooked shchi (cabbage soup) in a meat broth.

- В како́й кастрю́ле ты ва́ришь ка́шу?
  What pan do you cook porridge in?

- Я сварю́ на обе́д карто́фель.
  I'll cook potatoes for dinner.

**вари́ться** *imp* /**свари́ться** *pf* to cook; to be cooked

- Суп уже́ ва́рится.
  The soup is already cooking.

- Ско́лько вре́мени вари́лся рис?
  How long did the rice (take to) cook?

- Суп свари́лся, мо́жешь накрыва́ть на стол.
  The soup is cooked (ready); you can set the table.

**вбега́ть** *imp* /**вбежа́ть** *pf* (**из, с** + **G**)—(**в** + **A**) to run from some place (in)to some place

- Де́ти то и де́ло вбега́ют со двора́ в дом.
  Chidren keep running from the courtyard into the house.

- Сестра́ вбежа́ла из коридо́ра в пала́ту.
  The nurse ran from the hallway to the ward.

**вводи́ть** **1.** *imp* /**ввести́** *pf* (**A**)—(**в** + **A**) to bring sb/sth in(to) some place

- Сестра́ ввела́ его́ в кабине́т врача́.
  The nurse brought him into the doctor's office.

- Я ввожу́ го́стя в ко́мнату (/в дом).
  I am bringing my guest into the room (/house).

- Капита́н ввёл кора́бль в порт.

  The captain brought the ship into port.

**вводи́ть 2.** *imp* /**ввести́** *pf* (**A**)—(**в** + **A**) to introduce sth in some place
- Администра́ция вво́дит в стране́ но́вые зако́ны (/нало́ги).

  The administration is introducing new laws (/taxes) in the country.

**ввози́ть** *imp* (**A**)—(**из** + **G**) to import sth from some place
- Росси́я вво́зит пшени́цу из США (/из э́той страны́).

  Russia imports wheat from the U.S.A. (/this country).

**вдыха́ть** *imp* /**вдохну́ть** *pf* (**A**) to breathe in, inhale sth
- Я с удово́льствием вдыха́ла за́пах цвето́в.

  I breathed in the flowers' fragrance with pleasure.

- Он вдохну́л ядови́тый газ и заболе́л.

  He inhaled poisonous gas and got sick.

**везти́ 1.** *imp def* (**A**)—(**в, на** + **A**)/(**к** + **D**) to drive, take sb/sth to some place/sb's
- Куда́ ты меня́ везёшь, в магази́н (/на пляж/к Ива́ну)?

  Where are you driving me—to the store (/the beach/Ivan's)?

- Я его́ вчера́ ви́дела, когда́ он вёз кни́ги в библиоте́ку.

  I saw him yesterday when he was taking (in a car) books to the library.

  (**A**)—(**из, с, от** + **G**) to take (in a vehicle) sb/sth from some place/sb's
- Э́то случи́лось, когда́ друзья́ везли́ меня́ домо́й от врача́.

  This happened when my friends were taking me home from the doctor's.

- Я везу́ проду́кты из магази́на (/с ры́нка).

  I am taking groceries (in a car) from the store (market).

**везти́ 2.** *imp* /**повезти́** *pf impersonal* (**D**) (of sb) to be lucky; to have luck
- Мне повезло́, я вы́играл мно́го де́нег.

  I was lucky; I won a lot of money.

- Ему́ сего́дня не везёт.

  He's having no luck today.

**ве́рить 1.** *imp* (**D**) to trust sb
- Я ве́рю ему́ (/лю́дям/э́тому врачу́).

  I trust him (/people/this doctor).

**ве́рить 2.** *imp* (**D**) to believe sth
- Почему́ роди́тели ве́рят его́ слова́м (/его́ обеща́ниям)?

  Why do his parents believe his words (/promises)?

- Все ве́рили его́ расска́зу.
  Everybody believed his story.
- Я не ве́рю э́тим слу́хам.
  I don't believe these rumors.

  **ве́рить тому́, что . . .** to believe that which . . .
- Мы ве́рим тому́, что́ он нам обеща́ет.
  We believe what (*lit.* that which) he promises us.

**ве́рить 3.** *imp* (**в + A**) to believe in sb/sth
- Вы ве́рите в Бо́га?
  Do you believe in God?
- Мы ве́рим в него́ (/в его́ тала́нт).
  We believe in him (/his talent).

  **ве́рить (в то), что . . .** to believe that . . .
- Они́ ве́рят, что он придёт (/помо́жет им/принесёт им де́ньги).
  They believe that he will come (/help them/bring them money).

**верну́ть** *pf* (**A**)—(**D**) to return, give, bring back sth to sb
- Он обеща́л, что вернёт мне мой журна́л (/свой долг).
  He promised he'll return my magazine (/what he owes me (his debt)).
- Ты верну́л ему́ ключи́ (/статью́/чемода́н)?
  Did you give him back the keys (/article/suitcase)?
- Я верну́ вам все ве́щи, кото́рые я брал у вас.
  I'll bring back all the things I took from you.

  **(A)—(в + A)** to return sth to some place
- Он верну́л кни́ги в библиоте́ку во́время.
  He returned the books to the library on time.

**верну́ться** *pf* (**из, с + G**) to get back from some place
- Я верну́сь с рабо́ты (/из го́рода) в четы́ре часа́.
  I'll get back from work (/the city) at four o'clock.

  **(в, на + A)** to come back, return to some place
- Он верну́лся в свой кабине́т в два часа́.
  He came back to his office at two o'clock.
- Когда́ ты вернёшься на рабо́ту?
  When will you return to work?

**ве́сить** *imp* (**A**) to weigh sth

■ —Ско́лько ты ве́сишь? —Я ве́шу пятьдеся́т килогра́ммов.

"How much do you weigh?"—"I weigh fifty kilograms."

■ Э́тот паке́т ве́сит не ме́ньше двух фу́нтов.

This parcel weighs not less than two pounds.

■ Ра́ньше ты ве́сил ме́ньше, чем сейча́с.

You used to weigh less than (you do) now.

**вести́ 1.** *imp def* (**A**)—(**в, на** + **A**)/(**к** + **D**) to lead, take sb to some place/sb's

■ Экскурсово́д ведёт тури́стов в музе́й (/на вы́ставку).

The guide is taking (or leading) tourists to a museum (/an exhibition).

■ Куда́ ты вела́ сы́на у́тром, к врачу́ (/в поликли́нику)?

Where were you taking your son in the morning—to the doctor (/clinic)?

(**A**)—(**из, с, от** + **G**) to take sb from some place/sb's

■ Когда́ я встре́тил его́, он вёл дете́й домо́й от врача́ (/с пля́жа/из библиоте́ки).

When I met him, he was taking the children home from the doctor's (/beach/library).

**вести́** (**inf**) to take sb/sth to do sth

■ Он ведёт соба́к гуля́ть (/дете́й купа́ться).

He is taking his dogs for a walk (*lit.* to walk) (/children swimming (to swim)).

**вести́ 2.** *imp def* (**A**) to drive sth

■ Сего́дня я веду́ маши́ну.

Today I'm driving the car.

(**A**)—(**по** + **D**) to drive sth along/on sth

■ Вчера́ Ивано́в вёл авто́бус по друго́му маршру́ту (/не по э́той доро́ге).

Yesterday Ivanov was driving a bus along another route (/not on this road).

**ве́шать** *imp* /**пове́сить** *pf* (**A**)—(**в, на** + **A**)/(**в, на** + **P**) to hang sth in some place/on sth

■ Я пове́шу ва́ше пальто́ на ве́шалку.

I'll hang your coat on a hook.

■ Почему́ вы пове́сили карти́ну на э́той стене́?

Why did you hang the picture on that wall?

■ Он ве́шает свои́ ве́щи в шкаф (в шкафу́).

He hangs his clothes in the closet.

■ Не ве́шайте мо́крое полоте́нце на балко́н (на балко́не).

Don't hang a wet towel on the balcony.

**взбира́ться** *imp* /**взобра́ться** *pf* (**на** + **A**) to climb (to the top of) sth
- Я уве́рен, что он взберётся на э́ту скалу́.
  I'm sure he can climb this rock.
- Тебе́ не взобра́ться на э́то де́рево.
  You won't be able to climb this tree.
- Вчера́ мы взобра́лись на са́мую верши́ну вон той горы́.
  Yesterday we climbed to the very top of that mountain.

**взве́шивать** *imp* /**взве́сить** *pf* (**A**) to weigh (out) sth; to think over, consider sth
- Взве́сьте мне две́сти гра́ммов сы́ра.
  Weigh (out) 200 grams of cheese for me.
- Я взве́шу ва́ши слова́.
  I'll think over (*or* consider) your words (*i.e.*, what you said).

**взгляну́ть** *pf* (**в, на** + **A**) to glance, (take a) look at sb/sth out (on) sth
- Он взляну́л на неё (/на свои́ часы́) с удивле́нием.
  He glanced at her (/at his watch) with surprise.
- Взгляни́ в окно́ (/на у́лицу). Идёт снег.
  (Take a) look out the window (/onto the street). It's snowing.

**вздро́гнуть** *pf* (**от** + **G**) to shudder from/with sth
- Он вздро́гнул от хо́лода (/от неожи́данности).
  He shuddered from (with) the cold (/from the unexpected).

**вздыха́ть** *imp* (**о, по** + **P**) to pine away for or from sb/sth
- Оте́ц как всегда́ вздыха́л о несбы́вшихся наде́ждах.
  Father, as always, was pining away because of his unrealized hopes.
- Он вздыха́ет по свое́й далёкой неве́сте.
  He is pining for his faraway bride.

**взрыва́ть** *imp* /**взорва́ть** *pf* (**A**)—(**I**) to blow up sth (with sth)
- Ска́лы взрыва́ют динами́том.
  Rocks are blown up with dynamite.
- Неизве́стно, кто взорва́л э́то зда́ние (/мост/электроста́нцию).
  It is not known who blew up this building (/bridge/power station).

**ви́деть** *imp* /**уви́деть** *pf* (**A**)—(**в, на** + **P**) to see sb/sth in/on some place
- Я ви́жу в витри́не магази́на кни́ги (/о́бувь/тка́ни).
  I (can) see books (/shoes/fabric) in the shop window.

■ Он уви́дел на друго́й стороне́ у́лицы своего́ дру́га.
He saw his friend on the other side of the street.

■ Вы вчера́ ви́дели в музе́е (/на вы́ставке) Мари́ю?
Did you see Maria in the museum (/at the exhibition) yesterday?

■ Я уви́жу его́ в библиоте́ке (/на стадио́не).
I'll see him in the library (/at the stadium).

**ви́деть, что (как)** . . . to see sb do sth

■ —Вы ви́дели, что он ушёл с ле́кции?—Да, я ви́дел, как он встал и вы́шел из за́ла.
"Did you see him leave the lecture?"—"Yes, I saw him stand up and leave the hall."

**ви́деться** *imp* to see each other

■ Мы с бра́том ви́димся раз в неде́лю.
My brother and I see each other once a week.

**вини́ть** *imp* **(A)—(в + P)** to blame sb for sth

■ Как ты мо́жешь вини́ть в э́том (/в э́той оши́бке) меня́?
How can you blame me for this (/this mistake)?

**(A)—(за + A)** to blame sb for being sth

■ Оказа́лось, я напра́сно вини́л его́ за опозда́ние.
It turned out that I was wrong to blame him for being late.

**висе́ть** *imp* **(в, на + P)/(над + I)** to hang, be hanging in/on some place

■ Ва́ше пальто́ виси́т в шкафу́ на ве́шалке.
Your coat is (hanging) in the closet on a hanger.

■ На э́той стене́ (/в углу́/над крова́тью) ра́ньше висе́ла карти́на.
A picture used to hang on this wall (/in the corner/over the bed).

**вкла́дывать** *imp* **/вложи́ть** *pf* **(A)—(в + A)** to put sth in sth; to invest (money) in sth

■ Вложи́ э́ти фотогра́фии в семе́йный альбо́м.
Put these pictures in the family album.

■ Не вкла́дывайте письмо́ в э́тот конве́рт.
Don't put the letter in this envelope.

■ Он вложи́л сто ты́сяч до́лларов в э́то строи́тельство.
He invested in this construction $100,000.

**включа́ть 1.** *imp* **/включи́ть** *pf* **(A)** to turn sth on

■ Мо́жно, я включу́ телеви́зор (/ра́дио/кондиционе́р/отопле́ние)?
Is it okay if I turn on the TV (/radio/air conditioner/heat)?

■ Мать вошла́ в ко́мнату и включи́ла свет.
Mother entered the room and turned on the light.

**включа́ть 2.** *imp* /**включи́ть** *pf* (**A**)—(**в** + **A**) to include, add sb/sth in/on (to) sth

■ Я включу́ в свой докла́д э́ту цита́ту.
I'll include this quotation in my presentation.

■ Включи́те фами́лию э́того ученика́ в спи́сок кла́сса.
Include (Add) this student's name on (to) the class list.

■ Тре́нер включи́л его́ в на́шу кома́нду.
The coach included him on our team.

**влеза́ть 1.** *imp* /**влезть** *pf* (**на** + **A**) to climb sth

■ Де́ти ча́сто влеза́ют на э́то де́рево.
Children often climb this tree.

■ Я легко́ вле́зу на э́тот столб.
I'll easily climb this pole.

**влеза́ть 2.** *imp* /**влезть** *pf* (**в** + **A**) to get (secretly or with difficulty) into/on to sth/some place

■ Зверёк влез в свою́ нору́.
The little animal got into its hole.

■ Кто́-то влез ко мне в карма́н и вы́тащил мои́ ключи́.
Someone got into (picked) my pocket and stole my keys.

■ Я с трудо́м влеза́ю в перепо́лненный авто́бус.
I can hardly get onto the overloaded bus.

■ Вчера́ во́ры вле́зли к нам в дом.
Yesterday thieves got into our house.

**влеза́ть 3.** *imp* /**влезть** *pf* (**в** + **A**) to fit into sth

■ Неуже́ли все кни́ги вле́зли в твой портфе́ль?
Did all the books really fit into your schoolbag?

■ Э́то пальто́ (/коро́бка) не вле́зет в чемода́н.
This coat (/box) will not fit into the suitcase.

**влюбля́ться** *imp* /**влюби́ться** *pf* (**в** + **A**) to fall in love with sb/sth

■ Он влюби́лся в мою́ сестру́ (/в ру́сские пе́сни).
He fell in love with my sister (/with Russian songs).

■ Не ду́маю, что я влюблю́сь в него́.
I don't think I'm going to fall in love with him.

**вме́шиваться** *imp* /**вмеша́ться** *pf* (в + A) *colloq* to stick one's nose into sth; to get mixed up in sth

■ Он всегда́ вме́шивается в на́ши разгово́ры (/дела́).
He always sticks his nose into our conversations (/business).

■ Не вме́шивайся в чужу́ю жизнь.
Don't get mixed up in somebody else's life.


**вмеща́ть** *imp* /**вмести́ть** *pf* (A)—(в + A) to fit, get sb/sth into sth

■ Ду́маю, что я вмещу́ все ве́щи в оди́н чемода́н.
I think I'll fit (*or* get) all the things in one suitcase.

■ Мы постара́емся вмести́ть всех зри́телей в э́тот зал.
We'll try to fit (get) all the spectators into this hall.


**вноси́ть 1.** *imp* /**внести́** *pf* (A)—(в + A) to bring sb/sth into sth

■ Носи́льщик внёс ве́щи в ваго́н.
The porter brought our things into the railroad car.

■ Больно́го внесли́ в пала́ту.
They brought the patient into the ward.

■ Мы снача́ла внесём в ко́мнату шкаф (/роя́ль).
We'll bring the cupboard (/piano) into the room first.


**вноси́ть 2.** *imp* /**внести́** *pf* (A)—(в + A) to deposit (money) in sth

■ Брат внесёт де́ньги в банк за́втра.
My brother will deposit money in the bank tomorrow.


**води́ть 1.** *imp indef* (A) to drive sth

■ Я хорошо́ вожу́ маши́ну.
I drive (a car) well.


**води́ть 2.** *imp indef* (A)—(в, на + A)/(к + D) to take sb/sth to some place/sb's

■ Кто води́л дете́й на экску́рсию (/в музе́й/к врачу́/на о́зеро)?
Who took the children (/to the museum/the doctor's/the lake)?

■ В э́том году́ я води́ла мою́ соба́ку на вы́ставку.
This year I took my dog to the dog show.

  **води́ть (inf)**—(A) to take sb to do sth

■ Он во́дит соба́ку гуля́ть (/дете́й купа́ться).
He takes his dog for a walk (*lit.* to walk) (/children for a swim).

**водиться** *imp* (**в + A**) (of animals) to live in some place

- В э́той реке́ во́дится мно́го ры́бы.
  A lot of fish live in this river.

**возвраща́ть** *imp* /**возврати́ть** *pf* (**A**)—(**D**)/(**в + A**) to give back, return sth to sb/some place

- Ты возврати́л ему́ ключи́ (/ру́копись/чемода́н)?
  Did you give him back the keys (/manuscript/suitcase)?

- Я возвращу́ вам все де́ньги, кото́рые вы потра́тили.
  I'll give you back all the money you had to spend.

- Мы всегда́ возвраща́ем кни́ги в библиоте́ку во́время.
  We always return books to the library on time.

**возвраща́ться** *imp* /**возврати́ться** *pf* (**в, на + A**) to come back to some place

- Он возврати́тся на рабо́ту (/в свой кабине́т) че́рез два часа́.
  He will come back to work (/to his office) in two hours.

  (**из, с + G**) to return, come back (home) from some place

- Когда́ ты возврати́шься из путеше́ствия?
  When will you return from your trip?

- Я обы́чно возвраща́юсь с рабо́ты (/из библиоте́ки) в четы́ре часа́.
  I usually come (back) home from work (/the library) at four o'clock.

**вози́ть** *imp indef* (**A**)—(**в, на + A**)—(**из, с + G**)—(**на + P**) to drive, take sb/sth to some place from some place by sth (a vehicle)

- Я ка́ждый день вожу́ дете́й в шко́лу и из шко́лы на маши́не.
  Every day I drive the children to and from school (by car).

- Он меня́ во́зит на ры́нок и с ры́нка на своём микроавто́бусе.
  He takes me to and from the market in his minivan.

  (**A**)—(**к + D**)—(**от + G**) to take, drive sb to sb's from sb's

- Кто вози́л ба́бушку к врачу́ и домо́й от врача́?
  Who took (or drove) Grandma to the doctor and (from the doctor) home again?

  (**A**)—(**на, в + A**)—(**inf**) to drive, take sb to do sth

- Брат вози́л меня́ на бе́рег (/в дере́вню) купа́ться и загора́ть.
  My brother drove (*or* took) me to the beach (to the country) to swim and sunbathe.

**вози́ться** *imp* (**с + I**) *colloq* to be busy with sb/sth (*i.e.*, to take care of)

- Мать це́лый день вози́лась с убо́ркой (/с бельём).
  All day Mother was busy cleaning (/doing laundry).

■ Я вожу́сь с детьми́, бо́льше не́кому.
I am busy with (taking care of) the children; there is no one else to do it.

**возмуща́ть** *imp* /**возмути́ть** *pf* (**A**)—(**I**) to disturb sb; (about sth or sb) to make sb mad
■ Меня́ возмуща́ет твоё поведе́ние (/твои́ слова́).
Your words (/behavior) disturb(s) me.
■ Твой отве́т возмути́л учи́теля свое́й гру́бостью.
The rudeness of your answer made the teacher mad.

**возника́ть** *imp* /**возни́кнуть** *pf* (*3rd person only*) (**у + G**) (of sb) to get sth  (abstract)
■ У тебя́ иногда́ возника́ют стра́нные иде́и (/жела́ния).
You sometimes get strange ideas (/desires).
■ У Мари́и возни́кло подозре́ние, что её сын пропуска́ет уро́ки.
Maria got the suspicion that her son was cutting classes.

**возобнови́ть** *pf* (**A**) to resume sth
■ Год спустя́ теа́тр возобнови́л ста́рую постано́вку пье́сы.
A year later the theater resumed (showing) the old production of the play.
■ Сто́роны реши́ли возобнови́ть перегово́ры.
The parties decided to resume negotiations.

**возража́ть** *imp* /**возрази́ть** *pf* (**про́тив + G**) to object to sth/sb
■ Я не возража́ю про́тив ва́шего предложе́ния (/ва́шего кандида́та).
I don't object to your suggestion (/your candidate).

**волнова́ть** *imp* (**A**) (of sth) to excite sb; (of sb) to be worried about sth
■ Слу́шателей всегда́ волну́ют таки́е стихи́.
Poems like these always excite the audience.
■ Всех мои́х друзе́й волнова́ло моё сла́бое здоро́вье.
All my friends were worried (upset) about my poor health.

**волнова́ть** (**A**) (**то**), **что** . . . (of sth) to alarm sb
■ Мать волну́ет (то), что он ка́шляет.
His coughing (i.e., the fact that he's coughing) alarms his mother.

**волнова́ться** *imp* (**за + A**) to be concerned about sb
■ Я волну́юсь за сы́на (/за Мари́ю).
I am concerned about my son (/Maria).
■ Не волну́йтесь за него́, у него́ всё хорошо́.
Don't be concerned about him; he is all right.

(из-за + G) to worry about sth

- Он волну́ется из-за всего́ (/из-за пустяко́в).
  He worries about everything (/over trifles).

- Не волну́йся из-за э́того глу́пого разгово́ра.
  Don't worry about that stupid conversation.

**вообража́ть** *imp* /**вообрази́ть** *pf* (A) to imagine, picture sth

- Вообража́ю, как ты волнова́лась.
  I can imagine how upset you were.

- Вообрази́ (себе́) большо́й дом с коло́ннами.
  Picture (imagine) a big house with columns.

**воодушевля́ть** *imp* /**воодушеви́ть** *pf* (A) to inspire sb

- Э́ти слова́ всех воодушеви́ли.
  These words inspired everybody.

(A)—(I) to inspire sb with sth

- Он воодушевля́ет нас свои́м приме́ром (/свои́м энтузиа́змом).
  He inspires us with his example (/enthusiasm).

**воспи́тывать** *imp* /**воспита́ть** *pf* (A) (of sb) to be brought up by sb

- Ива́на воспита́ла ба́бушка.
  Ivan was brought up by his grandmother.

(у + G)/(в + P) to cultivate, develop sth in sb

- Оте́ц воспи́тывает у него́ (в нём) му́жество и че́стность.
  His father cultivates bravery and honesty in him.

- Мать воспита́ла в де́тях любо́вь и уваже́ние к ста́ршим.
  The mother developed love and respect for their elders in the children.

**восстанови́ть 1.** *pf* (A) to restore, reconstruct sth

- Э́тот дом восстанови́ли по́сле войны́.
  This house was restored after the war.

- Он восстанови́л в па́мяти весь текст.
  He reconstructed the whole text from memory.

- Э́ти стра́ны ско́ро восстано́вят дипломати́ческие отноше́ния.
  These countries will soon restore diplomatic relations.

**восстанови́ть 2.** *pf* (A)—(про́тив + G) to turn sb against sb

- Он восстанови́л всех про́тив себя́ (/про́тив Ива́на).
  He turned everybody against himself (/against Ivan).

■ Как ты мо́жешь восстана́вливать ма́льчика про́тив роди́телей?
How (can) dare you turn the boy against his parents?

**восхища́ть** *imp* (**A**) to delight sb
■ Нас всех восхища́ет э́тот челове́к.
This man delights us all.

**восхища́ться** *imp* (**I**) to admire sth
■ Я восхища́юсь блестя́щим умо́м и тала́нтом Ма́ркова.
I admire Markov's brilliant mind and talent.
■ Тури́сты восхища́лись красото́й го́рода (/музе́ями и теа́трами).
The tourists admired the city's beauty (/museums and theaters).

**впада́ть** *imp* (**в** + **A**) (of rivers) to empty into sth
■ Днепр впада́ет в Чёрное мо́ре.
The Dnieper empties into the Black Sea.

**впуска́ть** *imp* /**впусти́ть** *pf* (**A**)—(**в, на** + **A**) to let sb in(to) some place
■ Почему́ не впуска́ют (люде́й) в зал (/на стадио́н)?
Why aren't they letting people into the hall (/into the stadium)?
■ Мо́жно, я впущу́ э́того челове́ка в дом.
May I let this man in the house?

**врать** *imp pf* (**D**) *colloq* to lie to sb
■ Моя́ сестра́ никогда́ никому́ не врёт.
My sister never lies to anybody.
■ Он врал роди́телям, потому́ что боя́лся сказа́ть им пра́вду.
He lied to his parents because he was afraid to tell them the truth.

**враща́ться 1.** *imp* (**вокру́г** + **G**) to revolve on sth
■ Земля́ враща́ется вокру́г свое́й оси́.
The earth revolves on its axis.

**враща́ться 2.** *imp* (**среди́** + **G** pl)/(**в** + **P**) to be (often) in the company of sb; to move in sth (society, circles, etc.)
■ Он враща́ется среди́ актёров (/среди́ диплома́тов).
He is often in the company of actors (/diplomats).
■ Мой брат враща́лся тогда́ в учёных круга́х (/в хоро́шем о́бществе).
My brother moved in scientific circles (/in good society) at the time.

**вреди́ть** *imp* **(D)—(I)** to harm sb/sth by/with sth

■ Я зна́ю, что врежу́ своему́ здоро́вью куре́нием.
I know that I harm my health by smoking.

■ Ты то́лько вреди́л на́шему иссле́дованию свои́ми сове́тами.
You only harmed our research with your advice.

■ Он ниче́м не вреди́л ни тебе́, ни твое́й семье́.
He harmed neither you nor your family in any way (*lit.* by/with anything).

**всма́триваться** *imp* /**всмотре́ться** *pf* (**в** + **A**) to peer at, gaze, stare at/into sth

■ Актёр всма́тривался в ли́ца зри́телей в за́ле.
The actor peered into the faces of the audience in the theater (hall).

■ Почему́ ты так внима́тельно всма́триваешься в темноту́?
Why are you gazing (*or* staring) so fixedly into the darkness?

**вспомина́ть** *imp* /**вспо́мнить** *pf* (**A**) to remember sth

■ Подожди́, я сейча́с вспо́мню его́ и́мя и а́дрес.
Wait, I'll remember his name and address in a moment (now).

    (**A**)/(**о** + **P**) to remember sb/sth; to reminisce about sb

■ Он вспомина́ет э́то вре́мя (/на́шу встре́чу) с удово́льствием.
He remembers that time (/our meeting) with pleasure.

■ Почему́ ты вспо́мнил отца́ (/дете́й)?
Why did you remember your father (/the children)?

■ Мы ча́сто вспомина́ем о роди́телях (/о ма́тери/об Ива́не).
We often reminisce about our parents (/our mother/Ivan).

■ Я иногда́ вспомина́ла о том слу́чае с маши́ной (/о том письме́).
At times I would remember that incident with the car (/that letter).

**вспо́мнить, что . . .** to recall, remember what/that . . .

■ Не могу́ вспо́мнить, что́ он мне сказа́л.
I cannot recall what he told me.

■ Мы вдруг вспо́мнили, что сего́дня ваш день рожде́ния.
We suddenly remembered that today was your birthday.

**встава́ть** *imp* /**встать** *pf* to get up; to stand up

■ Он встаёт в шесть часо́в утра́.
He gets up at six in the morning.

■ Все вста́ли, когда́ он вошёл в ко́мнату.
Everybody stood up when he entered the room.

(**с + G**)/(**из-за + G**) to get (up) out of/from sth

- Почему́ ты встал с крова́ти?
  Why did you get (up) out of bed?

- Де́ти съе́ли обе́д и вста́ли из-за стола́.
  The children ate their dinner and got up from the table.

  (**из-за + G**) (of heavenly bodies) to rise from behind sth

- Из-за ле́са вста́ло со́лнце.
  The sun rose from behind the forest.

**вставля́ть** *imp* /**вста́вить** (**A**)—(**в + A**) to put sth in sth ; to frame sth (*i.e.*, to put sth into a frame)

- Он вставля́ет ключ в замо́к и отпира́ет дверь.
  He puts the key in the lock and unlocks the door.

- Я сам вста́влю стекло́ в окно́ (/карти́ну в ра́му).
  I'll put the glass in the window (/frame the picture) myself.

- Почему́ ты вста́вил в предложе́ние э́то сло́во?
  Why did you put this word in the sentence?

**встреча́ть 1.** *imp* /**встре́тить** *pf* (**A**)—(**в, на + P**)/(**у + G**) to meet sb in some place/at sb's

- Я встре́чу его́ в университе́те (/на вы́ставке/у Ива́на).
  I'll meet him at the university (/the exhibition/at Ivan's).

- Мы встре́тили ва́шу жену́ (/Ива́на) в до́ме моего́ бра́та.
  We met your wife (/Ivan) at my brother's.

- Она́ иногда́ встреча́ет его́ на у́лице (/у вхо́да в метро́).
  She sometimes meets him in the street (/by the subway entrance).

**встреча́ть 2.** *imp* /**встре́тить** *pf* (**A**)—(**в, на + P**)/(**у + G**) to meet sb (on arrival) in some place

- Пётр встреча́л Мари́ю на вокза́ле (/в порту́), но она́ не прие́хала.
  Peter was meeting Maria at the train station (/port), but she didn't come.

- Я вас встре́чу в аэропорту́ (/у по́езда/у вхо́да в аэровокза́л).
  I'll meet you at the airport (/at the train/by the air-terminal entrance).

**встреча́ть 3.** *imp* /**встре́тить** *pf* (**A**)—(**в, на + P**) to greet (the coming of) sth; to see in sth in some place

- Они́ ка́ждое у́тро встреча́ют восхо́д со́лнца на берегу́ о́зера.
  Every morning they greet the sunrise on the lake shore.

- Роди́тели встре́тят Но́вый год в Евро́пе (/на парохо́де).
  Our parents will see in (ring in) New Year's Eve in Europe (/on the ship).

**встреча́ть 4.** *imp* /**встре́тить** *pf* (**A**)—(**I**) to greet or meet sb with sth

■ Мы встре́тили на́шу го́стью цвета́ми.
We greeted our guest with flowers.

■ Там нас все встреча́ли улы́бками и ра́достными приве́тствиями.
There everybody met us with smiles and joyful greetings.

**встреча́ться 1.** *imp* /**встре́титься** *pf* (**с** + **I**)—(**на, в** + **P**)/(**у** + **G**) to meet sb in some place/at sb's

■ Мы встре́тились в до́ме Мари́и (/на мосту́/у гости́ницы).
We met in Maria's house (/on the bridge/by the hotel).

■ Я встре́чусь с ва́ми на ста́нции (/в университе́те/у Мари́и).
I'll meet you at the train station (/the university/Maria's).

    **встре́титься, что́бы . . .** to meet to do sth

■ Мы встре́тились, что́бы обсуди́ть на́ши пла́ны.
We met to discuss our plans.

**встреча́ться 2.** *imp* /**встре́титься** *pf* (*3rd person only*) (**в, на** + **P**) (of sth/sb) to be in some place

■ Во всей пье́се встре́тилось то́лько не́сколько интере́сных сцен.
There were only a few interesting scenes in the whole play.

■ В э́том го́роде встреча́ются стра́нные лю́ди.
There are some strange people in this city.

**встреча́ться 3.** *imp* /**встре́титься** *pf* (*3rd person only*) (**D**)—(**в, на** + **P**) (of animals/ sb) to cross one's path

■ В лесу́ ему́ встре́тилось стра́нное живо́тное.
In the forest he came across a strange animal (*lit.* a strange animal crossed his path).

■ На берегу́ мне встре́тился любопы́тный челове́к.
On the riverbank a curious person crossed my path.

**вступа́ть 1.** *imp* /**вступи́ть** *pf* (**в, на** + **A**) to step in, enter sth

■ Войска́ вступа́ют в столи́цу (/на центра́льную пло́щадь).
Troops are entering the capital (/the main square).

**вступа́ть 2.** *imp* /**вступи́ть** *pf* (**в** + **A**) to join sth (party, etc.)

■ Ока́зывается, он вступа́ет в па́ртию (/в э́ту ассоциа́цию).
It turns out that he is joining the party (/this association).

**вступа́ть 3.** *imp* /**вступи́ть** *pf* (в + A) to start, get into sth (abstract)

■ Не вступа́йте с ни́ми в спор (/в бесе́ду/в перегово́ры).

Don't get into an argument (/start a conversation/negotiations) with them.

**всходи́ть 1.** *imp* /**взойти́** *pf* (на + A)/(по + D) to ascend sth

■ Я с трудо́м всхожу́ по ле́стнице (/по скло́ну горы́).

I ascend the stairs (/the mountainside) with difficulty.

**всходи́ть 2.** *imp* /**взойти́** *pf* (на + A)/(из-за + G) (of heavenly bodies) to rise on/from behind sth

■ Со́лнце уже́ всхо́дит на горизо́нте.

The sun is already rising on the horizon.

■ Смотри́, из-за ле́са взошла́ луна́.

Look! The moon has risen from behind the forest.

**входи́ть 1.** *imp* /**войти́** *pf* (в + A) to enter sth

■ Он вошёл в ко́мнату (/в зал/в сад) и останови́лся.

He entered the room (/hall/garden) and stopped.

   **(в + A)—(из, с + G) to** come into, get on sth from/at sth

■ Я вхожу́ в дом из са́да (/со двора́).

I come into the house from the garden (/from the courtyard).

■ В Аме́рике в авто́бус вхо́дят с пере́дней площа́дки.

In America you get on the bus at the front (entrance).

   **войти́ (inf)** to go into some place to do sth

■ Он вошёл в зал посмотре́ть, ско́лько челове́к пришло́ на ле́кцию.

He went into the lecture hall to see how many people had come.

**входи́ть 2.** *imp* /**войти́** *pf* (*3rd person only*) (в + A) to form part of sth

■ Э́та пье́са вошла́ в собра́ние сочине́ний писа́теля.

This play formed part of the writer's collected works.

■ Войду́т ли в ваш слова́рь э́ти идио́мы?

Will these idioms form part of your dictionary?

**входи́ть 3.** *imp* /**войти́** *pf* (*3rd person only*) (в + A) to fit in sth; to hold sth

■ Все э́ти ве́щи войду́т в оди́н чемода́н (/в мою́ су́мку).

All these things will fit in one suitcase (/my handbag).

■ Два я́щика не вошли́ в маши́ну.

Two boxes wouldn't fit in the car.

■ В э́ту ба́нку вхо́дит три ли́тра.
This jar holds three liters.

**въезжа́ть** *imp* /**въе́хать** *pf* (в, на + A) (of a vehicle) to drive into sth
■ Маши́на въезжа́ет во двор (/в парк).
The car drives into the courtyard (/park).

■ Грузови́к въе́хал на пло́щадь.
The truck drove into the square.

(в, на + A)—(на + P) (of sb) to drive sth into/up sth
■ Ты мо́жешь въе́хать на маши́не во двор (/на э́ту го́ру)?
Can you drive a car into the courtyard (/up this hill)?

**выбега́ть** *imp* /**вы́бежать** *pf* (из + G)—(в, на + A) to go, run from some place to some place
■ Я вы́бегу на мину́ту из до́ма в сосе́дний магази́н.
I'm just going for a moment from the house to the store nearby.

■ Мы вы́бежали из магази́на на у́лицу (/на пло́щадь).
We ran from the store to the street (/square).

**вы́бежать (inf)** to run out of some place to do sth
■ Де́ти вы́бежали из до́ма посмотре́ть на проце́ссию.
The children ran out of the house to watch the parade.

**выбира́ть 1.** *imp* /**вы́брать** *pf* (A) to choose (find) sth/sb
■ Он всегда́ выбира́ет ну́жные слова́ и выраже́ния.
He always chooses appropriate words and expressions.

■ Она́ до́лго выбира́ла себе́ шля́пу, но так и не вы́брала.
She tried to find (*lit.* choose) a hat for a long time but didn't manage to settle on (*lit.* choose) anything.

■ Никто́ не вы́берет тебе́ профе́ссию (/жену́). Выбира́й сам.
Nobody can choose a profession (/wife) for you. Choose for yourself.

(A)—(из + G) to choose sth from sth
■ Вы́бери одну́ из э́тих игру́шек (/из э́тих книг).
Choose one of these toys (/books).

■ Не зна́ю, что вы́брать из всех э́тих блюд (/из э́тих вин).
I don't know which of all these dishes (/wines) to choose.

**выбира́ть/вы́брать (то), что . . .** to choose, pick (what) . . .
■ Вы́бери из э́тих материа́лов то, что тебе́ ну́жно.
Pick what you need from these materials.

(ме́жду + I & I) to choose between sb/sth and sb/sth

- Я до́лжен был вы́брать ме́жду отцо́м и ма́терью.
  I had to choose between my mother and my father.

- Всю жизнь мне приходи́лось выбира́ть ме́жду чу́вством и до́лгом.
  All my life I've had to choose between desire (feeling) and duty.

**выбира́ть 2.** *imp* /**вы́брать** *pf* (A) to elect sb

- Мы ско́ро бу́дем выбира́ть но́вого председа́теля (/президе́нта).
  We'll soon elect a new chairman (/president).

(A)—(I)/(в + A) to elect sb to sth, a member of sth

- Петро́ва вы́брали в но́вый комите́т (/чле́ном но́вого комите́та).
  They elected Petrov to a new committee (/member of a new committee).

**выбра́сывать** *imp* /**вы́бросить** *pf* (A)—(из, с + G)—(в, на, + A) to throw sth off/out of sth in/on(to) sth

- Я вы́брошу с балко́на весь э́тот му́сор.
  I'll throw all this garbage off the balcony.

- Ничего́ не выбра́сывай из э́того я́щика.
  Don't throw anything out of this drawer.

- Мари́я вы́бросила нену́жные бума́ги в корзи́ну.
  Maria threw the wastepaper in the basket.

- Он вы́бросил ве́щи из чемода́на на́ пол (/на дива́н/на стол).
  He threw the things out of the suitcase onto the floor (/couch/desk).

- Я давно́ вы́бросил э́ту исто́рию из головы́.
  I put (threw) this story out of my mind a long time ago.

**выводи́ть** *imp* /**вы́вести** *pf* (A)—(в, на + A) to take sb/sth (person or animal) out to sth

- Я уже́ выводи́л соба́ку во двор (/на у́лицу) у́тром; я вы́веду её сно́ва ве́чером.
  I took the dog out to the yard (/street) this morning; I'll take her out again in the evening.

(A)—(из + G) to take sb/sth out of sth

- Вы́веди маши́ну из гаража́.
  Take the car out of the garage.

- Я вывожу́ дете́й во двор (/на све́жий во́здух).
  I take the children out to the yard (/into the fresh air).

**выводи́ть (inf)** to take sb (out) for sth (some activity)

- Мы выво́дим больны́х гуля́ть ка́ждый день.
  Every day we take patients (out) for a walk (*lit.* to walk).

**вывози́ть 1.** *imp* /**вы́везти** *pf* (**A**)—(**из + G**)—(**в, на, за + A**) to take sb (in a vehicle) out of some place (in)to some place

- Я вывожу́ дете́й из Москвы́ за́ город ка́ждое воскресе́нье.
  I take (drive) the children out of Moscow into the country every Sunday.

- Дете́й вы́везли из го́рода в ла́герь (/на да́чу).
  They took children out of the city to summer camp (/a country house).

**вывози́ть 2.** *imp* (**A**)—(**в, за + A**) to export sth to some place

- Э́та страна́ выво́зит маши́ны и электро́нику в А́зию (/за грани́цу).
  This country exports machinery and electronics to Asia (/abroad).

**вы́глядеть** *imp* (**I**)/(**adv**) to look sth; to look some way

- Он вы́глядит счастли́вым (/больны́м/уста́лым).
  He looks happy (/sick/tired).

- Она́ вы́глядела моложа́во (/моло́же, чем ра́ньше).
  She looked youthful (/younger than before).

**выдава́ть 1.** *imp* /**вы́дать** *pf* (**A**)—(**D**) to (officially) give sth to sb

- Нам вы́дали в конто́ре де́ньги и все необходи́мые докуме́нты.
  They gave us money and all the necessary documents at the office.

- Секрета́рь вы́даст студе́нтам дипло́мы.
  The secretary will give diplomas to the students.

**выдава́ть 2.** *imp* /**вы́дать** *pf* (**A**)—(**за + A**) to pass oneself off as sb

- Они́ выдаю́т себя́ за специали́стов в э́той о́бласти.
  They pass themselves off as specialists in this field.

**выдава́ть 3.** *imp* /**вы́дать** *pf* (**A**)—(**D**) to denounce sb; to give away sth to sb

- —Как ты мог вы́дать своего́ лу́чшего дру́га? —Непра́вда, я никого́ не выдава́л.
  "How could you denounce your best friend?"—"It's not true, I didn't denounce anyone."

- Он никогда́ и никому́ не вы́даст наш секре́т.
  He'll never give our secret away to anybody.

**выезжа́ть** *imp* /**вы́ехать** *pf* (**в, на + A**) to leave (by transportation) on/for sth

- Когда́ ты обы́чно выезжа́ешь на рабо́ту?
  When do you usually leave for work?

- Он вы́едет в командиро́вку (/на конфере́нцию) во вто́рник.
  He's leaving on a business trip (/for the conference) on Tuesday.

**(из, с + G)—(на + A)** (of a vehicle) to drive out of sth into sth
- Маши́на вы́ехала со двора́ (/из гаража́) на у́лицу.
  The car drove out of the yard (/garage) into the street.

**(к + D)** (of sb) to leave (in a vehicle) for sth; to drive to sb's
- Я вы́еду к тебе́ (/к ма́тери) че́рез полчаса́.
  I'll leave for your house (/drive to my mother's) in half an hour.

**вызыва́ть 1.** *imp* /**вы́звать** *pf* (A)—(к + D)/(в, на + A) to call sb for sb; to summon somebody to some place /for sth
- Она́ ча́сто вызыва́ет врача́ к своему́ больно́му ребёнку.
  She often calls a doctor for her sick child.
- Нача́льник вы́звал отца́ в Москву́ (/на Гава́йи) на сро́чное заседа́ние.
  The boss summoned father to Moscow (/Hawaii) for an urgent meeting.

**(A)—(из, с + G)** to call sb from some place
- На́до сро́чно вы́звать Ива́на с рабо́ты (/из до́ма/из Калифо́рнии).
  We must call Ivan immediately from work (/home/California).

**(A)—(в, на + A)—(по + D)/(I)** to call, summon sb (in)to some place with sth
- Нача́льник вы́звал отца́ на собра́ние по телефо́ну (/письмо́м).
  The boss called Father to a meeting by phone (/by letter).
- Е́сли потре́буется, тебя́ вы́зовут в суд пове́сткой.
  If necessary, you'll be called into court with a special summons (notice).

**вызыва́ть 2.** *imp* /**вы́звать** *pf* (A)—(у + G) to provoke sb's sth
- Э́ти слова́ вы́звали у всех удивле́ние и смех.
  These words provoked everybody's surprise and laughter.

**выключа́ть** *imp* /**вы́ключить** *pf* (A) to turn off sth; to disconnect sth
- Вы́ключи ра́дио (/ла́мпу/магнитофо́н/утю́г).
  Turn off the radio (/lamp/tape recorder/iron).
- Не выключа́й мото́р (маши́ны), я сейча́с е́ду в магази́н.
  Don't turn off the engine, I'm about to go to the store.
- Телефо́н выключа́ют, е́сли не пла́тишь во́время.
  If you don't pay in time, they disconnect your telephone.

**вылета́ть** *imp* /**вы́лететь** *pf* (из + G)—(в + A) to fly, take off from some place to/for some place
- Я вылета́ю (вы́лечу) из Чика́го в Кана́ду че́рез неде́лю.
  I'll be flying from Chicago to Canada in a week's time.

**вылéчивать** *imp* /**вы́лечить** *pf* (**A**)—(**от** + **G**)—(**I**) to heal, cure sb/sb's sth with sth
- Он вылéчивает больны́х гипнóзом.
  He heals his patients with hypnosis.
- Врач вы́лечил меня́ от ревмати́зма лечéбными трáвами.
  The doctor cured my arthritis with medicinal herbs.

**вылива́ть** *imp* /**вы́лить** *pf* (**из** + **G**)/(**на** + **A**) to pour sth out of sth; to spill sth on sth
- Я вы́лью вóду из чáйника, хорошó?
  I'll pour the water out of the kettle, okay?
- Смори́, ты вы́лил черни́ла на нóвые брю́ки!
  Look, you spilled ink on your new pants!

**вынима́ть** *imp* /**вы́нуть** *pf* (**A**)—(**из** + **G**) to take sb/sth out of sth
- Вы́ньте письмó из конвéрта (/пáспорт из су́мки).
  Take the letter out of the envelope (/passport out of the bag).
- Онá вы́нула кошелёк из кармáна (/из портфéля).
  She took her wallet out of her pocket (/briefcase).
- Я, пожáлуй, вы́ну ребёнка из коля́ски.
  I think I'll take the baby out of the stroller.

**выноси́ть** *imp* /**вы́нести** *pf* (**A**)—(**в, на** + **A**) to move or take sth (in)to some place
- —Ты вы́нес стол в гости́ную (/на ку́хню)?—Я вы́несу егó потóм.
  "Did you move (take) the table (*lit.* out) into the living room (/kitchen)?"—"I'll move (take) it later."

  (**A**)—(**из** + **G**)—(**в, на** + **A**) to take, carry sb/sth out of/from some place to some place
- Мать вы́несла ребёнка из кóмнаты на балкóн.
  Mother carried the baby out of the room onto the balcony.
- Вы́неси сту́лья (/всё ли́шнее) из кóмнаты в коридóр.
  Take the chairs (/everything unnecessary) out of the room into the hallway.
- Я кáждый день выношу́ му́сор из ку́хни на зáдний двор.
  Every day I take the garbage from the kitchen to the backyard.

**выпи́сывать 1.** *imp* /**вы́писать** *pf* (**A**)—(**из** + **G**)—(**в, на** + **A**) to write out, copy sth from sth onto/into sth
- Я вы́пишу незнакóмые словá из тéкста на кáрточки (/в тетрáдь).
  I'll write out (or copy) unfamiliar words from the text onto index cards (/into my notebook).

**выпи́сывать 2.** *imp* /**вы́писать** *pf* (A) to subscribe to sth
- Каки́е газе́ты и журна́лы вы выпи́сываете?
  What newspapers and magazines do you subscribe to?
- В про́шлом году́ я вы́писал сли́шком мно́го ра́зных журна́лов.
  Last year I subscribed to too many magazines.

**выпи́сывать 3.** *imp* /**вы́писать** *pf* (A)—(D)—(на + A) to write sb (out) sth (order, prescription, etc.) for sth
- До́ктор вы́писал мое́й ма́тери реце́пт на лека́рство.
  The doctor wrote my mother a prescription for medicine.
- Я вы́пишу вам чек на всю су́мму.
  I'll write you (out) a check for the whole amount.

**выполня́ть** *imp* /**вы́полнить** *pf* (A) to complete, fulfill sth; to keep sth; to be true to sth
- Я до́лжен вы́полнить э́то зада́ние (/рабо́ту) сего́дня.
  I must complete this assignment (/work) today.
- Фи́рма то́чно вы́полнила усло́вия догово́ра.
  The firm fulfilled the terms of the agreement exactly.
- Мы э́то обеща́ли и мы вы́полним своё обеща́ние.
  We promised this, and we'll keep (be true to) our promise.

**выпуска́ть 1.** *imp* /**вы́пустить** *pf* (A)—(в, на + A) to let sb/sth (person or animal) out into/onto some place
- Мать вы́пустила дете́й на у́лицу.
  Mother let the children outside (*lit.* onto the street).
- Я вы́пущу соба́ку в сад.
  I'll let the dog out into the garden.

     (A)—(из, с + A)—(в, на + A) to let sb/sth (person or animal) out of some place into some place
- Я не выпуска́ю соба́ку из до́ма (/со двора́) на у́лицу.
  I don't let the dog out of the house (/yard) into the street.

**выпуска́ть 2.** *imp* /**вы́пустить** *pf* (A) to bring out, publish sth
- Изда́тельство вы́пустило но́вую кни́гу для дете́й.
  The publishing house brought out (or published) a new book for children.

**выража́ть** *imp* /**вы́разить** *pf* (A)—(I)/(в + P) to express sth with/in sth
- Как я вы́ражу э́ту музыка́льную мысль слова́ми (в слова́х)?
  How can I express this musical idea in words?

- Онá вы́разила своё соглáсие улы́бкой.
  She expressed her agreement with a smile.

- Я выражáю в стихáх (стихáми) мои́ чу́вства (/рáдость /гóре).
  I express my feelings (/joy/grief) in my poetry.

  **(A)—(D)** to express sth to sb

- Он выражáет благодáрность всем свои́м друзья́м и коллéгам.
  He expresses his gratitude to all his friends and colleagues.

- Нарóд вы́разил недовéрие прави́тельству (/президéнту).
  People expressed their disapproval to the government (/president).

**вырезáть** *imp* /**вы́резать** *pf* **(A)—(из + A)** to cut sth out of sth

- Я вы́режу из моéй кни́ги эту фотогрáфию (/карти́нку).
  I'll cut this photo (/picture) out of my book.

- Когдá он пришёл, мы вырезáли цветы́ из бумáги.
  When he came, we were cutting flowers out of paper.

**высмéивать** *imp* /**вы́смеять** *pf* **(A)—(за + A)** to ridicule sb for sth

- За что ты егó так гру́бо вы́смеял вчерá?
  Why did you ridicule him so rudely yesterday?

**выступáть 1.** *imp* /**вы́ступить** *pf* **(с + I)—(в, на + P)** to make, give (*lit.* to appear with) sth in some place

- Я вы́ступлю на этой конферéнции с корóтким сообщéнием.
  I will make (appear with) a short presentation at the conference.

- Он чáсто выступáет в Сенáте с речáми (/с доклáдами).
  He often gives speeches (/reports) to the Senate (*lit.* appears in the Senate with speeches).

  **(пéред + I)—(с + I)** to give sth (i.e., a speech) to someone (*lit.* to appear before sb with sth)

- Он вы́ступил пéред студéнтами с нау́чным доклáдом.
  He gave a scientific presentation to the students (*lit.* appeared before the students with a scientific presentation).

  **(по + D)** to perform on sth

- Эта певи́ца чáсто выступáет по рáдио и по телеви́дению.
  This singer often performs on radio and television.

**выступáть 2.** *imp* /**вы́ступить** *pf* **(с + I)—(в, на + P)** to perform, play sth in some place

- Арти́ст вы́ступит на этой сцéне со свои́ми пéснями и тáнцами.
  The actor will perform his songs and dances on this stage.

- Он бу́дет выступáть с концéртами в разли́чных зáлах гóрода.
  He will play concerts in various halls in the city.

**высыла́ть 1.** *imp* /**вы́слать** *pf* (A)—(D)/(в + A) to send sth to sb/sth

■ Мы вы́слали де́ньги роди́телям на э́той неде́ле.
This week we sent money to our parents.

■ За́втра я вы́шлю докуме́нты в э́ту фи́рму.
Tomorrow I'll send the documents to this company.

**высыла́ть 2.** *imp* /**вы́слать** *pf* (A)—(из + P)—(в + A) to exile sb from some place to some place

■ Его́ вы́слали из столи́цы в Сиби́рь.
He was exiled from the capital to Siberia.

**вытира́ть** *imp* /**вы́тереть** *pf* (A)—(I) to dry, wipe sb/sth with sth

■ Я вы́тру лицо́ и ру́ки э́тим полоте́нцем.
I will dry my face and hands with this towel.

■ Вы́три рот салфе́ткой.
Wipe your mouth with a napkin.

(D)—(A)—(I) to dry sb's sth with sth

■ Вы́три ему́ рот и ру́ки салфе́ткой.
Dry his mouth and hands with a napkin.

(A)—(с + G) to wipe sth off sth

■ Не вытира́й пыль со стола́ и со сту́льев, я э́то сде́лаю сам.
Don't wipe the dust off the table or chairs; I'll do it myself.

**выходи́ть 1.** *imp* /**вы́йти** *pf* (в, на + A)/(к + D) to go, come out to some place/sb

■ Я вы́йду ненадо́лго во двор (/на у́лицу/в коридо́р).
I'll go out onto the patio (/the street/in the corridor) for a while.

■ Актёр выхо́дит на сце́ну.
The actor comes out onstage.

■ Хозя́йка вы́шла в гости́ную (/к гостя́м).
The hostess went out into the living room (/to her guests).

(из + G)—(в, на + A) to walk, get, step out of sth into/onto sth

■ Оте́ц выхо́дит из ко́мнаты в коридо́р.
My father walks out of the room into the hallway.

■ Челове́к вы́шел из маши́ны на тротуа́р.
The man got (stepped) out of the car onto the sidewalk.

**выходи́ть 2.** *imp* (в, на + A) (of a window, etc.) to look out on/give onto sth

■ О́кна мое́й ко́мнаты выхо́дят в сад (/на у́лицу).
The windows of my room look out on (or give onto) the garden (/the street).

**выходи́ть 3.** *imp* /**вы́йти** *pf* **за́муж (за + A)** (of a woman) to marry sb
- Она́ выхо́дит за́муж за врача́.
  She's marrying the doctor.
- Я не вы́йду за него́ за́муж.
  I will not marry him.

**вычёркивать** *imp* /**вы́черкнуть** *pf* **(из + G)—(I)** to cross sth out in sth
- —Я вы́черкну э́ти слова́?—Вычёркивай, но не черни́лами.
  "Shall I cross these words out?"—"Yes, but don't do it in ink."

**вя́нуть** *imp* /**завя́нуть** *pf* **(A)—(без, от + G)** to wilt without/from sth
- Твои́ цветы́ совсе́м завя́ли от жары́.
  Your flowers are quite wilted from the heat.
- Цветы́ и расте́ния вя́нут без воды́.
  Flowers and plants wilt without water.

# Г

**гла́дить 1.** *imp* /**погла́дить** *or* **вы́гладить** *pf* **(A)—(I)** to iron, press sth with sth
- Я погла́жу бельё но́вым утюго́м.
  I'll do my ironing (*or* iron my laundry) with the new iron.
- Не гладь шерстяны́е брю́ки горя́чим утюго́м.
  Don't press wool pants with a hot iron.

   **(A)—(I)—(D)** to iron sth for sb
- Она́ погла́дила (и́ли вы́гладила) тебе́ (/сы́ну) брю́ки и руба́шку.
  She ironed pants and a shirt for you (/her son).

**гла́дить 2.** *imp* /**погла́дить** *pf* **(A)—(по + D)—(I)** to stroke sb's sth (with sth)
- Ма́рия погла́дила его́ руко́й по голове́ (/по волоса́м).
  Maria stroked his head (/hair) (with her hand).

**глота́ть** *imp* /**глотну́ть** *pf instantaneous* **(A)/(G)** to swallow, gulp, drink sth
- Он глота́ет табле́тку и запива́ет её водо́й.
  He swallows a pill and washes it down with water.

■ Не глота́й еду́, ешь ме́дленно.

Don't gulp your food; eat slowly.

■ Его́ тру́дно понима́ть, он глота́ет слова́.

It is difficult to understand him; he swallows (his) words.

■ Хо́чется глотну́ть холо́дной воды́ (colloq.).

I'd like (to drink) some cold water.

**гляде́ть** *imp* /**гля́нуть** *pf* (**на** + **A**) to look, glance at sth/sb

■ Я сижу́ у реки́ и гляжу́ на во́ду (/на дере́вья/на цветы́).

I sit by the river and look at the water (/trees/flowers).

■ Почему́ ты так внима́тельно гляди́шь на э́тот дом?

Why are you staring (*lit*. looking so attentively) at this house?

■ Он гля́нул на дете́й (/на люде́й вокру́г).

He glanced (threw a glance) at the children (/the people around (him)).

(**в** + **A**) to look, glance in/through sth

■ Же́нщина до́лго гляде́ла в зе́ркало.

The woman looked in the mirror for a long time.

■ Он гля́нул в окно́, но ничего́ там не уви́дел.

He glanced through the window but didn't see anything (there).

(**из, с** + **G**)—(**в, на** + **A**) to look, glance from some place at sb/sth/(in)to sth

■ Мы гляди́м с высоты́ на люде́й, на дома́, на у́лицы внизу́.

We look down from a height at the people, the houses, the streets below.

■ Она́ гляде́ла с балко́на во двор (/на у́лицу).

She was looking from the balcony into the yard (to the street).

■ Я гля́нул из окна́ на не́бо и на звёзды.

I glanced from my window at the sky and the stars.

**гнуть** *imp* /**согну́ть** *pf* (**A**) to bend, fold sth

■ Согни́ коле́ни (/пра́вую ру́ку).

Bend your knees (/right arm).

■ Ве́тер гнёт дере́вья (/кусты́/траву́).

The wind is bending the trees (/bushes/grass).

■ Я согну́ э́тот лист бума́ги попола́м.

I'll fold this sheet of paper in two.

(**A**)—(**I**) to bend sth with sth

■ Неуже́ли ты согну́л э́ту желе́зную па́лку рука́ми?

Did you really bend this metal rod with your hands?

**говори́ть 1.** *imp* (на + P)/(adv)—(в, на + P) to speak some language in some place

- На како́м языке́ вы говори́те у себя́ до́ма (/на заня́тиях)?
  What language do you speak at home (/in class)?

- В шко́ле мы говори́м по-ру́сски и́ли по-англи́йски.
  In school we speak Russian or English.

(adv)—(с + I) to speak some language with sb

- Я говорю́ с роди́телями (/с бра́том) по-францу́зски.
  I speak French with my parents (/brother).

**говори́ть 2.** *imp* /сказа́ть *pf* (A)—(D) to tell sb sth

- Он всегда́ говори́т отцу́ пра́вду.
  He always tells his father the truth.

- Мари́я сказа́ла нам всё, что она́ зна́ла об э́том.
  Maria told us everything she knew about it.

- Я не скажу́ вам её и́мя (/а́дрес/во́зраст).
  I will not tell you her name (/address/age).

(D)—(о + P) to tell sb about sb/sth

- Профе́ссор говори́л студе́нтам о но́вых откры́тиях в фи́зике.
  The professor told the students about new discoveries in physics.

- Скажи́те ему́ о собра́нии (/о предстоя́щей вы́ставке).
  Tell him about the meeting (/the upcoming exhibition).

**говори́ть/сказа́ть (D), что** . . . to tell sb that . . .

- Мы тебе́ всегда́ говори́ли, что он хоро́ший челове́к.
  We always told you that he was a good man.

- Она́ сказа́ла нам, что не придёт за́втра на заня́тие.
  She told us that she wouldn't come to class tomorrow.

**говори́ть 3.** *imp* **поговори́ть** *pf* (с + I)—(о + P) to talk with/to sb about sth/sb

- Мы говори́ли об э́том с господи́ном Ма́рковым.
  We talked about this with Mr. Markov.

- О чём ты собира́ешься говори́ть с Мари́ей?
  What are you going to talk to Maria about?

- Я поговорю́ с ним о тебе́.
  I'll talk to him about you.

**говори́ться** *imp* (*3rd person only*) (в + P)—(о + P) (of sth) to tell about sth in sth

- В кни́ге говори́тся о жи́зни студе́нтов (/о рабо́те учёных).
  The book tells about students' life (/scientists' work).

говори́ться (в + P), что . . . it says in sth that . . .
- В предисло́вии говори́тся, что а́втор написа́л рома́н за три го́да.
  In the introduction it says that the author wrote the novel in three years.

голосова́ть *imp* /проголосова́ть *pf* (за + A)/(про́тив + G) to vote for/against sb/sth
- Ты уже́ проголосова́л? За кого́ ты голосова́л?
  Did you already vote? Whom did you vote for?
- Я бу́ду голосова́ть за Петро́ва (/за ва́шего кандида́та).
  I'll vote for Petrov (/your candidate).
- Я голосова́л про́тив э́того предложе́ния.
  I voted against the proposition.

гости́ть *imp* (у + G)—(в, на + P) to visit, stay with, be guest of sb in some place
- Мы гости́ли у на́ших друзе́й в дере́вне.
  We visited our friends in the country.
- В про́шлом году́ я гости́ла у роди́телей на их о́строве.
  Last year I stayed with (or was a guest of) my parents on their island.

гото́вить 1. *imp* (A)—(к + D)/(для + G) to prepare sb/sth for sth/to do sth
- Кто гото́вил тебя́ и твоего́ бра́та к экза́мену (/к выступле́нию)?
  Who prepared you and your brother for this exam (/performance)?
- Я гото́влю его́ к поступле́нию в университе́т.
  I am preparing him to enter university.
- Мы гото́вим статью́ к печа́ти (для печа́ти).
  We are preparing an article for publication.

гото́вить 2. *imp* (A)—(D)/(для + G) to prepare sth for sb
- Мы гото́вим ему́ (для него́) пода́рок (/ко́мнату/бельё).
  We're preparing a present (/room/bedding) for him.
- Когда́ я вошёл, сестра́ гото́вила для больно́го посте́ль.
  When I went in, the nurse was preparing the bed for the patient.

  (A)—(D)/(для + G)—(в, на + P) to cook sth for sb in sth
- Она́ гото́вит обе́д му́жу (для му́жа) и де́тям (для дете́й) на ку́хне.
  She cooks dinner for her husband and children in the kitchen.
- Я гото́влю обе́д гостя́м (для госте́й) в большо́й кастрю́ле.
  I'm cooking dinner in a big pan for the guests.

гото́виться *imp* (к + D)/(в, на + A) to get ready for sth (an event/to do sth); to prepare for sth (school)

- Я гото́влюсь к экза́мену (/к отъе́зду/к выступле́нию/к ма́тчу).
  I'm getting ready for the examination (/departure/performance/match).

- Мы гото́вимся к встре́че госте́й.
  We're getting ready to meet our friends.

- Ле́том он бу́дет гото́виться в университе́т (/на истори́ческий факульте́т).
  In the summer he'll be preparing for university (/for the history department).

**гото́виться (inf)** to prepare to do sth

- Она́ гото́вится поступи́ть в консервато́рию.
  She is preparing to enter the conservatory.

**греть** *imp* (**A**)—(**в, на + P**) to warm, heat sth in/on sth

- Мы гре́ем во́ду в ча́йнике, а еду́ на сковороде́.
  We heat water in the kettle (teapot) and food in the frying pan.

- Я грел суп на плите́, а пи́ццу в духо́вке.
  I warmed soup on the stove and pizza in the oven.

**гуля́ть** *imp* (**с + I**) to go for a walk with sb/sth

- Моя́ дочь лю́бит гуля́ть с ня́ней (/с соба́кой/с ку́клой).
  My daughter likes to go for walks with her nanny (/dog/doll).

  (**в + P**)/(**по + D**) to take a walk in/around some place

- В тот ве́чер мы гуля́ли в па́рке (/по па́рку).
  That evening we were taking a walk in the park (/around the park).

  (**с + I**)—(**в, на + P**)/(**по + D**) to go for a walk with sb in/on/along sth

- Я обы́чно гуля́ю с детьми́ в ботани́ческом саду́ или на на́бережной (/по на́бережной).
  I usually go for walks with my children in the botanical garden or on the riverbank (/along the river(bank)).

**дава́ть** *imp* /**дать** *pf* (**A**)—(**D**) to give sb sth

- Я дам ему́ де́ньги (/ключи́ от маши́ны).
  I'll give him money (/the car keys).

- Дай нам свой а́дрес и но́мер телефо́на.
  Give us your address and telephone number.

- Сестра́ даёт больно́му лека́рство ка́ждые два часа́.
  The nurse gives the patient medicine every two hours.

- Како́е и́мя вы дади́те сы́ну?
  What name will you give your son?

- Ма́льчик дал роди́телям сло́во хорошо́ занима́ться.
  The boy gave his parents his word that he would study better.

   дать (D)—(inf) (*pf only*) to let sb do sth
- Да́йте мне поду́мать (/отдохну́ть/почита́ть).
  Let me think (/rest/read a little).

   дава́ть (inf) (*imp only*) let's do sth
- Дава́йте петь, пить и танцева́ть.
  Let's sing, drink, and dance.

дари́ть *imp* /подари́ть *pf* (A)—(D) to give sb sth; to present sth to sb/sth
- Мать подари́ла сы́ну игру́шку (/часы́/велосипе́д).
  The mother gave her son a toy (/watch/bicycle).

- Ма́льчик про́сит подари́ть ему́ соба́ку (/пти́цу/ры́бок).
  The boy asks for (to be given) a dog (/bird/fish).

- Господи́н Никола́ев да́рит свою́ библиоте́ку го́роду.
  Mr. Nikolaev is presenting his library to the city.

   (A)—(D)—(на + A) to give sb sth for sth
- Что ты обы́чно да́ришь друзья́м на день рожде́ния?
  What do you usually give your friends for their birthdays?

дви́гать 1. *imp* (A)—(в + P) to move sth in/on sth
- Она́ постоя́нно дви́гает ме́бель в свое́й ко́мнате.
  She is always moving the furniture in her room.

дви́гать 2. *imp* /дви́нуть *pf* (I) to move sth
- Я не могу́ дви́нуть ни одни́м па́льцем.
  I cannot move any of my fingers.

- Он так уста́л, что у него́ ру́ки и но́ги не дви́гались.
  He was so tired that he couldn't move his arms and legs.

дви́гаться *imp* /дви́нуться *pf* (на + A)/(к, по + D) to go, head for, move in some
  direction/down some road

- Путеше́ственники бу́дут дви́гаться всё вре́мя на се́вер.
  The travelers will be moving farther north all the time.

- Ве́чером мы дви́нулись к до́му (/к го́роду/к о́зеру).
  In the evening we headed for home (/the city/the lake).

- Де́ти дви́гались по доро́ге к мо́рю.
  The children were going (moving) down the road to the sea.

**де́лать 1.** *imp* /**сде́лать** *pf* (A)—(из + G) to make sth from/with sth

- Маши́ны де́лают из мета́лла.
  They make machines from metal.

- Из чего́ ты бу́дешь де́лать сала́т?
  What will you make the salad with?

- Ма́льчик сде́лал из пластили́на фигу́рку диноза́вра.
  The boy made a little figure of a dinosaur from plasticine.

    (A)—(D)/(для + G)—(из + G) to make sth from/out of sth for sb

- Ива́н сде́лал сы́ну (для сы́на) игру́шку из де́рева.
  Ivan made a toy out of wood for his son.

- Он де́лает свои́м зака́зчикам ме́бель из ду́ба и сосны́.
  He makes furniture for his clients from oak and pine.

**де́лать 2.** *imp* /**сде́лать** *pf* (A)—(D)/(для + G) to do sth (abstract) (for) sb

- Они́ всегда́ де́лают лю́дям добро́.
  They always do good things for people.

- Он сде́лал мно́го хоро́шего для свои́х друзе́й.
  He did a lot of good for his friends.

- Сде́лай мне одолже́ние, напеча́тай эти две страни́цы.
  Do me a favor, type these two pages.

    **де́лать (A), что́бы** . . . to do sth so that . . .

- Он де́лает всё, что́бы лю́ди вокру́г него́ бы́ли сча́стливы.
  He does everything to make those around him happy (lit. so that those around him will be happy).

**де́лать 3.** *imp* /**сде́лать** *pf* (A) to make, do, perform sth

- Он всегда́ де́лает э́ту оши́бку.
  He always makes this mistake.

- В кото́ром часу́ ты де́лаешь у́треннюю заря́дку?
  When do you do your morning exercises?

- Тебе придётся сделать выбор.
  You'll have to make a choice.
- Мы сделали все опыты вчера.
  We performed all the experiments yesterday.

(A)—(D) to give sb sth; to make sth (abstract) to sb

- Я сделаю тебе массаж завтра.
  I'll give you a massage tomorrow.
- Сестра делает мне укол каждое утро.
  The nurse gives me an injection every morning.
- Мой брат сделал Марии предложение.
  My brother proposed (*lit.* made a proposal) to Maria.

делать 4. *imp* /сделать *pf* (A)—(из + G) to make sth (out) of sb

- Из него можно сделать хорошего работника.
  A good worker can be made out of him.
- Ты всегда делаешь из меня дурака.
  You always make a fool of me.

(A)—(I noun) to make sb/sth sth

- Он сказал, что сделает Марка своим помощником.
  He said he'll make Mark his assistant.
- Тебе не стыдно делать меня посмешищем?
  Aren't you ashamed to have made me a laughingstock?
- Пётр Великий сделал Петербург столицей России.
  Peter the Great made Petersburg the capital of Russia.

(A)—(I adj) to make sb/sth sth

- Он сделал меня счастливой.
  He made me happy.
- Она сделает свою новую квартиру уютной (/сад красивым).
  She'll make her apartment cozy (/garden beautiful).

*idiomatic* (A)—(из + G) to make, draw sth (abstract) from sth

- Как ты можешь делать из этого развлечение?
  How can you find all this funny (lit. make fun from all this)?
- Я надеюсь, ты сделаешь из этого правильные выводы.
  I hope you'll draw the right conclusions from this.

делить 1. *imp* /разделить *or* поделить *pf* (A)—(на + A) to divide sb/sth into/ by sth

- Игроко́в разде́лят на две кома́нды (/на две гру́ппы).
  They'll divide the players into two teams (/two groups).

- Друзья́ раздели́ли (подели́ли) де́ньги на три ча́сти.
  The friends divided the money in three (parts).

- Ты до́лжен научи́ться дели́ть одно́ число́ на друго́е.
  You must learn how to divide one number by another.

  **(A)—(ме́жду I & I)** to divide sth between sb and sb

- Иму́щество раздели́ли (подели́ли) по́ровну ме́жду бра́том и сестро́й.
  They divided the property equally between brother and sister.

**дели́ть 2.** *imp* /**раздели́ть** *pf* **(A)—(с + I)** to share sth with sb

- Я дели́л с дру́гом после́дний кусо́к хле́ба.
  I shared the last piece of bread with my friend.

- Она́ раздели́ла с Ма́рком свой скро́мный за́втрак.
  She shared her modest breakfast with Mark.

**дели́ться 1.** *imp* /**раздели́ться** *pf* **(на + A)** to divide; to be (can be) divided into/by sth

- Лю́ди раздели́лись на друзе́й и враго́в.
  The people divided into friends and enemies.

- Все изде́лия де́лятся на сорта́.
  All products are sorted (*i.e.*, divided by varieties or brands).

- Э́то число́ де́лится на шесть.
  This number is divisible (can be divided) by six.

**дели́ться 2.** *imp* /**подели́ться** *pf* **(I)—(с + I)** to share sth with sb

- Он всегда́ де́лится с друзья́ми всем, что у него́ есть.
  He always shares everything he has with friends.

- Я подели́лся с бра́том свои́ми мы́слями.
  I shared my thoughts with my brother.

- Мы поде́лимся впечатле́ниями от пое́здки с ма́терью (/с друзья́ми).
  We'll share our impressions of the trip with my mother (friends).

**держа́ть** *imp* **(A)—(в + P)** to hold sth in sth

- Ма́льчик де́ржит в руке́ кни́гу (/цветы́).
  The boy holds a book (/flowers) in his hand.

  **(A)—(за + I)** to hold sth behind sth

- Покажи́ мне, что ты де́ржишь за спино́й.
  Show me what you're holding behind your back.

**(A)—(пе́ред + I)** to hold sth in front of sth

- Он держа́л кни́гу пе́ред собо́й, но не мог чита́ть.

  He held the book in front of him but couldn't read.

**(A)—(в, на + P)** to keep sb/sth in, at, on sth

- Почему́ ты де́ржишь сы́на в го́роде (/в шко́ле-интерна́те)?

  Why do you keep your son in the city (/at boarding school)?

- Я держу́ кни́ги на по́лках или на полу́ у крова́ти.

  I keep my books on the shelves or on the floor near the bed.

- Мы всегда́ держа́ли велосипе́ды на вера́нде.

  We always kept our bicycles on the porch.

**держа́ться 1.** *imp* **(I)—(за + A)** to hold (on to) sth; to hold sth (in sth)

- Когда́ спуска́ешься с ле́стницы, держи́сь за пери́ла.

  When you go down the stairs, hold on to the banister.

- Почему́ ты де́ржишься руко́й за щёку? Боли́т зуб?

  Why are you holding your cheek (in your hand)? Do you have a toothache?

**держа́ться 2.** *imp* **(G)** to stay on/in sth; to follow sth; to adhere to sth (abstract)

- Я бу́ду лу́чше держа́ться э́той доро́ги (/пра́вой полосы́).

  I had better stay on this road (/in the right lane).

- Брат де́ржится стро́гих пра́вил.

  My brother follows strict rules.

- Я держу́сь друго́го мне́ния.

  I adhere to (or hold) a different opinion.

**добавля́ть 1.** *imp* /**доба́вить** *pf* **(G)—(D)** to pour, give sb more of sth

- Тебе́ доба́вить ча́я?

  Shall I pour (*or* give) you more tea?

- Я добавля́ю го́стю су́па.

  I'm giving our guest more soup.

**(A)/(G)—(D)—(в + A)** to put sth/more of sth in/on sb's sth

- Я доба́влю тебе́ в чай са́хар (са́хара).

  I'll put sugar (more sugar) in your tea.

- Он добавля́ет соль (со́ли) себе́ в сала́т.

  He puts salt (more salt) on his salad.

**добавля́ть 2.** *imp* /**доба́вить** *pf* **(A)—(к + D)** to add sth to sth

- Мы доба́вили к на́шей колле́кции но́вые карти́ны.

  We added some new pictures to our collection.

- На́до бу́дет доба́вить к те́ксту примеча́ния.
  It will be necessary to add some comments to the text.

**добега́ть** *imp* /**добежа́ть** *pf* (до + **G**) to run to sth
- Он добежа́л до маши́ны быстре́е, чем я.
  He ran to the car faster than I did.

**добива́ться** *imp* /**доби́ться** *pf* (**G**) to get, pursue, reach, obtain sth
- Она́ доби́лась э́того ме́ста.
  She got this job.
- Он добива́ется её любви́ уже́ мно́го лет.
  He has been pursuing her (love) for (many) years.
- Я уве́рен, что Ива́н добьётся свое́й це́ли (/призна́ния).
  I'm sure Ivan will reach his goal (/obtain recognition).
- Брат не раз добива́лся успе́ха на соревнова́ниях.
  My brother was successful (*lit.* obtained success) in competitions several times (more than once).

**доверя́ть 1.** *imp* (**D**) to trust sb; to rely on sth
- Я вполне́ доверя́ю своему́ врачу́ (/дру́гу/Ни́не).
  I trust my doctor (/my friend/Nina) completely.
- Мо́жем ли мы доверя́ть её слова́м (/её зна́ниям/её мне́нию)?
  Can we rely on her words (/competence/opinion)?

**доверя́ть 2.** *imp* /**дове́рить** *pf* (**A**)—(**D**) to entrust sb/sth to sb; to trust sb with sth
- Мы доверя́ем свои́х дете́й учителя́м (/своё здоро́вье врача́м).
  We entrust our children to teachers (/our health to doctors).
- Я никогда́ никому́ не дове́рю э́ту та́йну.
  I'll never trust anyone with this secret.
- Я могу́ дове́рить Никола́ю все мои́ де́ньги.
  I can entrust all my money to Nicholas.

**доверя́ться** *imp* /**дове́риться** *pf* (**D**) to confide in sb
- Напра́сно он дове́рился э́тому челове́ку.
  He shouldn't have confided in that man.

**доводи́ть 1.** *imp* /**довести́** *pf* (**A**)—(до + **G**) to walk, take sb to some place
- Ты доведёшь дете́й до шко́лы (/до поликли́ники)?
  Will you take the children to school (/the clinic)?

■ Он довёл меня до угла (/друга до автобусной остановки).
He walked me to the corner (/(his) friend to the bus stop).

**доводить 2.** *imp* /**довести** *pf* (**A**)—(до + **G**) to reduce, bring sb/sth to sth
■ Твои обвинения довели её до слёз.
Your accusations reduced (brought) her to tears.

■ Я доведу дело до конца.
I'll bring the affair (matter) to an end.

**довозить** *imp* /**довезти** *pf* (**A**)—(до + **G**) to drive, bring sb (in a vehicle) to some place
■ Мы довезём тебя до аэропорта.
We'll drive you to the airport.

■ Кто довёз туристов до гостиницы?
Who brought (i.e., drove) the tourists to the hotel?

■ Я обычно довожу моих гостей до ближайшей станции метро.
I usually drive my guests to the nearest subway station.

**догадываться** *imp* /**догадаться** *pf* (о + **P**) to figure out sth
■ Как ты догадался об этом?
How did you figure this out?

  **догадаться** (inf) to think of doing sth
■ Жаль, что он не догадался позвонить ей.
It's a pity he didn't think of calling her.

  **догадываться/догадаться, что** . . . to realize, figure out, guess that (what) . . .
■ Я давно догадывался, что он мне не доверяет.
I realized (*or* figured out) long ago that he doesn't trust me.

■ Надеюсь, ты догадался, что я имел в виду
I hope you guessed what I meant.

**догонять** *imp* /**догнать** *pf* (**A**)—(на + **P**) to catch up to/with sb/sth in/on sth
■ Мы догоняли его на машине, но не догнали.
We tried to catch up to him in the car, but we couldn't.

■ Поезд не догонишь на велосипеде.
One cannot catch up with a train on a bicycle.

**договариваться** *imp* /**договориться** *pf* (с + **I**)—(о + **P**) to seek an agreement with sb on sth

■ Он договори́тся обо всём с дире́ктором шко́лы.
He'll seek an agreement on everything with the school principal.

**договори́ться (inf)** to agree (with sb) to do sth
■ Мы договори́лись писа́ть друг дру́гу пи́сьма.
We agreed to write (letters) to each other.

**договори́ться, что . . .** to agree to do sth
■ Они́ договори́лись, что (они́) встре́тятся через неде́лю.
They agreed to meet in a week.

**доезжа́ть** *imp* /**дое́хать** *pf* (**до + G)—(на + P**) to get to some place by sth (a vehicle)
■ Я обы́чно доезжа́ю до ста́нции на авто́бусе.
Usually I get to the station by bus.

■ Мо́жно ли дое́хать туда́ на по́езде?
Can one get there by train?

**(до + G)—(за + A)** to reach some place in some time
■ Мы дое́дем до го́рода за полчаса́.
We'll reach the city in half an hour.

**дожида́ться** *imp* /**дожда́ться** *pf* (**G**) *colloq.* to wait for, await sb/sth; *pf* to finally see sb/sth arrive, come
■ Я уже́ це́лый ме́сяц дожида́юсь письма́ от него́.
I've been waiting for (*or* awaiting) a letter from him for a month.

■ Мы, наконе́ц, дожда́ли́сь сы́на (/тёплых дней).
Our son (The warm weather) finally arrived (*lit.* We (successfully) waited for our son/the warm weather to arrive).

*pf only* (used negatively) one cannot wait until sb/sth comes
■ Не могу́ дожда́ться му́жа (/его́ письма́).
I can't wait until my husband (/the letter) comes.

**дожива́ть** *imp* /**дожи́ть** *pf* (**до + G**) to live to (be) sth
■ Она́ доживёт до ста лет.
She'll live to (be) a hundred (years old).

**дозвони́ться** *pf* (**до + G)/(в + A**) to reach sb/sth by/on the phone
■ Вчера́ ве́чером я не могла́ до тебя́ дозвони́ться.
Last night I couldn't reach you on the phone.

■ За́втра я попро́бую дозвони́ться в универма́г.
Tomorrow I'll try to reach the department store by phone.

дока́зывать *imp* /доказа́ть *pf* (A)—(D) to prove sth to sb
- Я уве́рен, что он дока́жет всем свою́ правоту́.
  I am sure that he'll prove to everybody that he is right (his rightness).

доказа́ть (D), что . . . to prove to sb that . . .
- Ты мне доказа́л, что ты настоя́щий друг.
  You proved to me that you are a real friend.

долете́ть *pf* (до + G) to fly up to sth; to reach (by flying) some place
- Пти́ца долете́ла до са́мой верши́ны горы́.
  The bird flew up to the very top of the mountain.
- Бою́сь, что вертолёт не долети́т до аэропо́рта.
  I'm afraid the helicopter won't make it to (reach) (*lit.* reach by flying) the airport.

(до + G)—(за + A) to reach (by flying) sth in some time
- Самолёт долете́л до Евро́пы за не́сколько часо́в.
  The plane reached Europe in a few hours.

долива́ть *imp* /доли́ть *pf* (A)—(в + A) to put in; to add sth (in)to sth
- Ты доли́л бензи́н в бак?
  Did you put gasoline in (*or* add gasoline to) the car (tank)?
- Я долью́ в ко́фе сли́вки.
  I'll put cream in my coffee (*lit.* add cream to my coffee).

(A)/(G)—(D)—(в + A) to add sth, pour/put more of sth in(to) sb's sth
- Вам доли́ть в ко́фе молоко́ (молока́)?
  Shall I put (more) milk (add some milk) in (to) your coffee?
- Не долива́й мне в ча́шку горя́чий чай (горя́чего ча́я).
  Don't pour hot tea (any more hot tea) in my cup.

донести́ 1. *pf* (A)—(до + G) to carry sth to sth
- Пожа́луйста, донеси́ э́ти ве́щи до маши́ны.
  Please carry these things to the car.
- Кто тебе́ донёс чемода́н до авто́буса?
  Who carried your suitcase to the bus?

донести́ 2. *pf* (D)—(на + A) to inform on sb to sb
- Как ты мог донести́ поли́ции на со́бственного бра́та?
  How could you inform on your own brother to the police?
- Не беспоко́йся, я никому́ на тебя́ не донесу́.
  Don't worry. I won't inform on you to anyone.

**доставáть 1.** *imp* /**достáть** *pf* (**A**)—(**из, с** + **G**) to get, take sth from some place
- Хозя́йка достаёт из холоди́льника сыр и ма́сло.
  The hostess gets cheese and butter from the refrigerator.
- Я доста́ну кни́гу с по́лки (/из шка́фа).
  I'll get (or take) the book from the shelf (/the bookcase).
- Молодо́й челове́к доста́л из карма́на носово́й плато́к (/ключи́).
  The young man got (*or* took) his handkerchief (/keys) out of his pocket.

**доставáть 2.** *imp* /**достáть** *pf* (**до** + **G**)—(**I**) to reach sth with sth
- Я не доста́ну руко́й до э́той карти́ны.
  I won't be able to reach that picture (with my hand).

**доставáть 3.** *imp* /**достáть** *pf* (**A**) to find, get sth
- Тру́дно доста́ть хоро́ший ру́сский слова́рь.
  It's difficult to find (get) a good Russian dictionary.
- Он всегда́ достаёт то, что хо́чет.
  He always gets what he wants.
- Я доста́ну биле́ты на э́тот бале́т.
  I'll get tickets for this ballet.

**доставля́ть** *imp* /**доста́вить** *pf* (**A**)—(**D**)—(**на** + **A**) to deliver sth to sb/to sb's sth
- Посы́льный доста́вит телегра́мму адреса́ту.
  The messenger will deliver the telegram to the addressee.
- Кто вам доставля́ет на́ дом проду́кты?
  Who delivers groceries to your home?

**достига́ть 1.** *imp* /**дости́гнуть** *or* **дости́чь** *pf* (**G**) to reach some place
- Экспеди́ция дости́гнет верши́ны горы́ че́рез день и́ли два.
  The expedition will reach the top of the mountain in a day or two.
- Он дости́г бе́рега реки́ за полчаса́.
  He reached the riverbank in half an hour.

**достига́ть 2.** *imp* /**дости́гнуть** *or* **дости́чь** *pf* (**G**) to attain, achieve sth
- Она́ дости́гла свое́й це́ли (/успе́ха/сла́вы).
  She attained her goal (/success/glory (fame)).
- Мы наде́емся, что учёные дости́гнут жела́емых результа́тов.
  We hope that the scientists will achieve the desired results.

**достига́ть 3.** *imp* /**дости́гнуть** *or* **дости́чь** *pf* (**G**) to reach some level
- Температу́ра дости́гла ста гра́дусов.
  The temperature reached a hundred degrees.
- Инфля́ция в Росси́и дости́гла катастрофи́ческих разме́ров.
  Inflation in Russia reached catastrophic proportions.

**доходи́ть 1.** *imp* /**дойти́** *pf* (**до + G**) to go (on foot) up to/as far as some place
- Не доходи́те до конца́ у́лицы. Дойди́те до угла́ и поверни́те напра́во.
  Don't go to the end of the street. Go as far as the corner and turn right.

  (**от + G**)—(**до + G**)—(**за + A**) to get from one place to another in some time
- Мы дошли́ от до́ма до университе́та за полчаса́.
  We got from our house to the university in half an hour.

**доходи́ть 2.** *imp* /**дойти́** *pf* (**до + G**) to reach sb; to get to sth
- Мы зна́ем, что письмо́ дошло́ до адреса́та.
  We know the letter has reached the addressee.
- За́втра мы дойдём до э́той главы́ (/страни́цы).
  We'll get to this chapter (/page) tomorrow.

**доходи́ть 3.** *imp* /**дойти́** *pf* (**до + G**) to reach sb; to be understood by sb
- Наде́юсь, пье́са дошла́ до зри́телей (/объясне́ние дошло́ до студе́нтов).
  I hope the play reached the spectators (/explanation was understood by the students).

**дра́ться** *imp* /**подра́ться** *pf* (**с + I**) to fight with sb
- С кем ты вчера́ подра́лся?
  Whom did you fight with yesterday?
- Не понима́ю, почему́ вы всегда́ дерётесь друг с дру́гом.
  I don't understand why you are always fighting with each other.

  (**из-за + G**) to fight over sth
- Де́ти иногда́ деру́тся из-за пустяка́.
  Sometimes children fight over nothing.

**дрожа́ть** *imp* (**от + G**) to shiver, tremble with/from sth
- Он дрожи́т от стра́ха (/от волне́ния).
  He is shivering (*or* trembling) from fear (/with excitement).

**дружи́ть** *imp* (**с + I**) (of two or more people) to be friends with sb
- Мы с ним дру́жим (/я с ним дружу́) уже́ пять лет.
  We've been friends (*lit.* he and I are friends) for five years (already).

**ду́мать** *imp* (о + I) to consider sth; to think about/of sb/sth
- Она́ всё вре́мя ду́мала о свое́й семье́ (/о слова́х дру́га).
  She kept thinking about her family (/her friend's words) (all the time).
- Я ча́сто ду́маю о тебе́ (/о твоём здоро́вье).
  I often think about you (your health).
- Ты до́лжен ду́мать о свои́х старика́х-роди́телях.
  You must think of your aged parents.
- Мы не ду́мали о тако́й возмо́жности.
  We didn't consider (think of) such a possibility.

    **ду́мать, что** ... to think [that] ...
- Я не ду́маю, что он опозда́ет.
  I don't think (that) he will be late.

**дуть** *imp* (с, из + G) (of the wind) to blow from some place
- С реки́ дул холо́дный ве́тер.
  A cold wind blew from the river.
- В э́том го́роде ве́тры ду́ют с океа́на и из доли́ны.
  In this city winds blow both from the ocean and the valley.

    *impersonal* (от + G) (to be) a draft from some place
- Здесь ду́ет от окна́ (/от входно́й две́ри).
  There is a draft here from the window (/from the front door)

**дыша́ть** *imp* (I) to breathe with/through sth; to breathe sth
- Челове́к ды́шит лёгкими.
  A human being breathes with lungs.
- Не дыши́ ртом, дыши́ но́сом.
  Don't breathe through your mouth. Breathe through your nose.
- Мы здесь ды́шим ды́мом, а не кислоро́дом.
  We're breathing smoke rather than oxygen here.

    *impersonal* (I) (to be) nothing to breathe
- Откро́й окно́, здесь не́чем дыша́ть.
  Open the window; one can't breathe in here (*lit.* there is nothing to breathe here).

# E

**е́здить** *imp indef* (**в, на + A**) to go to some place
- Ты е́здил в э́том году́ в А́нглию (/на Аля́ску)?
  Did you go to England (/Alaska) this year?

    (**в, на + A**)—(**на + P**)/(**I**) to go to some place by sth (a vehicle)
- Я е́зжу на рабо́ту (/в магази́н) на маши́не или на авто́бусе (авто́бусом).
  I go to work (/the store) by car or bus.

    (**к + D**) to go to sb's
- Мы е́здили к роди́телям ка́ждую суббо́ту.
  We went (used to go) to our parents' every Saturday.

    (**к + D**)—(**на + P**)/(**I**) to go to sb's on/by sth (a vehicle)
- Они́ е́здят к Ни́не (/к врачу́) на по́езде (по́ездом).
  They go to Nina's (/the doctor) on the (by) train.

    (**из, с, + G**)—(**в, на + A**) to go (in a vehicle) from some place/sth to some place/sth
- Мы люби́ли е́здить из зоопа́рка в го́род (/с заня́тий на пляж).
  We liked going (or driving) from the zoo to the city (/from lectures to the beach).

**есть 1.** *imp* (**A**)—(**из, с, + G**) to eat sth from/on/in sth
- Я ем ры́бу и о́вощи из таре́лки, а моро́женое из блю́дца.
  I eat fish and vegetables on a plate and ice cream in a dish (bowl).
- Мы никогда́ не еди́м из кастрю́ли (/со сковороды́).
  We never eat from the pan (/skillet).

    (**A**)—(**I**) to eat sth with sth
- Вы еди́те торт ло́жкой или ви́лкой?
  Do you eat cake with a spoon or a fork?

**есть 2.** *imp* (*3rd person singular present of* **быть** ) (**У + G**) (of sb) to have sth
- У меня́ есть интере́сные кни́ги и журна́лы.
  I have some interesting books and magazines.
- У неё есть ребёнок (/ко́шка и больша́я соба́ка).
  She has a child (/a cat and a big dog).

    (**в, на + P**) (of sth) to be there in some place
- В го́роде (/на о́строве) есть не́сколько библиоте́к и оди́н театр.
  There are several libraries and one theater in the town (/on the island).

**(У + G)—(в, на + Р)** (of sth) to be there at sb's sth; (of sb) to have sth in/at sb's sth

- У нас на факульте́те (/в магази́не) есть телеви́зор.

  There is a TV in our department (/at the store) or We have a TV in our department (/at the store).

**éхать** *imp def* **(из, с, от + G)—(в, на + А, к + D)** to drive from some place/sb's to some place/sb's

- Когда́ начала́сь гроза́, они́ е́хали из при́города в го́род (/с конце́рта на конфере́нцию).

  When the storm started, they were driving from the suburbs to the city (/from the concert to the conference).

- Я е́ду от врача́ к роди́телям.

  I'm driving from the doctor to my parents'.

  **(из, с, от + G)—(в, на + А)—(на + Р)/(I)** to go from sb's/some place to some place by sth (a vehicle)

- Мы е́дем от роди́телей (/из музе́я/с вы́ставки) в го́род на по́езде (по́ездом).

  We are going to the city from our parents' (/the museum/the exhibition)  by train.

- Он е́хал от врача́ на рабо́ту на авто́бусе (авто́бусом).

  He was going from the doctor to work on the bus.

**жале́ть 1.** *imp* **/пожале́ть** *pf* **(А)** to feel sorry for sb; to have pity on sb/sth (person or animal)

- Лю́ди жале́ют э́того одино́кого старика́ (/больны́х дете́й/).

  People feel sorry for that lonely old man (/sick children).

- Пожале́й э́то бе́дное живо́тное.

  Have pity on this poor animal.

**жале́ть 2.** *imp* **/пожале́ть** *pf* **(о + Р)** to regret sth

- Я жале́л о вре́мени, кото́рое я потра́тил на э́то.

  I regretted the time wasted on this.

  Я не жале́ю о деньга́х, но жале́ю о поте́рянных наде́ждах.

  I don't regret the money, but I do regret the wasted hopes.

**жале́ть/пожале́ть, что . . . to be sorry, regret (that . . . )/not doing sth**
- Мы жале́ли, что тебя́ не́ было с на́ми.
  We were sorry (that) you were not with us.
- Я пожале́л (о том), что не позвони́л ей.
  I regretted not (or that I had not) calling her.

**жа́ловаться** *imp*/**пожа́ловаться** *pf* (D)—(на A) to complain to sb of sth or about sb/sth
- Больно́й жа́луется врачу́ на головну́ю боль (/на уста́лость).
  The patient is complaining to the doctor of a headache (/fatigue).
- Э́тот челове́к всегда́ жа́луется на свои́х дете́й (/на жизнь).
  That man is always complaining about his children (/life).

**жаль** *impersonal* (D)—(A) to feel sorry for sb
- Ему́ жаль старика́ (/дете́й/э́ту же́нщину).
  He feels sorry for the old man (/the children/this woman).

**жаль (D), что . . .** (of sth) to be sorry, regret that . . .
- Нам бы́ло жаль, что мы не встре́тились.
  We were sorry we didn't meet.
- Мне жаль, что я не смог прийти́ во́время.
  I regret that I couldn't get there in time.

**жа́рить** *imp* (A)—(на + P) to fry sth in/on sth
- Мать жа́рит котле́ты на плите́.
  Mother fries hamburgers on the stove.
- Вы жа́рите пирожки́ (/яи́чницу/карто́фель) на ма́сле?
  Do you fry pirozhki (/eggs/potatoes) in oil?

**ждать 1.** *imp* (A)/(G) to wait for sb/sth
- Я ждала́ сестру́, но она́ не пришла́.
  I waited for my sister, but she didn't come.
- Мы ждём наш по́езд (/по́езда).
  We are waiting for our train (/a train).
- Ей пришло́сь до́лго ждать э́того письма́.
  She had to wait a long time for the letter.
- Я с нетерпе́нием жду весну́ (/весны́).
  I wait impatiently for spring.

**(G)** to wait for sth (abstract)

- Ско́лько вре́мени вы жда́ли нача́ла спекта́кля?

  How long did you wait for the performance to begin (before the performance began)?

- Я жду ва́шего сове́та (/отве́та на моё письмо́).

  I am waiting for your advice (/an answer to my letter).

**(A)—(в, на + P)/(о́коло + G)** to wait for sb in some place

- Я бу́ду ждать тебя́ в библиоте́ке (/на вокза́ле/о́коло магази́на).

  I'll wait for you in the library (/at the train station/outside the store).

**(A)—(от + G)** to wait for sth from sb

- Мы ждём телегра́мму от отца́ (/от на́шего дру́га).

  We are waiting for a telegram from father (/our friend).

**ждать 2.** *imp* **(G)** to expect sth (abstract)

- Все ждут любви́ и сча́стья.

  Everybody expects love and happiness.

- Он ждал награ́ды за свою́ рабо́ту (/приглаше́ния на бал).

  He expected a reward for his work (/an invitation to the ball).

**ждать, что . . .** to expect that . . .

- Мы ждём, что он бу́дет знамени́тым пиани́стом.

  We expect him to be (*lit.* that he will be) a famous pianist.

**ждать 3.** *imp* **(A)** (*3rd person only*) (of sth) to wait for sb; await sb

- Тебя́ ждёт сюрпри́з.

  There's a surprise waiting for you.

- Дете́й жда́ли пода́рки к Рождеству́.

  The Christmas presents awaited the children.

**жева́ть** *imp* **(A)** to chew

- Жуй лу́чше.

  Chew thoroughly (*lit.* better).

- —Что ты жуёшь?—Я жую́ жева́тельную рези́нку.

  "What are you chewing?"—"I'm chewing gum."

**жела́ть** *imp* **(D)—(G)** to wish sb sth

- Жела́ю вам счастли́вого пути́ (/успе́хов /всего́ наилу́чшего).

  I wish you a good trip (/success/all the best).

- Мы жела́ли ему́ уда́чи (/сла́вы).

  We wished him luck (/fame).

**(D)—(inf)** to wish, want sb to do sth

■ Все мне жела́ют зако́нчить прое́кт во́время.
Everybody wants me to finish the project on time.

■ Роди́тели жела́ли нам ве́село встре́тить Но́вый год.
(Our) parents wished us a happy New Year's celebration.

**жела́ть (D), что́бы . . .** to wish sb sth

■ Мы жела́ли ему́, что́бы он победи́л на ко́нкурсе.
We wished him victory (*lit.* wished that he be victorious) in the competition.

**жени́ться** *imp* **(на + P)** (of a man) to marry sb

■ Ива́н жени́лся на Ни́ниной сестре́ (/на мое́й подру́ге).
Ivan married Nina's sister (/my friend).

**же́ртвовать** *imp* **/поже́ртвовать** *pf* **(A)—(D)/(для + G)** to donate/give sth to sb

■ Он же́ртвует мно́го де́нег бе́дным (для бе́дных).
He donates (*or* gives) a lot of money to the poor.

**(на + A)** to donate, give sth to sth

■ Мы поже́ртвовали де́ньги на це́рковь.
We gave (*or* donated) money to the church.

**(I)—(для/ра́ди + G)** to sacrifice sth/sb for sb/sb's sake

■ Я для (ра́ди) тебя́ пожертвовала свое́й карье́рой.
I sacrificed my career for you (for your sake).

■ Он пожертвовал собо́й ра́ди свои́х дете́й.
He sacrificed himself for his children's sake.

**жечь** *imp* **/сжечь** *pf* **(A)—(в, на + P)** to burn sth in/on sth

■ Мы здесь жжём в печа́х дрова́.
Here we burn wood in stoves.

■ Бы́ли времена́, когда́ кни́ги жгли на костра́х.
There were times when books were burned on bonfires.

**жить 1.** *imp* **(с + I)** to live with sb

■ Ива́н живёт с сестро́й (/с семьёй/с сы́ном и до́черью).
Ivan lives with his sister (/family/son and daughter).

**(у + G)** to live at sb's

■ Ни́на живёт у свои́х роди́телей (/у друзе́й/у тёти/у бра́та).
Nina lives at her parents' (/her friends'/her aunt's/her brother's).

**(в, на + P)/(за + I)** to live in some place

- Кто из вас живёт в общежи́тии (/в це́нтре го́рода)?
  Which of you lives in the dorm (/downtown)?

- Тру́дно жить на се́вере (/в гора́х/на э́том о́строве).
  It's hard living in the north (/in the mountains/on this island).

- Я никогда́ не жил за грани́цей, всегда́ жил в Росси́и.
  I've never lived abroad; I have always lived in Russia.

**жить 2.** *imp* **(на + A)/(I)** to live on sth; to support oneself by sth

- Она́ живёт на свои́ небольши́е дохо́ды (/на зарпла́ту/на пе́нсию).
  She lives on her small income (/earnings/pension).

- Моя́ тётя живёт уро́ками му́зыки (/вяза́нием).
  My aunt supports herself by giving music lessons (/by knitting).

# З

**забега́ть** *imp* **/забежа́ть** *pf colloq* **(в, на + A)/(к + D)** to stop (by) at some place; to drop by or in at sb's

- По доро́ге с рабо́ты мы забежа́ли на по́чту и в магази́н.
  On the way from work we stopped at the post office and the store.

- Он забега́ет ко мне два-три ра́за в неде́лю.
  He drops by (*or* drops in at) my place two or three times a week.

**(в, на + A)—(за + I)** to drop by, stop at some place for sb/sth

- Мы забежи́м в университе́т за Петро́м и пое́дем да́льше.
  We'll drop by the university to pick up Peter and go on from there.

- По доро́ге домо́й я забегу́ на ры́нок за молоко́м.
  On the way home I'll stop at the market for milk.

**забира́ть 1.** *imp* **/забра́ть** *pf* **(A)—(из + G)** to bring sb from some place
- Мы заберём отца́ из больни́цы за́втра.
  We'll bring father home from the hospital tomorrow.

**забира́ть 2.** *imp* **/забра́ть** *pf* **(A)—(у + G)** to take sth away from sb
- —Не забира́й у него́ игру́шку.—Заберу́, э́то моя́ игру́шка.
  "Don't take the toy away from him."—"I will (take it); it's my toy."

**забира́ться** *imp* /**забра́ться** *pf* (**в, на** + **P**)/(**под** + **A**) to get into/on/under sth
- Ма́льчик забра́лся в шкаф (/под стол).
  The boy got (or crawled) into the closet (/under the table).
- Почему́ ты забра́лся с нога́ми на крова́ть?
  Why did you get on the bed in your shoes (*lit.* feet)?
- Не понима́ю, как э́тот огро́мный медве́дь заберётся в берло́гу.
  I don't understand how this huge bear can get into its den.

**заболева́ть** *imp* /**заболе́ть** *pf* (**I**) to get sick with sth
- Два дня наза́д мой брат заболе́л гри́ппом.
  Two days ago my brother got sick with the flu.

**забо́титься 1.** *imp* (**о** + **P**) to take care of sb/sth
- Он забо́тился о свои́х де́тях (/о больно́м отце́).
  He took care of his children (/his sick father).
- Кто у вас в семье́ забо́тится о воспита́нии дете́й?
  Who in the family takes care of the children's upbringing?

**забо́титься 2.** *imp* (**о** + **P**) to be concerned about sb/sth
- Ты же зна́ешь, что я забо́чусь о тебе́ (/о твоём бу́дущем).
  You know that I'm concerned about you (/your future).
- Учи́тель забо́тился об успе́хах свои́х ученико́в.
  The teacher was concerned about the progress of his students.

**забра́сывать** *imp* /**забро́сить** *pf* (**A**) to neglect, give up, abandon sth
- В после́днее вре́мя ты совсе́м забро́сил ру́сский язы́к.
  Lately you have completely neglected Russian.
- Не забра́сывай му́зыку, ты пото́м пожале́ешь.
  Don't give up (*or* abandon) music; you'll regret it later.

**забыва́ть 1.** *imp* /**забы́ть** *pf* (**A**) to forget sb/sth
- Я тебя́ (/мои́х друзе́й/э́того челове́ка) никогда́ не забу́ду.
  I'll never forget you (/my friends/this man).
- Он забы́л её то́чные слова́ (/э́то стихотворе́ние/про́шлое/оби́ду).
  He had forgotten her exact words (/the poem/the past/the offense).

   (**о** + **P**) to forget about sb/sth
- Не забыва́й об А́нне (/о своём обеща́нии/о пое́здке).
  Don't forget about Anna (/your promise/the trip).

**забыва́ть 2.** *imp* /**забы́ть** *pf* (A)—(в, на + P)/(у + G) to leave (by forgetting), forget sth in some place/at sb's

- Я ча́сто забыва́ю ключи́ от кварти́ры на рабо́те (/в кабине́те).
  I often leave (forget) my house keys at work (/at the office).

- Она́ забы́ла свой зонт у това́рища (/у Ма́рии).
  She left (forgot) her umbrella at her friend's (/at Maria's).

**забы́ть (inf)** to forget to do sth

- Я забы́л позвони́ть ей (/сказа́ть ему́ об э́том/принести́ кни́гу).
  I forgot to call her (/tell him about it/bring a book).

**забы́ть, что . . .** to forget that . . .

- Ты не забу́дешь, что ты обеща́л принести́ мне кни́гу?
  You won't forget that you promised to bring me the book?

**завари́ть** *pf* (A)—(в + P) to brew sth in sth (a vessel)
- Она́ завари́ла чай в фарфо́ровом ча́йнике.
  She brewed tea in a china teapot.

**завора́чивать** *imp* /**заверну́ть** *pf* (A)—(в + A) to wrap sb/sth in sth
- Мать заверну́ла ребёнка в одея́ло.
  The mother wrapped her baby in a blanket.

- Не завора́чивай пода́рки в э́ту бума́гу. Мы завернём их в другу́ю.
  Don't wrap the presents in this paper. We'll use (wrap them in) another.

**зави́сеть** *imp* (от + G) to depend on sth
- Я не зави́шу от по́мощи роди́телей.
  I don't depend on my parents' support.

- На́ши пла́ны на за́втра зави́сят от пого́ды.
  Our plans for tomorrow depend on the weather.

**зави́сеть от того́, что (как, когда́) . . .** to depend on what (how, when) . . .
- Всё зави́сит от того́, что́ ты бу́дешь де́лать (/как и когда́ ты э́то бу́дешь де́лать).
  Everything depends on what you do (lit. will do) (/how and when you do it).

**заводи́ть 1.** *imp* /**завести́** *pf* (A)—(в + A) to take (on foot) sb to some place; to put sth (a vehicle) in sth
- По доро́ге на рабо́ту Ива́н заведёт дете́й в шко́лу.
  Ivan will take the children to school on his way to work.

- Обы́чно я завожу́ маши́ну в гара́ж.
  I usually put the car in the garage.

**(А)—(к + D)** to drop off sb at sb's

- Ты смо́жешь завести́ Ни́ну к роди́телям?
  Will you be able to drop Nina off at (her) parents'?

**заводи́ть 2.** *imp* /**завести́** *pf* (А) to start sth; introduce sth (abstract)
- В по́езде мы завели́ разгово́р с молодо́й же́нщиной.
  We started a conversation with a young woman on the train.

- Заче́м ты заво́дишь с ним спор?
  Why are you starting an argument with him?

- Наш нача́льник заво́дит но́вые поря́дки.
  Our boss is introducing new rules.

**за́втракать** *imp* **(I)** to breakfast on sth
- Он за́втракал бутербро́дами.
  He was breakfasting on sandwiches (i.e., was having sandwiches for breakfast).

**(в, на + P)/(у + G)** to have breakfast in some place/at sb's
- Мы ча́сто за́втракаем в кафе́ (/у роди́телей).
  We often have breakfast in the café (/at my parents').

- Он сего́дня за́втракал на парохо́де.
  Today he had breakfast on board ship.

**(с + I)** to have breakfast with sb
- В суббо́ту Ни́на за́втракает с друзья́ми (/с сёстрами/с Ива́ном).
  On Saturdays Nina has breakfast with her friends (/her sisters/Ivan).

**завя́зывать** *imp* **завяза́ть** *pf* (А)—(I) to tie, wrap sth in sth/in some fashion
- Он иногда́ завя́зывал го́рло бинто́м.
  Sometimes he wrapped his throat in a bandage.

- Завяжи́ шнурки́ ба́нтом.
  Tie your shoelaces in a bow.

**загляну́ть** *pf* (в, за, под + А) to glance, look in/under/behind sth
- Кто́-то загляну́л в окно́.
  Someone glanced in the window.

- Загляни́ под стол и за дива́н, мо́жет быть твои́ часы́ там.
  Look under the table and behind the couch… maybe your watch is there.

**задава́ть** *imp* /**зада́ть** *pf* (А) to ask sb sth (a question); to assign to sb sth
- Почему́ ты всегда́ задаёшь отцу́ так мно́го вопро́сов?
  Why do you always ask father so many questions?

- Учи́тель за́дал ученика́м две зада́чи (/стихотворе́ние).
  The teacher assigned two problems (/a poem) to his students.

  **(A)—(по + D)** (of sb) to be assigned sth in sth (subject)
- Что нам за́дали по хи́мии (/по ру́сскому языку́)?
  What were we assigned in chemistry (/in Russian)?

  **(D)—(inf)** to assign sb sth to do
- Учителя́ задаю́т нам реша́ть зада́чи (/писа́ть сочине́ния).
  The teachers assign us problems to solve (/compositions to write).

**заезжа́ть 1.** *imp* /**зае́хать** *pf* **(в, на + A)/(к + D)** to stop (by) (in a car) at some place/by sb's
- По доро́ге домо́й она́ зае́хала на по́чту (/в магази́н).
  On her way home she stopped at the post office (/store).
- Мы ненадо́лго зае́хали к мои́м роди́телям.
  We stopped by briefly at my parents' house.

  **(в, на + A)/(к + D)—(за + I)** to stop (by) (in a car) at some place/at sb's for sb/sth
- Ты зае́дешь в шко́лу за детьми́?
  Will you stop at school for the kids?
- Он зае́хал на по́чту за ма́рками.
  He stopped at the post office for stamps.
- Мой това́рищ ка́ждое воскресе́нье заезжа́ет ко мне за уче́бником.
  Every Sunday my friend stops by my place to pick up my textbook.

**заезжа́ть 2.** *imp* /**зае́хать** *pf* **(в + A)** to drive (get) into some undesirable place
- Мы зае́хали в незнако́мый лес (/в боло́то).
  We drove (got) into an unfamiliar forest (/a swamp).
- Не заезжа́й в снег.
  Don't drive into the snow.

**заинтересова́ть** *pf* **(A)—(I)** to captivate, interest sb with sth
- Он заинтересова́л пу́блику свои́м исполне́нием э́той ро́ли.
  He captivated the audience with his performance of the role.
- Я уве́рен, что он заинтересу́ет студе́нтов свои́м расска́зом.
  I'm sure he'll interest the students with his story.

**зака́зывать** *imp* /**заказа́ть** *pf* **(A)—(для + G)—(в + P)/(за + I)** to order, book sth for sb in some place

- Ивáн заказáл кнѝги для сы́на в кнѝжном магазѝне.
  Ivan ordered books for his son at the bookstore.
- Я закажу́ для вас билéты в туристѝческом агéнтстве.
  I'll book tickets for you at the travel agency.
- Фáбрика закáзывает нóвые машѝны за границей.
  The factory orders new machines abroad.

  **(A)—(y + G)/(D)** to commission sth from sb/at sb's; to have sth made to order by sb/at sb's
- Он заказáл портрéт жены́ худóжнику (у худóжника).
  He commissioned his wife's portrait from an artist (at the artist's).
- Закажѝ э́то плáтье хорóшему портнóму (у хорóшего портнóго).
  Have this dress made to order by a good tailor (at a good tailor's).

**закáнчивать** *imp* /**закóнчить** *pf* **(A)—(в + A)/(в + P)** to finish sth on/in/at sth (day, time, etc.)
- Я закóнчу проéкт в срéду (/письмó в пя́тницу).
  I'll finish the project on Wednesday (/letter on Friday).
- Марѝя закáнчивает рабóту (/óпыт) в пять часóв.
  Maria finishes work (/the experiment) at five o'clock.
- Отéц закóнчил кнѝгу ещё в декабрé (/в прóшлом году́).
  Father finished his book in December (/last year).

  **(A)—(I)** to finish sth with sth
- Он закóнчил расскáз шу́ткой.
  He finished his story with a joke.

**закáнчиваться** *imp* /**закóнчиться** *pf* **(I)** end in/with sth
- Их разговóры обы́чно закáнчиваются ссóрой.
  Their conversations usually end in an argument.
- Переговóры закóнчились подписáнием договóра.
  The negotiations ended with the signing of a contract.

**заклéивать** *imp* /**заклéить** *pf* **(A)—(I)** to seal sth with sth; to put sth (adhesive) on sth
- Чем ты заклéил конвéрт?
  What did you seal the envelope with?
- Заклéй рáну плáстырем.
  Put a Band-Aid on the wound.

**закрыва́ть 1.** *imp* /**закры́ть** *pf* (**A**) to close, shut sth

■ Закро́й окно́ (/дверь/шкаф/холоди́льник).
  Shut the window (/door/closet/refrigerator).

■ Рестора́н закры́ли полчаса́ наза́д.
  The restaurant closed (they closed it) half an hour ago.

**закрыва́ть 2.** *imp* /**закры́ть** *pf* (**A**)—(**I**) to cover sth with sth

■ Не закрыва́й кастрю́лю кры́шкой.
  Don't cover the pan with a lid.

■ Я закро́ю еду́ (/хлеб) салфе́ткой.
  I'll cover the food (/bread) with a napkin.

**закрыва́ться** *imp* /**закры́ться** *pf* (*3rd person only*) (**в, че́рез** + **A**) to close/or in some time

■ Музе́й закрыва́ется в пять часо́в.
  The museum closes at five.

■ Магази́н закро́ется че́рез че́тверть ча́са.
  The store will close in a quarter of an hour.

**залеза́ть** *imp* /**зале́зть** *pf* (**на** + **A**) to climb up/on sth

■ Как ты зале́з на де́рево?
  How did you climb the tree?

■ Не залеза́й на кры́шу!
  Don't climb on the roof!

■ Я не смогу́ зале́зть на э́ту го́ру.
  I won't be able to climb this mountain.

**заменя́ть** *imp* /**замени́ть** *pf* (**A**)—(**I**) to replace sth with sth; to substitute sb for sb

■ Мне пришло́сь замени́ть в маши́не не́которые дета́ли но́выми.
  I had to replace some of the machine's parts with new ones.

■ Мы замени́ли его́ други́м актёром (/футболи́стом).
  We substituted another actor (/soccer player) for him.

**замерза́ть** *imp* /**замёрзнуть** *pf* (**на, в** + **P**) to freeze, get cold (in sth) in some place

■ Ты ду́маешь, я не замёрзну на берегу́ в э́том пла́тье?
  You think I won't get cold in this dress on the beach?

■ На у́лице (/в лесу́) я совсе́м замёрз.
  I absolutely froze on the street (/in the forest).

**(при + P)** to freeze at some temperature

- Вода́ замерза́ет при температу́ре ноль гра́дусов по Це́льсию.
  Water freezes at (the temperature of) zero degrees Celsius.

**замеча́ть** *imp* /**заме́тить** *pf* (A)—(в, на + P) to notice sb/sth in/on sth

- Он заме́тил в толпе́ знако́мого (/на стена́х стра́нные на́дписи).
  He noticed an acquaintance in the crowd (/strange inscriptions on the walls).

- Я с удивле́нием замеча́ю седину́ в её волоса́х.
  I was surprised to notice some gray in her hair.

**(A)—(среди́ + G)** to notice sb/sth in/among sb/sth

- Ты заме́тил Петра́ среди́ зри́телей (/мою́ блу́зку среди́ веще́й в чемода́не)?
  Did you notice Peter in the audience (/my blouse among the things in the suitcase)?

**заме́тить, что (как)** . . . to notice that (how) . . .

- Все заме́тили, что ты покра́сила во́лосы.
  Everybody's noticed that you've dyed your hair.

- Вы заме́тили, как ме́дленно он говори́т?
  Did you notice how slowly he speaks?

**заморáживать** *imp* /**заморо́зить** *pf* (A) to freeze sth; (of sb) to be frozen

- Ры́бу лу́чше заморо́зить, а фру́кты замора́живать не на́до.
  It's better to freeze fish, but you don't need to freeze fruit.

- Закро́й окно́, ты нас совсе́м заморо́зил.
  Close the window. We're absolutely frozen.

**занима́ть 1.** *imp* /**заня́ть** *pf* (A) to occupy sth

- Он за́нял лу́чшую ко́мнату в до́ме (/лу́чший стол в о́ффисе).
  He occupied the best room in the house (/the best desk in the office).

**(A)—(в + A)** to take, save sth at sth

- Наде́юсь, ты займёшь э́ту до́лжность в университе́те.
  I hope you'll take the position at the university.

- Друзья́ ча́сто занима́ли нам места́ в кинотеа́тре.
  My friends often saved seats for us at the movies (movie theater).

**(A)—(I)** to use, cover sth with/for sth

- Я займу́ э́ту по́лку посу́дой.
  I'll use this shelf for dishes.

- Брат за́нял весь стол кни́гами (/инструме́нтами).
  My brother had completely covered the desk with books (/instruments).

**занима́ть 2.** *imp* /**заня́ть** *pf* (A)—(I) to keep sb busy, entertain sb with sth; to occupy sth with sth

- Я займу́ дете́й пе́нием (/чте́нием).
  I'll keep the children busy with singing (/reading).

- Хозя́ин занима́л госте́й разгово́рами.
  The host entertained the guests with conversation.

- Он за́нял оста́вшееся вре́мя му́зыкой (/и́грами).
  He occupied the time remaining with music (/games).

**занима́ть 3.** *imp* /**заня́ть** *pf* (A)—(у + G) to borrow sth from sb

- Я займу́ уче́бник у кого́-нибудь.
  I'll borrow the manual from someone.

- Она́ нере́дко занима́ет у нас де́ньги.
  She often borrows money from us.

**занима́ться 1.** *imp* /**заня́ться** *pf* (I) to be busy with sth; to do sth

- —Чем ты сейча́с занима́ешься?—Я занима́юсь убо́ркой.
  "What are you busy with now?"—"I am (busy with) cleaning."

- Вчера́ Ива́н занима́лся почи́нкой маши́ны (/ремо́нтом часо́в).
  Yesterday Ivan was (busy with) fixing his car (/repairing his watch).

- Сего́дня ве́чером я займу́сь сти́ркой.
  Tonight I'll be doing the laundry.

**занима́ться 2.** *imp* /**заня́ться** *pf* (I) to study sth

- Он занима́ется матема́тикой (/ру́сским языко́м/хи́мией).
  He studies math (/Russian/chemistry).

- Ива́н реши́л, что в э́том году́ он займётся литерату́рой.
  Ivan has decided that this year he will study literature.

  (I)—(c + I)/(у + G) to study sth under/with sb

- Я занима́лась му́зыкой у Ивано́ва (/с Ивано́вым).
  I study music under Ivanov (/with Ivanov).

**занима́ться 3.** *imp* /**заня́ться** *pf* (I) to get involved in/get into sth

- В после́днее вре́мя он занима́ется обще́ственной рабо́той.
  Recently he has gotten involved in social work.

- Я не занима́лся никаки́м спо́ртом уже́ три го́да.
  I haven't done anything athletic in three years.

(c + I)—(I) to teach sb sth

- Она занима́ется с детьми́ му́зыкой уже́ мно́го лет.
  She has been teaching children music for years (already).

- Кто бу́дет занима́ться со студе́нтами ру́сским языко́м?
  Who will teach the students Russian?

**заноси́ть** *imp* /**занести́** *pf* (A)—(в, на + A) to drop off (while walking to some other place) sth at some place

- Пожа́луйста, занеси́те э́то письмо́ (/посы́лку) на по́чту.
  Please drop off this letter (/parcel) at the post office.

- По доро́ге в университе́т он занёс кни́ги в библиоте́ку.
  On his way to the university he dropped the books off at the library.

(A)—(D)/(к + D) to drop off sb/sth at sb's

- Я занесу́ биле́ты Ива́ну ве́чером.
  I'll drop off the tickets at Ivan's in the evening.

- Ка́ждое у́тро же́нщина зано́сит ребёнка к роди́телям.
  Every morning the woman drops her baby off at her parents'.

**запира́ть 1.** *imp* /**запере́ть** *pf* (A) to lock sth

- Ты за́пер ко́мнату (/чемода́н/шкаф)?
  Did you lock the room (/suitcase/cupboard)?

(A)—(I)/(на + A) to lock sth with sth

- Запри́те дверь ключо́м (на ключ).
  Lock the door (with the key).

**запира́ть 2.** *imp* /**запере́ть** *pf* (A)—(в + A)/(в + P) to lock sth/sb in some place

- Он за́пер докуме́нты в стол (в столе́).
  He locked the documents in the desk.

- Мы запрём соба́ку в мое́й ко́мнате.
  We'll lock the dog in my room.

**запира́ться** *imp* **запере́ться** *pf* (в + P) to seclude oneself in some place

- Она́ заперла́сь в до́ме, совсе́м не выхо́дит.
  She has secluded herself in the house and never comes out.

**запи́сывать 1.** *imp* /**записа́ть** *pf* (A)—(в + A)/(в + P) to write down sth in/on sth

- Я запишу́ её и́мя в записну́ю кни́жку (в записно́й кни́жке).
  I'll write down her name in my notebook.

- Поле́зно запи́сывать но́вые слова́ в тетра́дь (в тетра́ди).
  It's useful to write down new words in a notebook.

- Не запи́сывай адреса́ и телефо́ны в блокно́т (в блокно́те).
  Don't write down addresses and telephone numbers on a pad.

**запи́сывать 2.** *imp* /**записа́ть** *pf* (**A**)—(**в, на + A**) to register sb at sth; to sign up sb for sth

- Мать записа́ла сы́на в шко́лу (/в библиоте́ку).
  The mother registered her son at the school (/the library).

- Я запишу́ тебя́ (/моего́ бра́та) на прослу́шивание.
  I'll sign you (/my brother) up for the audition.

  (**A**)—(**на + A**)—(**к + D**) to arrange an appointment with sb for sb

- Обы́чно оте́ц запи́сывает меня́ на приём к врачу́.
  Usually my father arranges doctor's appointments (appointments with the doctor) for me.

**запи́сывать 3.** *imp* /**записа́ть** *pf* (**A**)—(**на + A**)/(**на + P**) to record sth on sth

- Мы записа́ли конце́рт на видеоплёнку (на видеоплёнке).
  We recorded the concert on videotape.

- Певе́ц записа́л на пласти́нки (на пласти́нках) бо́льше ста пе́сен.
  The singer recorded more than a hundred songs (on disk).

**запи́сываться** *imp* /**записа́ться** *pf* (**в, на + A**) to register at sth; to sign up for sth

- Он запи́шется в э́ту шко́лу (/на курс по ру́сской поэ́зии).
  He will register at this school (/sign up for the Russian poetry course).

- Я хочу́ записа́ться на прослу́шивание.
  I want to sign up for the audition.

  (**на + A**)—(**к + D**) to make an appointment with sb

- Ты записа́лся на приём к врачу́ (/к дека́ну)?
  Did you make an appointment with the doctor (/dean)?

**заполня́ть** *imp* /**запо́лнить** *pf* (**A**) to fill sth out

- Не забу́дь запо́лнить анке́ту.
  Don't forget to fill out the application.

**запомина́ть** *imp* /**запо́мнить** *pf* (**A**) to memorize, remember sth

- Он легко́ запомина́ет стихи́ и да́ты.
  He memorizes poems and dates easily.

- Я хорошо́ запо́мнил её лицо́ (/мане́ру говори́ть/похо́дку).
  I remembered her face (/manner of speaking/gait) well.

■ Ты запо́мнишь и́мя врача́?
Will you remember the doctor's name?

**запо́мнить, что (когда́)** . . . to remember what (when) . . .
■ Ты запо́мнил, что́ он сказа́л (/когда́ мы с ним встреча́емся)?
Did you remember what he said (/when we're meeting him)?

**запо́мниться** *pf* **(A)—(D)** (of sb) to remember sth
■ Мне на всю жизнь запо́мнился тот день, когда́ я её встре́тил.
I remembered the day I met her my whole life.

**запреща́ть** *imp* /**запрети́ть** *pf* **(D)—(inf)** to forbid sb to do sth
■ Врач запрети́л больно́му кури́ть (/выходи́ть на у́лицу).
The doctor forbade the patient to smoke (/go out).
■ Я тебе́ запреща́ю говори́ть со мной таки́м то́ном.
I forbid you to talk to me in that tone of voice.

**зараба́тывать** *imp* /**зарабо́тать** *pf* **(A)** to earn (money)
■ Ско́лько он зараба́тывает?
How much does he earn?
■ В э́том ме́сяце она́ зарабо́тала мно́го де́нег.
This month she earned a lot of money.

**(A)—(I)** to make money with/from sth
■ Он зараба́тывает (де́ньги) свои́м трудо́м (/му́зыкой).
He makes money from his work (/music).
■ Ты пра́вда зарабо́тал все э́ти де́ньги стиха́ми?
Did you really make all that money with your poetry?

**зарази́ться** *pf* **(I)—(от + G)** to catch (an illness) from sb
■ Я зарази́лся гри́ппом от бра́та.
I caught the flu from my brother.

**заслу́живать** *imp* /**заслужи́ть** *pf only imp* **(G)** to deserve sth
■ Он заслу́живает уваже́ния (/любви́).
He deserves respect (/love).
■ Вы заслу́живали э́ту награ́ду и вы её получи́ли.
You deserved this award and you got it.

*only pf* **(A)—(I)** to earn sth with sth
■ Он заслужи́л на́шу любо́вь свое́й доброто́й.
He earned our love with his kindness.

■ Вы легко́ заслу́жите её похвалу́ хоро́шей рабо́той.
You'll easily earn her approval with good work.

**засма́триваться** *imp* /**засмотре́ться** *pf* (на + A) to be engrossed in looking at sb/sth

■ Я засмотре́лся на краси́вую де́вушку (/на мо́ре/на цветы́), и чуть не попа́л под маши́ну.
I was engrossed in looking at a beautiful girl (/the sea/the flowers) and was nearly hit by a car.

**заставля́ть** *imp* /**заста́вить** *pf* (A)—(*inf*) to make sb do sth; to force sb to do sth
■ Я заста́вила её вы́мыть посу́ду (/убра́ть ко́мнату).
I made her wash the dishes (/clean the room).

■ Ты меня́ не заста́вишь э́то де́лать.
You cannot force me to do this.

■ Не заставля́йте его́ занима́ться му́зыкой (/рабо́тать по нача́м).
Don't force him to study music (/work at night).

**застава́ть 1.** *imp* /**заста́ть** *pf* (A)—(в, на + P)/(у + G) to catch, get hold of sb in some place/at sb's

■ Я не заста́л его́ ни у роди́телей, ни на рабо́те.
I couldn't catch him either at our parents' or at work.

■ В э́то вре́мя ты ещё заста́нешь его́ в кабине́те.
You'll still catch him (or get hold of him) in his office right now.

**застава́ть 2.** *imp* /**заста́ть** *pf* (A)—(за + I) to find sb busy with sth (work)
■ Я всегда́ застаю́ её за каки́м-либо де́лом (/за чте́нием/шитьём).
I always find her busy with some kind of work (/reading/sewing).

**застёгивать** *imp* /**застегну́ть** *pf* (A)—(I) to button sth, to fasten sth with sth
■ Застегни́ пальто́, на у́лице хо́лодно.
Button your coat; it's cold outside.

■ Она́ застегну́ла ко́фту була́вкой.
She fastened her blouse with a pin.

**заходи́ть** *imp* /**зайти́** *pf* (в, на + A) (of a vessel) to enter some place; (of sb) to drop by some place
■ Парохо́д зашёл в га́вань (/в порт).
The steamer entered the harbor (/port).

■ Я ча́сто захожу́ в э́тот магази́н (/на ры́нок).
I often drop by this store (/the market).

- Ты зайдёшь по доро́ге домо́й на по́чту?

  Will you drop by the post office on your way home?

  **(к + D)** to drop by sb's place
- Он иногда́ захо́дит к нам (/к роди́телям/к сестре́/к Ивано́вым).

  Sometimes he drops by our place (/parents'/sister's/the Ivanovs').

  **(за + I)** to stop by for sb/sth (*i.e.*, to pick up sb/sth)
- Ива́н ка́ждое у́тро захо́дит за това́рищем.

  Ivan stops by for his friend every morning.
- Он зайдёт за мной в во́семь часо́в.

  He'll stop by for me at eight.
- Я зайду́ за овоща́ми.

  I'll stop by for vegetables (or to buy vegetables).

  **(к + D)—(за + I)** to stop by in some place/at sb's for sb/sth (*i.e.*, to pick up, etc., sb/sth)
- Ты зашёл ко мне за кни́гой?

  Did you stop by my place for the book (to pick up the book)?
- Нам ещё на́до зайти́ к твои́м роди́телям за детьми́.

  We still have to stop by at your parents' to pick up the children (for the children).

**зачёркивать** *imp* /**зачеркну́ть** *pf* **(A)—(в + P)** to cross sth off sth; to cross out sth in sth
- Зачеркни́ в спи́ске его́ фами́лию, но не зачёркивай мою́.

  Cross his name off the list, but don't cross off mine.
- Почему́ ты зачеркну́л в ру́кописи э́тот абза́ц?

  Why did you cross out this paragraph in the manuscript?

  **(A)—(I)** to cross out sth with sth
- Он зачеркну́л всё, что она́ написа́ла, кра́сным карандашо́м.

  He crossed out with red pencil everything she wrote.

**зачисля́ть** *imp* /**зачи́слить** *pf* **(A)—(в + A)** to admit sb to sth; to draft sb into sth
- Тебя́ уже́ зачи́слили в университе́т?

  Did they already admit you to the university?
- Говоря́т, что его́ зачи́слят в морску́ю пехо́ту.

  They say he'll be drafted into the Marines.

**защища́ть 1.** *imp* /**защити́ть** *pf* **(A)—(от + G)** to protect, defend sb/sth from sth
- Я защищу́ вас (/дете́й/моего́ дру́га) от любо́й опа́сности.

  I'll protect you (/the children/my friend) from any danger.

- Онá защищáла егó от несправедлúвых обвинéний.
  She defended him from the unjust accusations.
- Вратáрь защищáет своú ворóта от атáки протúвника.
  The goalkeeper defends his goal from the opposition's offense.

**защищáть 2.** *imp* /**защитúть** *pf* (A)—(в, на + P) to defend sth in some place
- Он защитúл свою диссертáцию в э́том университéте.
  He defended his dissertation at this university.
- На собрáнии онá защищáла свою тóчку зрéния.
  She was defending her point of view at the meeting.

**защищáть 3.** *imp* /**защитúть** *pf only imp* (A)—(в + P) to defend sb in court
- Какóй адвокáт бýдет защищáть подсудúмого в судé?
  Which lawyer will be defending the accused in court?

**заявля́ть** *imp* /**заявúть** *pf* (D)—(о + P) to announce sth to sb
- Он заявúл корреспондéнтам о своём решéнии приня́ть э́тот пост.
  He announced his decision to accept the position to the reporters.

    (о + P)—(в + A) to notify sb about sth
- Мы заявúли о крáже в полúцию.
  We notified the police about the theft.

**звать 1.** *imp* /**позвáть** *pf* (A)—(в, на + A) to invite sb to some place
- Мáрия зовёт меня́ на вы́ставку (/в музéй).
  Maria is inviting me to an exhibition (/the museum).
- Ивáн говорúт, что позовёт нас когдá-нибудь в свою мастерскýю.
  Ivan says he'll invite us to his studio someday.

    (A)—(к + D) to invite sb to sb's place
- Он звал меня́ к своúм родúтелям, но я не пошлá.
  He invited me to his parents' (house), but I didn't go.
- Нúна позвалá нас всех к себé.
  Nina invited all of us to her place.

    (A)—(к + себе)—(в + A) to invite sb to sb's sth
- Он чáсто зовёт нас к себé в гóсти (/к себé в мастерскýю).
  He often invites us over (/to his studio).

    (A)—(к + D)—(на + A) to invite sb to an event at sb's
- Нас позвáли к Ивáновым на обéд (/к ней на день рождéния).
  We were invited to dinner at the Ivanovs' (/to her birthday party).

**(A)—(inf)** to invite sb for sth/to do sth

- Мой друг позва́л меня́ гуля́ть (/пойти́ с ним в кино́).

  My friend invited me for a walk (/to go to the movies).

**звать 2.** *imp idiom colloq* **(A)—(N)/(I)** to be sb/sth's (a person or animal) name

- Как вас зову́т (/как зову́т ва́шу дочь/ как зову́т э́ту соба́ку)?

  What is your name (/your daughter's name/this dog's name)?

- Меня́ зову́т Ива́н Петро́вич (Ива́ном Петро́вичем).

  My name is Ivan Petrovich.

**звони́ть 1.** *imp* /**позвони́ть** *pf* **(в + A)** to ring (the doorbell)

- Ты звони́шь не в тот звоно́к.

  You are ringing the wrong doorbell.

- Кто́-то позвони́л в дверь.

  Someone rang the doorbell.

- Он звони́л в дверь не́сколько раз, но никто́ не откры́л (дверь).

  He rang the doorbell several times, but nobody opened (the door).

**звони́ть 2.** *imp* /**позвони́ть** *pf* **(D)—(из, с, от + G)** to call sb (on the phone) from some place/sb's

- Он звони́л мне из рестора́на (/из до́ма/от врача́/с рабо́ты).

  He called me from the restaurant (/home/the doctor's/work).

- Вы могли́ позвони́ть нам из кафе́ или от Ива́на.

  You could have called us from the café or from Ivan's place.

  **(D)—(в, на + A)** to call sb (on the phone) at some place

- Ты позвони́шь врачу́ в кли́нику (/отцу́ на рабо́ту)?

  Will you call the doctor at the clinic (/your father at work)?

**здоро́ваться** *imp* /**поздоро́ваться** *pf* **(с + I)—(за + A)** to greet sb with sth

- Ты со все́ми поздоро́вался?

  Did you greet everyone?

- Она́ здоро́вается с Ива́ном за́ руку.

  She greets Ivan with a handshake (by shaking his hand).

**знако́мить 1.** *imp* /**познако́мить** *pf* **(A)—(с + I)** to introduce sb to sb

- Ива́н познако́мил свои́х роди́телей со свои́м бо́ссом.

  Ivan introduced his boss to his parents.

**знако́мить 2.** *imp* /**познако́мить** *pf* **(A)—(с + I)** to introduce sb to sth; to acquaint sb with sth

■ Я знако́млю моего́ но́вого помо́щника с дела́ми фи́рмы.

I'm acquainting my new assistant with the company's business.

■ Мой друг обеща́л, что познако́мит меня́ с ру́сской литерату́рой.

My friend promised to introduce me to Russian literature.

**знако́миться 1.** *imp* /**познако́миться** *pf* (**с** + **I**) to meet, get acquainted with, get to know sb

■ Мы вчера́ познако́мились с но́вым вице-президе́нтом ба́нка.

Yesterday we met the bank's new vice president.

■ Он никогда́ не знако́мится с людьми́ на у́лице.

He never gets to know (gets acquainted with) people in the street.

**знако́миться 2.** *imp* /**познако́миться** *pf* (**с** + **I**)—(**в** + **P**) to get to know sth; to see sth in some place

■ В библиоте́ке мы знако́мимся с систе́мой хране́ния книг.

We get to know the library's shelving (storing) system.

■ В музе́е они́ познако́мились с рабо́тами э́того худо́жника.

They saw the artist's works in the museum.

**знать 1.** *imp* (**A**) to know sb

■ Я хорошо́ зна́ю ва́ших роди́телей (/всю ва́шу семью́).

I know your parents (/the whole family) well.

   (**о** + **A**) to know of/about sb/sth

■ Мы зна́ли о боле́зни её бра́та (/о ва́шем прие́зде).

We knew of her brother's illness (/your arrival).

■ Оказа́лось, что они́ давно́ зна́ли об э́том (/об э́том челове́ке).

It turned out they had known about this (/about this man) for a long time.

   **знать** (**как** + **inf**) to know how to do sth

■ Я зна́ю, как э́то сде́лать.

I know how to do this.

■ Вы зна́ете, как пройти́ (попа́сть) в центр го́рода?

Do you know how to go (get) downtown?

   **знать** (**о том**), **что** . . . to know (that) . . .

■ Он зна́ет, что он мо́жет положи́ться на нас.

He knows (that) he can rely on us.

■ Она́ уже́ зна́ла о том, что ты же́нишься на Ма́рии

She already knew that you were marrying Maria.

**знать 2.** *imp* (**A**) to know sth (*i.e.*, be knowledgeable about sth)

- Она́ хорошо́ зна́ет матема́тику (/литерату́ру/иску́сство/хи́мию).
  She knows math (/literature/art/chemistry) well.

- Он знал своё де́ло (/своё ремесло́).
  He knew his job (/craft).

- Ива́н зна́ет почти́ все стихотворе́ния Пу́шкина (/э́тот уро́к).
  Ivan knows almost all Pushkin's poems (/this lesson).

# И

**игра́ть 1.** *imp* (**с + I**) to play with sb/sth

- Пе́тя ре́дко игра́л с други́ми детьми́ (/со щенко́м).
  Pete rarely played with other children (/the puppy).

- Ма́льчики игра́ют с маши́нами, а де́вочки (игра́ют) с ку́клами.
  Boys play with cars and girls play with dolls.

    (**с + I**)—(**в, на + P**) to play with sb in some place

- Он ча́сто игра́ет с детьми́ в па́рке (/на во́здухе/на траве́).
  He often plays with the children in the park (/outside/on the grass).

**игра́ть 2.** *imp* (**A**)—(**в, на + P**) to perform, act, play sth in/on sth

- Васи́лий лю́бит игра́ть в пье́сах Че́хова (/в теа́тре/в кино́).
  Vasily likes to perform in Chekhov's plays (/the theater/movies).

- В э́той пье́се он с успе́хом игра́л гла́вную роль.
  In this play he successfully played the lead.

- Мари́я игра́ла на э́той сце́не де́сять лет.
  Maria acted on this stage for ten years.

**игра́ть 3.** *imp* (**на + P**) to play a musical instrument

- Он игра́ет на гита́ре (/на скри́пке/на трубе́).
  He plays the guitar (/the violin/the trumpet).

    (**A**)—(**на + P**) to play sth on a musical instrument

- Я вчера́ игра́ла ему́ на роя́ле сона́ту Бетхо́вена.
  Yesterday I played a Beethoven sonata for him on the piano.

игра́ть 4. *imp* (в + A) to play sth (a game)

- Он игра́ет в те́ннис (/в волейбо́л/в кроке́т).
  He plays tennis (/volleyball/croquet).

- Де́ти игра́ют в пря́тки (/в ку́клы).
  Children play hide-and-seek (/dolls).

  (с + I)—(в + A) to play sth (a game) with sb

- С кем ты вчера́ игра́л в ка́рты?
  Whom did you play cards with yesterday?

- Я игра́ю в лото́ с друзья́ми (/с Петро́м Петро́вичем).
  I play lotto with friends (/Peter Petrovich).

- Брат ка́ждый день игра́ет со мной в ша́хматы.
  My brother plays chess with me every day.

идти́ 1. *imp def* (в, на + A)/(к + D) to go to some place/sb's

- Сего́дня мы идём в теа́тр (/на бале́т/в рестора́н).
  Today we are going to the theater (/ballet/restaurant).

- Когда́ я его́ встре́тил, я шёл к бра́ту (/к Ма́рку).
  When I met him, I was going to my brother's (/to Mark's).

  (из, с, от + G) to go from some place/sb's

- Куда́ ты идёшь от врача́ (/из музе́я/с вокза́ла)?
  Where do you go from the doctor's (/museum/railroad station)?

  (из, с, от + G)—(в, на + A)/(к + D) to go/walk from some place/sb's to some place/sb's

- Я шёл из до́ма на рабо́ту (/с конце́рта в рестора́н).
  I was walking from home to work (/from the concert to a restaurant).

- Они́ иду́т от роди́телей пря́мо к врачу́.
  They are going from their parents directly to the doctor.

  (в, на + A)—(за + I) to go to some place for sb/sth

- Мы идём на ры́нок за овоща́ми (/в магази́н за хле́бом).
  We are going to the market for vegetables (/to the store for bread).

- Когда́ ты идёшь в кли́нику за врачо́м?
  When are you going to the clinic to get (*lit.* for) the doctor?

- Он идёт в апте́ку за лека́рством (/в ка́ссу за биле́тами).
  He is going to the drugstore for the medicine (/to the box office for tickets).

  (в, на + A)—(по + P) to go to same place down/through sth

- Я обы́чно иду́ в мой кабине́т по э́тому коридо́ру.
  I usually go to my office down this corridor.

- Мы шли на вокза́л по э́той у́лице (/по па́рку).
  We were going to the train station down this street (/through the park).

  **идти́ (inf)** to go to do sth
- Они́ иду́т обе́дать (/купа́ться/занима́ться в библиоте́ке).
  They are going to dinner (/to swim/to study in the library).

**идти́ 2.** *imp def (3rd person only)* **(из, с + G)—(в, на + A)** (of transportation) to go from some place to some place
- Авто́бус идёт из при́города в центр го́рода (/с за́пада на восто́к).
  The bus goes from the suburb to the center of town (/from west to east).
- По́езд шёл с Ура́ла на Да́льний Восто́к.
  The train was going from the Urals to the Far East.

  **(от, до + G)** (of transportation) to go from some place up to some place
- Трамва́й но́мер пять идёт от вокза́ла до музе́я.
  The number five streetcar goes from the train station up to the museum.

  **(по + D)** (of transportation) to go along/across sth
- Каки́е авто́бусы иду́т по э́тому кана́лу (/по э́тому мосту́)?
  Which buses go along this canal (/across this bridge)?

**идти́ 3.** *imp def* **(A)—(из + G)** (of sth) to come out, run out of sth
- Из ча́йника идёт пар.
  Steam comes out of the teakettle.
- Дым идёт из трубы́.
  Smoke comes out of the chimney.
- Из ра́ны идёт кровь.
  Blood runs out of the wound.

**идти́ 4.** *imp def* **(в, на + A)** to be going to enroll, study at some place (school, etc.)
- Он идёт в университе́т (/на рабо́ту).
  He is going to (study at) the university (/to work).
- Я хочу́ идти́ на биологи́ческий факульте́т.
  I intend to enroll (or study) in the biology department.

  **(в, на + A)** *idiom* to go to do sth (*i.e.,* change to another activity)
- Я ско́ро иду́ на пе́нсию.
  I'm going to retire (*lit.* I am going on a pension) soon.
- Когда́ ты идёшь в о́тпуск?
  When are you going on vacation?

(в + A *pl*) to become sth

- Ива́н реши́л идти́ в актёры (/в инжене́ры).
  Ivan decided to become an actor (/an engineer).

идти́ (**inf**) to be going to do sth

- По́сле шко́лы я иду́ учи́ться.
  After school I'm going to study.

- Хва́тит учи́ться, я иду́ рабо́тать.
  I've have enough of studying; I'm going to go to work.

- Когда́ ты идёшь отдыха́ть?
  When are you going to take a vacation (*or* rest/relax)?

идти́ 5. *imp* (**D**)/(**к + D**) (of sth) to suit sb; to be suitable for sth

- Ей (/Ни́не) идёт э́то пла́тье.
  This dress suits her (/Nina).

- Отде́лка идёт к костю́му.
  The trim is suitable for the outfit.

избавля́ть *imp* /изба́вить *pf* (**A**)—(**от + G**) to spare, save sb (from) sb/sth

- Изба́вь меня́ от э́тих разгово́ров (/от э́той рабо́ты).
  Spare me these conversations (/from this work).

- Ви́дишь, я тебя́ изба́вил от неприя́тного посети́теля.
  Look, I saved you from an unpleasant (*or* undesirable) visitor.

- Мы принесли́ с собо́й еду́ и изба́вили хозя́йку от хлопо́т.
  We brought food with us and saved the hostess trouble.

избега́ть *imp* /избежа́ть *pf* (**G**) to avoid sb/sth; to escape sth

- Он избега́ет да́же друзе́й (/сосе́дей/меня́).
  He avoids even his friends (/neighbors/me).

- Она́ избега́ла встреч с э́тим челове́ком.
  She avoided meeting the man.

- Ни́на не выходи́ла и́з дому, что́бы избежа́ть вопро́сов.
  To avoid questions, Nina didn't leave her house.

- Эмигри́ровав, мы избежа́ли пресле́дований.
  Having emigrated, we escaped persecution.

- Е́сли мы уе́дем отсю́да, мы избежи́м опа́сности.
  If we leave this place, we'll escape the danger.

**избега́ть (inf)** to avoid doing sth
- Я избега́ла встреча́ться с ним (/звони́ть ему́).
  I avoided meeting him (/calling him).

**избира́ть 1.** *imp* /**избра́ть** *pf* (A) to choose sth
- Он избра́л профе́ссию врача́ (/учи́теля).
  He chose the medical (/teaching) profession.
- Бу́дет лу́чше, е́сли вы изберёте са́мый коро́ткий путь в го́род.
  It will be better if you choose the shortest way to the city.

**избира́ть 2.** *imp* /**избра́ть** *pf* (A) to elect sb; to hold elections for sb
- Че́рез неде́лю жи́тели го́рода изберу́т но́вого мэ́ра.
  In a week's time people in this city will elect a new mayor.
- Неда́вно америка́нцы избира́ли но́вого президе́нта.
  Americans recently held elections for (*lit.* were electing) their new president.

  **(A)—(I)** to elect sb sth
- Никола́я избра́ли председа́телем комите́та.
  They elected Nicholas head of the committee.

**извиня́ть** *imp* /**извини́ть** *pf* (A)—(D) to excuse, forgive sb (for) sth
- Я извиню́ тебе́ все твои́ оши́бки, е́сли ты извини́шься.
  I'll excuse (you) all your mistakes if you apologize.
- Я наде́юсь, вы извини́те ему́ все стра́нности (/дурны́е мане́ры).
  I hope you'll forgive him (for) all his oddities (/bad manners).

  **(A)—(за + A)** to excuse, forgive sb for sth
- Преподава́тель про́сит извини́ть его́ за опозда́ние.
  The instructor asks to be excused for his tardiness.
- Извини́те меня́ за мои́ ре́зкие слова́.
  Forgive me for my sharp words.

**извиня́ться** *imp* /**извини́ться** *pf* (пе́ред + I)—(за + A) to apologize to sb for sth
- Я гото́в извини́ться пе́ред тобо́й за мои́ ре́зкие слова́.
  I'm ready to apologize (to you) for my sharp words.
- Он извини́лся пе́ред дру́гом за своё опозда́ние.
  He apologized to his friend for being late.

**издава́ть 1.** *imp* /**изда́ть** *pf* (A) to publish sth
- Э́то изда́тельство издаёт словари́ и уче́бники.
  This (publishing) house publishes dictionaries and textbooks.

- В бýдущем годý мы издадúм стихú Пýшкина.
  Next year we will publish Pushkin's poems.

**издавáть 2.** *imp* /**издáть** *pf* (**A**) to emit, give off sth

- Цветы́ в садý издавáли прия́тный зáпах.
  The flowers in the garden gave off a pleasant (*or* sweet) smell.
- Эта гитáра издаёт стрáнные звýки.
  This guitar emits strange sounds.

**издевáться** *imp* (**над + I**) to ridicule sb/sth; to abuse sb

- Этот человéк над всéми издевáется.
  This man ridicules everybody.
- Почемý ты издевáешься над мáленьким ребёнком?
  Why do you abuse this little child?

**изменя́ть 1.** *imp* /**изменúть** *pf* (**A**) to change sth

- Она́ изменúла причёску (/внéшность/похóдку).
  She changed her hairdo (/appearance/gait).
- Им пришлóсь изменúть фóрму (/размéр) маши́ны.
  They had to change the machine's shape (/size).
- Я не изменю́ своё решéние (/своё поведéние/свои намéрения).
  I will not change my decision (/behavior/intentions).
- Это собы́тие изменúло всю его жизнь.
  This event changed his entire life.

**изменя́ть 2.** *imp* /**изменúть** *pf* (**D**)—(**c + I**) to be unfaithful to sb with sb

- Я тебя́ люблю́ и ни с кем тебе не изменю́.
  I love you and will never be unfaithful to you with anybody.

    (**D**) (of sb) to betray; to fail to fulfill sth; (of sth) to fail sb

- Я не изменю́ свои́м убеждéниям (/своéй странé).
  I won't betray my ideals (/my country).
- Он никогдá не изме́нит своемý дóлгу.
  He'll never failed to fulfill his duty.
- Éсли мне не изменя́ет пáмять, он роди́лся в 1915—м годý.
  If memory doesn't fail me, he was born in 1915.

**измеря́ть** *imp* /**изме́рить** *pf* (**A**)—(**I**) to use sth to measure sth; to measure sth with sth

- Каки́м прибóром вы измеря́ете давлéние крóви?
  What device do you use to measure blood pressure?

(A)—(в + P) to measure sth in sth

- В Росси́и расстоя́ние измеря́ют в киломе́трах, а не в ми́лях.
  In Russia they measure distances in kilometers, not miles.

- Температу́ру измеря́ют в гра́дусах.
  Temperature is measured in degrees.

**изобража́ть** *imp* /**изобрази́ть** *pf* (A) (of sth) to show sth

- Фильм изобража́ет Аме́рику семидеся́тых годо́в.
  The movie shows the America of the 1970s.

**изобрета́ть** *imp* /**изобрести́** *pf* (A) to invent sth

- Кто изобрёл ла́мпочку (/э́тот аппара́т)?
  Who invented the electric bulb (/this machine)?

- Едва́ ли я изобрету́ что́-нибудь сто́ящее.
  It's unlikely that I will invent anything worthwhile.

**изуча́ть 1.** *imp* /**изучи́ть** *pf* (A) to study, learn sth

- В университе́те я бу́ду изуча́ть есте́ственные нау́ки.
  At university I will study natural sciences.

- Ты уже́ изучи́л но́вые пра́вила движе́ния?
  Did you already learn the new traffic regulations?

**изуча́ть 2.** *imp* /**изучи́ть** *pf* (A) to study, research sth

- Он изуча́ет э́тот вопро́с уже́ мно́го лет.
  He has studied the problem for many years (already).

- Пе́ред пое́здкой я тща́тельно изучу́ наш маршру́т.
  Before the trip I'll research our route thoroughly.

- Она́ изуча́ет ру́сскую литерату́ру девятна́дцатого ве́ка.
  She studies nineteenth-century Russian literature.

**изъе́здить** *pf* (A) to go, travel (by a vehicle) all over some place

- Он изъе́здил всю Евро́пу.
  He traveled (*or* went) (*e.g.*, by car, bus, or train) all over Europe.

**име́ть** *imp* (A) to own, possess, have sth

- Э́тот челове́к име́ет не́сколько заво́дов (/мно́го земли́/а́кции).
  This man owns several factories (/a lot of land/assets).

- Физи́ческие предме́ты име́ют ширину́, длину́ и высоту́.
  Physical objects possess (*or* have) width, length, and height.

(A) *idiom* to have sth (abstract)

- Он име́ет на неё большо́е влия́ние.
  He has great influence over her.

- Мы име́ем пра́во знать и́стину.
  We have the right to know the truth.

- Она́ не име́ет об э́том никако́го поня́тия.
  She has no understanding of it.

- Э́то име́ет для меня́ большо́е значе́ние.
  It has great significance for me.

**интересова́ть** *imp* (A) to interest sb; (of sb) to be interested in sth

- Её интересова́ли все подро́бности на́шего путеше́ствия.
  Every detail of our trip interested her.

- Ма́рка интересу́ют есте́ственные нау́ки.
  Mark is interested in the natural sciences.

**интересова́ть** (A), что . . . (of sb) to be interested (to know) what . . .

- Нас всех интересу́ет, что́ он реши́т.
  We're all interested in what he'll decide.

**интересова́ться** *imp* (I) to be interested in sb/sth

- Я не интересу́юсь поли́тикой (/фи́зикой/теа́тром).
  I am not interested in politics (/physics/theater).

- Ра́ньше он бо́льше интересова́лся де́вушками.
  He used to show more interest in girls.

**иска́ть 1.** *imp* (A)—(в, на + P) to look for sb/sth in/on some place

- Она́ и́щет в толпе́ своего́ бра́та.
  She is looking in the crowd for her brother.

- Мы иска́ли на э́той у́лице дом с коло́ннами.
  We were looking for the house with columns on this street.

- Я ищу́ свою́ кни́гу в шкафу́ (/в я́щике стола́/на по́лке).
  I'm looking for my book in the bookcase (/desk drawer/on the shelf).

**иска́ть 2.** *imp* (A) look for sth/sb

- Каку́ю цита́ту (/сло́во/выраже́ние) ты и́щешь?
  What quotation (/word/expression) are you looking for?

- Вчера́ она́ це́лый день иска́ла ткань на пла́тье.
  All day yesterday she was looking for fabric for a dress.

- Мы и́щем машини́стку для на́шей конто́ры.
  We are looking for a typist for our office.

  **(A)—(D) to look for sb for sb/oneself**
- Я ищу́ вам хоро́шего адвока́та.
  I am looking for a good lawyer for you.
- Он иска́л себе́ партнёра (/жену́), но не нашёл.
  He was looking for a partner (/wife) but was unsuccessful.

  **(A)/(G) to look for sth (abstract)**
- Молодо́й челове́к иска́л слу́чай (слу́чая) познако́миться с ней.
  The young man was looking for an opportunity to get to know her.
- Ты я́вно и́щешь по́вод (по́вода) для ссо́ры.
  You are obviously looking for a pretext to quarrel.

**исключа́ть** *imp* /**исключи́ть** *pf* (A)—(из + G) to cut out, exclude, expel sth/sb from sth
- Я исключу́ из фи́льма э́ту сце́ну (/из рома́на э́ту главу́).
  I will cut out this scene from the play (/this chapter from the novel).
- Почему́ вы исключи́ли из сбо́рника э́ту статью́ (/расска́з)?
  Why did you exclude this article (/short story) from the collection?
- Его́ (/э́того студе́нта/Ива́на) исключи́ли из университе́та.
  They expelled him (/this student/Ivan) from the university.

**исполня́ть 1.** *imp* /**испо́лнить** *pf* (A) to fulfill sth (abstract)
- Он испо́лнил моё приказа́ние.
  He fulfilled my order.
- Я испо́лню твоё жела́ние, е́сли смогу́.
  I'll fulfill your desire if I can.
- Он че́стно исполня́ет обя́занности по рабо́те.
  He fulfills his work duties honestly.
- Ива́н всегда́ исполня́ет мою́ любу́ю при́хоть.
  Ivan always fulfills my every whim.

**исполня́ть 2.** *imp* /**испо́лнить** *pf* (A) to perform, play sth
- Она́ испо́лнит свой но́вый та́нец (/пе́сню).
  She will perform her new dance (/song).
- Пиани́ст лю́бит исполня́ть этю́ды Шопе́на.
  The pianist likes to play Chopin etudes.

**испо́льзовать** *imp* /*pf* (**A**) to use sth

- Как ты испо́льзуешь своё свобо́дное вре́мя?
  How do you use your free time?

- Мы испо́льзовали весь стира́льный порошо́к.
  We used all the detergent.

  (**A**)—(**в** + **P**)/(**при** + **P**) to use sth in sth/while doing sth

- Я испо́льзую в мое́й диссерта́ции э́ти материа́лы.
  I will use these materials in my dissertation.

- Он испо́льзовал э́ти статьи́ при подгото́вке к докла́ду.
  He was using these articles in the preparation of his presentation.

**испо́ртить** *pf* (**A**) to ruin sth

- Не беспоко́йся, я не испо́рчу твою́ маши́ну.
  Don't worry; I won't ruin your car.

- К сожале́нию, он испо́ртил свой чертёж.
  Unfortunately he ruined his design.

  (**A**)—(**I**) to ruin sth with sth; to spoil sth by (doing) sth

- Мари́я испо́ртила но́вое пла́тье вино́м.
  Maria ruined her new dress with wine.

- Ты испо́ртил мне весь день свои́м опозда́нием.
  You spoiled my whole day by being late.

**испо́ртиться** *pf* (**у** + **G**) to break (down); to get broken (sb's sth)

- У меня́ испо́ртилась маши́на.
  My car broke (down).

- Бою́сь, что у нас ско́ро испо́ртится холоди́льник.
  I am afraid our refrigerator will soon break down (*or* get broken).

  (**от** + **G**) to spoil in sth

- Здесь мя́со испо́ртится от жары́.
  The meat will spoil in the heat.

**исправля́ть** *imp* /**испра́вить** *pf* (**A**) to fix, correct sth

- Я испра́влю э́тот замо́к, а ты испра́вь кран.
  I'll fix the lock and you fix the faucet.

- Кто тебе́ испра́вит магнитофо́н (/часы́/холоди́льник)?
  Who will fix the tape recorder (/clock/refrigerator) for you?

- Учени́к испра́вил в своём сочине́нии все оши́бки.
  The student corrected all the mistakes in his composition.

**иссле́довать** *imp pf* (**A**) to examine sb; to test, research sth
- Врач внима́тельно иссле́довал больно́го.
  The doctor examined the patient attentively.
- Тебе́ иссле́дуют кровь на са́хар?
  Will they test your blood for sugar?
- Он мно́го лет иссле́довал приро́ду наводне́ний.
  For many years he researched the nature of floods.

**исчеза́ть 1.** *imp* /**исче́знуть** *pf* (**из, с + G**) to disappear from some place
- Наде́юсь, кни́га не исче́знет с моего́ стола́.
  I hope the book will not disappear from my desk.
- Он исче́з из го́рода, и никто́ не зна́ет куда́.
  He disappeared from the city, and nobody knows where.

**исчеза́ть 2.** *imp* /**исче́знуть** *pf* (**в + P**)/(**за + I**) to disappear, vanish (from sight) in some place
- Он исче́з в толпе́ (/в куста́х).
  He disappeared into the crowd (/among the bushes).
- Ещё не́сколько мину́т, и ло́дка исче́знет в тума́не.
  A few more minutes and the boat will disappear into the mist.
- Я следи́л за ней глаза́ми, пока́ она́ не исче́зла за угло́м.
  I followed her with my eyes (gaze) until she vanished around the corner.

# К

**каза́ться** *imp* /**показа́ться** *pf* (**I noun/adj**) to seem to be sb/sth
- Он каза́лся совсе́м ребёнком (/у́мным челове́ком).
  He seemed to be an absolute child (/an intelligent person).
- Ко́мната ка́жется большо́й (/све́тлой).
  The room seems big (/light).

  (**D**)—(**I noun/adj**) to seem sth to sb
- Он мне каза́лся ге́нием (/выдаю́щимся компози́тором).
  He seemed a genius (/an outstanding composer) to me.
- Ива́н показа́лся мне уста́лым (/недово́льным/больны́м).
  Ivan seemed tired (/unhappy/sick) to me.

- Э́ти слова́ показа́лись нам угро́зой.

  These words sounded to us like (seemed to us to be) a threat.

  **каза́ться (D), что ...** to seem to sb that ...
- Мне каза́лось, что он прав.

  It seemed to me that he was right.

  **каза́ться (D)—(I), ... что ...** to seem to sb sth that ...
- Ему́ каза́лось стра́нным, что она́ не отвеча́ет на его пи́сьма.

  It seemed strange to him that she did not answer his letters.

**каса́ться 1.** *imp* /**косну́ться** *pf* (G)—(I) to reach, touch sth with sth
- Я не каса́юсь нога́ми дна реки́.

  I can't reach the river bottom with my feet.
- Он косну́лся руко́й горя́чей плиты́ и обжёгся.

  He touched the hot range with his hand and got burned.

**каса́ться 2.** *imp* /**косну́ться** *pf* (G)—(в + P) to touch (up)on sth in sth
- В моём докла́де я хочу́ косну́ться ещё одно́й пробле́мы.

  In my presentation I want to touch upon one more problem.
- В на́шем разгово́ре он сам косну́лся э́того вопро́са.

  He touched on this issue himself in our conversation.

  **(A)** *idiom coll* to have sth to do with sb
- Э́то тебя́ не каса́ется.

  This has nothing to do with you (*i.e.*, It's none of your business).
- Нас не каса́ется, что́ он де́лает и как он живёт.

  What he does and how he lives have nothing to do with us.

**ката́ть** *imp* (A)—(на + P) to take sb for a ride in sth; to give sb a ride on sth
- Оте́ц ча́сто ката́л ма́льчика на маши́не (/на ло́дке).

  The father often took the boy for a ride in his car (/out in a boat).
- Брат ката́ет меня́ на са́нках.

  My brother is giving me a ride on a sled.

**ката́ться** *imp* (на + P) to ski, skate, boat; to go skiing, skating, boating, *etc.*
- Ты ката́ешься на лы́жах (/на конька́х/на велосипе́де)?

  Do you ski (/skate/bike)?
- Она́ лю́бит ката́ться на ло́дке.

  She likes to go boating.

(на + P)—(в, на + P)/(по + D) to go roller skating, etc., in some place
■ Где ты ката́ешься на ро́ликах, на у́лице или в па́рке?
Where do you go roller skating—on the street or in the park?
■ Дава́й поката́емся на ло́дке по о́зеру (/по кана́лу).
Let's go boating on the lake (/canal).

**кача́ть** *imp* (A)—(в, на + P) to rock, roll, shake sb/sth in/on sth
■ Молода́я мать кача́ет сы́на на рука́х (/в крова́тке).
The young mother is rocking her son in her arms (/a crib).
■ Ве́тер кача́л ло́дку на волна́х (/дере́вья в саду́).
The wind rolled the boat on the waves (/shook the trees in the garden).

*impersonal* (A)—(I) (of sth) to be rolled, shaken by sth (natural forces)
■ Парохо́д кача́ло волна́ми (/дере́вья кача́ло ве́тром).
The ship was rolled by the waves (/trees were shaken by the wind).

**кипе́ть** *imp* (*3rd person only*) (в, на + P) to boil in/on sth
■ Вода́ в ча́йнике (/на плите́) уже́ кипи́т.
The water in the teakettle (/on the stove) is already boiling.

**кипяти́ть** *imp* (A)—(в + P) to boil sth in sth
■ Я кипячу́ молоко́ в э́той кастрю́ле (/во́ду в ча́йнике).
I boil milk in this pot (/water in the teakettle).

**кла́няться** *imp* (D) to bow to sb; to say hello to, greet sb
■ Певи́ца кла́няется зри́телям.
The singer bows to the audience.
■ Он кла́няется своему́ профе́ссору (/всем знако́мым).
He bows to (or greets) his professor (/all his acquaintances).
■ Кла́няйтесь от меня́ ва́шему му́жу.
Say hello to (greet) your husband from me.

**класть** *imp* /**положи́ть** *pf* (A)—(в, на + A) to place, put sb/sth in/on sth
■ Больно́го положи́ли в э́ту пала́ту (/на крова́ть).
The patient was placed in this ward (/on the bed).
■ Я кладу́ в чай мёд (/са́хар).
I put honey (/sugar) in my tea.
■ Положи́ мне на хлеб сыр (/ветчину́), пожа́луйста.
Please put some cheese (/ham) on my bread.

■ Я положу́ мои́ пла́тья (/ту́фли/лека́рства) в си́ний чемода́н.
I'll put my dresses (/shoes/medicine) in the blue suitcase.

**колебáться 1.** *imp* (**от + G**) (*3rd person only*) to shake, tremble from sth
■ Земля́ колеба́лась от подзе́мных толчко́в.
The ground was trembling (*or* shaking) from underground earthquakes.

**колебáться 2.** *imp* (**в + P**) to hesitate over sth
■ Она́ коле́блется в вы́боре профе́ссии.
She is hesitating over her choice of profession.

**коло́ть** *imp* (**A**)—(**I**) to crack, chop sth with sth
■ Он ко́лет оре́хи не щипца́ми, а но́жницами.
He cracks nuts with scissors rather than a nutcracker.
■ Как ты мо́жешь коло́ть дрова́ э́тим топоро́м?
How can you chop wood with this ax?

**конча́ть 1.** *imp* /**ко́нчить** *pf* (**A**) to finish sth
■ Он конча́ет рабо́ту в три часа́.
He finishes work at three o'clock.
■ Я ско́ро ко́нчу кни́гу (/статью́/расска́з).
I'll soon finish the book (/article/short story).
■ Конча́й обе́д, и пойдём гуля́ть.
Finish your dinner, and let's go for a walk.

   **ко́нчить** (**inf**) to finish doing sth
■ Она́ ко́нчила писа́ть письмо́ (/стира́ть бельё) по́здно ве́чером.
She finished writing the letter (/doing her laundry) late at night.
■ Когда́, наконе́ц, ко́нчат ремонти́ровать э́то зда́ние?
When will they finally finish renovating this building?

   (**A**)—(**I**) to end, conclude sth with sth
■ Мы ко́нчим ве́чер та́нцами.
We'll end the party with dancing.
■ Ива́н конча́ет статью́ интере́сными вы́водами.
Ivan ends his article with (some) interesting conclusions.

**конча́ть 2.** *imp* /**ко́нчить** *pf* (**A**) to end sth
■ Председа́тель ко́нчил диску́ссию.
The chairman ended the discussion.

(**A**)—(**на** + **P**) to interrupt, stop sth with (at) sth
- На э́том замеча́нии он конча́ет наш разгово́р.
  With (*or* at) this remark he interrupts our conversation.
- На э́том мы ко́нчили экспериме́нт.
  Here (with (*or* at) this) we stopped the experiment.

    **ко́нчить** (inf) to stop doing sth
- Он ко́нчил говори́ть (по телефо́ну) и пове́сил тру́бку.
  He stopped talking (on the phone) and hung up.

**конча́ть 3.** *imp* /**ко́нчить** *pf* (**A**) to graduate from sth
- Ни́на ко́нчила сре́днюю шко́лу в Москве́.
  Nina graduated from high school in Moscow.
- В како́м году́ ты конча́ешь университе́т?
  What year will you graduate from university?
- Брат ко́нчил О́ксфорд, а сестра́ никако́го университе́та не конча́ла.
  My brother graduated from Oxford, but my sister didn't graduate from any university (i.e., didn't study at a university).

**конча́ться** *imp* /**ко́нчиться** *pf* (*3rd person only*) (**I**) to end with sth
- Фильм конча́ется сва́дьбой (/ми́рной сце́ной).
  The film ends with a wedding (/a peaceful scene).

**корми́ть** *imp* (**A**) to feed sb
- Ты уже́ корми́ла своего́ го́стя (/дете́й)?
  Have you already fed the guests (/children)?

    (**A**)—(**I**) to give sb sth (meal); to feed sb sth (food)
- В э́то вре́мя я кормлю́ сы́на (/му́жа) обе́дом.
  At this time (of day) I give my son (/my husband) lunch.
- Мы бу́дем корми́ть дете́й су́пом (/ры́бой/овоща́ми).
  We will feed the children soup (/fish/vegetables).

**кра́сить** *imp* (**A**)—(**в** + **A**) to dye sth (some color)
- Я кра́шу пла́тье в зелёный цвет.
  I am dyeing this dress green.

    (**A**)—(**I**) to dye sth with sth; to paint sth (some color)
- Она́ кра́сит во́лосы хной.
  She dyes her hair with henna.

- Почему́ вы кра́сите гара́ж ора́нжевой кра́ской?
  Why are you painting your garage orange?

**красне́ть 1.** *imp* /**покрасне́ть** *pf* (**от + G**) to blush with/out of sth
- Де́вушка покрасне́ла от ра́дости (/от сча́стья/от смуще́ния).
  The girl blushed with joy (/happiness/embarrassment).
- Он ча́сто красне́ет от засте́нчивости.
  He often blushes out of shyness.

**красне́ть 2.** *imp* /**покрасне́ть** *pf colloq.* (**за + A**) to be ashamed of sb/sth
- Она́ красне́ет за своего́ бра́та.
  She is ashamed of her brother.

**красть** *imp* /**укра́сть** *pf* (**A**)— (**в + P**)/(**у + G**) to steal sth in some place from sb
- В после́днее вре́мя в на́шем го́роде краду́т маши́ны.
  Cars have been stolen in our city lately.
- Он укра́л у меня́ де́ньги (/кошелёк/докуме́нты).
  He stole money (/a purse/documents) from me.

**крича́ть 1.** *imp*/**кри́кнуть** *pf instantaneous* (**в, на + P**) to scream in some place
- Кто́-то крича́л на у́лице (/во дворе́).
  In the street (/yard) someone was screaming.
- Где́-то в до́ме кри́кнул ребёнок.
  Somewhere in the house a child screamed.

  (**от + G**) to scream from/with sth
- Де́ти крича́т от стра́ха (/от бо́ли/от ра́дости).
  Children scream from fear (/with pain/with joy).

**крича́ть 2.** *imp* /**кри́кнуть** *pf instantaneous* (**A**)—(**D**) to shout sth to sb
- Она́ что́-то кри́кнула своему́ бра́ту (/Мари́и).
  She shouted something to her brother (/Maria).
- Я не слы́шала, что она́ нам крича́ла.
  I didn't hear what she was shouting to us.

**крича́ть/кри́кнуть** (**D**), **что́бы . . .** to call, shout to sb not to do sth
- Мать кри́кнула мне, что́бы я не опа́здывала к обе́ду.
  Mother called to me not to be late for dinner.

**крича́ть 3.** *imp* /**кри́кнуть** *pf instantaneous* (**на + A**) to yell at sb
- Э́та же́нщина ча́сто кричи́т на свои́х дете́й.
  This woman often yells at her children.

- Я слы́шал вчера́, как нача́льник крича́л на своего́ помо́щника.
  Yesterday I heard the boss yelling at his assistant.

**купа́ть** *imp* (A)—(в + P) to wash, bathe sb in sth
- Мы купа́ем на́шу ма́ленькую дочь в ва́нночке.
  We wash (*or* bathe) our baby daughter in a small tub.

**купа́ться** *imp* (в + P) to swim, bathe in sth
- Де́ти ка́ждый день купа́ются в реке́ (/в мо́ре/в бассе́йне).
  Every day children swim (*or* bathe) in the river (/sea/swimming pool).

**купи́ть** *pf* (A)—(в, на + P)/(у + G) to buy sth in some place/from sb
- Я куплю́ о́вощи (/фру́кты) на ры́нке.
  I will buy vegetables (/fruit) in the market.
- Мы купи́ли проду́кты (/мя́со/вино́) в сосе́днем магази́не.
  We bought groceries (/meat/wine) in a store nearby.
- Ты купи́л э́ту маши́ну у своего́ бра́та?
  Did you buy this car from your brother?

    (A)—(D) to buy sb sth
- Оте́ц ку́пит тебе́ велосипе́д, а мне он уже́ ку́пил ку́клу.
  Father will buy you a bicycle; he has already bought me a doll.
- Муж хо́чет купи́ть мне мехову́ю шу́бу.
  My husband wants to buy me a fur coat.

**кури́ть** *imp* (A) to smoke sth
- Он кури́л кре́пкий таба́к (/сига́ру/тру́бку).
  He smoked a strong tobacco (/cigar/pipe).

# Л

**ла́ять** *imp* (на + A) to bark at sb
- Э́та соба́ка ла́ет на всех (/на дете́й/на Петра́).
  That dog barks at everybody (/children/Peter).
- На кого́ вчера́ ла́яла твоя́ соба́ка?
  Whom was your dog barking at yesterday?

**лезть 1.** *imp def* **(на + A)/(по + A)** to climb, crawl (up) sth

- Я смотре́л, как он лез на де́рево (/на столб/на́ сте́ну).
  I watched him climb the tree (/pole/wall).

- Муравьи́ ле́зут вверх по стволу́ (/по стене́).
  Ants crawl up the tree trunk (/wall).

    **(по + D)—(на + A)** to climb sth to sth

- Он с трудо́м ле́зет по ле́стнице на кры́шу (/на черда́к).
  He climbs the ladder (or stairs) to the roof (/attic) with difficulty.

**лезть 2.** *imp* **(под + A)** to crawl under sth (small or poorly accessible space)

- Заче́м ты ле́зешь под маши́ну (/под роя́ль/под дива́н/под стол)?
  Why are you crawling under the car (/piano/couch/table)?

    **(в + A)** to squeeze through, get into sth (poorly accessible space)

- Почему́ вы ле́зете в окно́?
  Why are you squeezing through the window?

- Ему́ тру́дно лезть в подва́л.
  It's hard for him to get into the basement.

**лезть 3.** *imp* **(в + A)** *colloq* to break, get into/onto sth

- Я слы́шал, как кто́-то лез к нам в дом.
  I heard someone breaking into our house.

- Не лезь в чужу́ю су́мку (/чужо́й стол).
  Keep out of (don't get into) anyone's bag (/desk).

**лежа́ть 1.** *imp* **(в, на + P)/(под + I)** (of sb) to lie in/on/under sth

- Когда́ мы пришли́, он лежа́л в саду́ (/на траве́).
  When we arrived, he was lying in the garden (/on the grass).

- Не лежи́ на животе́.
  Don't lie on your stomach.

- Я не люблю́ лежа́ть на со́лнце. На пля́же я лежу́ в тени́ (/под наве́сом).
  I don't like to lie in the sun. On the beach I lie in the shade (/under a tent).

**лежа́ть 2.** *imp* **(в + P)** (of a sick person) to stay, be in sth/some place

- Она́ больна́, ей на́до лежа́ть в посте́ли.
  She's sick; she must stay in bed.

- В како́м отделе́нии больни́цы он бу́дет лежа́ть?
  Which section of the hospital will he be in?

■ Мой брат лежáл в больнúце три дня.
My brother was in the hospital for three days.

**(в + P)—(с + I)** to be in bed with sth (disease or symptom)
■ Он лежúт в постéли с ангúной (/с высóкой температýрой).
He's in bed with strep throat (/a high fever).

**лежáть 3.** *imp (3rd person only)* **(в, на + P)** (of sth) to be (lying) in some place
■ Бельё лежúт в шкафý на вéрхней пóлке (/в ящике комóда).
The linen is (lying) on the top shelf of the closet (/in the bureau drawer).
■ Óвощи бýдут лежáть в холодúльнике на вторóй пóлке.
The vegetables will be on the second shelf of the refrigerator.

**летáть** *imp indef* **(в, на + A)** to fly (go by plane) to some place
■ В прóшлом годý мы летáли во Фрáнцию (/на Мадагаскáр).
Last year we flew to France (/Madagascar).

**(в, на + A)—(на + P)/(I)** to fly to some place by sth
■ Я летáл во Флорúду (/на Аляску) на чáстном самолёте (чáстным самолётом).
I used to go (*or* fly) to Florida (/Alaska) by a private plane.

**(из, с + G)—(в, на + A)** to fly from some place to some place
■ Из Нью-Йóрка самолёты летáют на все континéнты.
Planes fly from New York to every continent.
■ Он мнóго раз летáл с Аляски во Флорúду.
He flew from Alaska to Florida many times.

**летéть** *imp def* **(в, на + A)** to fly to some place
■ Этот самолёт летúт в Áзию (/на Филиппúны).
This plane flies to Asia (/the Philippines).
■ Мы тогдá летéли в Россúю (/на Бермýдские островá).
At the time we were flying to Russia (/Bermuda).

**(в, на + A) —(на + P)/(I)** to fly to some place in/on sth
■ Я лечý на сéвер (/в Бостóн) на самолёте (самолётом) этой компáнии.
I'm flying north (/to Boston) in (or on) one of this airline's planes.

**(из, с + G)—(в, на + A)** to fly from some place to some place
■ Ракéта летéла с сéвера на юг.
The rocket was flying from north to south.
■ Когдá это произошлó, мы летéли из Филадéльфии в Бостóн.
We were flying from Philadelphia to Boston when it happened.

**лечи́ть** *imp* (**A**) to cure sth

- Врачи́ научи́лись лечи́ть туберкулёз.
  Doctors learned how to cure tuberculosis.

    (**A**)—(**от** + **G**) to treat sb for/with sth (disease)

- Меня́ лечи́ли от я́звы, а у меня́ не́ было никако́й я́звы.
  They treated me for an ulcer, but I did not have an ulcer.

- Врачи́ ле́чат больны́х от всех боле́зней.
  Doctors treat patients with all diseases.

    (**A**)—(**I**) to treat sth with sth

- Он лечи́л мне ра́ну на ноге́ каки́ми-то ма́зями (/тра́вами).
  He treated the wound on my leg with some ointments (/herbs).

**лечи́ться** *imp* (**у** + **G**) to be cared for by a doctor

- Мы ле́чимся у э́того врача́.
  We are cared for by this doctor.

- Лу́чше лечи́ться у хоро́шего врача́, чем у знамени́того профе́ссора.
  It's better to be cared for by a good doctor than by a famous professor.

    (**I**) to treat oneself; to be treated with sth

- Она́ лю́бит лечи́ться тра́вами.
  She likes to treat herself (or to be treated) with herbs.

**лить** *imp* (**A**)—(**в** + **A**) to pour sth into sth

- Не лей во́ду в э́то ведро́ (/в э́ту ба́нку).
  Don't pour water into this bucket (/jar).

    (**A**)—(**из** + **G**)—(**в** + **A**) to pour sth from sth into sth

- Она́ льёт молоко́ из кувши́на в стака́ны.
  She's pouring milk from a pitcher into glasses.

    (**A**)—(**на** + **A**) to pour, spill sth onto sth

- Осторо́жно, ты льёшь ко́фе на ска́терть.
  Careful! You're pouring (*or* spilling) coffee on the tablecloth.

**лови́ть** 1. *imp* /**пойма́ть** *pf* (**A**) to catch sth

- Како́й игро́к в э́той игре́ ло́вит мяч (/ша́йбу)?
  Which player in this game catches the ball (/puck)?

    (**A**)—(**I**) to catch sth (in sth)

- Ма́льчик ло́вко пойма́л мяч руко́й.
  The boy caught the ball deftly (in his hand).

*idiom* (**A**) to receive (radio waves)
- Мой радиоприёмник не ло́вит коро́ткие во́лны.
  My radio does not receive shortwave (stations).

**лови́ть 2.** *imp* /**пойма́ть** *pf* (**A**) to catch sb/sth (people or animals)
- Ты вчера́ пойма́л мно́го ры́бы?
  Did you catch a lot of fish yesterday?
- Я не ловлю́ ба́бочек (/птиц).
  I don't catch butterflies (/birds).
- Беглеца́ ра́но и́ли по́здно пойма́ют.
  Sooner or later the fugitive will be caught.

  (**A**)—(**I**) to catch (animals or insects) with/in sth
- Мы ло́вим ба́бочек сачко́м, а ры́бу у́дочкой.
  We catch butterflies with a net and fish with a rod.
- Я ви́дел, как рыбаки́ лови́ли ры́бу сетя́ми.
  I saw fishermen catching fish in nets.

**ложи́ться** *imp* /**лечь** *pf* (**в, на** + **A/P**) to go to bed; to lie down in/on sth
- Он бо́лен, но (он) не хо́чет ложи́ться в посте́ль.
  He is sick, but he won't go to bed.
- Де́ти легли́ на траву́ (/на зе́млю) *or* на траве́ (/на земле́).
  The children lay down on the grass (/ground).
- −Я ля́гу пря́мо на́ пол (на полу́). —Лу́чше ляг на э́ту крова́ть (в э́той крова́ти).
  "I'll lie down right on the floor."—"Better to lie down on the bed."

  (**в, на** + **A**) to be admitted to, go into a hospital for sth
- Че́рез неде́лю он ля́жет в больни́цу на опера́цию (/на лече́ние).
  A week from now he'll go (*or* be admitted) into the hospital for surgery (/treatment).

  **ложи́ться/лечь** (**inf**) to lie down to do sth/for sth
- Вчера́ он лёг спать в де́вять часо́в ве́чера.
  Yesterday he went to bed (*lit.* lay down to sleep) at nine in the evening.
- По́сле рабо́ты оте́ц обы́чно ложи́тся отдохну́ть.
  After work Father usually lies down for a nap.
- То́лько я легла́ почита́ть, как позвони́ли в дверь.
  I had just lain down to read for a while when the doorbell rang.

**лома́ть** *imp* /**слома́ть** *pf* (**A**) to destroy, tear down, break sth
- Си́льный ве́тер лома́ет дере́вья (/су́чья).
  A strong wind destroys trees (/branches).

- Почему́ ты хо́чешь слома́ть э́ту сте́ну (/дом)?
  Why do you want to tear down this wall (/house)?
- Ма́ленькие де́ти ча́сто лома́ют свои́ игру́шки.
  Little children often break their toys.
- Он упа́л и слома́л но́гу (/ру́ку).
  He fell and broke his leg (/arm).

**люби́ть** *imp* (A)/(**inf**)—(A) to like sth; to like to do sth
- Я люблю́ кни́ги (/чита́ть кни́ги).
  I like books (/I like to read books).
- Мы всегда́ люби́ли му́зыку (/слу́шать му́зыку).
  We always liked music (/We liked to listen to music).

# М

**ма́зать 1.** *imp* /**мазну́ть** *pf instantaneous* (A)—(I) to spread sth on sth; (*colloq*) to put sth (makeup, etc.) on sb's face (lips)
- Он всегда́ ма́жет хлеб ма́слом.
  He always spreads butter on his bread (*lit.* spreads his bread with butter).
- Она́ мазну́ла мне лицо́ бе́лой кра́ской.
  She put some white makeup on my face.

   (A)—(I) to smear sth with sth
- —Поча́ще мажь ра́ну э́той ма́зью. —Я ма́жу ка́ждый день.
  "Smear this ointment on the wound more often."—"I do it every day."

**маха́ть** *imp* /**махну́ть** *pf instantaneous* (D)—(I) to wave sth at sb
- Кто это ма́шет (маха́ет—*colloq.*) тебе́ руко́й (/ша́пкой)?
  Who is waving to you (with his hand) (/waving a cap at you)?

   (I) (of an animal, bird) to wag, flap sth
- Никогда́ не ви́дел, что́бы э́та соба́ка маха́ла хвосто́м.
  I never saw that dog wag its tail.
- Пти́ца ма́шет кры́льями, но не мо́жет взлете́ть.
  The bird flaps its wings but cannot get off the ground (start flying).

**мелька́ть** *imp* /**мелькну́ть** *pf instantaneous* (**в** + **P**) to flash, flicker, appear in some place

■ Вдали́ в мо́ре (/в волна́х) мелька́ет огонёк.
  Far off out to (in the) sea (/in the waves) a small light is flashing.

■ Ого́нь в окне́ мелькну́л на секу́нду и пога́с.
  The light flickered (*or* appeared) in the window for a moment and went out.

**меня́ть 1.** *imp* /**обменя́ть** *pf* (**A**)—(**на** + **A**) to exchange sth for sth

■ На грани́це мы меня́ем до́ллары на рубли́.
  We exchange dollars for rubles at the border.

■ Я обменя́ю э́ту кни́гу (/блу́зку) на другу́ю.
  I will exchange the book (/blouse) for another.

■ Я хоте́ла бы обменя́ть э́ту шля́пу на бере́т (/ста́рую ме́бель на но́вую).
  I would like to exchange this hat for a beret (/old furniture for new).

**меня́ть 2.** *imp* /**поменя́ть** *pf* (**A**) to change sth/sb

■ Иногда́ лю́ди меня́ют и́мя и фами́лию.
  Sometimes people change their first and last names.

■ Брат поменя́л рабо́ту (/стри́жку/оде́жду).
  My brother changed his job (/haircut/clothes).

■ Я поменя́ю тебе́ посте́льное бельё за́втра.
  I will change your (bed) linen tomorrow.

■ Он уже́ не́сколько раз меня́л адвока́та (/секрета́ршу).
  He has already changed his lawyer (/secretary) several times.

**меня́ться** *imp* /**обменя́ться** *or* **поменя́ться** *pf* (**I** pl)—(**с** + **I**) (of sb and sb) to exchange, swap some things (with each other)

■ Почему́ вчера́ вы с сестро́й обменя́лись ша́пками и пальто́?
  Why did you and your sister exchange hats and coats?

■ Дава́й поменя́емся с тобо́й места́ми.
  Let's swap seats.

■ Они́ обменя́лись (друг с дру́гом) адреса́ми и номера́ми телефо́нов.
  They exchanged addresses and telephone numbers.

**мёрзнуть 1.** *imp* /**замёрзнуть** *pf* (*3rd person only*) (**в** + **P**) *pf* to freeze sth in some place

■ В до́ме всё замёрзло: вода́ в тру́бах и да́же хлеб в шкафу́.
  Everything in the house froze: the water in the pipes and even the bread in the cupboard.

**мёрзнуть 2.** *imp* /**замёрзнуть** *pf* (**в, на** + **P**)/(**у** + **G**) to feel cold, to freeze in some place

- Я мёрзну в э́той ко́мнате (/на балко́не/у окна́).
  I feel cold in this room (/on the balcony/by the window).

- Он полчаса́ мёрз на авто́бусной остано́вке.
  He froze (*or* stood freezing) for a half hour at the bus stop.

    (**в** + **P**)/(**без** + **G**) to freeze in/without sth

- Он совсе́м замёрз в своём лёгком пальто́ (/без сви́тера).
  He froze in his light coat (/without a sweater).

**ме́рить 1.** *imp* (**A**)—(**I**) to measure sth with sth

- Она́ ме́рила ширину́ тка́ни сантиме́тром.
  She measured the fabric width with a tape measure.

- Рабо́чие ме́рят длину́ до́ма руле́ткой.
  The workers measure the length of the house with a steel tape.

- Что ты бу́дешь ме́рить лине́йкой?
  What are you going to measure with the ruler?

    (**A**)—(**D**) to take (a reading of) sb's sth

- Сестра́ ме́рит мне давле́ние кро́ви.
  The nurse takes my blood pressure.

- Я ме́рю ему́ (/ребёнку/больно́му) температу́ру.
  I take his (/the child's/the patient's) temperature.

**ме́рить 2.** *imp* (**A**) to try on sth (clothes, etc.)

- Она́ ме́рит всё, что она́ покупа́ет: оде́жду, о́бувь, шля́пы.
  She tries on everything she buys: clothes, shoes, hats.

**мести́** *imp* (**A**)—(**I**) to sweep (up) sth with sth

- Я обы́чно мету́ пол щёткой.
  I usually sweep the floor with a broom.

- Он мёл опа́вшие ли́стья метло́й.
  He was sweeping up the fallen leaves with a broom.

**мечта́ть** *imp* (**о** + **P**) to dream of sth

- Все лю́ди мечта́ют о сча́стье (/о любви́/о свобо́де).
  All people dream of happiness (/love/freedom).

    **мечта́ть** (**inf**) to dream of doing sth

- Я мечта́л путеше́ствовать (/уви́деть други́е стра́ны/учи́ться).
  I dreamed of traveling (/seeing other countries/studying).

**меша́ть 1.** *imp* /**помеша́ть** *pf* (D) to disturb sb
- Я наде́юсь, тебе́ не помеша́ет на́ша му́зыка и шум.
  I hope our music and noise will not disturb you.

    (D)—(inf) to make it hard for sb to do sth
- Вы меша́ете ему́ (/худо́жнику) рабо́тать.
  You make it hard for him (/the artist) to work.

- Шум меша́л мне занима́ться.
  The noise made it hard for me to study.

    (D)—(inf)—(I) not to let sb do sth with sth
- Свои́ми разгово́рами ты меша́ешь мне ду́мать.
  You don't let me think with your talking.

**меша́ть 2.** *imp* /**помеша́ть** *pf* (A)—(I) to stir sth with sth
- Помеша́й суп (/варе́нье/о́вощи) деревя́нной ло́жкой.
  Stir the soup (/jam/vegetables) with the wooden spoon.

- Почему́ ты меша́ешь чай ви́лкой?
  Why do you stir your tea with a fork?

- Чем вы меша́ете у́гли в ками́не, э́той кочерго́й?
  What do you stir the coals in the fireplace with—this poker?

**меша́ть 3.** *imp* /**смеша́ть** *pf* (A)—(c + I) to mix sth with sth
- Худо́жник меша́ет жёлтую кра́ску с зелёной.
  The artist mixes yellow paint with green.

- Я смеша́ю оди́н сорт ко́фе с други́м (/муку́ с са́харом и ма́слом).
  I'll mix one kind of coffee with another (/flour with sugar and butter).

**мири́ть** *imp* (A *pl*) to reconcile sb
- Все стара́лись мири́ть сопе́рников (/проти́вников/враго́в).
  Everybody tried to reconcile the rivals (/adversaries/enemies).

    (A)—(c + I) to reconcile sb and sb
- Я до́лжен бу́ду мири́ть бра́та с сестро́й. Не зна́ю, что полу́чится.
  I'll have to reconcile my brother and sister. I don't know what'll happen.

**мири́ться 1.** *imp* (c + I) to make up with sb; to reconcile
- Ива́н всегда́ пе́рвый мири́лся со свое́й жено́й (/с друзья́ми).
  Ivan was always first to make up with his wife (/friends).

- Они́ миря́тся друг с дру́гом, пото́м опя́ть ссо́рятся.
  They reconcile and then quarrel again.

**мири́ться 2.** *imp* (**с + I**) to put up with sth

- Не могу́ мири́ться с несправедли́востью.
  I cannot put up with injustice.

- Он мири́лся с необходи́мостью жить вдали́ от семьи́.
  He put up with the necessity of living far from his family.

**мо́кнуть** *imp* (**под + I**) to get wet under sth

- Вчера́ я полчаса́ мок под дождём, дожида́ясь авто́буса.
  Yesterday I got wet in the rain for half an hour while waiting for a bus.

**моли́ть** *imp* (**A**)—(**о + P**) to implore sb for sth

- Лю́ди моли́ли нас о по́мощи (/о поща́де).
  People implored us for help (/mercy).

      **моли́ть (inf)** to implore (not) to do sth

- Друг моли́л меня́ никому́ э́того не расска́зывать.
  My friend implored me not to tell this to anybody.

**моли́ться** *imp* (**за + A**)/(**о + P**) to pray for sb/about sth

- Моли́сь за меня́ (/за отца́/за дете́й).
  Pray for me (/for father/for the children).

- Она́ моли́лась о здоро́вье сы́на (/об уда́че).
  She prayed for her son's health (/success).

**моло́ть** *imp* (**A**)—(**в, на + P**) to grind sth in sth

- Я мелю́ мя́со (/ры́бу) в мясору́бке.
  I grind meat (/fish) in a meat grinder.

- Кто в про́шлый раз моло́л ко́фе в э́той кофемо́лке?
  Who ground the coffee in this coffee grinder last?

- Мы обы́чно моло́ли зёрна пшени́цы на ме́льнице.
  We usually ground the wheat at the mill.

**молча́ть** *imp* (**о + P**) to be silent, say nothing about sth

- Все молча́т об э́том и я то́же молчу́.
  Everybody is silent about this, and so am I (silent).

- Она́ молча́ла об э́том разгово́ре (/о свои́х отноше́ниях с ним).
  She said nothing about this conversation (/her relationship with him).

      **(о + P)—(из + G)** to be silent about sth out of sth

- Он молчи́т о свои́х дела́х (/успе́хах) из скро́мности.
  He was silent about his affairs (business) (/success), out of modesty.

**молчáть о том, что ...** to be silent about ...

■ Из вéжливости мы молчи́м о том, что нам не нрáвится.
Out of politeness, we don't mention (*lit.* are silent about) things we dislike.

**мóрщить** *imp* (**A**) to frown; to wrinkle sth

■ —Не морщь лоб. —Я не мóрщу.
"Don't frown (wrinkle your forehead)."—"I'm not (frowning)."

(**A**)—(**от** + **G**) to grimace or wrinkle sth in sth

■ Онá мóрщила лицó от бóли.
She grimaced (*lit.* wrinkled her face) in pain.

**мýчить** *imp* (**A**) (of sth) to plague sb; (of sb) to torture sb

■ Егó мýчили сомнéния и угрызéния сóвести.
Doubts and remorse plagued him.

■ Не могý ви́деть, когдá мýчат людéй (/живóтных).
I cannot tolerate it when they torture people (/animals).

(**A**)—(**I**) to torture oneself /sb with sth

■ Онá мýчит себя́ диéтой (/гóлодом/непоси́льной рабóтой).
She is torturing herself with a diet (/hunger/excessive toil).

■ Он мýчил женý своéй рéвностью.
He tortured his wife with his jealousy.

**мчáться** *imp* (**в, на** + **A**)/(**к** + **D**)—(**на** + **P**) to hurry, rush to some place/sb's in sth

■ Я мчусь на маши́не в гóрод (/на стáнцию/на рабóту/).
I'm hurrying to the city (/train station/work) in a car.

■ Когдá случи́лась авáрия, он мчáлся на маши́не к врачý.
When he had the accident, he was rushing to the doctor's in his car.

(**по** + **D**) to rush along sth

■ Карéта скóрой пóмощи мчи́тся по шоссé (/по ýлице).
The ambulance rushes along the highway (/street).

**мыть** *imp* /**вы́мыть** *or* **помы́ть** *pf* (**A**)—(**в** + **P**) to wash sb/sth in sth

■ Мы мóем ребёнка в вáнночке (/собáку в ручьé).
We wash the child in a small tub (/the dog in the creek).

■ Вы́мой посýду в рáковине.
Wash the dishes in the sink.

(A)—(I) to wash sth with sth

- Я мо́ю ру́ки и лицо́ холо́дной водо́й (/во́лосы шампу́нем).
  I wash my hands and face with cold water (/hair with shampoo).

- Он помы́л пол и о́кна горя́чей водо́й.
  He washed the floor and windows with hot water.

**мы́ться** *imp* /**вы́мыться** *or* **помы́ться** *pf* (**I**) to wash (oneself) with sth

- Мы мо́емся тёплой или горя́чей водо́й (/гу́бкой).
  We wash (ourselves) with warm or hot water (/a sponge).

(**в, на + P**) to wash (oneself) in sth/some place

- Ле́том мо́юсь на вера́нде.
  In the summer I wash outside on the porch.

- Де́ти помы́лись (вы́мылись) в ва́нной.
  The children washed in the bathroom.

(**под + I**) to take sth (a shower)

- Я помо́юсь под ду́шем.
  I'll take a shower (*lit.* I'll wash myself under the shower).

**мять** *imp pf* (**A**) to wrinkle, crease, crumple sth; to step on sth

- Смотри́, ты мнёшь пла́тье.
  Look. You wrinkle your dress.

- Он мял письмо́ в руке́.
  He was crumpling the letter in his hand.

- Не мни́те цветы́ (/траву́).
  Don't step on the flowers (/grass).

(**A**)—(**в + P**) to crumple sth in sth

- Я мну в рука́х салфе́тку (/полоте́нце/носово́й плато́к).
  I crumple the napkin (/towel/handkerchief) in my hands.

# Н

**набира́ть 1.** *imp* /**набра́ть** *pf* (**в, на + A**)—(**G** *pl*) to pick some of sth in some place

- Сестра́ набрала́ в лесу́ грибо́в (/полевы́х цвето́в).
  My sister picked some mushrooms (/some wildflowers) in the forest.

- Мы наберём я́год на поля́не.
  We'll pick some berries in the meadow.

  **(в, на + A)—(A)—(G *pl*)** to pick, collect sth of sth in some place
- Я наберу́ в лесу́ или на поля́не буке́т цвето́в (/корзи́ну грибо́в).
  I'll pick a bouquet of flowers (/basket of mushrooms) in the forest or the meadow.

  **(A)** *idiom* to dial a telephone number
- Набери́ её но́мер телефо́на ещё раз.
  Dial her telephone number one more time.

**набира́ть 2.** *imp* /**набра́ть** *pf* **(A)—(в, на + A)** to accept, hire sb for/at some place
- Приёмная коми́ссия набрала́ на наш факульте́т сто студе́нтов.
  Admissions accepted a hundred students for our department.
- Режиссёр теа́тра набира́ет в свою́ тру́ппу но́вых актёров.
  The director of the theater is hiring new actors for his company.
- На заво́д набира́ли рабо́чих.
  They were hiring (blue-collar) workers at the factory.

**наблюда́ть 1.** *imp* **(A)** to watch sth
- Мно́гие лю́ди наблюда́ли затме́ние со́лнца.
  Many people watched the eclipse of the sun.

  **(за + I)** to watch sb/sth
- Я наблюда́ю за детьми́, кото́рые игра́ют в саду́.
  I watch the children who play in the garden.
- Они́ с интере́сом наблюда́ли за футбо́льным ма́тчем.
  They watched the soccer game with interest.

  **наблюда́ть за тем, как . . .** to watch sb do sth/how one is doing sth
- Мужчи́на наблюда́л за тем, как меха́ник чини́л маши́ну.
  The man watched the mechanic fix the car (*or* how he was fixing it).

**наблюда́ть 2.** *imp* **(A)** to observe sb/sth
- Учёные с интере́сом наблюда́ли э́то ре́дкое явле́ние.
  Scientists observed this rare phenomenon with interest.

  **наблюда́ть (A), что . . .** to observe sth that . . .
- Он внима́тельно наблюда́л всё, что происходи́ло вокру́г него́.
  He observed everything that was going on around him attentively.

**наблюда́ть 3.** *imp* **(за + I)** to care for, look after sb

- За ним постоя́нно наблюда́ла медсестра́.
  A nurse cared for him constantly.

- Когда́ роди́телей нет до́ма, за ребёнком наблюда́ет ня́ня.
  When the parents are not home, a sitter looks after the baby.

**наблюда́ть 4.** *imp* **(за + I)** to oversee (*or* control) sb/sth

- Он бу́дет наблюда́ть за рабо́чими (/за их рабо́той).
  He will oversee (or control) the workers (/their performance).

**навари́ть** *imp pf* **(G)—(на + A)** to cook (a lot of) sth

- Она́ навари́ла су́па и друго́й еды́ на це́лый полк.
  She cooked (enough) soup and other food for an army (*lit.* a whole regiment).

- Я наварю́ варе́нья на всю зи́му.
  I will cook (enough) jam for the whole winter.

**навеща́ть** *imp* /**навести́ть** *pf* **(A)** to visit sb

- Э́тим ле́том я навещу́ роди́телей (/ба́бушку/друзе́й/Ива́на).
  This summer I'll visit my parents (/grandmother/friends/Ivan).

    **(A)—(в + P)** to visit sb in some place

- Мы навеща́ем отца́ (/её/дру́га/Мари́ю) в больни́це.
  We are visiting our father (/her/a friend/Maria) in the hospital.

**нагиба́ть** *imp* /**нагну́ть** *pf* **(A)** to bend (down) sth

- Он нагну́л го́лову и вошёл в авто́бус.
  He bent his head and got on the bus.

    **(A)—(к + D)** to bend sth down toward sb

- Я нагну́ к тебе́ ве́тку, что́бы ты доста́ла я́блоки.
  I'll bend the branch down toward you so you can reach the apples.

**нагиба́ться** *imp* /**нагну́ться** *pf* **(к + D)/(над + I)** to lean over sb/sth

- Не нагиба́йся к воде́ (/над обры́вом).
  Don't lean over the water (/abyss).

- Медсестра́ нагну́лась над крова́тью больно́го (/над больны́м).
  The nurse leaned over the patient's bed (/over the patient).

**нагрева́ть** *imp* /**нагре́ть** *pf* **(A)—(в, на + P)** to heat sth on/in sth

- Он нагре́л во́ду на костре́ (/на плите́/в духо́вке).
  He heated water on the campfire (/the stove/in the oven).

**надева́ть** *imp* /**наде́ть** *pf* (A) to wear, put on sth

- Я ре́дко надева́ю очки́ (/ту́фли на высо́ких каблука́х/шля́пу).
  I rarely wear glasses (/high-heeled shoes/a hat).

- Он наде́л кра́сный сви́тер, кото́рый я ему́ подари́ла на Но́вый год.
  He put on the red sweater I gave him for New Year's.

   (A)—(на + A) to put sth on sb/sth

- Мать наде́ла на ребёнка пальто́ (/перча́тки).
  Mother put the coat (/gloves) on the child.

- Я наде́ну на поду́шку чи́стую на́волочку (/на дива́н чехо́л).
  I will put a clean pillowcase on the pillow (/a cover on the couch).

   (A)—(D)—(на + A) to put sth on sb's sth

- Наде́нь ему́ на го́лову ша́пку (/на ру́ки перча́тки).
  Put the hat on his head (/gloves on his hands).

**наде́яться 1.** *imp* (на + A)/(inf) to hope for sth; to do sth

- Мы наде́емся на на́шу побе́ду (победи́ть).
  We're hoping for a victory (to win).

   **наде́яться (на то), что** ... to hope that ...

- Он наде́ялся, что дождя́ не бу́дет.
  He hoped that it wouldn't rain.

- Все наде́ялись (на то), что он не забу́дет своего́ обеща́ния.
  Everybody hoped that he wouldn't forget his promise.

**наде́яться 2.** *imp* (на + A) to count on sb/sth; to rely on sth

- Я зна́ю, что мы мо́жем наде́яться на тебя́ (/на ва́шу по́мощь).
  I know that we can count on you (/your help).

- Он наде́ется на свою́ па́мять (/на свои́ зна́ния).
  He relies on his memory (/his knowledge).

**надоеда́ть 1.** *imp* /**надое́сть** *pf* (D)—(I) to bother sb with sth; (of sb) to be tired of/sick of sth

- Он постоя́нно надоеда́ет отцу́ вопро́сами (/про́сьбами).
  He is always bothering Father with his questions (/requests).

- Ты мне надое́л свои́ми жа́лобами.
  I'm tired of (*or* sick of) your complaints.

**надоеда́ть 2.** *imp* /**надое́сть** *pf impersonal* (D)—(inf) to be annoying to do sth; (of sb) to be sick of doing sth

- Надоеда́ет постоя́нно де́лать и без конца́ повторя́ть одно́ и то же.
  It is annoying to do and repeat the same thing endlessly.
- Мне надое́ло учи́ть слова́ (/занима́ться исто́рией/чини́ть маши́ну).
  I'm sick of learning words (/studying history/fixing my car).

**надыша́ться** *pf* **(G)/(I)** to inhale (too much of) sth… (negative) not to breathe in enough of sth

- Он надыша́лся ядови́того га́за и тепе́рь боле́ет.
  He inhaled (too much) poisonous gas, and he is sick now.
- Не могу́ надыша́ться э́тим арома́том.
  I cannot breathe enough of this fragrance (i.e., however much I inhale of this fragrance, it is not enough).

**наезжа́ть 1.** *imp* /**нае́хать** *pf* (**на** + **P**) to drive on(to) sth

- —Не наезжа́й на раздели́тельную полосу́. —Не волну́йся, не нае́ду.
  "Don't cross (drive on) the dividing line."—"Don't worry, I won't."
- Маши́на нае́хала на тротуа́р.
  The car drove onto the sidewalk.

**нае́хать** *pf* (**в** + **A**)/(**к** + **D**) *colloq* to descend on, come (in numbers) to some place or sb's

- В го́род нае́хало мно́го тури́стов (наро́ду).
  A great many tourists (people) came to the city.

**нажива́ть 1.** *imp* /**нажи́ть** *pf* (**A**) to make sth (money, fortune)

- Он когда́-нибу́дь наживёт большо́е состоя́ние.
  One day he will make a nice fortune.

  **(A)—(I)** to make sth (money, fortune) by/in sth

- Он нажи́л де́ньги свои́м трудо́м (/свои́м умо́м).
  He made money by (due to) his work (/his intelligence).

**нажива́ть 2.** *imp* /**нажи́ть** *pf* (**A**)—(**I**) *colloq* to make sb/sth (undesirable) with sth

- Свое́й болтовнёй ты наживёшь враго́в (/неприя́тности).
  With your chatter (jabber), you'll make enemies (/trouble).

**нажива́ться** *imp* /**нажи́ться** *pf* (**на** + **P**) to make money (by) doing sth from sb/sth

- Он нажи́лся на торго́вле нарко́тиками.
  He made money (by) dealing drugs.
- Говоря́т, он нажива́ется на покупа́телях (/на спекуля́ции).
  They say he makes money from customers (/speculation (profiteering)).

- На э́той рабо́те (/на э́том зака́зе) не наживёшься.
  You won't make money from this work (/order).

**назнача́ть 1.** *imp* /**назна́чить** *pf* (A)—(на + A) to schedule sth for some time
- Конфере́нцию (/репети́цию/встре́чу) назна́чили на вто́рник.
  They scheduled the conference (/rehearsal/meeting) for Tuesday.
- Судья́ наме́рен назна́чить слу́шание де́ла на март.
  The judge intends to schedule the hearing of the case for March.

**назнача́ть 2.** *imp* /**назна́чить** *pf* (A)—(I)/(на + A) to appoint sb sth/to sth
- Сове́т директоро́в назна́чил Петро́ва дире́ктором ба́нка.
  The board of directors appointed Petrov president of the bank.
- Его́ собира́ются назна́чить на пост председа́теля коми́ссии (/на до́лжность руководи́теля хо́ра).
  They intend to appoint him to the post of committee head (/position of choir director).

**называ́ть 1.** *imp* /**назва́ть** *pf* (A)—(I)/(N) to name sb (for) sth
- Я назову́ сы́на Ива́ном (Ива́н).
  I will name our son Ivan.
- Мы назва́ли на́шу соба́ку Ре́ксом (Рекс).
  We named our dog Rex.
- Они́ называ́ют всех свои́х дете́й имена́ми бого́в.
  They name all their children after gods.

  (A)—(I)/(N) to title, call, name sth (after) sth
- Как он назва́л свой расска́з (/кни́гу/пье́су/фильм)?
  What did he title his short story (/book/play/movie)?
- Лев Толсто́й назва́л свой рома́н *Война́ и мир*.
  Leo Tolstoy titled his novel War and Peace.
- Пу́шкин назва́л *Евге́ния Оне́гина* рома́ном в стиха́х.
  Pushkin called Eugene Onegin a novel in verse.
- У́лицы в Аме́рике ча́сто называ́ют имена́ми президе́нтов США.
  In America, streets are often named after U.S. presidents.

**называ́ть 2.** *imp* /**назва́ть** *pf* (A)—(I)/(N) to call sb (by) some name
- Она́ не лю́бит, когда́ её называ́ют ры́жей (ры́жая).
  She does not like it when they call her a redhead.
- Почему́ ты назва́л меня́ э́тим и́менем?
  Why did you call me by that name?

**называться 1.** *imp* (*3rd person only*) **(N)/(I)** to be called sth; to be labeled sth (by sb)

- Эта нау́ка называ́ется астроно́мия (астроно́мией).
  This science is called astronomy.

- Эта бума́га ра́ньше называ́лась гля́нцевой (гля́нцевая).
  This paper used to be labeled glossy.

- Тако́й строй жи́зни у них называ́лся свобо́дой.
  A way of life like this is called freedom by them.

**называться 2.** *imp* (*3rd person only*) **(I)** to introduce oneself as sb/by some name

- Он назва́лся Петро́м (/учи́телем/дире́ктором ба́нка).
  He introduced himself as Peter (/a teacher/the director of the bank).

- Она́ всегда́ называ́лась чужи́м и́менем.
  She always introduced herself by somebody else's name.

**нака́зывать** *imp* /**наказа́ть** *pf* **(A)** to punish sb

- Она́ ре́дко нака́зывает дете́й.
  She rarely punishes the children.

- Я тебя́ накажу́, е́сли ты не ска́жешь мне пра́вду.
  I'll punish you if you don't tell me the truth.

        **(A)—(за + A)** to punish sb for sth
- Ученика́ наказа́ли за опозда́ние (/за плохо́е поведе́ние).
  They punished the schoolboy for being late (/for bad behavior).

**нака́пливать** *imp* /**накопи́ть** *pf* **(A)** to save, accumulate sth

- Я накоплю́ де́ньги и пое́ду в Евро́пу.
  I'll save some money and go to Europe.

- Учёные накопи́ли мно́го да́нных об э́том явле́нии.
  Scientists have accumulated extensive data about this phenomenon.

**накле́ивать** *imp* /**накле́ить** *pf* **(A)—(на + A)** to stick, paste up sth on sth

- Накле́й ма́рку на откры́тку (/карти́нку на обло́жку кни́ги).
  Stick a stamp on the postcard (/picture on the cover of the book).

- Не накле́ивай ничего́ на сте́ны (/на две́ри/на о́кна).
  Don't stick anything on the walls (/doors/windows).

**наклоня́ться** *imp* /**наклони́ться** *pf* **(к + A)/(над + I)** to bend toward/over sb/sth

- Она́ наклони́лась над спя́щим ребёнком (/над умыва́льником).
  She bent over the sleeping child (/the sink).

■ Не наклоня́йся так ни́зко над столо́м.
Don't bend (or stoop) so far over the desk.

**накрыва́ть** *imp* /**накры́ть** *pf* (A)—(I) to cover sb/sth with sth
■ Накро́й роя́ль чехло́м (/кастрю́лю кры́шкой/стол ска́тертью).
Cover the piano with the cover (/pan with a lid/table with a (table)cloth).

■ Не накрыва́й де́вочку одея́лом (/маши́ну брезе́нтом).
Don't cover the girl with a blanket (/the car with a tarpaulin).

**накупа́ть** *imp* /**накупи́ть** *pf* (G) to buy (a large quantity of) sth
■ Заче́м ты накупи́л так мно́го фру́ктов?
Why did you buy so much fruit?

**налива́ть 1.** *imp* /**нали́ть** *pf* (A)—(G) to pour sth (a container) of sth
■ Она́ налила́ два бока́ла вина́ (/кувши́н воды́).
She poured two glasses of wine (/a pitcher of water).

(A)—(D)—(G) to pour sb sth (a container) of sth
■ Нале́йте мне ча́шку тёплой воды́.
Pour me a cup of hot water.

■ Я налью́ го́стю стака́н ча́я (/ча́шку ко́фе).
I'll pour my guest a glass of tea (/a cup of coffee).

(A)—(G)—(из + G) to pour sth from sth into sth
■ Он налива́ет из буты́лки два стака́на молока́.
He pours two glasses of milk from the bottle.

**налива́ть 2.** *imp* /**нали́ть** *pf* (A)/(G)—(в + A) to pour sth/some of sth in (to) sth
■ Я налью́ суп (су́па) в таре́лки (/ко́фе в ча́шки).
I'll pour soup (some soup) into bowls (/coffee into cups).

■ Ты на́лил во́ду (воды́) в ча́йник (/в кастрю́лю)?
Did you pour water (some water) into the teapot (/pan)?

(A)/(G)—(D)—(в + A) to pour sth/some of sth in sb's sth
■ Нале́й мне молоко́ (молока́) в чай.
Pour me milk (some milk) in my tea.

**нама́зывать** *imp* /**нама́зать** *pf* (A)/(G)—(на + A) to spread, or put sth/some of sth on sb's sth
■ Нама́жь мне, пожа́луйста, ма́сло (ма́сла) на хлеб.
Please spread (*or* put) butter (some butter) on my bread.

(A)—(I) to spread, put sth on sb's sth

- Я намáжу тебé хлеб мáслом (/варéньем).
  I'll spread (or put) butter (/jam) on your bread.

**нанимáть** *imp* /**нанять** *pf* (A) to hire sb

- Скóлько рабóчих они́ нáняли?
  How many workers did they hire?

- Я найму́ дéтям нáню (/учи́теля му́зыки).
  I'll hire a nanny (/music teacher) for the children.

**нападáть 1.** *imp* /**напáсть** *pf* (на + A) to attack sb/sth

- В какóм году́ нéмцы напáли на Росси́ю?
  In what year did the Germans attack Russia?

**напивáться** *imp* /**напи́ться** *pf* to get drunk

- В послéднее врéмя он чáсто напивáется.
  He often gets drunk lately.

(G)/(I) to slake one's thirst with sth; to have enough of sth to drink

- Он напи́лся холóдной воды́ (/чáя/кóфе/лимонáда).
  He slaked his thirst with cold water (/tea/coffee/soda).

- Я не хочу́ пить, я напи́лся чáем (/водóй/лимонáдом/сóком).
  I'm not thirsty; I've had plenty of tea (/water/soda/juice) to drink.

**наполнять** *imp* /**напóлнить** *pf* (A)—(I) to fill sth with sth

- Напóлни графи́н водóй (/лимонáдом/пу́ншем/сóком).
  Fill the carafe with water (/soda/punch/juice).

- Мы напóлнили бокáлы гостéй винóм (/шампáнским).
  We filled our guests' glasses with wine (/champagne).

- Цветы́ наполня́ли сад аромáтом.
  Flowers filled the garden with fragrance.

- Эта нóвость напóлнила её сéрдце рáдостью (/печáлью).
  The news filled her heart with joy (/sadness).

**напоминáть 1.** *imp* /**напóмнить** *pf* (D)—(A)/(о + P) to remind sb of/about sth

- Встрéча с тобóй напóмнила мне моё дéтство (о моём дéтстве).
  Meeting you reminded me of my childhood.

- Я напóмню ему́ о нáшем разговóре (/о встрéче/об Ивáне).
  I'll remind him about our conversation (/the meeting/Ivan).

- Эта сцéна фи́льма напоминáет мне о собы́тиях воéнных лет.
  That scene in the movie reminds me of events during the war years.

**напомина́ть 2.** *imp* /**напо́мнить** *pf* (A)—(D) to remind sb of sth/sb

■ Э́тот сад напомина́ет мне наш сад в Калифо́рнии.
This garden reminds me of the one we had in California.

■ Он напомина́ет мне своего́ отца́ (/моего́ дя́дю).
He reminds me of his father (/my uncle).

      (A)—(I) to look like sb with sth

■ Лицо́м (/фигу́рой/мане́рой одева́ться) она́ напомина́ет кинозвезду́.
With her face (/figure/the way she dresses), she looks like a movie star.

**направля́ть 1.** *imp* /**напра́вить** *pf* (A)—(на + A) to direct, aim sth at sth

■ Он направля́ет объекти́в киноаппара́та на га́вань.
He directs the lens of his camera at the harbor.

■ Напра́вь луч све́та на сце́ну (/струю́ во́здуха на меня́).
Aim the beam of light at the stage (/the stream of air at me).

**направля́ть 2.** *imp* /**напра́вить** *pf* (A)—(в, на + A) to send, direct sth to some place

■ Диспе́тчер направля́ет поезда́ в ну́жное направле́ние.
The dispatcher sends the trains to their destination.

■ Капита́н напра́вил парохо́д на се́вер (/в откры́тое мо́ре).
The captain directed the ship northward (/to the open sea).

■ Мы напра́вим спортсме́нов на соревнова́ния.
We will send athletes to the competition.

      (A)—(D) to send sth to sb

■ Я напра́влю письмо́ президе́нту фи́рмы.
I will send a letter to the president of the firm.

      (A)—(в, на + A) to send sb to some place

■ Дире́ктор ба́нка напра́вил отца́ в командиро́вку в Москву́.
The director of the bank sent father on a business trip to Moscow.

■ По́сле университе́та его́ напра́вили на Аля́ску.
After graduation, they sent him to Alaska.

      (A)—(к + D) to send, refer sb to sb

■ Меня́ напра́вили к дека́ну (/к врачу́).
They sent me to the dean (/to the doctor).

**направля́ться** *imp* /**напра́виться** *pf* (в, на + A) to head for sth; to be on one's way to sth

■ Я напра́влюсь снача́ла на по́чту, а пото́м в институ́т.
I'll head for the post office first and then the institute.

- Ты направля́ешься на рабо́ту или в магази́н?
  Are you heading for work or the store?

- Когда́ я тебя́ встре́тил, я направля́лся на собра́ние.
  When I met you, I was on my way to the meeting.

  **(к + D)** to sail to sth; to set off for sth or sb's

- Ло́дка направля́ется к бе́регу.
  The boat sails to shore.

- Он напра́вился к дека́ну, что́бы поговори́ть с ним.
  He set off for the dean's (office) to talk to him.

**нареза́ть** *imp* /**наре́зать** *pf* **(A)—(I)** to cut sth with sth

- Я наре́жу сыр (/колбасу́) э́тим ножо́м.
  I'll cut the cheese (/sausage) with this knife.

- Каки́м ножо́м вы нареза́ете хлеб?
  Which knife do you cut bread with?

**нарва́ть** *pf* **(A)/(G)** to pick sth; to pick some of sth

- Она́ нарвала́ траву́ (травы́) для ло́шади.
  She picked grass (*or* some grass) for the horse.

- Я нарву́ буке́т цвето́в.
  I'll pick a bunch of flowers.

**наруша́ть 1.** *imp* /**нару́шить** *pf* **(A)** to break sth

- Кто пе́рвый нару́шил молча́ние?
  Who was the first to break the silence?

  **(A)—(I)** to disturb sth with sth

- Свои́м кри́ком ты наруша́ешь тишину́ э́того до́ма.
  You disturb the quiet of this house with your yelling.

- Я не нару́шу ваш поко́й (/споко́йствие) пусты́ми разгово́рами.
  I won't disturb your peace (/calm) with trivial (or empty) chat.

**наруша́ть 2.** *imp* /**нару́шить** *pf* **(A)** to break, violate sth

- Ты наруша́ешь пра́вила игры́ (/наш догово́р).
  You're breaking the rules of the game (/our agreement).

- Ва́ша страна́ не раз наруша́ла соглаше́ние (/мир/поря́док).
  Your country violated the agreement (/the peace/order) many times.

- Он нару́шил своё сло́во (/обеща́ние/прися́гу).
  He broke his word (/promise/oath).

**наряжа́ться** *imp* /**наряди́ться** *pf* (**в** + **A**) to dress up in sth

- Он наряди́лся в си́ний костю́м.

  He dressed up in a blue suit.


**населя́ть** *imp* (**A**) to inhabit some place

- Каки́е племена́ населя́ли э́ту страну́ в про́шлые века́?

  What tribes inhabited this land in the past (past centuries)?

- Э́ти леса́ населя́ют разли́чные живо́тные и пти́цы.

  Various animals and birds inhabit these woods.


**наслажда́ться** *imp* /**наслади́ться** *pf* (**I**) to delight in, enjoy sth

- Я наслажда́юсь здесь тишино́й (/поко́ем/краси́вой приро́дой).

  I delight in this silence (/quiet/beautiful nature).

- Сего́дня ве́чером мы наслади́мся её пе́нием.

  Tonight we will enjoy her singing.


**насле́довать** *imp* /**насле́довать** *or* **унасле́довать** *pf* (**A**)—(**от** + **G**) to inherit sth (from sb)

- Кто насле́дует э́ту колле́кцию карти́н?

  Who inherits this art collection?

- Я (у)насле́довал э́тот дом (/зе́млю/заво́ды) от роди́телей.

  I inherited this house (/land/factories) from my parents.

- Он (у)насле́дует от ма́тери не ме́ньше полмиллио́на до́лларов.

  He will inherit at least half a million dollars from his mother.


**наслу́шаться** *pf* (**G**) to hear, listen to enough/a lot of sb/sth

- Я наслу́шался э́тих ора́торов (/рече́й/обеща́ний).

  I've heard (listened to) enough of these speakers (/discourses/promises).

- Пое́дешь в Росси́ю, там наслу́шаешься ру́сских пе́сен.

  If you go to Russia, you'll hear (listen to) a lot of Russian songs (there).


**насмеха́ться** *imp* (**над** + **I**) to mock sb; to scoff, laugh at sth

- Он постоя́нно насмеха́ется над бра́том (/надо мно́й).

  He always mocks his brother (/me).

- Не насмеха́йся над её слова́ми (/мане́рой одева́ться).

  Don't laugh at her words (/the way she dresses).

- Здесь никто́ не ста́нет насмеха́ться над твои́ми слеза́ми.

  Nobody here will scoff at your tears.

**насмотре́ться** *pf* (**G**) to see a lot of sth; (**на** + **A**) (negative) to be unable to get enough of sb/sth

- Мы там насмотре́лись таки́х сцен, бо́льше не хочу́.

  We saw enough of such scenes there; I don't want to see anymore.

- Я не мог насмотре́ться на её красоту́ (/на ва́ши карти́ны).

  I couldn't get enough of her beauty (/your pictures).

- Она́ так давно́ не ви́дела сы́на, что не могла́ насмотре́ться на него́.

  She hadn't seen her son in such a long time that she couldn't get enough of him.

**наста́ивать** *imp* /**настоя́ть** *pf* (**на** + **P**) to insist on sth/on doing sth

- Он наста́ивал на поку́пке до́ма.

  He insisted on buying the house.

- Кто настоя́л на э́том вариа́нте прое́кта?

  Who insisted on this version of the project?

> **настоя́ть (на том), что́бы** . . . to insist that . . .

- Он настоя́л на том, что́бы мы отложи́ли пое́здку.

  He insisted that we postpone our trip.

**наступа́ть** *imp* /**наступи́ть** *pf* (**на** + **A**) to step in/on sth

- Ты наступа́ешь на цветы́ (/на клу́мбу).

  You're stepping on the flowers (/flowerbed).

- Осторо́жно, не наступи́ на э́ту грязь (/на би́тое стекло́).

  Watch out! Don't step in the mud (/on the broken glass).

> (**D**)—(**на** + **A**) to step on sb's sth

- Я случа́йно наступи́л ему́ на́ ногу.

  I accidentally stepped on his foot.

- Не наступа́й соба́ке на хвост.

  Don't step on the dog's tail.

- Не беспоко́йся, я не наступлю́ гря́зными сапога́ми на твой ковёр.

  Don't worry, I won't step on your carpet with my dirty boots.

**насыпа́ть** *imp* /**насы́пать** *pf* (**A**) + (**в** + **A**) to pour, put (sth dry) in(to) sth

- Не насыпа́й са́хар в ба́нку. Насы́пь (его́) в са́харницу.

  Don't put sugar in the jar. Pour it into the sugar bowl.

- Я насы́плю песо́к в э́тот мешо́чек.

  I'll pour the sand into this little bag.

**научи́ться** *pf* (**inf**) to learn to do sth

- Он научи́лся писа́ть (/чита́ть по-кита́йски/ката́ться на конька́х).

  He learned to write (/to read Chinese/to skate).

- Ты нау́чишься пла́вать (/танцева́ть/ходи́ть на лы́жах/шить).
  You'll learn to swim (/dance/ski/sew).

**находи́ть 1.** *imp* /**найти́** *pf* (A)—(в, на + P) to find sb/sth in some place
- Ты ду́маешь, я найду́ э́ти кни́ги в на́шей библиоте́ке?
  Do you think I'll find these books in our library?
- Мы нашли́ э́ту ко́шку во дворе́ (/на у́лице).
  We found this cat in the yard (/in the street).

**находи́ть 2.** *imp* /**найти́** *pf* (A) to find sb/sth (lost)
- Я уве́рен, что о́чень ско́ро найду́ моего́ поте́рянного бра́та.
  I'm sure I'll find my lost brother very soon.
- Ты уже́ нашла́ свою́ соба́ку?
  Did you already find your dog?
- Я всегда́ с лёгкостью нахожу́ э́ту у́лицу.
  I always find this street easily.

   (A)—(в, на + P)/(за, под + I) to find sth (lost) in some place
- Он нашёл свою́ кни́гу в шкафу́ (/за крова́тью).
  He found the book in a closet (/behind the bed).
- Мо́жет быть, ты найдёшь свою́ тетра́дь на столе́ под кни́гами.
  Maybe you'll find your notebook under the books on the desk.

**находи́ть 3.** *imp* /**найти́** *pf* (A)—(в, на + P) to find sth in/on sth (in a book, on a map, etc.)
- Ты найдёшь отве́ты на все твои́ вопро́сы в э́той кни́ге.
  You'll find answers to all your questions in this book.
- Я нашла́ на ка́рте ва́шу у́лицу.
  I found your street on the map.
- Я нахожу́ ну́жные мне телефо́ны в телефо́нной кни́ге.
  I find the phone numbers I need in the telephone directory.

   (A) *figurative* to find sb/sth
- Он уже́ нашёл рабо́ту?
  Did he find a job?
- Я найду́ вре́мя, что́бы встре́титься с ва́ми.
  I'll find time to meet with you.
- Вы нашли́ свои́м де́тям учи́теля му́зыки?
  Did you find a music teacher for your children?

(A)—(в + P) to find sth in sth

■ Найди́те ко́рень в э́том сло́ве.
Find the root in this word.

**находи́ть 4.** *imp* /**найти́** *pf* (A)—(I adj) to find, think sb (to be) sth

■ Я наде́юсь, вы найдёте его́ здоро́вым и счастли́вым.
I hope you'll find him healthy and happy.

■ —Я нахожу́ её больно́й,—сказа́л нам её врач.
"I think she is sick," her doctor told us.

(A)—(в + P) to find sb in sth (in some mood, etc.)

■ Она́ нашла́ бра́та в хоро́шем настрое́нии (/в хоро́шей фо́рме).
She found her brother in a good mood (/in good shape).

**находи́ть, что . . .** to think, feel that . . .

■ Я нахожу́, что он прав.
I think he is right.

■ Врач нахо́дит, что ему́ ещё нельзя́ выходи́ть.
The doctor feels that he must not go out yet.

**находи́ться** *imp* (в, на + P) (за + I) to be, be located in some place

■ Анте́нна нахо́дится на кры́ше э́того высо́тного зда́ния.
The antenna is on the roof of that highrise.

■ Музе́й находи́лся в па́рке (/на э́той у́лице/за го́родом).
The museum was located in the park (/on this street/in the suburbs).

(у + G) to be at sb's/with sb

■ Мои́ докуме́нты находи́лись у бра́та (/у дека́на/у посла́).
My papers were at my brother's (/with the dean/the ambassador).

(среди́ + G pl) to be among people

■ Здесь ты нахо́дишься среди́ чужи́х (/среди́ друзе́й/среди́ родны́х).
Here you are among strangers (/friends/relatives (*or* family).

(в + P)/(под + I) *figurative* to be in/under sth (abstract)

■ Я нахожу́сь в затрудни́тельном положе́нии.
I am in a difficult position.

■ Ива́н до́лго находи́лся под влия́нием авторите́та ста́ршего бра́та.
Ivan was under the influence of his older brother's authority (i.e., influenced by his authority) for a long time.

■ Она́ всё ещё находи́лась под впечатле́нием э́того расска́за.
She was still under the spell of that story.

- Он нахо́дится под наблюде́нием врача́.
  He is under the observation of a doctor.

**начина́ть** *imp* /**нача́ть** *pf* (A)—(в + A/P) to start sth at some time
- Учи́тель на́чал уро́к (/экза́мен) ро́вно в де́вять часо́в.
  The teacher started the lesson (/exam) at nine o'clock sharp.
- Он на́чал свою́ кни́гу в про́шлом ме́сяце.
  He started (writing) his book last month.

(inf)—(в + A) to start doing sth at some time/age
- Студе́нты начина́ют писа́ть эссе́ в два часа́.
  The students start writing their essays at two o'clock.
- Де́вочка начала́ танцева́ть (/чита́ть/шить) в пять лет.
  The girl started dancing (/reading/sewing) when she was five.

(A)—(I)/(c + G) to start, begin sth with sth
- Я начина́ю день заря́дкой (с заря́дки).
  I start the day with physical exercises.
- Он начина́л свои́ выступле́ния шу́ткой.
  He began his presentations with a joke.
- Он на́чал на́ше знако́мство с расска́за о себе́.
  He began our acquaintance with a story about himself.

(A)—(c + G) to begin doing sth with sth
- Мы на́чали изуче́ние ру́сского языка́ с а́збуки
  We began our study of Russian with the alphabet.

**начина́ться 1.** *imp* /**нача́ться** *pf* (*3rd person only*) (I)/(c + G) to start with sth
- Фестива́ль начался́ с пока́за (пока́зом) иностра́нных фи́льмов.
  The festival started with a showing of foreign films.

**начина́ться 2.** *imp* (*3rd person only*) (c + G)/(I) to begin (of a film, book, music, etc.) with sth
- Фильм начина́ется со встре́чи (встре́чей) гла́вных геро́ев.
  The film begins with the meeting of the main characters.
- Его́ рома́ны обы́чно начина́ются со вступле́ния.
  His novels usually begin with an introduction.

**нездоро́виться** *imp impersonal* (D) (of sb) to feel unwell
- Мне вчера́ нездоро́вилось.
  Yesterday I didn't feel well.

**ненави́деть** *imp* (**A**) to hate sth/sb

- Я ненави́жу ложь (/наси́лие/жесто́кость/нече́стность).
  I hate lying (/violence/cruelty/dishonesty).

- Он ненави́дит ко́шек (/молоко́).
  He hates cats (/milk).

      (**A**)—(**за** + **A**) to hate sb for sth

- Она́ ненави́дела э́того челове́ка за гру́бость (/за эгои́зм).
  She hated this man for his rudeness (/selfishness).

**нести́** *imp def* (**A**)—(**в, на** + **P**) to carry sth/sb in/on sth

- Он несёт чемода́н в руке́ (/ребёнка на рука́х).
  He is carrying a suitcase in his hand (/a child in his arms).

- Санита́ры несу́т больно́го на носи́лках.
  The hospital attendants are carrying a patient on a stretcher.

- Ко́шка пойма́ла пти́цу и несла́ её в зуба́х.
  The cat had caught a bird and was carrying it in its teeth.

      (**A**)—(**в** + **A**)/(**к** + **D**) to carry/take sb/sth to some place/sb

- Ива́н несёт кни́ги в библиоте́ку (/в университе́т).
  Ivan is taking (carrying) books to the library (/university).

- Когда́ я тебя́ вчера́ встре́тил, я нёс чемода́н в мастерску́ю.
  When I met you yesterday, I was taking a suitcase to the repair shop.

- Она́ несёт ребёнка к врачу́ (/ко́шку к ветерина́ру).
  She is carrying her child to the doctor (/cat to the veterinarian).

      (**A**)—(**D**) to carry sth for sb

- Он несёт цветы́ и пода́рок ма́тери (/Ни́не.)
  He is carrying flowers and a gift for his mother (/Nina).

      (**A**)—(**D**)—(**в, на** + **P**) to take/carry sth to/for sb in/on sth

- Кому́ ты несёшь э́ту во́ду в стака́не (/папиро́сы на подно́се)?
  For whom are you carrying this glass of water (*lit.* water in this glass) (/cigarettes on a tray)?

**носи́ть** 1. *imp indef* (**A**)—(**в, на** + **P**) to carry sb/sth in/on sth

- Она́ но́сит кни́ги в портфе́ле (/докуме́нты в па́пке).
  She carries her books in a briefcase (/papers in a document case).

- Официа́нты но́сят еду́ на подно́сах.
  Waiters carry food on trays.

- Санита́ры носи́ли больны́х на носи́лках.
  The hospital attendants carried patients on stretchers.

(А)—(в, на + А)/(к + D) to take, carry sb/sth to some place/sb/sb's

- Обы́чно моя́ жена́ но́сит Ни́ночку в я́сли.
  My wife usually takes little Nina to day care.

- Я носи́л чемода́н в ремо́нт, но мастерска́я была́ закры́та.
  I took the suitcase to be repaired, but the shop was closed.

- Я ношу́ на заня́тия все свои́ кни́ги.
  I carry all my books to classes.

- Я вчера́ носи́л щенка́ к ветерина́ру.
  Yesterday I took the puppy to the vet.

**носи́ть 2.** *imp* (А) to wear sth

- Она́ но́сит ту́фли на высо́ких каблука́х (/дли́нные пла́тья).
  She wears shoes with high heels (/long dresses).

- Ты лю́бишь носи́ть ко́льца (/ожере́лья/брасле́ты)?
  Do you like to wear rings (/necklaces/bracelets)?

- Я ношу́ шля́пы (/сапоги́/тёплое пальто́) то́лько зимо́й.
  I wear hats (/boots/a warm coat) only in the winter.

**ночева́ть** *imp* (у + G)/(в + P) to stay (overnight) with sb/at sb's; to spend the night in some place

- В Нью-Йо́рке он обы́чно ночу́ет у друзе́й (/у Ива́на).
  In New York he usually stays with friends (/at Ivan's).

- Я не хоте́л идти́ в гости́ницу поэ́тому ночева́л в маши́не.
  I didn't want to go to a hotel, (so I) spent the night in the car.

**нра́виться** *imp* /**понра́виться** *pf* (D) to like sb/sth; (of sb) to please sb

- Всем нра́вится наш но́вый дире́ктор.
  Everyone likes our new director (*or* Our new director pleases everyone).

- Каки́е кни́ги нра́вятся тебе́ (/твои́м друзья́м/чита́телям)?
  What books do you (/your friends/readers) like?

- Я уве́рен, что мой друг понра́вится тебе́ (/ма́тери).
  I am sure that you (/Mother) will like my friend.

- Пу́блике (/всем на́шим студе́нтам) о́чень понра́вилась э́та пье́са.
  The audience (/all our students) liked this play very much.

(D)—(I) to like sb for sth

- Она́ всегда́ нра́вилась нам свое́й скро́мностью.
  We always liked her for her modesty.

- Он мне сра́зу понра́вился свои́м умо́м и чу́вством ю́мора.
  I immediately liked him for his intelligence and sense of humor.

**нра́виться (D)—(inf)** to like to do sth

- Им нра́вится петь (/ката́ться на конька́х/ходи́ть на конце́рты).
  They like to sing (/ice skate/go to concerts).

**нра́виться, когда́ . . .** to like it when . . .

- Всем нра́вится, когда́ он поёт (/выступа́ет/говори́т по-ру́сски).
  Everybody likes it when he sings (/performs/speaks Russian).

**нужда́ться** *imp* **(в + P)** to be in need of, to need sb/sth

- Тогда́ мы о́чень нужда́лись в по́мощи (/в до́бром сове́те).
  At the time we were in great need of help (/good advice).

- Ты я́вно нужда́ешься в о́тдыхе (/в дие́те/в све́жем во́здухе).
  You obviously need rest (/a diet/fresh air).

- Теа́тр нужда́ется в но́вом режиссёре (/в молоды́х актёрах).
  The theater needs a new director (/young actors).

- Страна́ нужда́ется в рефо́рмах.
  The country is in need of reform.

**ныря́ть 1.** *imp* **/нырну́ть** *pf* **(с + G)—(в + A)** to dive from sth into sth

- Я нырну́ с вы́шки в во́ду.
  I'll dive from the platform into the water.

**(под, на + A)** to dive underwater/to sth

- Акваланги́ст нырну́л под во́ду.
  The scuba diver dove underwater.

- Иска́тели же́мчуга ныря́ют на дно мо́ря.
  Pearl divers dive to the ocean floor.

**ныря́ть 2.** *imp* **/нырну́ть** *pf* **(в + A)** to plunge in(to) sth

- Ма́льчик нырну́л в толпу́ и исче́з.
  The boy plunged into the crowd and disappeared.

- За́яц нырну́л в кусты́.
  The hare plunged into the bushes.

- Кора́бль ныря́ет в во́лны.
  The ship is plunging in the waves.

**ня́нчить** *imp* **(A)** to look after sb

- Она́ ня́нчит вну́ков.
  She looks after her grandchildren.

**ня́нчиться (с + I)** *colloq.* to make a fuss about sb/sth

■ Ты всегда́ ня́нчишься со свои́ми боле́знями.
   You're always making a fuss about your illnesses.

■ Он ня́нчится со свое́й жено́й то́чно с ребёнком.
   He fusses over his wife as if she were a child.

**обвиня́ть** *imp* /**обвини́ть** *pf* (A)—(в + P) to accuse sb of sth; to blame sb for sth

■ Мы ни в чём тебя́ не обвиня́ем.
   We're not accusing you of anything.

■ Он обвиня́л Ива́на в неи́скренности (/жену́ в неве́рности/себя́ в малоду́шии/ сы́на в неблагода́рности).
   He accused Ivan of untruthfulness (/his wife of infidelity/himself of cowardice/his son of ingratitude).

■ Э́того челове́ка обвини́ли в кра́же (/во лжи под прися́гой/во мно́гих пре- ступле́ниях).
   They accused this man of theft (/lying under oath/many crimes).

■ Не обвиня́й меня́ в свои́х оши́бках.
   Don't blame me for your mistakes.

■ А́втор обвини́л перево́дчика в нето́чности и в небре́жности.
   The author blamed the translator for inaccuracy and carelessness.

   **обвиня́ть (A) в том, что . . .** to blame sb for (not) doing sth

■ Мно́гие обвиня́ли его́ в том, что он не помо́г дру́гу в беде́.
   Many blamed him for not helping his friend when he was in trouble.

**обвя́зывать** *imp* /**обвяза́ть** *pf* (A)—(I) to tie sth around sth

■ Я обвяжу́ пода́рок ле́нтой.
   I'll tie a ribbon around the gift.

■ Обвяжи́ ше́ю ша́рфом, на у́лице хо́лодно.
   Tie a scarf around your neck, it's cold out.

**обгоня́ть** *imp* /**обогна́ть** *pf* (A) to pass, overtake sb/sth

■ Ты ду́маешь, э́та маши́на обго́нит на́шу?
   Do you think that car will pass ours?

- Авто́бус обогна́л велосипеди́ста.
  The bus overtook a cyclist.

**обду́мывать** *imp* /**обду́мать** *pf* (**A**) to think over sth
- Я обду́маю ва́шу иде́ю (/ва́ше предложе́ние) и дам вам отве́т.
  I'll think over your idea (/offer) and give you an answer.

- Вы должны́ все обду́мать зара́нее.
  You must think it all over in advance.

**обе́дать** *imp* /**пообе́дать** *pf* (**c + I**) to dine, eat dinner with sb
- Я пригласи́л Ни́ну оста́ться обе́дать с на́ми.
  I invited Nina to stay and eat dinner with us.

- Он сего́дня пообе́дал с роди́телями (/с друзья́ми).
  Today he dined with his parents (/friends).

 (**в, на + P**)/(**у + G**) to dine, eat dinner in some place/at sb's
- Вы мо́жете пообе́дать в но́мере гости́ницы (/в самолёте/в гостя́х).
  You can dine in your hotel room (/on the plane/on your visit).

- Де́ти обе́дают на вера́нде или на балко́не.
  The children eat dinner on the porch or the balcony.

- За́втра она́ бу́дет обе́дать у бра́та (/у друзе́й/у Ивано́вых).
  Tomorrow she'll dine at her brother's (/friends'/the Ivanovs').

**обёртывать** *imp* /**оберну́ть** *pf* (**A**)—(**I**)/(**в + A**) to wrap sb/sth in sth
- Я оберну́ ребёнка в одея́ло.
  I'll wrap the baby in a blanket.

- Оберни́ кни́гу э́той бума́гой.
  Wrap the book in this paper.

- Ты обёртываешь пода́рки в э́ту бума́гу?
  Do you wrap the presents in this paper?

**обеща́ть** *imp* /**обеща́ть** *or colloq* **пообеща́ть** *pf* (**A**)—(**D**) to promise sth to sb
- Оте́ц (по)обеща́л сы́ну пода́рок (/кни́гу/но́вые игру́шки).
  The father promised his son a gift (/a book/new toys).

- Нача́льник обеща́ет свои́м слу́жащим (/секрета́рше) приба́вку к Рождеству́.
  The boss promises his employees (/his secretary) a raise for Christmas.

 **обеща́ть** (**D**)—(**inf**) to promise sb to do sth
- Ты обеща́ла мне принести́ кни́гу (/купи́ть хлеб/позвони́ть Ни́не).
  You promised me you'd bring the book (/you'd buy bread/you'd call Nina).

**(по)обещáть (D), что . . .** to promise sb that . . .

■ (По)обещáйте нам, что вы закóнчите э́ту рабóту к пя́тнице.
   Promise us that you'll finish the work by Friday.

**обжигáть** *imp* /**обжéчь** *pf* (A)—(I) to burn sth on/with sth; to sting sth on sth

■ —Не обожги́ рýку утюгóм (/сковородóй/пáром). —Не обожгý.
   "Don't burn your hand on the iron (/the frying pan/the steam)."—"I won't."

■ Он обжёг рот горя́чим чáем.
   He burned his mouth with hot tea.

■ Почемý я всегдá обжигáю себé рýки крапи́вой?
   Why do I always sting my hands on nettles?

**обижáть** *imp* /**оби́деть** *pf* (A) to hurt sb

■ Не беспокóйтесь, я её никогдá не оби́жу.
   Don't worry. I'll never hurt her.

   **(A)—(I)** to offend sb with sth

■ Ты обижáешь мнóгих людéй (/роди́телей) свои́м недовéрием.
   You offend many people (/your parents) with your distrust.

■ Он оби́дел меня́ (/всех, кто там был) свои́ми словáми.
   He offended me (/everybody there) with his words.

   **оби́деть (A) тем, что . . .** to offend sb by (not) doing sth

■ Он оби́дел нас тем, что не предупреди́л зарáнее о своём приéзде.
   He offended us by not letting us know about his arrival in advance.

**обливáть** *imp* /**обли́ть** *pf* (A)—(I) to spill sth on sth; to throw sth over sb

■ Смотри́, ты обли́л брю́ки сýпом (/скáтерть винóм).
   Look, you spilled soup on your pants (/wine on the tablecloth).

■ Не беспокóйся, я не оболью́ стол черни́лами.
   Don't worry, I won't spill ink on the table.

■ Дéти обливáли друг дрýга холóдной водóй.
   The children threw cold water over each other.

**облокáчиваться** *imp* /**облокоти́ться** *pf* (на + A) to lean one's elbow on sth

■ Он сел и облокоти́лся на стол.
   He sat down and leaned his elbows on the table.

■ Не облокáчивайся на пери́ла (/на подокóнник).
   Don't lean your elbows on the railing (/on the windowsill).

**обма́нывать** *imp* /**обману́ть** *pf* (A) to deceive, cheat sb

- Ты меня́ не обма́нешь; я зна́ю, кто э́то сде́лал.
  You cannot deceive me; I know who did it.

- Я не ве́рю ему́, он мно́го раз нас обма́нывал.
  I don't trust him; he's cheated us many times.

- Ива́на обману́ли в магази́не, да́ли ему́ ма́ло сда́чи.
  They cheated Ivan in the store—they didn't give him the right change.

        (A) (*idiom*) to betray, disappoint sth (abstract)

- Как ви́дите, мы не обману́ли ва́шего дове́рия к нам.
  As you see, we did not betray your trust in us.

- Бою́сь, что она́ обма́нет на́ши наде́жды.
  I'm afraid she may disappoint our hopes.

        (A)—(I) to trick, deceive sb with sth (abstract)

- Он обману́л нас ло́жными обеща́ниями.
  He tricked us with false promises.

- Ты обма́нываешь себя́ пусты́ми иллю́зиями.
  You deceive yourself with vain illusions.

**обману́ться** *pf* (в + P) to be disappointed in sb/sth; to be deceived by sth

- Он не раз обма́нывался в лю́дях (/в друзья́х).
  He was disappointed in people (/friends) many times.

- Как ча́сто мы обма́нываемся в на́ших ожида́ниях (/наде́ждах).
  How often we are disappointed in our expectations (/hopes).

- Она́ обману́лась в свои́х чу́вствах (/эмо́циях).
  She was deceived by her feelings (/emotions).

**обме́нивать** *imp* /**обменя́ть** *pf* (A)—(на + A) to exchange sb/sth for sb/sth

- Они́ хотя́т обменя́ть зало́жников на осуждённых террори́стов.
  They want to exchange the hostages for the convicted terrorists.

- Е́сли ту́фли мне не подойду́т, я обменя́ю их на други́е.
  If shoes won't fit me, I'll exchange them for others.

**обме́ниваться** *imp* /**обменя́ться** *pf* (I *pl*)—(с + I) to exchange sth (with sb)

- Мы с ним обменя́лись адреса́ми (/кни́гами/пальто́/маши́нами).
  He and I exchanged addresses (/books/coats/cars).

- Мы бы́ли бы ра́ды обменя́ться с ва́ми впечатле́ниями об э́том фи́льме (/об э́той кни́ге).
  We would be happy to exchange impressions of this movie (/book) with you.

**обнару́живать 1.** *imp* /**обнару́жить** *pf* (A) to discover sth
- Учёные обнару́жили неизве́стное ра́ньше явле́ние приро́ды.
  Scientists discovered a hitherto unknown natural phenomenon.

    **(A)—(в, на + P)** to discover sth in/on some place
- Мы обнару́жили на столе́ запи́ску (/де́ньги/записну́ю кни́жку).
  We discovered a note (/money/an address book) on the table.
- Неда́вно гео́логи обнару́жили в гора́х нефть (/за́лежи желе́за).
  Geologists recently discovered oil (/iron deposits) in the mountains.

    **обнару́жить, что . . .** to find out that . . .
- Я обнару́жил, что Ивано́в не настоя́щая ва́ша фами́лия.
  I found out that Ivanov is not your real name.

**обнару́живать 2.** *imp* /**обнару́жить** *pf* (A) to reveal sth
- Он обнару́жил дар к му́зыке (/скло́нность к языка́м).
  He revealed a gift for music (/a talent for languages).

**обнима́ть** *imp* /**обня́ть** *pf* (A) to hug sb (give sb a hug)
- Мо́жно, я вас обниму́?
  May I hug you (*or* give you a hug)?

    **(A)—(за + A)** to put one's arm(s) around sb's sth
- Он обнима́ет де́вушку за та́лию.
  He puts his arms around the girl's waist.
- Я о́бнял дру́га за пле́чи.
  I put my arm around my friend's shoulders.

**обнима́ться** *imp* /**обня́ться** *pf* (с + I) to hug, embrace each other
- Я обня́лся с ма́терью (/с друзья́ми).
  My mother (/friends) and I hugged each other.
- Они́ постоя́нно обнима́ются (друг с дру́гом).
  They hug each other all the time (*or* they're always embracing each other).

**обожа́ть** *imp* (A) to adore sb/sth
- Я обожа́ю э́ту же́нщину (/мою́ мать/моего́ учи́теля).
  I adore this woman (/my mother/my teacher).
- Как он обожа́л красоту́!
  How he adored beauty!

**обраща́ть 1.** *imp* /**обрати́ть** *pf* (A)—(в + A) to turn sth into sth
- Научи́те меня́, как обраща́ть просту́ю дробь в десяти́чную.
  Teach me how to turn a fraction into a decimal.

■ Пре́жде всего́ я обращу́ газ в жи́дкость.
First I'll turn the gas into a liquid.

■ Он обрати́л мои слова́ в шу́тку.
He turned my words into a joke.

**обраща́ть 2.** *imp* /**обрати́ть** *pf* (A)—(в + A) to convert sb to sth
■ Кто тебя́ обрати́л в иудаи́зм?
Who converted you to Judaism?

**обраща́ться 1.** *imp* /**обрати́ться** *pf* (к + D) to address sb
■ —К кому́ вы обраща́етесь? —Я обраща́юсь к вам (/к моему́ сосе́ду).
"Whom are you addressing?"—"I'm addressing you (/my neighbor)."

(к + D)—(с + I) to turn to sb; to address sth to sb; to address sb with sth
■ Я ча́сто обраща́юсь к профе́ссору с вопро́сами.
I often turn to my professor with questions.

■ Я обращу́сь с э́той про́сьбой к моему́ врачу́ (/к бра́ту).
I'll address this request to my doctor (/brother).

■ Докла́дчик обрати́лся к аудито́рии с приве́тствием (/с ре́чью).
The speaker greeted the audience (/gave a speech).

(к + D)—(за + I) to turn to sb for sth
■ Обрати́сь за по́мощью к роди́телям (/за сове́том к юри́сту).
Turn to your parents for help (/a lawyer for advice).

**обраща́ться 2.** *imp* /**обрати́ться** *pf; imp only* (с + I)—(adv) to cope with sb; to handle sth in some way
■ Не ду́маю, что ты хорошо́ обраща́ешься с детьми́.
I don't think you cope well with your children.

■ Она́ обраще́тся с веща́ми (/с кни́гами) с большо́й любо́вью.
She handles things (/books) with great love.

■ Пожа́луйста, обраща́йся бе́режно с э́тим форфо́ровым серви́зом.
Please handle this china service with care.

**обраща́ться 3.** *imp* /**обрати́ться** *pf; imp only* (с + I) to use sth
■ Он не уме́ет обраща́ться с компью́тером (/с фотоаппара́том).
He does not know how to use a computer (/a camera).

**обреза́ть** *imp* /**обре́зать** *pf* (A)—(I) to cut (off) sth with sth
■ Дай я обре́жу э́ту ни́тку (/бахрому́ на подо́ле) но́жницами.
Let me cut off the thread (/fringe on the skirt) with scissors.

■ Она́ обре́зала край пирога́ о́стрым ножо́м.
She cut off the edge of the piecrust with a sharp knife.

**обсле́довать** *imp* /*pf* (**A**) to examine sb/sth
■ Врач обсле́дует больно́го.
The doctor examines the patient.
■ Коми́ссия обсле́довала рабо́ту лаборато́рии.
The commission examined the work of the laboratory.

**обслу́живать** *imp* /**обслужи́ть** *pf* (**A**) to serve sb/sth
■ Меня́ обслужи́л сам хозя́ин магази́на.
The owner of the store served me himself.
■ Я снача́ла обслужу́ э́ту молоду́ю па́ру, а пото́м бу́ду обслу́живать други́х кли́ентов.
First I'll serve this young couple, and then I'll serve the other customers.

**обсужда́ть** *imp* /**обсуди́ть** *pf* (**A**) to discuss sth
■ Мы уже́ обсуди́ли её статью́ (/докла́д/выступле́ние/вы́ставку), а за́втра мы бу́дем обсужда́ть ваш прое́кт.
We've discussed her article (/report/presentation/exhibition) already, and tomorrow we'll discuss your project.

(**A**)—(**с** + **I**) to talk over sth with sb
■ Она́ обсужда́ет все ва́жные вопро́сы с му́жем.
She talks over everything important with her husband.
■ Я обсужу́ э́тот вопро́с с роди́телями (/с мои́м профе́ссором).
I'll talk this matter over with my parents (/professor).

(**A**)—(**на** + **P**) to discuss sth in some place
■ На заседа́нии мы обсужда́ли план рабо́ты (/его́ диссерта́цию).
We discussed the work plans (/his dissertation) at the meeting.

**обтира́ть** *imp* /**обтере́ть** *pf* (**A**)—(**I**) to wipe sth with sth
■ Пиани́ст обтира́ет по́тный лоб (/ше́ю/ру́ки) платко́м.
The pianist wipes his sweaty forehead (/neck/hands) with a handkerchief.
■ Я не бу́ду мыть ра́ну, про́сто оботру́ её спи́ртом.
I won't wash the wound; I'll just wipe it with alcohol.

**обуча́ть** *imp* /**обучи́ть** *pf* (**A**)—(**D**) to teach sb sth
■ В университе́те студе́нтов обуча́ют языка́м (/то́чным нау́кам).
At the university they teach students languages (/the hard sciences).

- Мы обучи́ли Ива́на (/на́ших друзе́й) ру́сским пе́сням и та́нцам.
  We taught Ivan (/our friends) Russian songs and dances.

- Кто вас обуча́л столя́рному де́лу (/игре́ на роя́ле)?
  Who taught you carpentry (/piano)?

### (A)—(inf) to teach sb to do sth

- Я обучу́ мои́х дете́й игра́ть на скри́пке.
  I'll teach my children to play the violin.

- Мы обуча́ем иностра́нцев (/дете́й) чита́ть и писа́ть по-англи́йски.
  We teach foreigners and children to read and write in English.

**обходи́ть** *imp* /**обойти́** *pf* (A)/(вокру́г + G) to walk around sth

- Мы обошли́ дом (вокру́г до́ма), но никого́ не уви́дели.
  We walked around the house but didn't find anybody.

- Ива́н обошёл пешко́м вокру́г всего́ о́зера.
  Ivan walked all the way around the lake.

**обходи́ться 1.** *imp* /**обойти́сь** *pf* (с + I)—(adv) to treat sb in some way

- Ты обошёлся со мной и с Ни́ной о́чень суро́во. Ра́ньше ты обходи́лся со все́ми лу́чше и ве́жливее.
  You treated me and Nina quite severely. You used to treat everybody better and more politely.

**обходи́ться 2.** *imp* /**обойти́сь** *pf* (без + G) to do, manage without sb/sth

- Я обойду́сь без э́той су́мки (/сви́тера/шля́пы).
  I'll do without this bag (/the sweater/the hat).

- Он обходи́лся без де́нег (/без удо́бств/без вся́кой по́мощи).
  He managed without money (/comforts/any help).

- Я обошёлся без Ива́на ле́том. Обойду́сь без него́ и о́сенью.
  I managed without Ivan in the summer. I will manage without him in the fall as well.

**объединя́ть** *imp* /**объедини́ть** *pf* (A)—(в + A) to unite sb/sth; to group sb/sth in sth

- В коро́ткое вре́мя э́тот ли́дер объедини́л страну́ (/наро́д).
  In a short time this leader united the country (the people).

- Обы́чно объединя́ют уча́щихся в кла́ссы (/студе́нтов в гру́ппы).
  They usually group pupils in classes (/students in groups).

**объезжа́ть 1.** *imp* /**объе́хать** *pf* (A)/(вокру́г + G) to go, drive around sth

- Мы объезжа́ем по́ле (вокру́г по́ля).
  We go (or drive) around the field.

■ Он объе́хал вокру́г кварта́ла, но никого́ не уви́дел.
He drove around the block but saw no one.

**объезжа́ть 2.** *imp* /**объе́хать** *pf* (A) to avoid sth; to drive around, past sth (to avoid it)

■ Маши́ны объезжа́ли большу́ю лу́жу посреди́не у́лицы.
The cars drove around a big puddle in the middle of the street.

■ Мы объезжа́ем грузови́к (/мотоци́кл), стоя́щий у тротуа́ра.
We drive past a truck (/motorcycle) parked by the sidewalk.

■ Я лу́чше объе́ду э́ту у́лицу; не хочу́ его́ встреча́ть.
I'd better avoid this street; I don't want to meet him.

**объезжа́ть 3.** *imp* /**объе́хать** *pf* (A) to travel all over sth; to visit all of sb/sth

■ Он объе́хал весь мир (/все стра́ны Евро́пы).
He traveled all over the world (/every country in Europe).

■ Ка́ждый год она́ объезжа́ет всех свои́х дете́й.
Every year she visits all her children.

**объявля́ть 1.** *imp* /**объяви́ть** *pf* (A)/(о + P) to announce sth

■ А тепе́рь я объявлю́ результа́ты соревнова́ния.
And now I'll announce the results of the competition.

■ Газе́ты объявля́ют о нача́ле перегово́ров ме́жду двумя́ стра́нами.
The newspapers announce the start of negotiations between the two countries.

    (A)/(о + P)—(D) to announce sth to sb

■ Оте́ц объяви́л де́тям своё реше́ние (о своём реше́нии).
The father announced his decision to his children.

    (A)—(по + D) to announce sth on sth (radio, TV)

■ По ра́дио объяви́ли вре́мя прибы́тия самолёта.
They announced the plane's arrival time on the radio.

■ Олимпи́йский комите́т объя́вит по ра́дио результа́ты соревнова́ний.
The Olympic Committee will announce the competition results on the radio.

**объявля́ть 2.** *imp* /**объяви́ть** *pf* (A)—(D) to declare sth on sb/sth

■ Э́та страна́ объяви́ла войну́ своему́ сосе́ду (/на́шей стране́).
This country has declared war on its neighbor (/our country).

**объясня́ть 1.** *imp* /**объясни́ть** *pf* (A)—(D) to explain sth to sb

■ Учи́тель объясня́ет ученика́м зада́ние (/но́вое пра́вило).
The teacher explains the assignment (/a new rule) to the students.

- Я уже́ объясня́л тебе́ (/Ни́не/ученика́м) э́то выраже́ние.
  I've already explained this expression to you (/Nina/the students).

  **объясни́ть (D), что (где, как)** . . . to explain to sb that (where, how) . . .

- Я объясни́л им, что не смогу́ с ни́ми встре́титься в э́тот день.
  I explained to them that I wouldn't be able to meet them that day.

- Ты мне объясни́шь, где нахо́дится э́тот магази́н?
  Will you explain to me where the store is located?

- Мы объясни́ли на́шим гостя́м, как дое́хать до це́нтра го́рода.
  We explained to our guests how to get downtown.

**объясня́ть 2.** *imp* /**объясни́ть (A)—(I)** to explain, excuse sth by sth; to attribute sth to sth

- Он объясни́л своё отсу́тствие боле́знью.
  He explained (*or* excused) his absence by his sickness.

- Врач объясня́ет её головны́е бо́ли переутомле́нием и уста́лостью.
  The doctor attributes her headaches to exhaustion and fatigue.

**объясня́ться 1.** *imp* /**объясни́ться** *pf* (**на + P**) to converse, make oneself understood in sth (language)

- Он объясня́ется на мно́гих языка́х.
  He can converse (*or* make himself understood) in many languages.

  **(с + I)** to converse with sb; to make oneself understood by sb

- Он мо́жет объясни́ться с любы́м челове́ком (/с любы́м иностра́нцем).
  He can converse with (*or* make himself understood by) anyone (/any foreigner).

  **(с + I)—(I)** to converse with sb in/with sth

- Он не знал англи́йского языка́, так что мы объясня́лись (друг с дру́гом) зна́ками.
  He didn't know English, so we conversed (with one another) with signs.

  **(с + I)** to have it out with sb

- Я объясни́лся с роди́телями (/с жено́й), и в до́ме опя́ть наступи́л мир.
  I had it out with my parents (/wife), and peace was restored in the house.

**объясня́ться 2.** *imp* (3rd person only) **(с + I)** to be accounted for by sth; to be explained by sth

- Тако́й вы́бор профе́ссии объясня́ется влия́нием его́ ма́тери (/боле́знью).
  Such a choice of profession is accounted for (or explained) by his mother's influence (/his illness).

■ Все её ошибки объяснялись тóлько невнимáнием.
All her mistakes can be explained solely by her inattention.

**оглушáть 1.** *imp* /**оглушúть** *pf* to deafen sb

■ Меня оглушáет эта грóмкая мýзыка (/ваше пéние).
This loud music (/your singing) deafens me.

**оглушáть 2.** *imp* /**оглушúть** *pf* (A)—(I) to stun sb with sth

■ Ты меня оглушúл этой нóвостью.
You've stunned me with this news.

**оглядываться** *imp* /**оглянýться** *pf* (на + A) to look (back) at sth; to turn to look at sb/sth; to turn toward sth

■ Онá всё врéмя огля́дывалась на дом (/на дорóгу/на фáбрику).
She kept looking back at the house (/road/factory) all the time.

■ Все огля́дывались на красúвую жéнщину.
Everyone turned to look at the beautiful woman.

■ Мы оглянýлись на шум и крúки.
We turned toward the noise and shouts.

**огорчáть** *imp* /**огорчúть** *pf* (A) to grieve, pain sb

■ Меня огорчáет вáша болéзнь.
Your sickness grieves me.

■ Надéюсь, тебя не огорчúт эта нóвость.
I hope this news will not pain you.

      (A)—(I) to distress, upset sb with sth

■ Ты всегдá меня чем-нибудь огорчáешь.
You're always upsetting me with something.

■ Мне грýстно огорчáть мýжа (/родúтелей) этой неприя́тной нóвостью.
It pains me to distress my husband (/parents) with this unpleasant news.

■ Он меня óчень огорчúл свои́м поведéнием (/свои́ми словáми).
He upset me very much with his behavior (/words).

**одáлживать 1.** *imp* /**одолжúть** *pf* (A)—(y + G) to borrow sth from sb

■ Мы одóлжим немнóго дéнег у мои́х родúтелей.
We'll borrow some money from my parents.

■ Я не раз одáлживал у брáта машúну.
I often borrowed my brother's car (a car from my brother).

**ода́лживать 2.** *imp* /**одолжи́ть** *pf* (**A**)—(**D**) to lend sth to sb

- Я одолжу́ тебе́ де́ньги.

  I'll lend you the money.

- Он сказа́л, что одо́лжит мне (/Пе́те) свой уче́бник.

  He promised he'd lend me (/Petya) his textbook.

**одева́ть** *imp* /**оде́ть** *pf* (**A**) to dress sb

- По утра́м я одева́ю Ни́ну (/сы́на/мла́дшего бра́та).

  In the mornings I dress Nina (/my son/my younger brother).

- Я оде́ну ба́бушку. Ей само́й тру́дно одева́ться.

  I'll dress my grandmother; it is difficult for her to dress herself.

**одева́ться** *imp* /**оде́ться** *pf* to dress oneself

- Тепе́рь мой сын одева́ется сам.

  Now my son dresses himself.

     (**в + A**) to wear sth; to dress in sth

- Оте́ц одева́лся в старомо́дные костю́мы (/в широкопо́лые шля́пы).

  Father wore old-fashioned suits (/broad-brimmed hats).

- Сего́дня я оде́нусь во всё зелёное (/во всё но́вое и краси́вое).

  Today I'll dress all in green (/wear only new and nice (clothes)).

**одобря́ть** *imp* /**одо́брить** *pf* (**A**) to approve (of) sth

- Я одобря́ю твой вы́бор (/твою́ поку́пку/твоё реше́ние/твой вкус).

  I approve of your choice (/purchase/decision/taste).

- Ду́маю, что он одо́брит твой прое́кт (/твою́ статью́).

  I think he'll approve your project (/your article).

- Роди́тели не одобря́ют поведе́ние (/посту́пки) сы́на.

  The parents don't approve of their son's behavior (/actions).

- ООН одо́брила э́ту резолю́цию.

  The UN approved this resolution.

**ожида́ть 1.** *imp* (**A**)/(**G**) to expect, wait for sb/sth

- Я ожида́л бра́та, но он не пришёл.

  I was expecting my brother, but he did not come.

- Они́ ожида́ют авто́бус (авто́буса) или по́езд (по́езда)?

  Are they waiting for a bus or a train?

     (**A**)/(**G**)—(**в, на + P**) to wait for sth in some place

- Мы ожида́ли по́езд (по́езда) на перро́не (/в ста́нции метро́).

  We were waiting for a train on the platform (/subway station).

**ожида́ть 2.** *imp* **(G)** to expect sth (abstract)

■ Мы не ожида́ли тако́го конца́ фи́льма.
  We didn't expect such an ending to the movie.

■ Мы ожида́ем её прие́зда с мину́ты на мину́ту.
  We expect her arrival any minute now.

**ока́зывать** *imp* /**оказа́ть** *pf* **(A)—(D)** to give, show, do sb sth (abstract)

■ Врач ока́жет вам по́мощь.
  The doctor will help you (*lit.* give you help).

■ Он весь ве́чер ока́зывал ва́жному го́стю осо́бое внима́ние.
  He showed the important guest special attention all evening.

■ Окажи́ мне услу́гу, разбуди́ меня́ за́втра у́тром.
  Do me a favor—wake me up tomorrow morning.

    **(A)—(на + A)** to exert sth on sb/sth

■ Он я́вно ока́зывает влия́ние на мла́дшего бра́та.
  He obviously exerts an influence on his younger brother.

■ Э́та страна́ всегда́ ока́зывала давле́ние на бо́лее бе́дные стра́ны.
  This country has always exerted pressure on poorer nations.

**ока́зываться 1.** *imp* /**оказа́ться** *pf* **(I)** to turn out to be sth

■ Он оказа́лся хоро́шим инжене́ром (/ми́лым челове́ком).
  He turned out to be a good engineer (/a nice person).

■ Не ду́маю, что зада́ние ока́жется сли́шком тру́дным (/ску́чным).
  I don't think the task will turn out to be too difficult (/boring).

    **оказа́ться, что . . .** to turn out that . . .

■ Оказа́лось, что моя́ по́мощь не нужна́.
  It turned out that my help was not needed.

**ока́зываться 2.** *imp* /**оказа́ться** *pf* **(в, на + P)** to find oneself in some place

■ Я позвоню́, если окажу́сь в ва́шем го́роде.
  I'll call you if I find myself in your town.

■ Он поверну́л напра́во и оказа́лся на берегу́ мо́ря.
  He turned right and found himself on the bank of a river.

**окружа́ть 1.** *imp* /**окружи́ть** *pf* **(A)—(I)** to surround sb

■ Де́ти окружи́ли учи́теля (/расска́зчика/Ива́на Ива́новича).
  The children surrounded their teacher (/the storyteller/Ivan Ivanovich).

**окружа́ть 2.** *imp* /**окружи́ть** *pf* (A)—(I) to surround sb with; to envelop sb in sth (abstract); to surround oneself with sb

■ Мари́я окружа́ет му́жа (/больно́го отца́) любо́вью и забо́той.
Maria surrounds her husband (/her sick father) with love and care.

■ Я уве́рен, что друзья́ окружа́т его́ внима́нием и тепло́м.
I'm sure his friends will envelop him in attention and warmth.

■ В то вре́мя она́ окружа́ла себя́ музыка́нтами и худо́жниками.
At that time she surrounded herself with musicians and artists.

**опа́здывать** *imp* /**опозда́ть** *pf* (в, на + A)/(к + D) to be late for sth; to miss sth

■ Почему́ ты всегда́ опа́здываешь в шко́лу?
Why are you always late for school?

■ Я бежа́л, потому́ что опа́здывал на рабо́ту (/на свида́ние/на приём к врачу́).
I was running because I was late for work (/a date/a doctor's appointment).

■ Ты опя́ть опозда́л к обе́ду (/к нача́лу спекта́кля).
You're late for dinner (/the start of the performance) again.

■ Он опозда́л на э́тот авто́бус (/на свой самолёт/на по́езд).
He missed that bus (/his plane/the train).

**опира́ться 1.** *imp* /**опере́ться** *pf* (на, о + A) to lean on, rest against sth

■ Не опира́йся на (о) стол, он кача́ется.
Don't lean on that table; it wobbles.

■ Он опёрся плечо́м на (о) сте́ну.
He rested his shoulder against the wall.

**опира́ться 2.** *imp* /**опере́ться** *pf* (на + A)—(в + P) to rely on sth in sth

■ В на́шем иссле́довании мы опира́емся то́лько на то́чные да́нные.
In our research we rely only on exact data.

**опи́сывать** *imp* /**описа́ть** *pf* (A)—(в + P) to describe, depict sth in sth

■ Я опишу́ но́вый дом (/мою́ неве́сту/Мари́ю) в сле́дующем письме́.
I'll describe the new house (/my fiancée/Maria) in my next letter.

■ В своём рома́не писа́тель описа́л собы́тия неда́внего про́шлого (/приро́ду страны́/нра́вы люде́й).
In his novel the author depicted events of the recent past (/the natural beauty of the country/people's customs).

**описа́ть, где (как)** ... to give a description of where (how) ...

■ Она́ я́рко описа́ла, где и как всё э́то произошло́.
She gave a colorful description of where and how it all happened.

**опра́вдывать 1.** *imp* /**оправда́ть** *pf* (A) to excuse sb; to justify sth

■ Мать всегда́ его́ опра́вдывала.
  Mother always excused him.

■ Как ты мо́жешь опра́вдывать её де́йствия (/её слова́/её наме́рения)?
  How can you justify her actions (/words/intentions)?

    (A)—(I) to justify or excuse sth because/on account of sth

■ Мы не мо́жем оправда́ть ва́ше поведе́ние боле́знью.
  We cannot justify your behavior because of your illness.

■ Он опра́вдывал свои́ де́йствия (/оши́бки) нео́пытностью и мо́лодостью.
  He excused his actions (/mistakes) on account of his inexperience and youth.

**опра́вдывать 2.** *imp* /**оправда́ть** *pf* (A) to justify sth (*i.e.*, prove sth to be justifiable)

■ Я уве́рен, что он оправда́ет на́ши наде́жды (/дове́рие к нему́).
  I am sure he will justify our hopes (/trust in him).

**опра́вдываться** *imp* /**оправда́ться** *pf* to make excuses (of sth abstract); to come true

■ Не опра́вдывайся, призна́й свою́ оши́бку.
  Don't make excuses; admit your mistake.

■ Его́ наде́жды оправда́лись.
  His hopes came true.

    (пе́ред + I) to justify oneself to sb

■ Я уве́рена, что оправда́юсь пе́ред тобо́й и пе́ред друзья́ми.
  I'm sure I can justify myself to you and to my friends.

    (пе́ред + I)—(в + P) to justify sth to sb

■ Он оправда́лся пе́ред коми́ссией в свои́х де́йствиях.
  He justified his actions to the committee.

    **опра́вдываться** (пе́ред + I) тем, что . . . to justify oneself to sb (for a reason)

■ Она́ опра́вдывалась пе́ред дру́гом тем, что она́ была́ занята́.
  She justified herself to her friend with the excuse that she was busy.

**определя́ть** *imp* /**определи́ть** *pf* (A)—(по + D) to determine, diagnose sth by sth

■ Мы определя́ем направле́ние по ко́мпасу (/по со́лнцу).
  We determine the direction by compass (/by the sun).

■ Учёные определя́т во́зраст де́рева по сре́зу.
  Scientists will determine the tree's age by (examining) a cross-section.

- Врач определи́л боле́знь по симпто́мам и по результа́там ана́лизов.
  The doctor diagnosed the illness by the symptoms and test results.

**опроверга́ть** *imp* /**опрове́ргнуть** *pf* (**A**) to disprove, rebut sth

- Я опрове́ргну э́то обвине́ние (/э́ти слу́хи).
  I'll disprove this accusation (/this gossip).

- Пре́сса уже́ опрове́гла э́то заявле́ние.
  The press has already refuted this statement.

  (**A**)—(**I**) to disprove sth with sth

- Учёный опрове́рг ста́рую тео́рию но́выми фа́ктами.
  The scientist disproved the old theory with new data.

**опуска́ть 1.** *imp* /**опусти́ть** *pf* (**A**) to put down, lower sth

- Опусти́ воротни́к пальто́ (/кры́шку роя́ля).
  Put down your coat collar (/the lid of the piano).

- Парохо́д прошёл и мост опусти́ли.
  The steamer passed through and the bridge was lowered.

**опуска́ть 2.** *imp* /**опусти́ть** *pf* (**A**)—(**на** + **A**) to put sb/sth (down) in some place

- Я опущу́ де́вочку на́ пол.
  I'll put the little girl down on the floor.

- Не опуска́й чемода́н на зе́млю, там гря́зно.
  Don't put the suitcase on the ground. It's dirty.

  (**A**) *idiom* to draw sth (curtains, etc.)

- Ве́чером мы опуска́ем за́навеси и што́ры.
  In the evening we draw the curtains and shades.

**опуска́ть 3.** *imp* /**опусти́ть** *pf* (**A**)—(**в, на** + **A**) to immerse, drop sth in sth

- Он опусти́л ру́ку в холо́дную во́ду, и боль прошла́.
  He immersed his hand in cold water and the pain disappeared.

- Я опущу́ письмо́ в почто́вый я́щик (/жето́н в автома́т).
  I'll drop the letter in a mailbox (/token in the slot).

**опуска́ть 4.** *imp* /**опусти́ть** *pf* (**A**) to omit sth

- Я опущу́ все подро́бности.
  I'll omit all the details.

- Почему́ ты опусти́л э́ту цита́ту?
  Why did you omit this quotation?

■ Пожа́луйста, не опуска́йте э́ту сце́ну в пе́рвом а́кте.
Please do not omit this scene from the first act.

**опуска́ться** *imp* /**опусти́ться** *pf* (**в, на + A**) to go down, descend (on)to sth; to lower oneself into/onto sth

■ Я опущу́сь в подва́л.
I'll go down to the basement.

■ Дирижа́бль опусти́лся на зе́млю (/на по́ле/на траву́).
The airship descended to the ground (/a field/the grass).

■ Она́ тяжело́ опуска́ется в кре́сло (/на дива́н).
She lowers herself heavily into a chair (/onto the couch).

**осва́ивать** *imp* /**осво́ить** *pf* (**A**)—(**за + A**) to master sth in some time

■ Ученики́ осва́ивают профе́ссию пло́тника за оди́н год.
The students master the craft of carpentry in a year.

■ Он осво́ил но́вый ме́тод (/но́вую те́хнику) за два ме́сяца.
He mastered the new method (/new technology) in two months.

**освеща́ть** *imp* /**освети́ть** *pf* (**A**) to illuminate sth

■ У́личные фонари́ освеща́ли у́лицы (/дома́/тротуа́ры/люде́й).
Street lamps illuminated the streets (/houses/sidewalks/people).

(**A**)—(**I**) to illuminate, light (up) sth with sth

■ Дава́й я освещу́ твой пи́сьменный стол э́той ла́мпой.
Let me light up your desk with this lamp.

■ В э́ту мину́ту сце́ну (/актёров/декора́ции) освети́ли проже́ктором.
At that moment they lit up the stage (/actors/scenery) with a floodlight.

■ Луна́ освеща́ет зе́млю свои́ми холо́дными луча́ми.
The moon lights the earth with its cold rays.

**освобожда́ть** 1. *imp* /**освободи́ть** *pf* (**A**)—(**от + G**) to liberate sth from sb

■ Наде́юсь, что а́рмия ско́ро освободи́т ваш го́род от захва́тчиков.
I hope the army will soon liberate your city from the invaders.

(**A**)—(**от + G**) to let sb off sth; to release sb from sth

■ В пя́тницу учи́тель освобожда́ет ученико́в от дома́шнего зада́ния.
On Friday the teacher lets his pupils off homework assignments.

■ Я освобожу́ вас и Ива́на от э́тих обя́занностей (/от э́той рабо́ты).
I'll release you and Ivan from this obligation (/this work).

**освобожда́ть 2.** *imp* /**освободи́ть** *pf* (A)—(от + G) to clear sth out of sth
- Освободи́ шкаф от твои́х веще́й (/оде́жды/кни́г/игру́шек).
  Clear your things (/clothes/books/toys) out of the closet.

**оскорбля́ть** *imp* /**оскорби́ть** *pf* (A)—(I) to insult; to offend sb with sth
- Я никогда́ не оскорблю́ же́нщину (/мои́х роди́телей).
  I'll never insult a woman (/my parents).
- Ты его́ оскорби́л свои́м недове́рием (/упрёком/предположе́нием).
  You insulted him with your mistrust (/reproach/assumption).
- Наде́юсь, ты бо́льше не бу́дешь оскорбля́ть его́ свои́ми насме́шками.
  I hope you will not offend him anymore with your taunts.

   **оскорби́ть (A) тем, что** . . . to insult sb by not doing sth
- Ты его́ оскорби́л тем, что не пове́рил его́ слова́м.
  You insulted him by not believing his words.

**осложня́ть** *imp* /**осложни́ть** *pf* (A)—(I) to complicate sth with sth
- Ты то́лько осложня́ешь де́ло (/рабо́ту/положе́ние) свои́ми сомне́ниями.
  You only complicate things (/work/the situation) with your doubts.
- Я не хочу́ осложня́ть ва́шу жизнь мои́ми пробле́мами.
  I don't want to complicate your life with my problems.

**осма́тривать** *imp* /**осмотре́ть** *pf* (A) to examine sth; to look at, view, see, visit sth
- Врач осма́тривает больно́го.
  The doctor examines the patient.
- Же́нщина осмотре́ла посети́теля (/незнако́мца) с головы́ до ног.
  The woman examined the visitor (/stranger) from head to toe.
- Ивано́в до́лго осма́тривал но́вую шко́лу (/вы́ставку де́тских рису́нков).
  Ivanov looked at the new school (/viewed the exhibition of children's drawings) for a long time.
- Мы осмотре́ли в э́том го́роде все музе́и (/карти́нные галере́и).
  We saw (*or* visited) all the museums (/art collections) in the city.

**остава́ться 1.** *imp* /**оста́ться** *pf* (в, на + P)/(у + G) to stay (on) at sth/sb's
- Ты идёшь со мной и́ли остаёшься в библио́теке (/на конфере́нции)?
  Are you leaving with me or staying at the library (/at the conference)?
- Брат ушёл, а я ещё оста́лся у Ивано́вых.
  My brother left, but I stayed on at the Ivanovs'.

**(с + I)—(в, на + P)** to stay with sb in some place

- На ле́то я оста́нусь с детьми́ в го́роде (/на о́строве).
  I'll stay with the children in the city (/on the island) for the summer.

**(в, на + P)—(до + G)/(A)** to stay in some place until/for some time

- Я реши́л оста́ться в го́роде до шести́ часо́в ве́чера (/до утра́).
  I decided to stay in the city until six p.m. (/morning).

- Мы остава́лись на э́том о́строве два ме́сяца.
  We stayed on the island for two months.

**(у + G)—(на + A)** to stay at sb's for some time

- Остава́йся у нас на неде́лю (/на ме́сяц).
  Stay with us for a week (/a month).

**остава́ться/оста́ться (inf)** to stay to do sth

- Он остаётся в клу́бе игра́ть в ка́рты.
  He stays at the club to play cards.

- Друг ушёл домо́й, а я оста́лся рабо́тать.
  My friend left to go home, but I stayed to work.

**остава́ться 2.** *imp* **/оста́ться** *pf* **(I noun/adj)** to remain (as) sth

- Он навсегда́ оста́нется мои́м лу́чшим дру́гом.
  He'll always remain my best friend.

- Она́ остава́лась его́ замести́телем до про́шлого го́да.
  She remained his assistant (deputy) until last year.

- Бори́с реши́л оста́ться дире́ктором заво́да (/гла́вным реда́ктором).
  Boris decided to remain as director of the plant (/editor in chief).

- А́втор оста́лся неизве́стным.
  The author remained unknown.

- Неуже́ли рабо́та так и оста́нется незако́нченной?
  Will the work really remain unfinished?

- При всех обстоя́тельствах он остава́лся споко́йным (/весёлым).
  Under all circumstances he remained calm (/cheerful).

**остава́ться 3.** *imp* **/оста́ться** *pf* **(I noun/adj)** to be left sth

- Она́ ра́но оста́лась сирото́й (/вдово́й).
  She was left an orphan (/a widow) at an early age.

**(без + G)** to be left/end without sth; to end up without sth

- Наде́юсь, я никогда́ не оста́нусь без семьи́ (/без де́нег/без по́мощи).
  I hope I'll never be left without family (/money/help).

- Он мно́го раз остава́лся без рабо́ты.
  He ended up unemployed many times.

- Как получи́лось, что ты оста́лся без помо́щников?
  How did you end up with no assistants?

**оставля́ть 1.** *imp* /**оста́вить** *pf* (A)—(в, на + P) to leave, abandon sb/sth in some place

- Я оста́влю мой портфе́ль (/пальто́/сапоги́) в коридо́ре.
  I'll leave my briefcase (/coat/boots) in the corridor.

- Оста́вь еду́ в холоди́льнике (/хлеб на столе́).
  Leave the food in the refrigerator (/bread on the table).

- Ты оста́вил ребёнка одного́ на у́лице (/во дворе́)?
  Did you leave (*or* abandon) the child alone in the street (/the yard)?

  **(A)—(у + G)—(до + G)/(на + A)** to leave sb with sb/at sb's for/until some time

- Мы оста́вим сы́на у тебя́ (у роди́телей) на весь ве́чер (/до за́втра).
  We're leaving our son with you (/at my parents') for the whole evening (/until tomorrow).

**оставля́ть 2.** *imp* /**оста́вить** *pf* (A)—(D/для + G) to leave sth for sb

- Оста́вь немно́го шокола́да бра́ту (/для бра́та).
  Leave a little chocolate for your brother.

- Мать оста́вила мне еду́ (/обе́д/фру́кты).
  Mother left food (/dinner/some fruit) for me.

**оставля́ть 3.** *imp* /**оста́вить** *pf* (A)—(D/для + G)—(в, на + P) to leave sb/sth for sth/sb in some place

- Я оста́вил ему́ запи́ску и кни́гу в почто́вом я́щике.
  I left him a note and the book in his mailbox.

- Мы оста́вим тебе́ (для тебя́) биле́т на столе́.
  We'll leave you a ticket (a ticket for you) on the desk.

**оставля́ть 4.** *imp* /**оста́вить** *pf* (A)—(на + A) to leave, keep sth for sth

- Ты оста́вил де́ньги на кино́?
  Did you leave money for the movie?

- Мы всегда́ оставля́ем де́ньги на Рожде́ственские пода́рки.
  We always keep some money for Christmas presents.

- Я оста́влю сыр на ве́чер (/пиро́г на за́втра).
  I'll keep (*or* leave) the cheese for the evening (/the pie for tomorrow).

■ Не оставля́й недоде́ланную рабо́ту на сле́дующий день.

   Don't leave unfinished work for the next day.

**оставля́ть 5.** *imp* /**оста́вить** *pf* (**A**)—(**без** + **G**) to leave sb/sth without sth

■ Он оста́вил э́то письмо́ без отве́та.

   He left this letter unanswered (*lit.* without an answer).

■ Мне придётся оста́вить дете́й без присмо́тра.

   I'll have to leave the children without any care (*i.e.*, with no one to look after them).

■ Я не оста́влю его́ без по́мощи (/без де́нег/без подде́ржки).

   I won't leave him without any help (/money/support).

**остана́вливать** *imp* /**останови́ть** *pf* (**A**) to stop sb/sth

■ Он останови́л прохо́жего, чтобы спроси́ть доро́гу.

   He stopped a passerby to ask the way.

■ Почему́ ты остана́вливаешь э́ту маши́ну?

   Why are you stopping this car?

■ Я остановлю́ экспериме́нт, как то́лько получу́ каки́е-либо результа́ты.

   I'll stop the experiment as soon as I get some results.

   (**A**)—(**в, на,** + **P**) to stop sb/sth in some place

■ Ива́н ча́сто остана́вливал меня́ в коридо́ре (/на у́лице) и задава́л ра́зные вопро́сы.

   Ivan often stopped me in the corridor (/on the street) and asked all kinds of questions.

■ Вы мо́жете останови́ть авто́бус то́лько на остано́вке.

   You can stop a bus only at a bus stop.

**остана́вливаться 1.** *imp* /**останови́ться** *pf* (**в, на,** + **P**)/(**пе́ред** + **I**)/(**у** + **G**) to stop in some place

■ Почему́ ты останови́лся в коридо́ре?

   Why did you stop in the corridor?

■ Авто́бусы остана́вливаются на э́том углу́ (/пе́ред вхо́дом в музе́й).

   Buses stop on this corner (/in front of the museum entrance).

■ Такси́ остано́вится пе́ред гости́ницей.

   The taxi will stop in front of the hotel.

■ Каре́та ско́рой по́мощи останови́лась у моего́ до́ма (/у больни́цы).

   The ambulance stopped at my house (/the hospital).

   **останови́ться, что́бы** + (**inf**) to stop to do sth

■ Он останови́лся, что́бы спроси́ть, как пройти́ на ста́нцию.

   He stopped to ask how to get to the train station.

**останавливаться 2.** *imp* /**остановиться** *pf* (в + P)/(у + G) to stay in some place/with sb/at sb's

■ Я остановлюсь в гостинице (/в пансионате/в доме моих друзей).
I'll stay in a hotel (/boardinghouse/at my friends' house).

■ Я люблю останавливаться у друзей (/у родителей/у Ивана).
I like to stay with my friends (/at my parents'/Ivan's).

(у + G)—(на + A) to stay at sb's/with sb for some time

■ В этот раз я остановился у брата на сутки, но я часто останавливался у них на пять дней (/на неделю).
This time I stayed at my brother's for a day, but I often stayed with them for five days (/a week).

**осуждать 1.** *imp* /**осудить** *pf* (A)—(за + A) to blame sb for sth

■ Все осуждали его за такое поведение (/за лень).
Everybody blamed him for such behavior (/for laziness).

■ Многие осудят вас за невнимание к людям (/за грубость).
Many people will blame you for inattentiveness to people (/rudeness).

■ Как не осудить его за плохое руководство?
How can you not blame him for his mismanagement?

**осуждать 2.** *imp* /**осудить** *pf* (A)—(за + A)—(на + A) to condemn sb (a criminal) for sth (crime) to some time (in prison)

■ Преступника осудили за воровство на пять лет тюрьмы.
The criminal was condemned to five years in prison for theft.

**отбирать 1.** *imp* /**отобрать** *pf* (A)—(у + G) to take sth from sb

■ Кто отобрал у тебя деньги?
Who took the money from you?

■ Стюардесса отбирает у пассажиров посадочные талоны.
The stewardess takes boarding passes from passengers.

**отбирать 2.** *imp* /**отобрать** *pf* (A)—(в + P) to choose sth in some place

■ Ты уже отобрал книги в магазине?
Did you already choose books at the bookstore?

■ Я отберу в библиотеке журналы, которые мне нужны.
I'll choose the magazines I need at the library.

(A)—(для + G) to select sb/sth for sth

■ Тренер отбирает спортсменов для своей команды.
The coach selects athletes for his team.

- Марк отберёт материа́лы для экза́мена.
  Mark will select the materials for the test.

    **(A)—(на + A)** to select sb/sth for sth (an event)
- На ко́нкурс отобра́ли пять са́мых тала́нтливых музыка́нтов.
  They selected the five most talented musicians for the competition.
- Кто отбира́л докла́ды на конфере́нцию?
  Who selected the papers for the conference?

**отверга́ть** *imp* /**отве́ргнуть** *pf* **(A)** to reject, turn down sth
- Мой перево́д отверга́ли три ра́за, но сего́дня при́няли.
  My translation was rejected three times, but today it was accepted.
- Почему́ он отве́рг твоё предложе́ние (/твой план/прое́кт)?
  Why did he turn down your offer (/plan/project)?

**отвеча́ть 1.** *imp* /**отве́тить** *pf* **(на + A)** to answer sth
- Он всегда́ отвеча́л на все пи́сьма (/замеча́ния) свои́х чита́телей.
  He always answered all the letters (/comments) from his readers.
- Ты отве́тил на все вопро́сы экзамена́тора?
  Did you answer all the examiner's questions?

    **(D)—(на + A)** to answer sb's sth
- Я, коне́чно, отве́чу ему́ (/моему́ бра́ту) на после́днее письмо́.
  I'll certainly answer his (/my brother's) last letter.

    **отве́тить (D), что . . .** to reply, tell, answer sb that . . .
- Мы отве́тили ему́, что за́втра неудо́бное вре́мя для на́шей встре́чи.
  We replied to (*or* told *or* answered) him that tomorrow was an inconvenient time to meet.

**отвеча́ть 2.** *imp* /**отве́тить** *pf* **(на + A)—(I)** to answer sth; to respond to sth with sth
- Мари́я отвеча́ет на моё приве́тствие улы́бкой.
  Maria answers my greeting with a smile.
- Она́ отвеча́ла на мою́ любо́вь благода́рностью (/пре́данностью мне).
  She responded to my love with gratitude (/devotion).

**отвеча́ть 3.** *imp* /**отве́тить** *pf* **(за + A)** to be responsible for sb/sth or answer for sth
- Я отвеча́ю за рабо́ту на́шего бюро́ (/за выполне́ние пла́на).
  I'm responsible for the work of our agency (/for fulfilling the plan).
- Мне оста́вили ребёнка, так что я за него́ отвеча́ю.
  They left me the child, so I'm responsible for him.

- Он до́лжен отвеча́ть за свои́ де́йствия (/за своё поведе́ние).
  He must answer for his actions (/his behavior).
- Ты мне отве́тишь за свои́ слова́.
  You will answer to me for your words.

**отвози́ть** *imp* /**отвезти́** *pf* (A)—(в, на + A) to take (by a vehicle) sb/sth to some place

- Я отвезу́ дете́й в шко́лу (/Ни́ну на конфере́нцию).
  I will take the children to school (/Nina to the conference).
- Он ка́ждый день отво́зит паке́ты на по́чту.
  Every day he takes packages to the post office.
- Кто отвёз тебя́ (/твои́х госте́й) на вокза́л?
  Who took you (/your guests) to the station?
- Мы отвози́ли кни́ги в библиоте́ку, но она́ была́ закры́та.
  We took the books to the library, but it was closed.

    (A)—(D)/(к + D) to take (by a vehicle) sb/sth to sb/sb's

- Отвези́, пожа́луйста, э́ти биле́ты бра́ту (/фру́кты ба́бушке).
  Please take the tickets to (your) brother (/fruit to grandmother).
- Я отвезу́ тебя́ к врачу́ (/к Ива́ну).
  I'll take you to the doctor (/Ivan's).

**отвора́чиваться** *imp* /**отверну́ться** *pf* (от + G) to turn away from sb/sth

- Я отверну́лась от окна́ чтобы я́ркий свет не бил в глаза́ (/от окна́).
  I turned away from the window so that this bright light would not hurt my eyes.
- С ним здоро́ваются, а он ото всех отвора́чивается.
  When he's greeted he turns away from everybody.

**отводи́ть** *imp* /**отвести́** *pf* (A)—(в, на + A)/(к + D) to take sb (on foot) to some place/sb's

- Кто в про́шлый раз отводи́л дете́й на экску́рсию (/в музе́й)?
  Who took the children on a trip (/to the museum) last time?
- Обы́чно у́тром я отвожу́ сы́на в де́тский сад, но сего́дня я его́ отвёл к мои́м роди́телям.
  In the mornings I usually take my son to kindergarten, but today I took him to my parents'.
- Отведи́ соба́ку к ветерина́ру (/на соба́чью вы́ставку).
  Take the dog to the vet (/to the dog show).

**отвыка́ть** *imp* /**отвы́кнуть** *pf* (от + G) to grow away from/out of sth; to get out of the habit of sth

- Он отвы́к от пре́жней жи́зни (/от э́той еды́/от э́той му́зыки).

  He grew away from his old life (/this food/grew out of this music).

- Я уве́рен, что ты легко́ отвы́кнешь от куре́ния.

  I'm sure you'll easily get out of the habit of (or get used to not) smoking.

**отгова́ривать** *imp* /**отговори́ть** *pf* (от + G) to dissuade sb from sth; to talk sb out of sth

- Он до́лго отгова́ривал меня́ от э́той пое́здки и в конце́ концо́в отговори́л.

  He tried to dissuade me from (going on) this trip for a long time, and he finally did (dissuade me).

- Я отговорю́ его́ от э́той стра́нной иде́и (/от разво́да).

  I'll talk him out of this strange idea (/divorce).

    **отговори́ть** (inf) to dissuade sb from doing sth

- Она́ отговори́ла меня́ покупа́ть дом.

  She dissuaded me from buying the house.

**отдава́ть 1.** *imp* /**отда́ть** *pf* (A)—(D) to give back, return sth to sb

- Я отда́м тебе́ де́ньги (/долг/тетра́дь/ру́чку) за́втра.

  I'll give you back the money (/my debt/the notebook/the pen) tomorrow.

- Отда́й мне мой портфе́ль.

  Give my briefcase back to me.

- Медсестра́ отдаёт ребёнка ма́тери.

  The nurse returns the child to its mother.

    **(A)—(в, на + P)** to return, give back sth to some place

- Ты о́тдал кни́ги в библиоте́ку (/материа́лы на ка́федру)?

  Did you return the books to the library (/give back the materials to the department)?

**отдава́ть 2.** *imp* /**отда́ть** *pf* (A)—(D) to give sb sth

- Я с ра́достью отдаю́ бра́ту мои́ ве́щи (/мою́ библиоте́ку/мою́ колле́кцию).

  I'll gladly give my brother my things (/library/collection).

**отдава́ть 3.** *imp* /**отда́ть** *pf* (A)—(D) to devote, give sth (abstract) to sb/sth

- Она́ отдаёт всё своё вре́мя и си́лы рабо́те (/де́тям).

  She devotes (or gives) all her time and energy to her work (/children).

**отдава́ть 4.** *imp* /**отда́ть** *pf* (A)—(D) to give, turn over sth to sb

- Не ходи́ на по́чту, отда́й посы́лку почтальо́ну.

  Don't go to the post office; give the parcel to the mailman.

- Я отда́м ру́копись реда́ктору (/статью́ реце́нзенту) че́рез неде́лю.

  I'll turn over the manuscript to the editor (/article to the reviewer) in a week.

**(A)—(в, на + A)** to send, (turn over) sth to some place

- Ты до́лжен сро́чно отда́ть докуме́нты в университе́т (/заявле́ние на факульте́т/статью́ в газе́ту).
  You must send (turn over) your documents to the university (/application to the department/article to the newspaper) without delay.

**(A)—(в, на + A)** to take (in), send sth for/to sth

- Я отда́м телеви́зор в ремо́нт (/часы́ в почи́нку/ве́щи в чи́стку).
  I'll take in the TV set for repair (/watch to be fixed/take the clothes to the cleaner's).
- Мы о́тдали статью́ на реце́нзию.
  We sent the article out for review.

*idiom* **(A)—(в + A)** to send sb to sth

- В каку́ю шко́лу (/де́тский сад) ты отда́шь сы́на?
  What school (/kindergarten) will you send your son to?

**отдыха́ть** *imp* /**отдохну́ть** *pf* **(по́сле + G)** to rest after sth

- Я немно́го отдохну́ по́сле обе́да и бу́ду сно́ва занима́ться.
  I will rest a little after dinner and study again.
- По́сле рабо́ты (/заня́тий) он обы́чно отдыха́ет.
  He usually rests after work (/classes).

**(в, на + P)/(за + I)/(у + G)** to rest, vacation in some place

- Мо́жет быть, отдохнёшь в саду́ или на вера́нде?
  Would you like to rest in the garden or on the porch?
- Э́тим ле́том мы бу́дем отдыха́ть в гора́х (/на ю́ге/у мо́ря).
  This summer we'll vacation in the mountains (/in the South/by the sea).
- Ты лю́бишь отдыха́ть за грани́цей?
  Do you like to vacation abroad?

**(от + G)** to rest from sb/sth in some place

- Он отдыха́л от шу́ма (/от рабо́ты/от дете́й) за го́родом.
  He rested from the noise (/work/the children) in the country.

**отка́зывать** *imp* /**отказа́ть** *pf* **(D)—(в + P)** (of sb) to be refused sth; to refuse sb sth; to deprive sb of sth

- Ива́ну отказа́ли в стипе́ндии (/в за́йме/в по́мощи/в деньга́х)
  Ivan was refused a stipend (/loan/help/money).
- Я не откажу́ ему́ в э́той про́сьбе.
  I'll not refuse him this request.

■ Он отка́зывал себе́ во всём.
   He deprived himself of everything.

**отка́зываться** *imp* /**отказа́ться** *pf* (**от** + **G**) to refuse, decline, reject sth
■ Она́ обы́чно отка́зывается от вина́ (/от за́втрака/от ко́фе/от мя́са).
   Usually she refuses wine (/breakfast/coffee/meat).

■ Мы отказа́лись от его́ предложе́ния (/от её пла́на).
   We declined his offer (/her plan).

■ Неуже́ли он отка́жется от э́того ме́ста (/от э́той иде́и)?
   Will he really decline the position (/reject this idea)?

   **отказа́ться (inf)** to refuse to do sth
■ Оте́ц почему́-то отка́зывался помога́ть сы́ну.
   For some reason father refused to help his son.

**откла́дывать 1.** *imp* /**отложи́ть** *pf* (**A**)—(**в, на** + **A**) to put aside/away sth in some place
■ Когда́ он вошёл, она́ отложи́ла в сто́рону кни́гу (/газе́ту/вяза́ние).
   When he came in, she put aside her book (/newspaper/knitting).

■ Я отложи́л несро́чные докуме́нты в э́тот я́щик.
   I've put away nonurgent documents in this drawer.

■ Библиоте́карь откла́дывает зака́занные кни́ги (/журна́лы) на ве́рхнюю по́лку.
   The librarian puts aside reserved books (/magazines) on the top shelf.

**откла́дывать 2.** *imp* /**отложи́ть** *pf* (**A**)—(**D**)/(**для** + **G**)—(**до** + **G**) to hold sth for sb until some time
■ Пожа́луйста, отложи́те мне (/для меня́) два экземпля́ра э́того журна́ла до понеде́льника.
   Please hold two copies of this magazine for me until Monday.

**откла́дывать 3.** *imp* /**отложи́ть** *pf* (**A**)—(**на** + **A**)/(**до** + **G**) to postpone, adjourn sth until some time; to put off sth for some time
■ Мы откла́дываем на́шу пое́здку (/встре́чу с ним) на дека́брь.
   We are postponing our trip (/meeting with him) until December.

■ Ша́хматную па́ртию отложи́ли на ве́чер (/на сле́дующий день).
   The chess game was adjourned until evening (/the next day).

■ Дава́й отло́жим реше́ние э́того вопро́са до среды́ (/до ва́шего прие́зда).
   Let's postpone the decision on this matter until Wednesday (/until your arrival).

■ Я отложу́ защи́ту диссерта́ции на неде́лю (/на не́сколько дней).
   I'll put off the defense of my dissertation for a week (/a few days).

**откла́дывать 4.** *imp* /**отложи́ть** *pf* (**A**)—(**на** + **A**) to put aside, save sth (money) for sth

■ Мы ка́ждый год откла́дываем де́ньги на Рожде́ственские пода́рки.
Every year we put aside (*or* save) some money for Christmas presents.

■ Я отложу́ немно́го де́нег на о́тпуск (/на сва́дьбу до́чери).
I'll put aside (*or* save) some money for vacation (/my daughter's wedding).

**открыва́ть 1.** *imp* /**откры́ть** *pf* (**A**) to open sth

■ Мо́жно, я откро́ю дверь (/шкаф/окно́)?
May I open the door (/cupboard/window)?

■ Он откры́л тетра́дь (/кни́гу/но́ты/зонт).
He opened the notebook (/book/music/umbrella).

**открыва́ть 2.** *imp* /**откры́ть** *pf* (**A**)—(**в, на** + **A**) (of an enterprise) to open in some place

▫ За́втра в на́шем го́роде открыва́ют но́вую больни́цу (/музе́й).
Tomorrow a new hospital (/museum) is opening in our town.

■ На на́шей у́лице откры́ли кни́жный магази́н (/парикма́херскую).
They opened a bookstore (/hairdresser) on our street.

**открыва́ть 3.** *imp* /**откры́ть** *pf* (**A**) to discover sth

■ Учёные открыва́ют но́вые зако́ны и явле́ния приро́ды.
Scientists discover new laws and phenomena of nature.

(**A**)—(**в, на** + **A**) to discover sth in some place

■ Гео́логи уве́рены, что откро́ют в гора́х за́лежи не́фти.
Geologists are convinced they will discover oil deposits in the mountains.

■ Экспеди́ция откры́ла на о́строве но́вый вид расте́ния.
On the island the expedition discovered a new species of plant.

**открыва́ть 4.** *imp* /**откры́ть** *pf* (**A**)—(**I**) to start, inaugurate sth with sth

■ Теа́тр откры́л сезо́н но́вой постано́вкой.
The theater started the season with a new production.

■ Он сказа́л, что откро́ет вы́ставку кра́тким выступле́нием.
He said that he would inaugurate the exhibition with a short address.

**отлича́ть** *imp* /**отличи́ть** *pf* (**A**)—(**от** + **G**)—(**по** + **D**) to distinguish sth from sth by sth

■ Я легко́ отличу́ оди́н сорт ко́фе от друго́го по за́паху.
I can easily distinguish one kind of coffee from another by its smell.

■ Ты отлича́ешь соль от са́хара по ви́ду или по вку́су?
Do you distinguish salt from sugar by appearance or by taste?

**отнима́ть** *imp* /**отня́ть** *pf* (A)—(y + G) to take (away) sth from sb; to take sb's sth (abstract)

- Кто о́тнял у Ни́ны игру́шку (/щенка́)?
  Who took the toy (/puppy) away from Nina?

- Я не отниму́ у тебя́ кни́гу, то́лько посмотрю́.
  I won't take the book away from you; I'll just have a look.

- Рабо́та отнима́ет у нас мно́го вре́мени и сил.
  Our work takes a lot of our time and effort.

**относи́ть 1.** *imp* /**отнести́** *pf* (A)—(в, на + A) to take sth (over) to some place
- Обы́чно я отношу́ пи́сьма и посы́лки на по́чту.
  Usually I take letters and parcels to the post office.

- Мы относи́ли кни́ги в библиоте́ку, но она́ была́ закры́та.
  We took the books (over) to the library, but it was closed.

    (A)—(D) to take sth to sb/sb's
- Ты отнёс ру́копись реда́ктору (/запи́ску Ива́ну)?
  Did you take the manuscript to the editor (/the note to Ivan)?

- Отнеси́ э́ти проду́кты Ма́рковым (/ба́бушке), но не относи́ ра́но у́тром.
  Take these groceries to the Markovs' (/to Grandmother), but don't do it early in the morning.

    (A)—(в + A)/(inf) to take sth for sth; to have something done to sth
- Он отнёс ту́фли в ремо́нт (ремонти́ровать), а брю́ки в чи́стку (чи́стить).
  He took the shoes for repairs and the pants to be cleaned.

**относи́ть 2.** *imp* /**отнести́** *pf* (A)—(от + G) (of natural forces) to carry sb/sth away from some place
- Во́лны и ве́тер отнесли́ парохо́д от прича́ла (/пловца́ от моста́).
  The waves and wind carried the ship away from the pier (/the swimmer away from the bridge).

    (A)—(к + D) to carry sb/sth to some place
- Тече́ние отно́сит ло́дку к бе́регу (/пловца́ к мосту́).
  The current carries the boat to shore (/the swimmer toward the bridge).

    *impersonal* (A)—(I)—(от + G)/(к + D) (of natural forces) to carry sb/sth away from some place/to some place
- Ве́тром ло́дку (/пловца́) отно́сит от бе́рега (/к бе́регу).
  The wind carries the boat (/swimmer) away from the shore (/toward the shore).

**относи́ть 3.** *imp* /**отнести́** *pf* (A)—(к + D) to link sb to sb; (of sth) to be dated to sth

- Обы́чно э́того писа́теля отно́сят к модерни́стам.
  Usually they link this writer to the modernists.

- Э́ту ико́ну нельзя́ отнести́ к семна́дцатому ве́ку.
  This icon cannot be dated to the seventeenth century.

**относи́ться** *imp* /**отнести́сь** *pf* (к + D)—(adv) to treat sb/take sth in some way

- Я о́чень хорошо́ отношу́сь к Ни́не (/ко всем мои́м сослужи́вцам).
  I treat Nina (/all my co-workers) very well.

- Оте́ц серьёзно отно́сится к свое́й рабо́те (/к слова́м Ива́на).
  Father takes his work (/Ivan's words) seriously.

    **(к + D)—(с + I)** to treat sb/sth with sth

- Мари́я всегда́ относи́лась к нему́ с больши́м уваже́нием.
  Maria always treated him with great respect.

- Брат отнёсся к ва́шей иде́е (/к ва́шему пла́ну/к ва́шему предложе́нию) с интере́сом.
  My brother treated your idea (/plan/suggestion) with interest.

**отодвига́ть** *imp* /**отодви́нуть** *pf* (A)—(в, на + A)/(к + D) to move sth (in)to/toward sth

- Я отодви́ну ва́зу в у́гол.
  I'll move the vase into the corner.

- Не отодвига́й ла́мпу на край стола́.
  Don't move the lamp to the edge of the table.

- Почему́ ты отодви́нул телеви́зор к окну́?
  Why did you move the TV set toward the window?

    **(A)—(от + G)** to push, move sth away from sb/sth

- Он отодвига́ет цветы́ от себя́.
  He pushes the flowers away (from himself).

- Отодви́нь стол от стены́.
  Move the table away from the wall.

**отпира́ть** *imp* /**отпере́ть** *pf* (A) to unlock sth

- Он о́тпер ко́мнату и мы вошли́.
  He unlocked the (door to the) room, and we came in.

- Заче́м ты отпира́ешь чемода́н?
  Why are you unlocking the suitcase?

(A)—(I) to unlock sth with sth

- Я отопру́ дверь мои́м ключо́м.
  I'll unlock the door with my key.

**отплыва́ть** *imp* /**отплы́ть** *pf* (**от** + **G**) to swim, set sail from sth

- Я не бу́ду отплыва́ть далеко́ от бе́рега.
  I won't swim far from the shore.
- Ло́дка отплыла́ от прича́ла.
  The boat set sail from its mooring.

(**в, на** + **A**) (of a ship) to leave for some place

- Парохо́д в Австра́лию (/на Аля́ску) отплыва́ет че́рез пять мину́т.
  The steamer leaves for Australia (/Alaska) in five minutes.

(**от** + **G**)—(**к** + **D**)/(**в** + **A**) to sail, swim from sth to/toward sth

- Ло́дка отплыла́ от парохо́да к бе́регу.
  The boat sailed from the steamship to shore.

  Он отплы́л от ло́дки в сто́рону моста́.
  He swam from the boat toward the bridge.

**отправля́ть** **1.** *imp* /**отпра́вить** *pf* (**A**)—(**в, на, за** + **A**) to send sth to some place

- За́втра я отпра́влю телегра́мму в Пари́ж (/посы́лку на Аля́ску).
  I'll send the telegram to Paris (/package to Alaska) tomorrow.
- Он ча́сто отправля́ет кни́ги за грани́цу (/в Росси́ю).
  He often sends books abroad (/to Russia).
- Не отправля́йте статью́ в реда́кцию сего́дня, отпра́вьте че́рез неде́лю.
  Don't send the article to the editors today; send it in a week.

(**A**)—(**D**) to send, deliver sth to sb

- Я отправля́ю э́ти ве́щи мои́м друзья́м (/Ива́ну).
  I'm sending these clothes to my friends (/to Ivan).
- Изда́тельство отправля́ет экземпля́ры кни́ги свои́м подпи́счикам.
  The publishing house delivers copies of the book to its subscribers.

(**A**)—(**D**)—(**по** + **D**)/(**I**) to mail, send sth to sb by sth

- Мы отпра́вили роди́телям де́ньги по по́чте (/телегра́фом).
  We mailed (*or* wired) money to our parents (*i.e.*, sent it by mail or telegraph).
- Он отпра́вит посы́лку бра́ту водо́й.
  He'll send the parcel to his brother by boat.

**отправля́ть 2.** *imp* /**отпра́вить** *pf* (A)—(в, на + A) to send sb to some place
- Ле́том я отпра́влю дете́й в ла́герь (/на бе́рег мо́ря/на да́чу).
  In summer I'll send the children to camp (/to the seashore/to a house in the country).

   (A)—(к + D)—(на + P)/(I) to send sb to sb's by sth
- Мы отпра́вили дете́й к роди́теям на парохо́де (/парохо́дом).
  We sent the children to my parents' on a boat (/by boat).

   (A)—(за + P) to send sb for (*i.e.*, to pick up, etc.) sb/sth
- Она́ отпра́вила му́жа за лека́рствами (/за проду́ктами/за врачо́м).
  She sent her husband for the medicine (/groceries/a doctor).

**отправля́ться** *imp* /**отпра́виться** *pf* (в, на + A) to leave on sth/to some place
- Мы отправля́емся в путеше́ствие че́рез два дня.
  We are leaving on a trip in two days.

- Гео́логи отпра́вились в экспеди́цию на Се́вер.
  The geologists left on an expedition to the North.

   (на + A)—(к + D) to leave for sb's sth
- Когда́ делега́ция отправля́ется на прие́м к президе́нту?
  When does the delegation leave for the president's reception?

   **отправля́ться** (inf) to set off for sth; to do sth
- Он отправля́ется гуля́ть (/путеше́ствовать/иска́ть свой чемода́н).
  He sets off for a walk (/for a trip/to look for his suitcase).

**отпуска́ть 1.** *imp* /**отпусти́ть** *pf* (A)—(в, на + A)/(к + D) to let sb go to some place/sb
- Я, пожа́луй, отпущу́ дете́й в шко́лу (/в библиоте́ку).
  Perhaps I will let the children go to school (/to the library).

- Хва́тит разгово́ров, отпусти́ его́ в университе́т.
  That's enough talk! Let him go to the university.

- Мы охо́тно отпуска́ем сы́на к на́шему дру́гу.
  We will willingly let our son go to our friend.

   (A)—(из, с + G) to discharge sb from sth; to let sb leave sth
- Врач отпусти́л его́ из больни́цы.
  The doctor discharged him from the hospital.

- Быва́ет, что нас отпуска́ют с уро́ков (/с ле́кций/с рабо́ты) ра́ньше вре́мени.
  Sometimes they let us leave classes (/lectures/work) early.

(A)—(в, на + A)/(inf) to let sb go to some place/do sth

■ Мы отпусти́ли дочь на та́нцы (танцева́ть).
We let our daughter go to dances (go dancing).

■ Отпусти́ дете́й на прогу́лку (гуля́ть).
Let the children go for a walk (go out walking).

■ Он бо́лен, не отпуска́й его́ на рабо́ту (рабо́тать).
He is sick; don't let him go to work.

**отпуска́ть 2.** *imp* /**отпусти́ть** *pf* (A)—(на + A) to set sb free

■ Твоего́ бра́та уже́ отпусти́ли на свобо́ду?
Has your brother already been set free?

**отпуска́ть 3.** *imp* /**отпусти́ть** *pf* (A)—(себе́) to let sth of oneself grow; to grow sth

■ Она́ отпуска́ет (себе́) во́лосы.
She is letting her hair grow.

■ Он отпусти́л (себе́) бо́роду.
He grew a beard.

**отравля́ть** *imp* /**отрави́ть** *pf* (A)—(I) to poison sb with sth

■ Ты отравля́ешь себя́ никоти́ном (/вино́м/нарко́тиками).
You're poisoning yourself with nicotine (/wine/drugs).

**отража́ть** *imp* /**отрази́ть** *pf* (A)—(в + P) to reflect sth in sth

■ Писа́тель отрази́л в своём произведе́нии собы́тия того́ вре́мени (/нра́вы эпо́хи).
The writer reflected the events of the time (/the customs of the era) in his works.

**отража́ться 1.** *imp* /**отрази́ться** *pf* (в, на + P) to be reflected in sth

■ В реке́ отража́ются дома́ и дере́вья.
Houses and trees are reflected in the river.

**отража́ться 2.** *imp* /**отрази́ться** *pf* (на + P) to have an effect on sth; to affect sth

■ Тяжёлые усло́вия жи́зни отрази́лись на здоро́вье на́шей до́чери.
The hard living conditions affected our daughter's health.

**отреза́ть** *imp* /**отре́зать** *pf* (A)—(G) to cut sth of sth

■ Я отре́жу кусо́к хле́ба (/пирога́/сы́ра).
I'll cut you a piece of bread (/pie/cheese).

■ Он ка́ждый раз отреза́л мне полови́ну своего́ я́блока.
He would cut me half of his apple every time.

- —Отре́жь ло́мтик лимо́на. —Я уже́ отре́зал два ло́мтика.
  "Cut a slice of lemon."—"I've cut two slices already."

**отрыва́ть 1.** *imp* /**оторва́ть** *pf* (A)—(от + G) to tear off sth from sth; to tear sth off sth
- Смотри́, ты оторва́л рука́в (/воротни́к/пу́говицы) от пальто́.
  Look, you've torn the sleeve (/collar/buttons) off your coat.
- Он ка́ждый день отрыва́л лист от календаря́.
  Every day he tore a page off the calendar.

**отрыва́ть 2.** *imp* /**оторва́ть** *pf* (A)—(от + G) to cut off sb from sb/sth; to interrupt sb's sth; to interrupt sb in doing sth
- Э́то собы́тие оторва́ло его́ от семьи́.
  This event cut him off from his family.
- Не отрыва́й отца́ от рабо́ты.
  Don't interrupt your father's work (your father in his work).
- Прости́те, что отрыва́ю вас от кни́ги (/от шитья́).
  I'm sorry to interrupt your reading (in your book) (/sewing).

**отрыва́ться 1.** *imp* /**оторва́ться** *pf* (A)—(от + G) to come off sth/take off from sth
- У меня́ оторва́лась пу́говица от пальто́.
  A button came off my coat.
- Раке́та оторва́лась от земли́.
  The rocket took off (from earth).

**отрыва́ться 2.** *imp* /**оторва́ться** *pf* (от + G) to tear oneself away from sth
- Оторви́сь на мину́ту от рабо́ты (/от газе́ты/от шитья́).
  Tear yourself away from your work (/newspaper/sewing) for a moment.
- Кни́га така́я увлека́тельная, что я не могу́ от неё оторва́ться.
  The book is so exciting, I can't tear myself away from it.

**отстава́ть** *imp* /**отста́ть** *pf* (от + G) to get left behind by sb/sth; to keep up with sb (not to lag behind sb)
- Не волну́йся, я не отста́ну от авто́буса (/от по́езда/от вас).
  Don't worry; I won't get left behind by the bus (/the train/you).
- Я танцева́л весь ве́чер. Она́ не отстава́ла от меня́.
  I danced all night. She kept up with me (*lit.* didn't lag behind me).

**отступа́ть 1.** *imp* /**отступи́ть** *pf* (в, на + A)/(к + D) to step back, retreat to/into sth

- Он отступи́л к окну́ (/к две́ри/к стене́).
  He stepped back to the window (/door/wall).
- Что́бы её не заме́тили, она́ отступа́ет в тень.
  So as not to be noticed, she retreats into the shadow.
- Очеви́дно, отря́д отсту́пит на пра́вый бе́рег реки́.
  Apparently the detachment will retreat to the right bank of the river.

    (на + A)—(к + D) to retreat sth (distance) toward sth
- Мы отступи́ли на не́сколько шаго́в к две́ри.
  We retreated a few steps toward the door.

    (от + G) to retreat from sth
- Мо́ре отступи́ло от бе́рега.
  The sea retreated (*lit.* from the shore).
- Лес всё бо́льше отступа́ет от го́рода.
  The forest is retreating farther and farther from the city.

**отступа́ть 2.** *imp* /**отступи́ть** *pf* (пе́ред + I) to give way to sth
- Я не отступлю́ пе́ред ва́шими угро́зами (/пе́ред её слеза́ми).
  I will not give way to your threats (/her tears).

**отступа́ть 3.** *imp* /**отступи́ть** *pf* (от + G) to deviate from sth
- Я никогда́ не отступа́л от свои́х идеа́лов, не отступлю́ и тепе́рь.
  I have never deviated from my ideals and will not (deviate) now.

**отступа́ть 4.** *imp* /**отступи́ть** *pf* (от + G)—(на + A) to indent some of sth (measure) from sth
- Я отступлю́ на пять сантиме́тров от кра́я листа́.
  I'll indent five centimeters from the edge of the page.

**отсыла́ть 1.** *imp* /**отосла́ть** *pf* (A)—(D) to mail, send sth to sb
- Я отошлю́ письмо́ сестре́ в понеде́льник.
  I'll mail the letter to my sister on Monday.
- Ты отосла́л Ива́ну кни́ги?
  Did you send the books to Ivan?

    (A)—(в, на + A) to send sth to some place
- На э́той неде́ле я отошлю́ ру́копись в изда́тельство (/заявле́ние на факульте́т).
  This week I'm sending the manuscript to the publisher (/an application to the department).

**отсылáть 2.** *imp* /**отослáть** *pf* (A)—(в + A)/(к + D) to send sb to sb/some place

- Лéтом мы обы́чно отсылáем детéй к роди́телям. В э́том году́ мы отошлём их в ла́герь.

  In the summer we usually send our children to my parents. This year we'll send them to camp.

**отходи́ть 1.** *imp* /**отойти́** *pf* (от + G) to go (away) from sb/sth; to leave sth; (of a train, etc.) to pull out of sth

- Не отходи́ далекó от ня́ни (/от меня́/от дóма).

  Don't go far from your nanny (/me/the house).

- Я цéлый день не отхожу́ от столá.

  I don't leave my desk all day long.

- Когдá я подошёл, пóезд ужé отходи́л от перрóна.

  When I got there, the train was already pulling out of the station.

  (от + G)—(к + D) to walk (away) from sb/sth to sth

- Онá отошлá от окнá к столу́ (/от доски́ к двéри).

  She walked from the window to the table (/from the blackboard to the door).

  (от + G)—(на + A) to walk sth (distance) (away) from sth

- Отойди́те от óзера (/от шоссé) на сто мéтров и вы уви́дите цéрковь.

  Walk a hundred yards (meters) from the lake (/highway), and you will see the church.

- Он отошёл от карти́ны на нéсколько шагóв.

  He took (*lit.* walked) a few steps away from the painting.

  (в + A) to move (in)to sth

- Отойди́ немнóго в стóрону (/в тень).

  Move a little to the side (/into the shade)

**отходи́ть 2.** *imp* /**отойти́** *pf* (от + G) to depart, deviate from sth; to leave behind, draw away from sb

- Он отошёл от матемáтики (/от перевóдов).

  He left mathematics (/translating) behind.

- А́втор сценáрия отошёл от первоначáльного тéкста расскáза.

  The author of the script departed from the original story.

- Мы не собирáемся отходи́ть от нáшего плáна.

  We don't intend to deviate from our original plan.

- Почему́ ты отхóдишь от свои́х друзéй?

  Why are you drawing away from your friends?

**оты́скивать** *imp* /**отыскáть** *pf* (A) to search for sth, find sb/sth
- Он дóлго оты́скивал нýжную емý книгу.
  He searched a long time for the book he needed.
- Я отыщý э́тот áдрес (/ваш докумéнт/мою́ записнýю книжку).
  I'll find the address (/your document/my address book).
- Онá, наконéц, отыскáла свою́ сестрý.
  She finally found her sister.

**охóтиться** *imp* (на + A) to hunt (an animal)
- Я охóчусь на зáйцев и лисиц.
  I hunt rabbits and foxes.

  (за + I) to seek out sth
- Ивáн охóтится за рéдкими мáрками и книгами.
  Ivan seeks out rare stamps and books.

**очищáть** *imp* /**очистить** *pf* (A)—(от + G) to clear sth (out) of sth; to purify sth of sth; to clean sth out of some place
- Я очищу стол от книг (/шкаф от стáрой одéжды).
  I'll clear the desk of books (/closet of old clothes).
- Очисти я́щики столá от всегó лишнего.
  Clean everything unnecessary out of the desk drawers.
- Ты уже очистил сад от сухи́х листьев?
  Did you already clear the dead leaves out of the garden?
- Фильтры очищáют вóду от хлóра (/от свинцá).
  Filters purify the water of chlorine (/lead).

**ошибáться** *imp* /**ошибиться** *pf* (в + P) to make a mistake in sth; to be mistaken about sb/sth
- Он оши́бся в вычислéниях (/в свои́х рассчётах).
  He made a mistake in his calculations (/expectations).
- Я рéдко в чём-нибудь ошибáюсь.
  I am rarely mistaken about something.
- Мой отéц никогдá не ошибáлся в лю́дях (/в друзья́х).
  My father was never mistaken about people (/friends).

# П

**па́дать** *imp* (**в, на, под, за** + **A**) to fall in some place

- Следи́, что́бы Пе́тя не па́дал в лу́жи.

  Watch out Pete doesn't fall in the puddles.

- О́сенью ли́стья (/ши́шки) па́дают на зе́млю.

  In autumn, leaves (/pinecones) fall to the ground.

- Почему́ у тебя́ все ве́щи (/игру́шки) па́дают под стол или за дива́н?

  Why do all your things (/toys) fall under the desk or behind the sofa?

**па́хнуть** *imp* (**I**) to smell of sth

- Мо́ре па́хнет ры́бой и во́дорослями.

  The sea smells of fish and seaweed.

- Ко́мната па́хла цвета́ми.

  The room smelled of flowers.

     *impersonal* (**I**)—(**в, на** + **P**) to smell of sth in some place

- В саду́ па́хнет ро́зами (/мя́той).

  In the garden there's a smell (*lit.* it smells of) roses (/mint).

- В больни́це па́хло лека́рствами (/све́жей кра́ской/едо́й).

  The hospital smelled of medicine (/fresh paint/food).

- На э́той ку́хне всегда́ па́хнет чесноко́м.

  This kitchen always smells of garlic.

     *impersonal* (**от** + **G**)—(**I**) (of sb/sth) to smell of sth

- От неё па́хнет дороги́ми духа́ми.

  She smells of expensive perfume.

- От шка́фа па́хло ста́рой оде́ждой (/нафтали́ном/пы́лью).

  The closet smelled of old clothes (/mothballs/dust).

**перебива́ть** *imp* /**переби́ть** *pf* (**A**)—(**I**) to interrupt sb with sth

- Извини́, е́сли я перебью́ тебя́ свои́м вопро́сом.

  Excuse me if I'm interrupting you with my question.

- Ты переби́л отца́ свои́м замеча́нием. Никогда́ не перебива́й ста́рших.

  You interrupted your father with your comment. Never interrupt your elders.

**переводи́ть 1.** *imp* /**перевести́** *pf* (**A**)—(**через** + **A**) to lead, take sb/sth across sth

- Я обы́чно перевожу́ дете́й (/пожилы́х люде́й) че́рез доро́гу.

  I usually lead (or take) the children (/elderly people) across the road.

■ Она́ перевела́ стару́шку че́рез мост (/че́рез у́лицу).
  She took the old woman across the bridge (/street).

■ Проводни́к переведёт гру́ппу че́рез перева́л (/че́рез грани́цу).
  The guide will lead the group across the pass (/border).

**переводи́ть 2.** *imp* /**перевести́** *pf* (**A**)—(**в, на** + **A**) to transfer sb/sth to some place

■ Говоря́т, что э́того больно́го переведу́т в другу́ю пала́ту (/на четвёртый эта́ж).
  They say this patient will be transferred to another ward (/the fourth floor).

■ Студе́нтов перево́дят на сле́дующий курс весно́й.
  In spring students transfer to the next level of study.

  (**A**)—(**в, на** + **A**)—(**из, с** + **G**) to transfer, move sb/sth from some place to some place

■ Э́того инжене́ра перевели́ из на́шего отде́ла в друго́й.
  That engineer was transferred from our department to another.

■ Нача́льство перево́дит э́то отде́ление фи́рмы с Восто́чного побере́жья на За́падное.
  The bosses are moving this division of the company from the East Coast to the West Coast.

  (**A**)—(**от** + **G**)—(**к** + **D**) to transfer sb from sb to sb

■ Э́того больно́го перевели́ от одного́ врача́ к друго́му.
  This patient was transferred from one doctor to another.

  *idiom* (**A**)—(**на** + **A**) to change sth (abstract) to sth

■ Он перевёл разгово́р на другу́ю те́му.
  He changed the subject (of conversation).

**переводи́ть 3.** *imp* /**перевести́** *pf* (**A**)—(**D**)—(**по** + **D**) to send sth (usually money) to sb by sth

■ Ка́ждый ме́сяц мы перево́дим роди́телям де́ньги по по́чте.
  We mail money to our parents (*lit.* send money to our parents by mail) every month.

  (**A**)—(**в** + **A**) to deposit sth (usually money) in sth

■ Э́та фи́рма перево́дит за́работную пла́ту свои́х сотру́дников пря́мо в банк.
  This firm deposits its employees' paychecks in the bank automatically.

**переводи́ть 4.** *imp* /**перевести́** *pf* (**A**) to translate sth/sb's work

■ Я перевожу́ э́ти стихи́ (/рома́н/статью́/расска́з).
  I'm translating these verses (/a novel/an article/a short story).

- Я люблю́ переводи́ть Че́хова.
  I love translating Chekhov.

  **(A)—(с + G)—(на + A)** to translate sth from sth into sth
- Он переводи́л статьи́ с ру́сского языка́ на англи́йский.
  He translated articles from Russian into English.

  **(A)—(с + G)—(на + A)—(с + I)/(без + G)** to translate from sth into sth with/without a dictionary
- Я перевожу́ с иври́та на ру́сский со словарём, а с францу́зского на ру́сский без словаря́.
  I translate from Hebrew into Russian with a dictionary and from French into Russian without (a dictionary).

**передава́ть 1.** *imp* /**переда́ть** *pf* **(A)—(D)** to pass (on), hand sth to sb
- Я переда́м ему́ твою́ запи́ску (/письмо́/паке́т).
  I'll pass on your note (/letter/package) to him.
- Переда́йте э́ту кни́гу Петро́ву (/председа́телю комите́та).
  Give (hand) this book to Petrov (/the committee chair).
- Пожа́луйста, переда́й мне хлеб, но не передава́й чёрный (хлеб).
  Please pass me some bread, but not the black bread.

**передава́ть 2.** *imp* /**переда́ть** *pf* **(A)—(D)** to pass on, give sth to sb
- Кто пе́редал вам э́ту но́вость (/наш разгово́р/её слова́)?
  Who passed this news (/our conversation/her words) on to you?
- Я переда́м мои́м колле́гам ва́ше распоряже́ние (/прика́з).
  I'll pass your instruction (/order) on to my colleagues.
- Наде́юсь, ты передаёшь свои́м роди́телям мои́ приве́ты и наилу́чшие пожела́ния.
  I hope you'll give my regards and best wishes to your parents.

  **переда́ть (D), что . . .** to tell sb that . . .
- Переда́й бра́ту, что я бу́ду ждать его́ во вто́рник.
  Tell your brother that I'll be waiting for him on Tuesday.
- Нам пе́редали, что он не смо́жет прие́хать.
  We were told that he wouldn't be able to come.

**передава́ть 3.** *imp* /**переда́ть** *pf* **(A)—(по + D)** to broadcast sth over sth; (of TV) to show sth
- По ра́дио передаю́т после́дние изве́стия (/сво́дку пого́ды).
  The latest news (/weather forecast) is being broadcast over the radio.

■ Сего́дня по телеви́зору, по девя́той програ́мме, передава́ли но́вый   фильм (/спорти́вные соревнова́ния).
Today they showed a new movie (/a sports competition) on Channel 9.

**передава́ть (по + D), что . . .** to announce (on sth) that . . .
■ По телеви́зору передава́ли, что за́втра бу́дет снегопа́д.
On TV they announced that there would be a snowstorm tomorrow.

**переезжа́ть 1.** *imp* /**перее́хать** *pf* (A)/(**через + A**)—(**на + P**) to cross sth by/in/on sth (a vehicle)
■ Я перее́ду че́рез грани́цу на по́езде.
I'll cross the border by train.
■ Мы перезжа́ем (че́рез) ре́ку на паро́ме (/на ло́дке).
We cross the river on a ferry (/in a boat).

**(через + A)—(на + P)** to cross (on) sth to some place
■ Мы перее́дем че́рез ре́ку на восто́чный бе́рег.
We'll cross the river to the eastern bank.
■ Она́ перее́хала че́рез мост на другу́ю сто́рону реки́.
She crossed over the bridge to the other side of the river.

**переезжа́ть 2.** *imp* /**перее́хать** *pf* (**в, на + P**)/(**к + D**) to move to some place/sb's
■ Говоря́т, ты переезжа́ешь на но́вую кварти́ру (/в Калифо́рнию).
They say you're moving to a new apartment (/California).
■ На сле́дующей неде́ле я перее́ду к му́жу (/к роди́телям).
Next week I'll move to my husband's (/parents').

**(из, с + G)—(в, на + A)** to move from one place to another
■ Когда́ вы перее́хали из Евро́пы в Аме́рику?
When did you move from Europe to America?
■ Мой брат переезжа́ет с э́той у́лицы на сосе́днюю.
My brother is moving from this street to the next.

**(от + G)—(к + D)** to move from sb's to sb's
■ Когда́ я женю́сь, я перее́ду от ма́тери к жене́.
When I get married, I'll move from my mother's (house) to my wife's.

**переноси́ть 1.** *imp* /**перенести́** *pf* (A)—(из, с + G)—(в, на + A) to carry, move, bring sb/sth (over) from one place to another
■ Когда́ ты перенесёшь кни́ги из коридо́ра в гости́ную?
When will you bring the books over from the hallway to the living room?

■ Он перенёс чемода́ны из стенно́го шка́фа в кладову́ю.
He moved (carried) the suitcases from the closet to the locker.

■ Не переноси́ докуме́нты с ме́ста на ме́сто, потеря́ются.
Don't carry documents from place to place; they'll get lost.

**переноси́ть 2.** *imp* /**перенести́** *pf* (A)—(из + G)—(в + A) to move sth from some place to another

■ Пётр Пе́рвый перенёс столи́цу Росси́и из Москвы́ в Са́нкт-Петербу́рг.
Peter the Great moved the capital of Russia from Moscow to St. Petersburg.

**переноси́ть 3.** *imp* /**перенести́** *pf* (A)—(на + A) to put off, postpone sth to/until some time

■ Не переноси́те э́тот экза́мен на друго́е вре́мя.
Don't put this examination off to some other time.

■ Я перенесу́ свой о́тпуск на зи́му.
I'll put off my vacation until the winter.

■ Почему́ спекта́кль перено́сят на сле́дующий ме́сяц?
Why are they postponing the performance until next month?

   **(A)—(с + G)—(на + A)** to postpone sth from one time to another
■ Мы перенесём собра́ние с понеде́льника на вто́рник.
We'll postpone the meeting from Monday to Tuesday.

**перепи́сывать** *imp* /**переписа́ть** *pf* (A)—(из, с + G)—(в, на + A) to copy sth from one place to another

■ Я перепишу́ интере́сные цыта́ты из кни́ги в записну́ю кни́жку.
I'll copy some interesting quotations from the book into my notebook.

■ Ты переписа́л дома́шнее зада́ние с доски́ в тетра́дь?
Did you copy the homework from the board into your notebook?

**перепи́сываться** *imp* (с + I) to correspond with sb
■ Мы с ним давно́ перепи́сываемся.
We have been corresponding with him for a long time.

■ Я не́сколько лет перепи́сывался с мои́м двою́родным бра́том (/с мои́м ру́сским дру́гом).
For some years I corresponded with my cousin (/my Russian friend).

**перестава́ть** *imp* /**переста́ть** *pf* (inf) to stop doing sth
■ Он переста́л писа́ть стихи́ (/сочиня́ть му́зыку), когда́ ему́ бы́ло восемна́дцать лет.
He stopped writing poems (/composing music) when he was eighteen.

- Переста́ньте шуме́ть.
  Stop making noise.
- Я сове́тую тебе́ переста́ть кури́ть (/смотре́ть фи́льмы у́жаса).
  I recommend that you stop smoking (/watching horror movies).
- Она́ никогда́ не перестава́ла петь пе́сни (/ра́доваться жи́зни).
  She never stopped singing (/enjoying life).

**переходи́ть 1.** *imp* /**перейти́** *pf* (**A**)/(**через + A**) to go, walk across, cross sth
- Я перейду́ у́лицу, пройду́ два кварта́ла и перейду́ че́рез мост.
  I'll go across the street, walk two blocks, and cross the bridge.
- Как тебе́ удало́сь перейти́ грани́цу без ви́зы?
  How did you manage to cross the border without a visa?

   (**в, на + A**) to go across to some place
- Мы перешли́ на терра́ссу (/в гости́ную), где был по́дан чай.
  We went across to the terrace (/living room), where tea was served.

   (**из, с + G**)—(**в, на + A**) to walk, cross from some place to another
- Го́сти перехо́дят из до́ма в сад.
  The guests walk from the house to the garden.
- Он перешёл с со́лнечной стороны́ у́лицы на теневу́ю.
  He crossed (*or* walked) from the sunny side of the street to the shady side.

   (**от + G**)—(**к + D**) to walk (over) from sth to sth; to pass from sb to sb
- Он перешёл от окна́ к две́ри.
  He walked over from the window to the door.
- Э́та профе́ссия перехо́дит от отца́ к сы́ну.
  This profession passes from father to son.

**переходи́ть 2.** *imp* /**перейти́** *pf* (**в, на + A**) to transfer to another place (of work, study, etc.)
- Мой оте́ц перехо́дит на но́вую до́лжность (/на другу́ю рабо́ту).
  My father is transferring to a new position (/another job).
- Че́рез неде́лю я перейду́ в друго́й отде́л.
  In a week I'll transfer to another department.
- Я перехожу́ в друго́й университе́т (/на друго́й факульте́т).
  I'm transferring to another university (/to a different department).

   (**из, с + G**)—(**в, на + A**) to transfer from one place (of work, study, etc.) to another
- Я перехожу́ из Йе́льского университе́та в Га́рвард.
  I'm transferring from Yale University to Harvard.

- Он перешёл с истори́ческого факульте́та на математи́ческий.
  He transferred from the history department to the math department.

  **переходи́ть/перейти́ (inf)** to transfer, move to some other place to do sth
- Я перехожу́ рабо́тать в другу́ю фи́рму (/на друго́й заво́д).
  I'm moving (or transferring) to another firm (/another plant) to work (there).

**петь** *imp* **(A)—(о + P)** to sing sth about sth

- Она поёт пе́сни о любви́ (/о сча́стье/о свое́й ро́дине).
  She sings songs about love (/happiness/her country).

- Не пой при мне э́ти гру́стные пе́сни о страда́ниях и несча́стьях.
  Please don't sing these sad songs about suffering and misfortune around me.

  **(A)—(в, на + A)** to sing sth in some place
- На ко́нкурсе (/на фестива́ле) он пел рома́нсы и а́рии из о́пер.
  He sang romances and arias from operas at the competition (/festival).

- Мари́я пе́ла свои́ пе́сни почти́ во всех конце́ртных за́лах Аме́рики.
  Maria sang her songs in almost every concert hall in America.

  **(I)** to be or have (a kind of voice)
- Ни́на поёт высо́ким и́ли ни́зким го́лосом?
  Does Nina have (*lit.* sing in) a high or low voice?

- Э́тот певе́ц поёт барито́ном.
  This singer is (*lit.* sings with) a baritone.

  **(под + A)** to sing sth to (the accompaniment of) sth
- Он пел под аккомпаниме́нт гита́ры (под гита́ру).
  He sang to (the accompaniment of) a guitar.

**печа́тать 1.** *imp* **/напеча́тать** *pf* **(A)—(в, на + P)** to print sth on sth/in some place
- Типогра́фия печа́тает ка́рты (/иллюстра́ции) на лу́чшей бума́ге и на совреме́нных маши́нах.
  The printer prints maps (/illustrations) on better paper and on modern machines.

- В како́й типогра́фии (/стране́) напеча́тали э́ту энциклопе́дию?
  At which printer (/in what country) was this encyclopedia printed?

- Ру́сские кни́ги печа́тают в Росси́и и та́кже в Аме́рике.
  Russian books are printed in Russia and in America, too.

**печа́тать 2.** *imp* **/напеча́тать** *pf* **(A)—(на + P)** to type sth on sth
- На како́й пи́шущей маши́нке (/на како́м компью́тере) ты печа́таешь свои́ рабо́ты?
  What typewriter (/computer) do you type your papers on?

■ Мо́жно, я напеча́таю ва́шу статью́ на э́той бума́ге?
May I type your article on this paper?

(A)—(в + P) to type sth of sth (number of copies)
■ Она́ напеча́тает ва́ше заявле́ние в двух экземпля́рах.
She'll type two copies of your application.

**печа́тать 3.** *imp* /**напеча́тать** *pf* (A)—(в + P) to publish sth in/with sth
■ Я наде́юсь напеча́тать мою́ но́вую кни́гу в э́том изда́тельстве.
I hope to publish my new book with this publisher.

■ Он собира́ется напеча́тать свой расска́з (/о́черк/стихи́) в городско́й газе́те
или в како́м-либо журна́ле.
He intends to publish his story (/essay/poems) in the city newspaper or some
magazine.

**писа́ть 1.** *imp* /**написа́ть** *pf* (A) to write sth
■ Он ме́дленно пи́шет бу́квы алфави́та.
He slowly writes the letters of the alphabet.

■ Ты уже́ написа́л письмо́ сестре́?
Have you already written the letter to your sister?

(A)—(I) to write sth with/in sth
■ Ты мо́жешь написа́ть э́то сло́во загла́вными бу́квами?
Can you write this word in capital letters?

■ Я напишу́ объявле́ние цветны́ми карандаша́ми (/кра́сными черни́лами).
I'll write the ad with colored pencil (/in red ink).

(в, на + P) to write in/on sth
■ Я обы́чно пишу́ в тетра́ди, а не в блокно́те.
I usually write in a composition book rather than on a notepad.

■ Не пиши́ на поля́х (/на столе́).
Don't write in the margins (/on the desk).

(I)—(в, на + P) to write with (*i.e.*, use to write) sth, during sth, in some place
■ На заня́тиях (/в кла́ссе) я пишу́ ру́чкой, не карандашо́м
During lessons (/in class) I write with a pen, not a pencil.

**писа́ть 2.** *imp* /**написа́ть** *pf* (A)—(в + P) to write, put sth in some part of sth (a
word)
■ Каку́ю бу́кву ты написа́л в нача́ле сло́ва?
What letter did you put (*lit.* write) at the beginning of the word?

**(A)—(через + A)** to write sth (a word or part of it) with sth

- Э́то сло́во на́до писа́ть че́рез два с (/че́рез дефи́с).
One must write this word with two s's (/a hyphen).

- Пе́ред гла́сными мы пи́шем э́ту приста́вку че́рез з.
We write this prefix with a "z" before vowels.

**(A)—(adv)** to write sth (a word) in some way

- Сло́во *заграни́ца* мы пи́шем сли́тно, а *за грани́цей* мы пи́шем разде́льно.
We write the word *zagranitsa* as one word, but we write *za granitsei* as two words (separately).

**писа́ть 3.** *imp* /**написа́ть** *pf* **(A)—(D)** to write sth to sb

- Я пишу́ письмо́ дру́гу (/роди́телям/Ни́не).
I'm writing a letter to my friend (/parents/Nina).

- Он написа́л мне запи́ску, но я её не получи́л.
He wrote me a note, but I never got it.

**(D)—(из, с + G)** to write (to) sb from some place

- Он нам писа́л из всех городо́в, кото́рые он проезжа́л.
He wrote to us from all the cities that he passed through.

- Она́ тебе́ написа́ла с Аля́ски?
Did she write you from Alaska?

**(D)—(в + P)—(о + P)** to write to sb in sth about sth

- Мой друг написа́л мне в запи́ске о своём прие́зде в Нью-Йо́рк.
My friend wrote me in a note that he was coming to New York.

**писа́ть/написа́ть (D), что** . . . to write to sb that . . .

- Мне писа́ли (написа́ли), что мой брат прие́дет сюда́ че́рез неде́лю.
They wrote (to tell) me that my brother will arrive in a week.

**писа́ть 4.** *imp* /**написа́ть** *pf* **(A)** to work on, write, compose sth

- Он пи́шет диссерта́цию (/статью́/но́вый рома́н).
He's working on a dissertation (/an article/a new novel).

- Мой друг написа́л реце́нзию на э́тот фильм.
My friend wrote a review of this film.

- Э́тот компози́тор пи́шет о́перы и рома́нсы.
This composer composes operas and romances.

**(A)—(для + G)** to write, compose sth for sb/sth

- Ма́рков ра́ньше никогда́ не писа́л для э́того журна́ла.
Markov never used to write for this magazine.

- Я пишу́ расска́зы для дете́й (/для молодёжи).
  I write short stories for children (/for young people).
- Он пи́шет му́зыку для кино́ и теа́тра.
  He composes music for movies and the theater.

**писа́ть 5.** *imp* /**написа́ть** *pf* (A)—(I) to paint sth in sth
- Худо́жник пи́шет портре́т ма́слом.
  The artist is painting the portrait in oils.
- Каки́ми кра́сками ты написа́л э́тот пейза́ж?
  What colors did you paint this landscape in?

**пить 1.** *imp* /**вы́пить** *pf* (A) to drink sth
- Я не пью во́дку, я пью то́лько вино́.
  I don't drink vodka; (I drink) only wine.

    (A)—(G) to drink sth of sth
- Вы́пей бока́л вина́ (/стака́н молока́/ча́шку ча́я).
  Drink a glass of wine (/a glass of milk/a cup of tea).
- Ско́лько кру́жек пи́ва ты вы́пил сего́дня?
  How many beers (mugs of beer) did you drink today?
- Наде́юсь, вы не вы́пьете сра́зу всю буты́лку вина́.
  I hope you won't drink the whole bottle of wine at once.

    (A)—(из + G) to drink sth out of/in sth
- В Росси́и лю́бят пить чай из стака́нов, а ко́фе пьют из ча́шек.
  In Russia they like to drink tea out of glasses and coffee in cups.

**пить 2.** *imp* /**вы́пить** *pf* (с + I) to drink alcohol with sb
- Он никогда́ не пьёт оди́н, всегда́ (пьёт) с прия́телями (/с друзья́ми).
  He never drinks (alcohol) alone, always with pals (/friends).

    (у + G)(в + P) to drink alcohol at sb's/in some place
- Я вчера́ немно́го вы́пил у друзе́й (/в рестора́не).
  Yesterday I had a little to drink (drank a little) at my friend's (/in a restaurant).

    (за + A) to drink in honor of sb/to sth (desirable)
- Мы пьём за на́ших дороги́х госте́й.
  We drink in honor of our dear guests.
- Вы́пьем за здоро́вье имени́нника (/за успе́х на́шего де́ла).
  Let's drink to the health of the birthday boy (/success of our enterprise).

**пла́вать 1.** *imp indef* **(в + P)** to swim in some place

- Я бо́льше люблю́ пла́вать в мо́ре, чем в реке́.
  I prefer to swim in the sea rather than the river.

- Ка́ждую пя́тницу мы пла́ваем в бассе́йне.
  Every Friday we swim in the (swimming) pool.

- В э́том мо́ре пла́вают аку́лы и киты́.
  There are sharks and whales swimming in this sea.

   **(в, на + A)** to sail, swim to some place

- Э́тот парохо́д пла́вает в Евро́пу.
  This ship sails to Europe.

- Он пла́вал на сосе́дний о́стров и обра́тно ка́ждый день.
  He swam to the nearby island and back every day.

   **(по + D)** to navigate, sail in sth

- По Миссиси́пи ещё пла́вают ста́рые парохо́ды.
  Old steamers still navigate the Mississippi River.

- Ле́том я́хты пла́вали по зали́ву, а тепе́рь, зимо́й, не пла́вают.
  In summer yachts sailed in the bay; but they don't now, in the winter.

**пла́вать 2.** *imp indef* **(на + P)** to sail on sth (boat, vessel)

- Про́шлым ле́том мой брат ча́сто пла́вал на я́хте (/на ло́дке).
  Last summer my brother often sailed on a yacht (/a boat).

- Я люблю́ пла́вать на парохо́де.
  I like sailing on a steamship.

   **(на + P)—(по + D)** to sail sth along/on sth

- Ты когда́-нибудь пла́вала на парохо́де по реке́ (/по мо́рю)?
  Have you ever sailed in a ship along the river (/on the sea)?

   **(на + P)—(в, на + A)** to sail, go on sth (a vessel) to some place

- Ка́ждый год она́ пла́вает на парохо́де на Гава́йи или в Евро́пу.
  Every year she sails (on a ship) to Hawaii or Europe.

- Я никогда́ не пла́вал на плоту́ в верхо́вья Миссиси́пи.
  I've never been (sailed) to the upper Mississippi on a raft.

**пла́кать** *imp* **(от + G)** to cry from/for sth

- Я ре́дко пла́чу от оби́ды (/от бо́ли), но иногда́ пла́чу от ра́дости.
  I rarely cry from an insult (/pain), but I sometimes cry for joy.

**плати́ть** *imp* /**заплати́ть** *pf* (A) to pay sth

- Ива́н обеща́л, что запла́тит все долги́ в январе́.

  Ivan promised to pay all his debts in January.

- Ты уже́ заплати́л штраф (/нало́ги)?

  Have you already paid the fine (/taxes)?

- Когда́ вам пла́тят зарпла́ту?

  When do you get your paycheck (*lit.* they pay your wages)?

### (A)—(за + A) to pay sth for sb/sth

- Я плачу́ (де́ньги) за кварти́ру (/за электри́чество) в нача́ле ме́сяца.

  I pay for the apartment (/electricity) at the beginning of the month.

- Ско́лько (до́лларов) ты заплати́л за обе́д (/за все поку́пки)?

  How much (*lit.* how many dollars) did you pay for dinner (/all your purchases)?

- Я заплачу́ за всю гру́ппу (/за всех/за на́шего го́стя).

  I'll pay for the whole group (/everybody/our guest).

### (за + A)—(I)/(по + D) to pay for sth with sth/in some way

- —Каки́ми деньга́ми он заплати́л вам? —Он заплати́л до́лларами.

  "What currency (money) did he pay you in?"—"He paid in dollars."

- Ты бу́дешь плати́ть за ме́бель нали́чными или по креди́тной ка́рточке?

  Will you pay for the furniture in cash or with a credit card?

### (A)—(D) to pay, repay sth to sb/sth

- Америка́нцы пла́тят нало́ги федера́льному прави́тельству.

  Americans pay taxes to the federal government.

- Она́ заплати́ла штраф контролёру.

  She paid the fine to the inspector.

- Я до́лжен заплати́ть долги́ ра́зным лю́дям.

  I have debts to repay to various people.

### (A)—(D)—(за + A) to pay sth to sb for sth

- Я заплачу́ ему́ сто до́лларов за рабо́ту (/за его́ услу́ги).

  I'll pay him a hundred dollars for the work (/his services).

### (A)—(в + A) to pay sth to some place

- Залати́те (де́ньги) в ка́ссу (/в банк).

  Pay (the money) at the checkout (to the cashier) (/to the bank).

### *idiom* (D)—(I) to reward (*i.e.*, repay) sb with sth (abstract)

- Де́ти пла́тят роди́телям уваже́нием.

  Children reward their parents with respect.

■ Он меня лю́бит; я плачу́ ему́ взаи́мностью.

He loves me, and I reciprocate his feelings (*lit.* I repay him with reciprocity).

*idiom* (**D**)—(**за** + **A**)—(**I**) to repay sb for sth with sth (abstract)

■ Я заплати́л ему́ услу́гой за услу́гу.

I repaid him for his service with my own (my service).

**плыть 1.** *imp def* (**к** + **D**)/(**в, на** + **A**) to swim, sail to/toward sb/sth

■ Я плыл к о́строву, когда́ уви́дел ло́дку, кото́рая плыла́ ко мне.

I was swimming to the island when I saw a boat sailing toward me.

■ Э́тот теплохо́д плывёт на се́вер, в Сан-Франци́ско.

This steamer is sailing north to San Francisco.

(**из, с, от** + **G**)—(**в, на** + **A**)/(**к** + **G**) to swim, sail (navigate) from some place to some place

■ От о́строва к бе́регу плыть о́чень далеко́.

It's a long swim from the island to shore.

■ Парохо́д плывёт из Сан-Франци́ско на Аля́ску не́сколько дней.

The ship takes several days to sail from San Francisco to Alaska.

■ С ю́га в наш порт плывёт це́лая флоти́лия.

An entire flotilla is sailing from the South to our port.

(**в** + **P**) to swim in sth

■ Когда́ я плыву́ в мо́ре, я не устаю́. В реке́ плыть трудне́е.

When I swim in the sea, I don't get tired. Swimming in a river is harder.

(**по** + **D**) to sail down/on sth

■ Смотри́, по кана́лу (/по реке́/по о́зеру) плывёт больша́я я́хта.

Look, a big yacht is sailing down the canal (/river/lake).

(**вдоль** + **G**) to swim, sail along(side) (parallel to) sth

■ Я до́лго плыл вдоль бе́рега.

I swam along (*or* parallel to) the beach for a long time.

■ Почему́ парохо́д (/ло́дка) плывёт всё вре́мя вдоль о́строва?

Why does the steamer (/boat) keep sailing alongside the island?

(**на** + **P**)/(**I**) to swim in some manner (style)

■ Оди́н спотрсме́н плывёт на боку́ (/на спине́), а все други́е плыву́т кро́лем (/бра́ссом).

One athlete is swimming sidestroke (/backstroke), but the rest are doing the crawl (/breast stroke).

**плыть 2.** *imp def* (**по** + **D**)—(**на** + **P**) to go down sth/be (out) sailing on sth in/by sth (a vessel)

- Мы плывём по реке́ на ло́дке (/на плоту́/на парохо́де).
  We go down the river in a boat (/on the ferry/by steamer).

- Тебе́ не стра́шно бы́ло плыть по мо́рю на па́русной ло́дке?
  Weren't you afraid to be out (sailing) at sea in a sailboat?

(**в** + **P**)—(**к** + **D**) to sail in sth (a boat) to/toward some place

- Мы плывём на ло́дке к мосту́ (/к бе́регу/к о́строву).
  We are sailing in a boat to (toward) the bridge (/shore/island).

(**на** + **P**)—(**в, на** + **A**) to sail on sth to some place

- Мы плы́ли в Сан-Франци́ско (/на Аля́ску) на парохо́де.
  We were sailing (on a ship) to San Francisco (/Alaska).

(**на** + **P**)—(**из, с** + **G**)—(**в, на** + **A**) to sail on board sth/go by/take sth (a vessel) from some place to some place

- Они́ плы́ли на парохо́де из Австра́лии в Лос-А́нджелес.
  They sailed (*or* went) on a ship from Australia to Los Angeles.

- Мы бу́дем плыть с о́строва на при́стань на э́том плоту́.
  We will take (*or* go by) the ferry from the island to the pier.

**побежда́ть 1.** *imp* /**победи́ть** *pf* (**A**)—(**в, на** + **P**) to beat, defeat sb in sth (sport competition, game, etc.)

- Он победи́л Ива́на (/э́того шахмати́ста/боксёра) в фина́льном ма́тче.
  He defeated Ivan (/this chessplayer/the boxer) in the final match.

- Мы победи́м э́ту кома́нду на чемпиона́те.
  We'll beat that team in the championship.

**побежда́ть 2.** *imp* /**победи́ть** *pf* (**в, на** + **P**) to defeat sb/sth in sth (elections, power struggle, etc.)

- На после́дних президе́нтских вы́борах демократи́ческая па́ртия победи́ла республика́нцев.
  In the last presidential elections the Democratic Party defeated the Republicans.

- Мно́гие опаса́ются, что в борьбе́ за власть в Росси́и консерва́торы победя́т либера́лов.
  Many people are concerned that the conservatives will defeat the liberals in the power struggle in Russia.

**побыва́ть** *pf* (**в, на** + **P**)/(**за** + **I**) to be in, go to, visit some place

- В про́шлом году́ он побыва́л в Испа́нии и Португа́лии.
  Last year he visited Spain and Portugal.

- Мы побыва́ли на одно́м из её конце́ртов (/на ва́шей вы́ставке).
  We've been to one of her concerts (/your exhibition).

- Он о́чень измени́лся с тех пор, как он побыва́л за грани́цей.
  He has changed a lot since he went abroad.

- Наде́юсь, что до отъе́зда я побыва́ю в одно́м из теа́тров на Бродве́е.
  I hope that before I leave I can visit one of the Broadway theaters.

   **(у + G)** to go (be) to sb's; to visit sb

- Я уже́ побыва́л у врача́ (/у специали́ста/у адвока́та).
  I've already been to the doctor (/specialist/lawyer).

- Мы побыва́ли в гостя́х у Петро́ва и познако́мились со всей семьёй.
  We visited the Petrovs and met the whole family.

**пове́рить 1.** *pf* **(D)** to trust sb/sth

- Мы пове́рили ему́ (/ва́шей интуи́ции и о́пыту).
  We trusted him (/your intuition and expertise).

   *idiom* **(D)** (свои́м глаза́м/свои́м уша́м) not to be able to believe sth (one's eyes, ears)

- Я не пове́рил свои́м глаза́м, когда́ я уви́дел его́ в Босто́не.
  I couldn't believe my eyes when I saw him in Boston.

- Он не пове́рил свои́м уша́м, когда́ он услы́шал э́ту исто́рию.
  He couldn't believe his ears when he heard this story.

**пове́рить 2.** *pf* **(D)** to believe sb/sth

- Едва́ ли я пове́рю ва́шим слова́м. Тру́дно пове́рить тако́му челове́ку как вы.
  I'm hardly likely to believe what you say (your words). It's difficult to believe someone like you.

- Наде́юсь, вы пове́рили на́шему расска́зу.
  I hope you believed our story.

   **пове́рить тому́, что . . .** to believe what . . .

- Все пове́рили тому́, что он расска́зывал.
  Everybody believed the story (*lit.* what) he told.

**пове́рить 3.** *pf* **(в + A)** to have faith in sth; to believe in sb/sth

- Они́ пове́рили в э́ти иде́и (/в э́то уче́ние).
  They have faith in these ideas (/this doctrine).

- Мы пове́рили в вас (/в ва́шу че́стность), а вы подвели́ нас.
  We believed in you (/your honesty), and you betrayed us.

**пове́рить (в то), что** ... to be convinced that ...

■ Мы пове́рили (в то), что э́то де́ло пра́вое.
  We became convinced that this was a righteous cause.

**повора́чивать 1.** *imp* /**поверну́ть** *pf* (A)—(к + D) to turn sth to/toward sb/sth

■ Он поверну́л кран (/ру́чку две́ри) к стене́.
  He turned the faucet (/doorknob) toward the wall.

■ Не повора́чивайте телеви́зор к окну́, ничего́ не ви́дно.
  Don't turn the TV set toward the window; you can't see anything.

  **(на + A)** to turn sb on sth

■ Пожа́луйста, поверни́те больно́го на́ бок (/на живо́т/на́ спину).
  Please turn the patient on his side (/stomach/back).

**повора́чивать 2.** *imp* /**поверну́ть** *pf* (в, на + A)/(к + D) to turn (while moving) (on/in)to/toward sth

■ Мы дохо́дим до доро́ги и повора́чиваем в дере́вню (к дере́вне).
  We reach the road and turn toward the village.

■ Он поверну́л нале́во в переу́лок (/к магази́ну).
  He turned left into an alley (/toward the store).

■ Дава́й повернём на э́тот бульва́р (/на э́тот проспе́кт).
  Let's turn onto this boulevard (/avenue).

  **(за + A)** to turn (while moving) (around) sth

■ Мы дое́хали до светофо́ра и поверну́ли за́ угол.
  We drove up to the light and turned the corner.

  **(A)—(в, на + A)/(к + D)** to turn a vehicle/vessel in some direction

■ Капита́н поверну́л кора́бль на юг (/в га́вань).
  The captain turned the ship south (/to the harbor).

■ Почему́ ты поверну́л маши́ну нале́во, к пло́щади (/к го́роду)?
  Why did you turn (the car) left into the square (/toward the city)?

**повора́чиваться** *imp* /**поверну́ться** *pf* (к + D)—(I) to turn sb's sth to sb/sth

■ Что́бы лу́чше ви́деть, он повора́чивается лицо́м к окну́ (/к све́ту).
  He turns (his face) toward the window (/light) to see better.

■ Она́ поверну́лась (лицо́м) к сосе́ду и что́-то сказа́ла ему́.
  She turned (her face) to her neighbor and said something.

  **(с + G)—(на + A)** to turn onto sth/from sth onto sth

■ Ма́льчик поверну́лся на́ спину (/с живота́ на́ бок) и засну́л.
  The boy turned onto his back (/from his stomach to his side) and fell asleep.

**повторя́ть 1.** *imp* /**повтори́ть** *pf* (A) to repeat sth

- Она́ всё вре́мя повторя́ет э́ту мело́дию (/э́то движе́ние).
  She repeats this tune (/movement) all the time.

- Наде́юсь, ты бо́льше не повтори́шь э́ту оши́бку.
  I hope you won't repeat this mistake.

    (A)—(D) to repeat sth to sb

- Учи́тель повтори́л ученика́м вопро́с (/объясне́ние).
  The teacher repeated his question (/his explanation) to the students.

- Ма́тери уже́ надое́ло повторя́ть сы́ну одно́ и то́ же ка́ждый день.
  Mother is sick of repeating the same thing to her son every day.

    **повторя́ть (D), что (что́бы)** . . . to repeat, tell that . . .

- Я тебе́ мно́го раз повторя́ла, что ты до́лжен ложи́ться (/что́бы ты ложи́лся)
  спать не по́зже девяти́ ве́чера.
  I've told you many times that you must go to bed (/should go to bed) no later than
  nine p.m.

**повторя́ть 2.** *imp* /**повтори́ть** *pf* (A)—(к + D)/(пе́ред + I) to rehearse, review sth
for/before sth

- Ты повтори́шь пе́ред конце́ртом все свои́ пье́сы (/слова́ пе́сни/)?
  Will you rehearse all your pieces (/lyrics) before the concert?

- К экза́мену я повтори́л все теоре́мы (/зада́чи/пра́вила).
  For the test I reviewed all the theorems (/problems/rules).

**погиба́ть** *imp* /**поги́бнуть** *pf* (в, на + P) to be killed in sth

- Его́ оте́ц поги́б в авиацио́нной катастро́фе (/в бою́/на фро́нте).
  His father was killed in a plane crash (/in battle/at the front).

    (от + G) to perish from, be killed by, die from/of sth

- Опаса́ются, что урожа́й поги́бнет от за́сухи (/от моро́за).
  They're concerned that this year the crops will be killed by drought (/frost).

- Во вре́мя войны́ мно́го люде́й поги́бло от го́лода или от недоеда́ния.
  During the war many people died of (*or* perished from) starvation or malnutrition.

**подава́ть 1.** *imp* /**пода́ть** *pf* (A) to serve, put out sth

- Она́ обы́чно подаёт за́втрак о́коло девяти́ часо́в.
  She usually serves breakfast at about nine o'clock.

- Ты пода́шь обе́д (/еду́/напи́тки) или мне подава́ть?
  Will you serve dinner (/the food/the drinks), or shall I (serve)?

- Мы уже́ по́дали прибо́ры (/таре́лки/рю́мки/салфе́тки).
  We've already put out the silverware (/plates/wineglasses/napkins).

### (A)—(на + A) to serve sth for sth (a meal)

- На обе́д я пода́м суп, ры́бу и о́вощи.
  For dinner I'll serve soup, fish, and vegetables.

- Что там подава́ли на за́втрак (/на пе́рвое/на второ́е/на десе́рт)?
  What did they serve there for breakfast (/the first course/the main course/dessert)?

- Не подава́й на второ́й за́втрак мя́со, лу́чше пода́й ола́дьи.
  Don't serve meat for lunch; Russian pancakes would be better (*lit.* rather serve Russian pancakes).

### (A)—(D) to help sb with sth; to hand, pass sth to sb

- Пода́й мне, пожа́луйста, мои́ ту́фли (/полоте́нце/мой портфе́ль).
  Please pass me my shoes (/a towel/my schoolbag).

- Хозя́йка подала́ го́стю стака́н воды́ (/ко́фе/пече́нье/оре́хи).
  The hostess handed her guest a glass of water (/coffee/cookies/nuts).

- Ива́н всегда́ подаёт жене́ пальто́. (*idiom*)
  Ivan always helps his wife on with her coat.

### (A)—(D)—(из, с + G) to hand sth to sb from some place

- Я пода́м тебе́ кни́гу с ве́рхней по́лки (/шля́пу из шка́фа).
  I'll hand you the book from the top shelf (/your hat from the closet).

**подава́ть 2.** *imp* /**пода́ть** *pf* (A)—(D) to submit sth to sb
- Я пода́м дека́ну (/дире́ктору ба́нка) заявле́ние на рабо́ту.
  I'll submit an application for a job to the dean (/director of the bank).

**подбира́ть 1.** *imp* /**подобра́ть** *pf* (A)—(с + G) to pick up sth off/from sth
- Подбери́ с по́ла бума́жки (/му́сор/карандаши́/свои́ ве́щи).
  Pick up the pieces of paper (trash/pencils/your things) off the floor.

- Я подобра́л с земли́ спе́лое я́блоко.
  I picked up a ripe apple from the ground.

### (A)—(в, на + P)/(у + G) to pick up sth in sth

- Он подобра́л э́тот ключ (/кошелёк/де́ньги/часы́) на у́лице.
  He picked up this key (/wallet/money/watch) in the street.

- Я подберу́ все сухи́е ве́тки в саду́ и во дворе́.
  I'll pick up all the dry sticks in the garden and the yard.

**подбира́ть 2.** *imp* /**подобра́ть** *pf* (A)—(D) to select sth for sb

- Продаве́ц подбира́ет покупа́тельнице ту́фли (/шля́пу).
  The salesman selects shoes (/a hat) for his lady client.

   (A)—(для + G) to select, choose sb/sth for sb/sth

- Он подбира́ет актёров (/худо́жников/опера́торов) для своего́ но́вого фи́льма.
  He's selecting the actors (/designers/cameramen) for his new movie.

- Я подобра́л хоро́ший пода́рок для мое́й прия́тельницы.
  I chose a nice present for my girlfriend.

**подводи́ть 1.** *imp* /**подвести́** *pf* (A)—(к + D) to take, lead sb to sth

- Она́ подвела́ сы́на к ка́рте (/к своему́ столу́).
  She took her son over to the map (/her desk).

- Ва́ши иде́и подвели́ меня́ к э́той мы́сли (/к э́тому вы́воду).
  Your ideas led me to this notion (/conclusion).

**подводи́ть 2.** *imp* /**подвести́** *pf* (A) *colloq* to let sb down

- Я тебя́ не подведу́, не беспоко́йся.
  Don't worry; I won't let you down.

   (A)—(I) *colloq* to let sb down with sb's sth

- Она́ опя́ть подвела́ нас свои́м поведе́нием (/свое́й болтовнёй).
  She let us down again with her behavior (/chatter).

**подвози́ть** *imp* /**подвезти́** *pf* (A)—(к + D)/(на + A) to drive, take, get, bring (in a vehicle) sb/sth to sth/some place

- Ка́ждое у́тро я подвожу́ жену́ к по́езду.
  Every morning I drive (take) my wife to the train (by car).

- Он подвёз мой бага́ж (/чемода́ны) на ста́нцию.
  He brought (in his car) my luggage (/suitcases) to the railroad station.

- Вы не опозда́ете; я вас подвезу́ к университе́ту за де́сять мину́т.
  You won't be late; I'll get you to the university in ten minutes.

**подде́рживать 1.** *imp* /**поддержа́ть** *pf* (A)—(за, под + A) to support, hold sb by/under sth

- Де́вушка чуть не упа́ла, но Ива́н поддержа́л её за ло́коть.
  The young girl nearly fell, but Ivan held her up by her elbow.

- Ско́льзко; я поддержу́ вас под ру́ку.
  It's slippery; let me take your arm (*lit.* I'll support you under your arm).

**подде́рживать 2.** *imp* /**поддержа́ть** *pf* (A)—(I) to help, encourage sb with sth
- Я всегда́ вас поддержу́ деньга́ми.

  I'll always help you with money.
- Он нас подде́рживал свои́ми сове́тами и до́брыми слова́ми.

  He encouraged us with his advice and kind words.

**подде́рживать 3.** *imp* /**поддержа́ть** *pf* (A) to support, back sb/sth
- Большинство́ прису́тствующих поддержа́ло э́ту кандидату́ру.

  Most of those present supported (*or* backed) this candidacy.
- Мы все подде́рживаем Петро́ва (/на́шего дире́ктора).

  We all support Petrov (/our director).

**подде́рживать 4.** *imp* /**поддержа́ть** *pf* (A)—(с + I) to keep up, maintain sth with sb
- Он уме́ет подде́рживать разгово́р с любы́м челове́ком.

  He can keep up a conversation with anyone.
- Мы ре́дко их ви́дим, но подде́рживаем с ни́ми дру́жбу.

  We don't see them often, but we keep up our friendship.
- Он подде́рживал перепи́ску со свои́м ру́сским дру́гом.

  He maintained a correspondence with his Russian friend.

  (A)—(в, на + A) to maintain sth in some place
- Он подде́рживает чистоту́ и поря́док и в своём до́ме и на рабо́те.

  He maintains cleanliness and order both at home and at work.

**поднима́ть 1.** *imp* /**подня́ть** *pf* (A)—(с + G) to pick up sth from sth
- Она́ подняла́ с по́ла газе́ты (/каранда́ш/ключ).

  She picked up the newspapers (/a pencil/a key) from the floor.
- Не поднима́й грязь с земли́.

  Don't pick up dirt from the ground.

**поднима́ть 2.** *imp* /**подня́ть** *pf* (A) to lift sb/sth
- Танцо́р легко́ поднима́ет свою́ партнёршу.

  The ballet dancer lifts his partner easily.
- Я не подниму́ э́тот чемода́н (/я́щик/ведро́ с водо́й).

  I won't be able to lift this suitcase (/box/bucket of water).

**поднима́ть 3.** *imp* /**подня́ть** *pf* (A)—(на + A)—(на + P) to bring up sth to sth in sth
- Я подниму́ ва́ши ве́щи (/чемода́ны/роя́ль/шкаф) на тре́тий эта́ж на ли́фте.

  I'll bring your things (/suitcases/the piano/the cupboard) up to the third floor in the elevator.

**поднима́ть 4.** *imp* /**подня́ть** *pf* (**A**) to raise, turn up sth

- Вы не зна́ете, почему́ поднима́ют кры́шку роя́ля (/мост)?
  Don't you know why they're raising the piano lid (/bridge)?

- Бы́ло хо́лодно, и он по́днял воротни́к пальто́.
  It was cold, and he turned up the collar of his coat.

**поднима́ться 1.** *imp* /**подня́ться** *pf* (**на + P**) to go up in sth

- Мы подни́мемся на ли́фте (/на вертолёте/на возду́шном ша́ре).
  We'll go up in the elevator (/helicopter/balloon).

  (**в, на + A**) to go up in/to sth

- Мы не́сколько раз поднима́лись в во́здух (/на э́ту го́ру/на кры́шу).
  We went up in the air (/to this mountaintop/to the roof) several times.

  (**по + D**) to go up sth

- Стари́к ме́дленно поднима́лся по ле́стнице.
  The old man was slowly going up the stairs.

**поднима́ться 2.** *imp* /**подня́ться** *pf* (**с + G**)/(**из-за + G**) to stand up, get up from sth;
*(idiom)* to rise from behind sth

- Он ме́дленно поднима́ется со сту́ла (/с дива́на/с земли́/с по́ла).
  He slowly stands up from his chair (/the couch/the ground/the floor).

- Когда́ я вошла́, го́сти уже́ поднима́лись из-за стола́.
  When I entered, the guests were already getting up from the table.

- Со́лнце подняло́сь из-за горизо́нта.
  The sun rose from below (behind) the horizon.

**подноси́ть** *imp* /**поднести́** *pf* (**A**)—(**к + D**) to bring sth (up) to sth

- Носи́льщик поднёс чемода́ны к по́езду.
  The porter brought the suitcases to the train.

- Не подноси́ кни́гу так бли́зко к глаза́м.
  Don't bring the book up so close to your eyes.

**подозрева́ть** *imp* (**A**)—(**в + P**) to suspect sb of sth

- Мы подозрева́ем его́ во лжи (/в неи́скренности).
  We suspect him of lying (/insincerity).

  **подозрева́ть, что . . .** to suspect, think that . . .

- Мы подозрева́ем, что он не пришёл из-за мете́ли.
  We suspect (or think) that he didn't come because of the blizzard.

**подража́ть** *imp* (**D**) to imitate, copy sb/sth

- Я всегда́ подража́л бра́ту.

  I always copied my brother.

- Дочь подража́ет её похо́дке (/её мане́ре одева́ться).

  The daughter imitates her gait (/style of dressing).

  (**D**)—(в + **P**) to imitate sb in sth

- Он подража́л э́тому арти́сту (/своему́ дру́гу) во всём.

  He imitated that artist (/his friend) in everything.

**подтвержда́ть 1.** *imp* /**подтверди́ть** *pf (3rd person only)* (**A**) to confirm sth

- Экспериме́нты подтверди́ли её гипо́тезу (/ва́шу правоту́).

  The experiments confirmed her hypothesis (/that you're right).

- Тако́е поведе́ние подтвержда́ет на́ши подозре́ния.

  Such behavior confirms our suspicions.

  **подтверди́ть, что** . . . to confirm that . . .

- Она́ подтверди́ла, что собира́ется перее́хать в Кана́ду.

  She confirmed that she intends to move to Canada.

- Я подтвержда́ю, что э́тот перево́д адеква́тен по́длиннику.

  I confirm that this translation is faithful to the original.

**подтвержда́ть 2.** *imp* /**подтверди́ть** *pf* (**A**) to confirm, reaffirm sth

- Он подтверди́л свой прика́з (/своё заявле́ние).

  He confirmed his order (/reaffirmed his statement).

- Я звоню́, что́бы подтверди́ть моё приглаше́ние.

  I'm calling to confirm my invitation.

**подходи́ть 1.** *imp* /**подойти́** *pf* (**к** + **D**) to go, come up to, approach, tackle sb/sth

- Мно́гие лю́ди подходи́ли к ней и благодари́ли её.

  Many people approached and thanked her.

- Я подхожу́ к прохо́жему и спра́шиваю, кото́рый час.

  I go up to a passerby and ask him what time it is.

- Авто́бус подхо́дит к остано́вке (/к светофо́ру/к перекрёстку).

  The bus comes up to the stop (/light/intersection).

- Я подойду́ к дому́ и посмотрю́, како́й там но́мер.

  I'll go up to the house to see what number it is.

- Ты стра́нно подхо́дишь к э́тому вопро́су *(idiomatic)*.

  You approach (*or* tackle) this problem in a strange way.

**подходи́ть 2.** *imp* /**подойти́** *pf* (**D**) to be becoming to sb; to suit sb

- Ей (Ни́не/мое́й ма́тери) о́чень подхо́дит си́ний цвет.
  Blue is very becoming to her (/Nina/my mother).

- Ему́ подошла́ бы така́я соба́ка.
  This dog would suit him.

**подчёркивать 1.** *imp* /**подчеркну́ть** *pf* (**A**) to underline sth

- Почему́ вы подчеркну́ли э́то сло́во (/предложе́ние)?
  Why did you underline this word (/sentence)?

- Я подчеркну́ ва́ши оши́бки и попрошу́ вас испра́вить их.
  I'll underline your mistakes and ask you to correct them.

**подчёркивать 2.** *imp* /**подчеркну́ть** *pf* (**A**) to emphasize sth

- Он всегда́ подчёркивал свою́ любо́вь и уваже́ние к роди́телям.
  He always emphasized his love and respect for his parents.

- Сле́дует подчеркну́ть большу́ю ва́жность э́того откры́тия.
  We must emphasize the great importance of this discovery.

**подъезжа́ть** *imp* /**подъе́хать** *pf* (**к** + **D**) to drive up to sth; (of a vehicle) to approach sth

- Не подъезжа́й сли́шком бли́зко к горя́щему зда́нию.
  Don't drive too close to the burning building.

- Они́ подъе́хали к ста́нции во́время.
  They drove up to the railroad station in time.

- Маши́ны одна́ за друго́й подъезжа́ли ко вхо́ду в конце́ртный зал.
  Cars approached the entrance to the concert hall one after the other.

  *colloq* (**к** + **D**)—(**на** + **P**) to go, ride to sth in/by sth

- Мы подъе́дем к стадио́ну на такси́.
  We'll go to the stadium in a (by) taxi.

**пое́хать** *pf* (**в, на** + **A**) to go (in a vehicle) to some place

- Я пое́ду в университе́т (/в библиоте́ку/в командиро́вку) за́втра.
  I'll go to the university (/the library/on a business trip) tomorrow.

- Мы сего́дня не пое́дем на ры́нок (/на ле́кцию/на стадио́н).
  We won't go to the market (/lecture/stadium) today.

- Ива́на нет до́ма, он пое́хал в го́род (/на заня́тия).
  Ivan isn't home; he's gone to the city (/to his classes).

**(к + D)** to go (in a vehicle) to sb's
- Ты до́лжен как мо́жно скоре́е пое́хать к врачу́ (/к дру́гу).
  You must go to the doctor (/your friend's) as soon as possible.

**(в, на + A)—(на + P)/(I)** to go (in a vehicle) to some place by sth
- Она́ пое́дет в кино́ на маши́не (/на такси́).
  She'll go to the movies by car (/by taxi).
- Сего́дня мы пое́хали на рабо́ту на авто́бусе (авто́бусом).
  Today we went to work by bus.

**(к + D)—(на + P)** to go (in a vehicle) to sb's in sth
- На чём ты пое́дешь к роди́телям, на авто́бусе?
  How will you get to your parents'—in a bus?

**(из, с + G)—(на + P)** to leave, travel (in a vehicle) from some place by/in/on sth
- Я пое́ду из го́рода (/с рабо́ты) на по́езде.
  I'll leave the city (/work) by train.
- Почему́ ты не хо́чешь пое́хать из аэропо́рта на метро́?
  Why don't you want to travel from the airport on the subway?

**(по + D)** to drive on/along (a road)
- Мы пое́дем туда́ сего́дня по э́той доро́ге.
  We'll drive there on this road today.
- Почему́ ты пое́хал не по шоссе́, а по бе́регу о́зера?
  Why did you drive along the lake shore instead of on the highway?

**(за + I)** to go (in a vehicle) for (*i.e.,* to pick up or bring) sb/sth
- Ни́ны нет, она́ пое́хала за лека́рствами (/за биле́тами/за кни́гой).
  Nina isn't here; she went for (*i.e.,* to pick up) medicine (/tickets/a book).
- Когда́ ты пое́дешь за врачо́м (/за детьми́)?
  When are you going for (*i.e.,* to get or pick up) the doctor (/the children)?

**(в, на + A)—(inf)** to go to some place to do sth
- В э́том году́ я пое́ду в Росси́ю учи́ться.
  This year I'll go to Russia to study.
- Роди́тели пое́хали отдыха́ть во Флори́ду.
  My parents went to Florida for a vacation (*lit.* to get some rest).
- Кто пое́дет на вокза́л встреча́ть ма́му?
  Who will go to the train station to meet Mom?

**позволя́ть** *imp* /**позво́лить** *pf* (A)/(G)—(D) to let, allow sb sth

- Я вам (/нико́му) э́того не позво́лю.
  I won't allow you (/anybody) (to do) this.

- Ты мно́гое себе́ (/ей) позволя́ешь.
  You let (allow) yourself (/her) (to) get away with too much.

- Он позво́лил себе́ ро́скошь немно́го отдохну́ть.
  He allowed himself the luxury of a little rest (to rest a little).

  **(D)—(inf)** (about sb) to allow, let sb (*i.e.,* to give sb permission) to do sth

- Врач позво́лил больно́му встава́ть с крова́ти (/выходи́ть на у́лицу).
  The doctor allowed (let) the patient (to) get out of bed (/to go out).

- Почему́ ты позволя́ешь де́тям игра́ть с огнём?
  Why do you allow (let) your children (to) play with fire?

  **(D)—(inf)** (of sth) (not) to allow, permit sb to do sth

- Здоро́вье не позволя́ет ему́ занима́ться спо́ртом.
  His health does not allow him to play sports.

- Со́весть не позво́лила бы ему́ сде́лать э́то.
  His conscience would not permit him to do this.

**поздравля́ть** *imp* /**поздра́вить** *pf* (A)—(с + I) to congratulate sb on sth; to wish sb sth

- Мы поздра́вили её с днём рожде́ния (/с побе́дой на ко́нкурсе).
  We congratulated her on her birthday (/her victory in the competition).

- За́втра де́ти поздра́вят роди́телей с их золоты́м юбиле́ем.
  Tomorrow the children will congratulate their parents on their golden anniversary.

- Все поздравля́ли Ивано́ву с оконча́нием диссерта́ции.
  Everybody congratulated Ivanova on finishing her dissertation.

- Я поздравля́ю вас с Но́вым го́дом.
  I wish you a happy new year.

  **(A)—(с + I)—(I)** to congratulate sb on sth with sth

- Мы поздра́вили дру́га с побе́дой на ко́нкурсе телегра́ммой.
  We sent our friend a telegram congratulating him on his victory in the competition (*lit.* we congratulated our friend on . . . with a telegram).

  **(A)—(от + G)** to congratulate sb on behalf of sb

- Поздра́вьте Петра́ от на́шего и́мени (/от и́мени всех на́ших друзе́й).
  Congratulate Peter on our behalf (/on behalf of all our friends).

**ПОЙТИ́ 1.** *pf* (**в, на + A**) to go to some place

■ Ива́н пошёл в магази́н (/на заня́тия/в апте́ку/на прогу́лку).
  Ivan went to the store (/to class/to the drugstore/for a walk).

■ Ве́чером роди́тели пойду́т в теа́тр (/в го́сти).
  My parents are going to the theater (/to visit (friends)) tonight.

(**в, на + A**)—(**adv**) to go (*i.e.*, to walk) to some place on foot

■ Она́ пойдёт в шко́лу (/на конце́рт) пешко́м.
  She'll go to school (/to the concert ) on foot.

■ Почему́ ты пошёл сего́дня на рабо́ту пешко́м?
  Why did you walk to work today?

(**к + D**) to go to sb's

■ Ты до́лжен пойти́ сейча́с к сосе́дям (/к Ни́не).
  You must to go to our neighbors' (/to Nina's) now.

■ Роди́тели пойду́т сего́дня к Петро́вым.
  Today my parents are going to the Petrovs'.

(**из, с + G**)/(**от + G**)—(**adv**) to walk, go on foot from some place/sb's

■ Я пойду́ из го́рода (/с по́чты/с рабо́ты) пешко́м.
  I'll walk (*or* go on foot) from the city (/post office/work).

■ Мы пошли́ от Ива́на (/от Ни́ны) пешко́м.
  We left (*or* went from) Ivan's (/Nina's) on foot.

(**по + D**)/(**ми́мо + G**) to go, walk on a road

■ По како́й доро́ге они́ пойду́т туда́?
  Which road will they take (walk) there?

■ Он пошёл не по у́лицам (/ми́мо по́чты), а по бе́регу.
  He went (*or* walked) not through the streets (/past the post office) but along the shore.

(**за + I**) to go for (*i.e.*, to pick up or bring) sb/sth

■ Ни́ны нет, она́ пошла́ за лека́рствами (/за биле́тами).
  Nina isn't here; she went for (*i.e.*, to pick up) the medicine (/the tickets).

■ Когда́ ты пойдёшь за врачо́м (/за детьми́)?
  When are you going for (*i.e.*, to get or fetch) the doctor (/the children)?

**ПОЙТИ́** (**inf**) to go to do sth

■ Я пойду́ занима́ться (/чита́ть кни́гу/рабо́тать).
  I'm going to study (/read my book/work).

(в, на + A)/(к + D)—(inf) to go to some place/sb's to do sth

- Роди́тели пошли́ на ры́нок купи́ть овоще́й.
  My parents went to the market to buy vegetables.

- Кто пойдёт на вокза́л встреча́ть Ива́на?
  Who will go to the station to meet Ivan?

- Мы пойдём в библиоте́ку (/к Мари́и) взять кни́гу.
  We'll go to the library (/to Maria's) to pick up a book.

**пойти́ 2.** *pf* (из + G) to appear, issue, come from/out of sth

- Из ча́йника пошёл пар (/из трубы́ пошёл дым).
  Steam came out of the teapot (/Smoke issued (*or* appeared) from the chimney).

**пойти́ 3.** *pf* (на + A) to take on sth; to agree to sth (abstract)

- Он пошёл на э́тот риск (/на ве́рную смерть/на обма́н).
  He took the risk (/inevitable death/forgery) on (himself).

- Мы пойдём на э́ти усло́вия (/на перегово́ры/на компроми́сс/на усту́пки).
  We'll agree to the conditions (/negotiations/compromise/concessions).

**пойти́ 4.** *pf* (в + A) to take after

- Ни́на пошла́ в мать (/в свою́ ба́бушку).
  Nina took after her mother (/grandmother).

(в + A)—(I) to inherit, get sth from sb

- Наде́юсь, на́ша дочь пойдёт вне́шностью в свою́ мать.
  I hope our daughter will inherit her looks from her mother.

- Он пошёл вспы́льчивостью в отца́.
  He got his hot temper from his father.

**пойти́ 5.** *pf* (*3rd person only*) (D)/(к + D) to look good on sb; to go with sth

- Я ду́маю, А́нне пойдёт э́то пла́тье (/э́та шля́па).
  I think this dress (/hat) will look good on Anna.

- Э́тот га́лстук не пойдёт к твоему́ костю́му (/к э́тому туале́ту).
  This tie will not go with your suit (/this outfit).

**пока́зывать 1.** *imp* /**показа́ть** *pf* (A)—(D) to show (*i.e.*, display) sth to sb; to show sb around sth

- Она́ пока́жет вам (/покупа́телю/А́нне) любу́ю из на́ших книг.
  She'll show you (/the customer/Anna) any of our books.

- Покажи́ мне фотогра́фии свои́х дете́й.
  Show me the photos of your children.

■ Экскурсово́д показа́л тури́стам ста́рый го́род (/музе́и).
The guide showed the tourists around the old city (museums).

**пока́зывать 2.** *imp* /**показа́ть** *pf* (A)—(D) to show (for examination, review) sth to sb
■ Мы показа́ли билетёру (/стюарде́ссе) на́ши биле́ты.
We showed our tickets to the usher (/flight attendant).
■ Я покажу́ вам мои́ рабо́ты (/карти́ны) в друго́й раз.
I'll show you my work (/pictures) another time.
■ Он показа́л свою́ статью́ (/диссерта́цию) специали́сту в э́той о́бласти.
He showed his article (/dissertation) to a specialist in the field.

**пока́зывать 3.** *imp* /**показа́ть** *pf* (A)—(D) to show, demonstrate sth to sb
■ Режиссёр показа́л зри́телям свою́ но́вую рабо́ту (/но́вый фильм).
The director showed his new work (/movie) to the audience .
■ Учи́тель обеща́л, что пока́жет де́тям интере́сный о́пыт.
The teacher promised to demonstrate an interesting experiment to the children.

   **(A)—(по + D)** to show, demonstrate sth on sth
■ Когда́ бу́дут пока́зывать по телеви́дению э́тот фильм?
When will they show this movie on TV?

   **показа́ть, как . . .** to demonstrate how . . .
■ Веду́щая програ́ммы показа́ла, как на́до выполня́ть э́ти упражне́ния.
The TV show hostess demonstrated how to perform the exercises.

**пока́зывать 4.** *imp* /**показа́ть** *pf* (на + A)—(I) to point out/to sth; to indicate sb/sth with sth
■ Ма́льчик показа́л же́стом (/взгля́дом) на высо́кого мужчи́ну.
The boy indicated a tall man with a gesture (/glance).
■ Почему́ ты пока́зываешь руко́й на э́то зда́ние (/объявле́ние)?
Why are you pointing to this building (/advertisement)?

**пока́зывать 5.** *imp* /**показа́ть** *pf* (себя́)—(I) to show oneself to be sth
■ Он показа́л себя́ спосо́бным студе́нтом (/специали́стом в э́той о́бласти).
He showed himself to be a capable student (/a specialist in the field).

**пока́зываться** *imp* /**показа́ться** *pf* (в, на + P) to appear, show in some place
■ В окне́ (/в дверя́х) показа́лся че́й-то силуэ́т.
Somebody's figure showed in the window (/door).
■ На не́бе ско́ро пока́жутся звёзды.
The stars will soon appear in the sky.

- Случа́лось, что на глаза́х у него́ пока́зывались слёзы.
  (Sometimes) tears would appear in his eyes.

  **(из-за + G)** to appear from around sth
- Наконе́ц, из-за угла́ пока́зывается авто́бус.
  Finally a bus appears from around the corner.

  *idiom* **(D)** to see sb
- Ты до́лжен показа́ться врачу́ (/специали́сту).
  You must see the doctor (/specialist).

  **показа́ться (D), что . . .** to seem to sb that . . .
- Мне показа́лось, что он был дово́лен мои́ми слова́ми.
  It seemed to me that he was pleased with my words.

**покрыва́ть 1.** *imp* /**покры́ть** *pf* **(A)—(I)** to cover sb/sth with sth
- Мать покры́ла ребёнка одея́лом (/пле́дом/ша́рфом).
  The mother covered the child with a blanket (/plaid/scarf).

- В Аме́рике ре́дко покрыва́ют стол ска́тертью.
  In America they rarely cover the table with a cloth.

- На ле́то она́ покро́ет всю свою́ ме́бель чехла́ми.
  For the summer she will cover all her furniture with slipcovers.

- Он обы́чно покрыва́л свои́ карти́ны ла́ком.
  Usually he lacquered his pictures (*lit.* covered his pictures with lacquer).

  *impersonal* **(A)—(I)** (of sth) to become covered with sth
- Не́бо покры́ло ту́чами.
  The sky became covered with clouds.

**покрыва́ть 2.** *imp* /**покры́ть** *pf* **(A)—(за + A)** to cover some distance in some time
- Реакти́вный самолёт покрыва́ет э́то расстоя́ние за три часа́.
  A jet plane covers this distance in three hours.

**покрыва́ться** *imp* /**покры́ться** *pf* **(I)** to become covered with sth
- Не́бо покрыва́ется звёздами (/ту́чами).
  The sky is becoming covered with stars (/clouds).

- Всё её те́ло покры́лось сы́пью.
  Her whole body became covered with a rash.

**покупа́ть** *imp* /**купи́ть** *pf* **(A)—(в, на + P)** to buy sth in some place
- Мы покупа́ем проду́кты в сосе́днем магази́не или на ры́нке.
  We buy our groceries at the store nearby or at the market.

- Он вчера́ купи́л в универма́ге зи́мнее пальто́.
  Yesterday he bought a winter coat at the department store.

- Я куплю́ дом (/маши́ну/ме́бель/велосипе́д) в Чика́го.
  I'll buy a house (/car/furniture/bicycle) in Chicago.

  **(A)/(G)—(в, на + P) to buy (some of) sth in some place**

- Купи́ в продукто́вом магази́не хлеб (хле́ба) и колбасу́ (колбасы́).
  Buy (some) bread and sausage in the grocery store.

- Он купи́л на ры́нке фру́кты (фру́ктов) и молоко́ (молока́).
  He bought (some) fruit and some milk at the market.

  **(A)—(D)/(для + G) to buy sth for sb**

- Она́ купи́ла сы́ну (для сы́на) кни́ги и радиоприёмник.
  She bought books and a radio for her son.

- Для кого́ ты покупа́ешь э́ти носки́ (/лека́рства)?
  For whom are you buying these socks (/medicines)?

  **(A)—(D)—(к + D) to buy sth for sb for some occasion**

- Что ты купи́л де́тям к пра́зднику?
  What did you buy the children for the holiday?

- Сего́дня я куплю́ му́жу пода́рок ко дню рожде́ния.
  Today I'll buy a present for my husband for his birthday.

- Она́ всегда́ покупа́ет всем пода́рки к Но́вому го́ду.
  She always buys presents for everybody for the new year.

  **(A)—(у + G) to buy sth from sb**

- Брат купи́л э́ту маши́ну у своего́ дру́га.
  My brother bought this car from his friend.

- Я избега́ю покупа́ть ве́щи у знако́мых.
  I avoid buying things from people I know.

**полага́ться** *imp* /**положи́ться** *pf* (на + A) to rely on sb/sth

- Мо́жно ли на него́ положи́ться?
  Can one rely on him?

- Во всех тру́дных ситуа́циях он полага́лся на свои́х друзе́й.
  In all difficult situations he relied on his friends.

- На ва́шем ме́сте я бы не полага́лся на слу́чай (/на уда́чу/на чужо́е мне́ние).
  If I were you, I wouldn't rely on chance (/luck/somebody else's opinion).

**получа́ть 1.** *imp* /**получи́ть** *pf* (A)—(от + G) to receive, get sth from sb

- Она́ ча́сто получа́ет пи́сьма от друзе́й и знако́мых.
  She often receives letters from friends and acquaintances.

■ Он получи́л де́ньги от бра́та (/пода́рок от роди́телей).
He got money from his brother (/a present from his parents).

■ Наде́юсь, что я за́втра получу́ от Мари́и приглаше́ние на её сва́дьбу.
I hope that tomorrow I'll receive an invitation from Maria to her wedding.

**(A)—(из, с + G)** to receive, get sth from some place

■ Ива́н получи́л паке́т из до́ма (/из реда́кции/из Росси́и).
Ivan received a package from home (/the editors/Russia).

■ Ни́на всё вре́мя получа́ет разли́чные счета́ из ба́нка.
Nina constantly gets all kind of bills from the bank.

■ Когда́ ты, наконе́ц, полу́чишь с Аля́ски твои́ докуме́нты ?
When will you finally get your documents (or papers) from Alaska?

**(A)—(в, на + P)** to get sth in some place

■ Он полу́чит твои́ кни́ги в библиоте́ке (/посы́лку на по́чте).
He'll get your books at the library (/the parcel at the post office).

**(A)—(в + A)** to get sth as sth

■ А́нна получи́ла дом в насле́дство (/маши́ну в пода́рок).
Anna got the house as an inheritance (/car as a present).

**(A)—(от + G)—(на + A)** to receive sth from sb as sth

■ Мой брат получи́л от своего́ ру́сского дру́га часы́ на па́мять.
My brother received a watch as a keepsake from his Russian friend.

**(A)—(за + A)** to receive sth for sth

■ Вы, коне́чно, полу́чите благода́рность (/пре́мию) за ва́шу рабо́ту.
You will certainly receive thanks (/a bonus) for your work.

■ За э́то изобрете́ние он получи́л Нобелевскую пре́мию.
For this invention he received the Nobel Prize.

получа́ть 2. *imp* /получи́ть *pf* **(A)—(от + G)** to get sth (abstract) from sb
■ Я всегда́ получа́л по́мощь (/подде́ржку) от мои́х учителе́й.
I always got help (/support) from my teachers.

**(A)—(в, на + P)** to acquire, get sth (abstract) from sb/in some place

■ Мы получа́ем на́выки и зна́ния в семье́ (/в шко́ле).
We acquire habits and knowledge from our families (/at school).

■ Пиани́стка получи́ла образова́ние в одно́й из лу́чших консервато́рий.
The pianist got her training at one of the best conservatories.

■ Моя́ сестра́ ско́ро полу́чит о́тпуск на рабо́те.
My sister will soon get a vacation from work.

**получáть 3.** *imp* /**получи́ть** *pf* (A)—(от + G) to get sth (a sensation) from sth
- Он получáет наслаждéние от чтéния э́той кни́ги (/от концéрта).
  He gets enjoyment from reading this book (/from the concert).
- Я получáю удовóльствие от общéния с вáми (/от бесéды с ним).
  I get pleasure from socializing with you (/talking to him).

**получáться 1.** *imp* /**получи́ться** *pf* (из + G) (of sth) to come out of, make sth; (of sb) to turn into sb
- Из э́того ромáна полу́чится хорóший сценáрий.
  A good script will come out of this novel.
- Из э́той муки́ должнó получáться вку́сное печéнье.
  This flour must make good cookies.
- Из негó получи́лся замечáтельный специали́ст.
  He made (*or* turned into) an outstanding specialist.

**получáться 2.** *imp* /**получи́ться** *pf* (N adj) to turn out (to be) sth
- Ромáн получи́лся дли́нный и довóльно ску́чный.
  The novel turned out to be long and rather boring.
- Пирóжные получи́лись óчень вку́сные.
  The pastries turned out very tasty.

(у + G)—(на + P)—(I noun/adj) to look (like) sth on sb's sth
- У тебя́ на портрéте он получи́лся старикóм (/стáрым).
  In your portrait he looked like an old man (/old).
- Почему́ у негó на фотогрáфиях я всегдá получáюсь мрáчным?
  Why is it that in his photographs I always look gloomy?

**пóльзоваться 1.** *imp* (I)—(в, на + P) to use, make use of sth in/on sth
- В гóроде он всегдá пóльзовался общéственным трáнспортом, а в при́городах он обы́чно пóльзуется маши́ной.
  In the city he always used public transportation, but in the suburbs he usually drives (*lit.* uses his car).
- Мы бу́дем пóльзоваться на заня́тиях э́тим учéбником.
  We'll use this textbook in classes.
- Я пóльзуюсь э́тим чемодáном в поéздках.
  I use this suitcase on trips.

**пóльзоваться 2.** *imp* (I) to use, take advantage of sth (abstract)
- Он пóльзовался вся́ким удóбным слу́чаем (/возмóжностью), чтóбы сказáть ей о своéй любви́.
  He used every convenient chance (/possibility) to tell her about his love.

- Не ка́ждый по́льзуется таки́ми преиму́ществами.
  Not everyone can take advantage of such privileges.

пÓльзоваться 3. *imp* (I)—(среди́ + G *pl*)/(у + G *pl*) to enjoy sth of/among some people

- Среди́ студе́нтов она́ по́льзуется любо́вью и уваже́нием.
  She enjoys the love and respect of students.

- Э́тот актёр всегда́ по́льзовался успе́хом у зри́телей.
  This artist always enjoyed popularity among his audience.

пÓмнить *imp* (A) to remember, know sb/sth

- Он по́мнит все имена́ (/адреса́/телефо́ны).
  He remembers all the names (/addresses/telephone numbers).

- Я по́мню хоро́шее и стара́юсь не по́мнить плохо́го.
  I remember the good things and try not to remember the bad ones.

- Моя́ мать ра́ньше по́мнила наизу́сть все стихотворе́ния э́того поэ́та.
  My mother used to know by heart every poem by this poet.

  (о + P) to remember sb/sth

- Он всегда́ по́мнит о свои́х друзья́х и о их ну́ждах.
  He always remembers his friends and their needs.

- Я ве́чно бу́ду по́мнить об А́нне и о на́шей любви́.
  I will remember Anna and our love forever.

- Мы по́мним о ва́шей про́сьбе (/о на́шем обеща́нии).
  We remember your request (/our promise).

  пÓмнить, что (где, когда́, как) . . . to remember that (where, when, how) . . .

- Вы по́мните, что он приезжа́ет сего́дня?
  Did you remember that he is arriving today?

- Я не по́мнила, где и когда́ я его́ ви́дела.
  I didn't remember where and when I saw him.

- Он уже́ не по́мнит, как поётся э́та пе́сня.
  He no longer remembers how the song goes.

помога́ть 1. *imp* /помо́чь *pf* (D)—(I) (of sb) to help sb with sth

- Он помога́л им деньга́ми (/сове́том).
  He helped them with money (/advice).

- Ива́н всегда́ помо́жет свои́м роди́телям всем, чем он мо́жет.
  Ivan will always help his parents however (*lit.* with all) he can.

**(D)—(в + P)** to help sb in sth

- Брат помо́жет ему́ в учёбе.
  His brother will help him in his studies.

- Кто бу́дет помога́ть ему́ в конто́ре?
  Who will help him in the office?

**(D)—(inf)** to help sb do sth

- Он помо́г ста́рому челове́ку перейти́ че́рез у́лицу.
  He helped the old man cross the street.

- Я бу́ду помога́ть тебе́ реша́ть математи́ческие зада́чи.
  I'll help you solve the math problems.

- Вы мне помо́жете донести́ мой бага́ж?
  Will you help me carry my luggage there?

**(D)—(по + D)** *colloq* to help sb around/with sth

- Ни́на помога́ет ма́тери по до́му (/по хозя́йству).
  Nina helps Mother around the house (/with the chores).

**помога́ть 2.** *imp* /**помо́чь** *pf* **(D)** (of sth) to help, cure sb

- Лека́рство ему́ не помогло́, а опера́ция помогла́.
  The medicine didn't help him, but the operation cured him.

**(D)—(при + P)** to be good for sb with sth (a disease)

- Э́та миксту́ра помога́ет де́тям при ка́шле.
  This mixture is good for children with a cough.

**понима́ть 1.** *imp* /**поня́ть** *pf* **(A)** to understand, comprehend, grasp sb/sth

- Я тебя́ пойму́, е́сли ты мне всё объясни́шь.
  I'll understand you if you explain everything to me.

- Мы ча́сто не понима́ем друг дру́га.
  We often don't understand each other.

- Я его́ не понима́ю, когда́ он говори́т по-францу́зски.
  I don't understand him when he speaks French.

- Ты по́нял зада́чу (/вопро́с/мою́ гла́вную мысль)?
  Did you comprehend the problem (/the question/my main idea)?

- Поймёшь ли ты мои́ наме́рения (/ва́жность э́того собы́тия)?
  Can you grasp my intentions (/the importance of this event)?

**(A)—(adv)** to understand sb/sth in some way

- Ка́ждый понима́л основну́ю иде́ю докла́да по-сво́ему.
  Everyone understood the central idea of the presentation in his own way.

■ Мы по-ра́зному по́няли на́ши зада́чи.

We have a different understanding of our tasks (*lit.* we have understood our tasks differently).

■ Я понима́ю его́ (/вас/Ива́на) с полусло́ва.

I can understand him (/you/Ivan) with only a hint.

**понима́ть, что** ... to understand, realize that ...

■ Я понима́ю, что вы о́чень за́няты.

I realize that you are very busy.

**понима́ть 2.** *imp* (A) to be a connoisseur of sb/sth

■ Она́ то́нко понима́ет Пу́шкина (/Достое́вского/Че́хова).

She is a connoisseur of Pushkin (/Dostoevsky/Chekhov).

■ Он всегда́ понима́л литерату́ру (/му́зыку/жи́вопись).

He was always a connoisseur of literature (/music/painting).

**(A)—(в + P)** to be an expert in sb/sth; to be a good judge of sth; (negative) to not know a thing about sth

■ Ива́н понима́ет в лошадя́х (/в соба́ках/в ви́нах).

Ivan is an expert on horses (/dogs/wines).

■ Он ничего́ не понима́ет в литерату́ре.

He doesn't know a thing about literature.

■ Мари́я всегда́ хорошо́ понима́ла в му́зыке (/в иску́сстве/в медици́не/в спо́рте.

Maria was always a good judge of music (/art/medicine/sports).

**попада́ть 1.** *imp* /**попа́сть** *pf* (в + A) to hit sb/sth

■ Ка́мень попа́л в окно́ (/в маши́ну у тротуа́ра).

The stone hit a window (/a car next to the sidewalk).

■ А что е́сли пу́ли попаду́т в дете́й?

But what if the bullets hit the children?

**(D)—(в + A)** to hit sb's sth

■ Пу́ля попа́ла ему́ в го́лову (/в спи́ну).

The bullet hit his head (/him in the back).

**(в + A)—(I)** to hit sb/sth with sth; to get into sth in sth

■ Ты не попадёшь снежко́м в де́рево (/мячо́м в корзи́ну).

You won't hit the tree with a snowball (/basket with the ball).

■ Ма́льчик попа́л ка́мнем в прохо́жего.

The boy hit a passerby with a stone.

- Э́тот футболи́ст всё вре́мя попада́л мячо́м в воро́та.
  That soccer player kept getting the ball in the goal.
- Не могу́ попа́сть ключо́м в сква́жину.
  I cannot get this key in the keyhole.

**попада́ть 2.** *imp* /**попа́сть** *pf* (в, на + A) to get (in)to sth; to manage to get into some place; to find oneself in some place
- Наде́юсь, он попадёт в университе́т.
  I hope he'll get (*i.e.*, be accepted) into the university.
- Что́-то попа́ло мне в глаз.
  Something got in my eye.
- Он всегда́ попада́л на любо́й конце́рт (/на любу́ю встре́чу).
  He always managed to get into any concert (/meeting).
- Я случа́йно попа́л в э́тот теа́тр (/в э́тот го́род/в э́тот дом).
  By chance I found myself in this theater (/city/home).
- Е́сли я попаду́ в ваш го́род (/в ва́ши края́), я вам позвоню́.
  If I find myself in your city (/in your part of the world), I'll call you.

  **(на + A)—(к + D)** to manage to get an appointment with sb
- Ты вчера́ попа́л на приём к врачу́?
  Did you manage to get an appointment with the doctor yesterday?

**попада́ть 3.** *imp* /**попа́сть** *pf impersonal* **(D)—(от + G)—(за + A)** *colloq* (of sb) to get into trouble with sb for sth
- Ему́ попа́ло от роди́телей за опозда́ние (/за плохи́е отме́тки).
  He got into trouble with his parents for being late (/for bad grades).

**попада́ться** *imp* /**попа́сться** *pf* **(D)—(в, на + A)** (of sb) to get sb/sth in some place; to come across, find sth in some place
- Мне попа́лся в поликли́нике хоро́ший врач.
  I got a good doctor at the clinic.
- Наде́юсь, тебе́ попадётся в пое́здке прия́тный попу́тчик.
  I hope you get a pleasant traveling companion for the trip.
- Каки́е вопро́сы тебе́ попа́лись на экза́мене?
  What topics did you get in the test?
- В кни́ге ему́ ча́сто попада́лись интере́сные выраже́ния и мы́сли.
  In the book he often came across interesting expressions and ideas.
- На чердаке́ мне попа́лись хоро́шие часы́ (/це́нные кни́ги).
  In the attic I found a good clock (/some valuable books).

**(D)—(среди́ + G** *pl***)** (of sb) to come across sth among sth

■ Среди́ ста́рых бума́г мне попа́лась интере́сная заме́тка о моём отце́.
Among the old papers I came across an interesting article about my father.

**поправля́ть 1.** *imp* /**попра́вить** *pf* **(A)** to straighten sth; to set sth straight

■ Она́ поправля́ет поду́шку на крова́ти (/ска́терть на столе́).
She straightens the pillow on the bed (/cloth on the table).

■ Попра́вь га́лстук (/шля́пу).
Straighten your tie (/set your hat straight).

**поправля́ть 2.** *imp* /**попра́вить** *pf* **(A)** to correct sb/sth

■ Он назва́л да́ту, но жена́ его́ попра́вила.
He mentioned a date, but his wife corrected him.

■ Учи́тель поправля́ет оши́бки ученико́в.
The instructor corrects the students' mistakes.

■ Я попра́влю ва́шу рабо́ту сего́дня ве́чером.
I'll correct your work this evening.

**поправля́ться 1.** *imp* /**попра́виться** *pf* **(по́сле + G)** to recover, get well (better) from sth

■ Он уже́ попра́вился по́сле анги́ны (/по́сле боле́зни)?
Has he already recovered from the strep (/his illness)?

■ Он ско́ро попра́вится по́сле э́того при́ступа (/по́сле инфа́ркта).
He'll soon recover from this seizure (/the heart attack).

■ Она́ уже́ понемно́гу поправля́ется по́сле опера́ции.
She is slowly getting better after the operation.

**поправля́ться 2.** *imp* /**попра́виться** *pf* **(в, на + P)** to gain weight in some place

■ В санато́рии (/в дере́вне/на куро́рте) она́ о́чень попра́вилась.
She gained a lot of weight in the sanitarium (/the country/at a resort).

**(от + G)/(на + P)** to gain weight from sth/on sth

■ Большинство́ люде́й поправля́ется от мучно́го и сла́дкого.
Most people gain weight from starches and sweets.

■ Ка́ждый бы попра́вился на тако́й жи́рной пи́ще.
Anyone would gain weight on such fatty food.

**по́ртить 1.** *imp* /**испо́ртить** *pf* **(A)** to break, ruin sth

■ —Не испо́рть телефо́н. —Не бо́йся, не испо́рчу.
"Don't break the telephone."—"Don't worry, I won't."

- Кто испо́ртил часы́ (/кофемо́лку/мою́ заводну́ю игру́шку)?
  Who broke the clock (/coffee grinder/my windup toy)?

- Ты испо́ртил но́вые ту́фли (/э́ту фотогра́фию /таку́ю краси́вую клу́мбу)!
  You ruined your new shoes (/this picture/such a beautiful flower bed)!

**по́ртить 2.** *imp* /**испо́ртить** *pf* (**A**) to spoil, ruin sth (abstract)

- Что тебе́ испо́ртило настрое́ние?
  What spoiled your mood?

- Она́ испо́ртила отноше́ния почти́ со все́ми свои́ми друзья́ми.
  She ruined her relationships with most of her friends.

    (**A**)—(**D**) to spoil, damage, ruin sb's sth/sth of sb

- Ты по́ртишь жизнь (/здоро́вье/не́рвы) и себе́ и други́м.
  You're ruining your own life (/health/nerves) and others'.

- Э́то испо́ртило ему́ впечатле́ние от фи́льма.
  This spoiled his impression of the movie.

- Не чита́й в крова́ти, испо́ртишь себе́ зре́ние (/глаза́).
  Don't read in bed; you'll damage your vision (/eyes).

**по́ртить 3.** *imp* /**испо́ртить** *pf* (**A**)—(**I**) to spoil sb with sth

- Ты по́ртишь ребёнка свои́м баловство́м (/пода́рками).
  You're spoiling the child with your indulgence (/presents).

- Оте́ц то́лько испо́ртил меня́ свое́й изли́шней опе́кой.
  Father only spoiled me with his overprotectiveness.

**порыва́ть 1.** *imp* /**порва́ть** *pf*
    (*pf* only) (**A**) to tear (up) sth

- Смотри́, ты порва́л брю́ки (/руба́шку/шарф).
  Look—you've torn your pants (/shirt/scarf).

- Он говори́т, что порвёт все её пи́сьма.
  He says he'll tear up all her letters.

**порыва́ть 2.** *imp* /**порва́ть** *pf* (**с + I**) to break (up) with sb/sth

- Он не́сколько раз порыва́л с ней, но сно́ва к ней возвраща́лся.
  He broke up with her several times but kept going back to her.

- Я никогда́ не порву́ со ста́рыми друзья́ми.
  I'll never break with my old friends.

- Он соверше́нно порва́л со свои́м про́шлым.
  He broke with his past completely.

(A)—(с + I) to break off sth (with sb/sth)

- Мы порва́ли с ним вся́кое знако́мство (/дру́жбу).
  We broke off all acquaintance (/friendship) with him.

- Э́ти две страны́ порва́ли дипломати́ческие отноше́ния.
  These two countries have broken off relations.

**посвяща́ть 1.** *imp* /**посвяти́ть** *pf* (A)—(D) to devote, dedicate sth (*i.e.,* set apart for sth) to sb/sth

- Учёный посвяти́л себя́ (/всю свою́ жизнь) нау́ке.
  The scientist dedicated himself (/his whole life) to science.

- Она́ посвяща́ет мно́го вре́мени свои́м де́тям (/семье́).
  She devotes a lot of time to her children (/family).

- Ра́ньше ты посвяща́л бо́льше вре́мени иску́сству (/му́зыке).
  You used to devote more time to art (/music).

- Ско́лько вре́мени ты посвяща́ешь чте́нию (/игре́ на роя́ле)?
  How much time do you devote to reading (/playing the piano)?

- Он посвяти́т свои́ сле́дующие статьи́ тво́рчеству э́того писа́теля.
  He'll devote his subsequent articles to this writer's work.

**посвяща́ть 2.** *imp* /**посвяти́ть** *pf* (A)—(D) to dedicate (*i.e.,* to address, inscribe) sth to sb/sth

- Я посвящу́ э́то стихотворе́ние па́мяти мое́й ма́тери.
  I'll dedicate this poem to the memory of my mother.

- Кому́ э́тот компози́тор посвяща́л свои́ сочине́ния (/рома́нсы)?
  To whom did this composer dedicate his compositions (/romances)?

- Ива́н посвяти́л своё иссле́дование своему́ профе́ссору (/жене́).
  Ivan dedicated his research to his professor (/wife).

**посвяща́ть 3.** *imp* /**посвяти́ть** *pf* (A)—(в + A) to let, initiate sb into sth
- Дочь посвяща́ет меня́ во все свои́ та́йны.
  My daughter lets (*or* initiates) me into all her secrets.

**посеща́ть 1.** *imp* /**посети́ть** *pf* (A) to call on sb; to visit sth
- Мно́гие лю́ди посеща́ют моего́ больно́го отца́.
  Many people call on my sick father.

- Про́шлым ле́том наш го́род посети́ли со́тни тури́стов.
  Last summer hundreds of tourists visited our city.

- Я посещу́ живопи́сные окре́стности го́рода в сле́дующий прие́зд.
  I'll visit the city's picturesque surroundings on my next trip.

■ Наш университе́т уже́ не раз посеща́ли иностра́нные делега́ции.
Foreign delegations have visited our university more than once.

**посеща́ть 2.** *imp* **(A)** to attend sth

■ Студе́нты посеща́ют ле́кции (/нау́чные конфере́нции).
The students attend lectures (/scientific conferences).

■ Вы ре́дко посеща́ли заня́тия в э́том семе́стре.
You rarely attended class this semester.

**поступа́ть 1.** *imp* /**поступи́ть** *pf* **(в, на + A)** to enter sth (school); to go to work to some place

■ В э́том году́ он поступа́ет в университе́т (/в шко́лу).
This year he enters the university (/the school).

■ На како́й факульте́т вы поступи́ли?
Which department did you enter?

■ Моя́ сестра́ не́сколько раз поступа́ла в ко́лледж, но так и не
зако́нчила его́.
My sister started college (*lit.* entered) several times, but she never graduated.

■ Я поступлю́ на рабо́ту в э́ту фи́рму.
I'll go to work at this firm.

**поступа́ть 2.** *imp* /**поступи́ть** *pf* **(inf)—(в, на + A)** to start doing sth (activity) in/at some place

■ Мой брат поступи́л учи́ться в шко́лу, а оте́ц поступи́л рабо́тать на заво́д.
My brother started his studies at school, and my father started working in a factory.

**посыла́ть 1.** *imp* /**посла́ть** *pf* **(A)—(в, на + A)** to send sb/sth to sth/some place

■ Я пошлю́ сы́на в магази́н (/в апте́ку).
I'll send my son to the store (/pharmacy).

■ Фи́рма посла́ла его́ в командиро́вку (/в Москву́/во Фра́нцию).
The firm sent him on a business trip (/to Moscow/to France).

■ Америка́нскую кома́нду посыла́ют на соревнова́ния (/на чемпиона́т).
They're sending an American team to the competition (/championship).

■ Почему́ вас никогда́ не посыла́ли ни на одну́ конфере́нцию?
Why didn't they send you to a single conference?

**(A)—(в, на + A)—(за + I)** to send sb/sth to some place for sb/sth

■ Я пошлю́ сы́на в магази́н за вино́м (/за фру́ктами/за газе́той).
I'll send my son to the store for wine (/fruit/a newspaper).

- Мы пошлём маши́ну в больни́цу за врачо́м.
  We'll send a car to the hospital for the doctor.

- Пошли́те кого́-нибудь на вокза́л за биле́тами.
  Send someone to the railroad station for the tickets.

- Ни́ны нет до́ма; её посла́ли в апте́ку за лека́рством.
  Nina isn't home; they sent her to the drugstore to pick up the medicine.

### (A)—(к + D) to send sb to sb

- Ива́на посла́ли к дека́ну (/к дире́ктору ба́нка).
  Ivan was sent to the dean (/director of the bank).

- Врач сказа́л, что он пошлёт моего́ му́жа к специали́сту.
  The doctor said he would send my husband to a specialist.

- Пожа́луйста, не посыла́йте меня́ к друго́му данти́сту.
  Please don't send me to another dentist.

### (A)—(в, на, за + A)—(inf) to send sb to some place to do sth

- Роди́тели посла́ли дочь в магази́н купи́ть молоко́ (/на куро́рт лечи́ться/за грани́цу учи́ться).
  The parents sent their daughter to the store to buy milk (/to a resort for treatment/abroad to study).

**посыла́ть 2.** *imp* /**посла́ть** *pf* (A)—(D) to send sth (for delivery) to sb

- Ива́н посыла́ет откры́тку дру́гу (/цветы́ ма́тери).
  Ivan sends a postcard to his friend (/flowers to his mother).

- Изда́тельство посла́ло экземпля́ры журна́ла свои́м подпи́счикам.
  The publishing house sent copies of the magazine to its subscribers.

### (A)—(в, на + A) to send sth (for delivery) to some place

- Я пошлю́ кни́ги в Росси́ю (/статью́ в реда́кцию).
  I'll send the books to Russia (/the article to the editor).

- Ты посла́л докуме́нты на факульте́т?
  Did you send the papers to the department?

### (A)—(в + A)—(I)/(по + D) to send sth (for delivery) to some place by sth

- Мой брат посыла́ет в Росси́ю пи́сьма по́чтой (по по́чте), а кни́ги водо́й.
  My brother sends letters to Russia by air and books by boat (*lit.* water).

**появля́ться 1.** *imp* /**появи́ться** *pf* (в, на + P) to appear in some place

- В дверя́х вре́мя от вре́мени появля́лись незнако́мые лю́ди.
  Unknown people appeared in the doorway from time to time.

- Вдруг на дорóге появлЯется машúна стрáнного вúда.
  Suddenly a strange-looking car appears on the road.

- Чéрез недéлю фильм поЯвится на экрáнах.
  In a week the movie will open in the theaters (*lit.* appear on screens).

- Э́тот расскáз появúлся в пéрвом нóмере журнáла.
  This short story appeared in the first issue of the magazine.

- В э́тот час на нéбе обы́чно появлЯлись звёзды.
  At this hour the stars usually appeared in the sky.

**появлЯться 2.** *imp* /**появúться** *pf* (в, на + P) to start appearing in some place
- На полЯх появúлась пéрвая травá.
  The new (first) grass started appearing in the fields.

- В гóроде появлЯется всё бóльше нóвых здáний.
  In the city, more and more new buildings are starting to appear.

  **(у + G)** (of sb) to begin, start to have sth appear
- У неё вдруг появúлись дéньги.
  She suddenly began to have money.

- У мáльчика появлЯются пéрвые зýбы.
  The boy's first teeth are starting to appear.

  **(у + G)—(в, на + P)** to start appearing in sb's sth
- У нас в подвáле появúлись кры́сы.
  Rats started to appear in our basement.

- У вас на Яблонях ужé появúлись Яблоки?
  Have the apples already begun appearing on your trees?

**прáздновать** *imp* /**отпрáздновать** *pf* (A) to celebrate sth
- Мы торжéственно отпрáздновали Нóвый год (/э́ту дáту).
  We solemnly celebrated the new year (/this date).

- Он не прáзднует свой день рождéния.
  He does not celebrate his birthday.

  **(A)—(в, на + P)** to celebrate sth in some place
- Я отпрáздную мой успéх на рабóте (/в семéйном кругý).
  I'll celebrate my success at work (/with my family).

**превращáть** *imp* /**превратúть** *pf* (A)—(в + A) to turn, transform sb/sth into sb/sth
- Болéзнь превратúла егó в сóгнутого старикá.
  Illness turned him into a bent old man.

■ Волше́бник в одну́ секу́нду превраща́ет лягу́шку в ка́мень.
The wizard turns the frog into a stone in a second.

■ Да́йте мне вре́мя, и я превращу́ э́ту пусты́ню в цвету́щий сад.
Give me time, and I'll transform this desert into a blooming garden.

**(A)—(из + G)—(в + A)** to transform, turn sb/sth from sb/sth into sb/sth

■ Вре́мя преврати́ло его́ из краси́вого ю́ноши в со́гнутого старика́.
Time turned him from a beautiful youth into a bent old man.

■ Но́вая экономи́ческая поли́тика преврати́ла страну́ из отста́лой в одну́ из са́мых передовы́х.
The new economic policy transformed the country from a backward one into one of the most advanced.

**превраща́ться** *imp* /**преврати́ться** *pf* **(в + A)** to turn, change into sb/sth

■ При нагрева́нии вода́ превраща́ется в пар.
Heating turns water into steam (*lit.* with heating, water turns into . . .).

■ Ма́ленький Ива́н преврати́лся в краси́вого молодо́го челове́ка.
Little Ivan had changed into a handsome young man.

**предава́ть** *imp* /**преда́ть** *pf* **(A)** to betray sb/sth

■ Говоря́т, он пре́дал своего́ бра́та. Э́то ложь. Он никогда́ никого́ не предава́л и не преда́ст.
They say he betrayed his own brother. It's a lie. He has never betrayed and never will betray anyone.

■ К сожале́нию, он пре́дал свои́ са́мые высо́кие идеа́лы.
Unfortunately, he betrayed his own highest ideals.

**предви́деть** *pf* **(A)** to foresee sth

■ Я предви́жу её успе́х (/ва́шу побе́ду/тру́дности в э́том де́ле).
I foresee her success (/your victory/difficulties in this matter).

■ Он предви́дел ход собы́тий (/результа́ты соревнова́ний).
He foresaw the course of events (/results of the competitions).

**предви́деть, что (как, когда́)** . . . to foresee, predict that (when, how) . . .

■ Мы предви́дим, что мно́гие не соглася́тся с на́ми.
We foresee that many people will not agree with us.

■ Она́ предви́дела, когда́ э́то произойдёт и ка́к э́то произойдёт.
She predicted when this would happen and how.

**предлага́ть 1.** *imp* /**предложи́ть** *pf* **(A)** to suggest, propose sth

- Он предложи́л но́вый план (/програ́мму/ме́тод).
  He proposed a new plan (/program/method).

- Ива́н предлага́ет остроу́мное реше́ние пробле́мы.
  Ivan proposes a clever solution to the problem.

- Рабо́чие предлага́ли но́вый спо́соб обрабо́тки э́того материа́ла.
  The workers suggested a new method of processing this material.

  **(A)—(D)** to suggest sth to sb

- Мой друг предлага́ет дире́ктору ба́нка вы́ход из положе́ния.
  My friend suggests a way out of the situation to the bank director.

  **(A)—(в, на + A)** to nominate, propose sb for sth

- Я предложу́ Ивано́ва на э́ту до́лжность.
  I'll propose Ivanov for this position.

- А́нна предложи́ла его́ (/Ива́на Ива́новича) в руководи́тели отде́ла.
  Anna nominated him (/Ivan Ivanovich) for head of the department.

- Не предлага́йте меня́ на э́тот пост.
  Don't nominate me for this job.

  **предлага́ть/предложи́ть (D)—(inf)** to suggest that sb do sth

- Я предложи́л друзья́м пое́хать за́ город.
  I suggested to my friends that we go to the country.

- Мы предлага́ли пойти́ в рестора́н, но никто́ не захоте́л.
  We suggested going (that we go) to a restaurant, but nobody wanted to.

  **предлага́ть/предложи́ть, что́бы . . .** to suggest, propose that . . .

- Он предлага́ет, что́бы мы отложи́ли обсужде́ние на за́втра.
  He suggests that we postpone the discussion until tomorrow.

- Кто предложи́л, что́бы мы встре́тились в понеде́льник, а не в воскресе́нье?
  Who proposed that we meet on Monday rather than Sunday?

**предлага́ть 2.** *imp* /**предложи́ть** *pf* **(A)/(G)—(D)** to offer (some of) sth to sb

- Она́ предложи́ла го́стю ко́фе (/вино́ (вина́)/ча́шку ча́я).
  She offered coffee (/(some) wine /a cup of tea) to her guest.

- Стюарде́сса предлага́ет пассажи́рам (/А́нне) журна́лы.
  The flight attendant offers the passengers (/Anna) magazines.

- Я ему́ (/на́шему го́стю) предложу́ э́ту ко́мнату.
  I'll offer him (/our guest) this room.

- Мы ей предлага́ли на́шу по́мощь (/соде́йствие), но она́ отказа́лась.
  We offered her our help (/assistance), but she refused it.

**предоставля́ть 1.** *imp* /**предоста́вить** *pf* (A)—(D) to grant, give sth to sb/sth

- Банк предоставля́ет ме́стным фи́рмам за́ймы (/креди́ты).
  The bank makes (*or* grants) loans (/gives credit) to local companies.

- Фи́рма предоста́вила ему́ рабо́ту в друго́м го́роде.
  The company gave him a job in another town.

**предоставля́ть 2.** *imp* /**предоста́вить** *pf* (A)—(D) to let sb have; to leave sth to sb

- Я предоста́влю тебе́ по́лную свобо́ду в э́том де́ле.
  I'll let you have complete freedom in this matter.

- Де́лай как хо́чешь, я предоставля́ю вы́бор тебе́.
  Do as you wish, I leave the choice to you.

- Председа́тель предоста́вил сло́во изда́телю ме́стной газе́ты.
  The president gave the floor to the editor of the local paper (*lit.* let him have the word).

**предоста́вить** (D)—(inf) to let sb do sth

- Он предоста́вил мне реша́ть э́тот вопро́с.
  He let me solve this problem.

**предпочита́ть 1.** *imp* /**предпоче́сть** *pf* (A) to prefer sb/sth

- —Хоти́те ча́ю и́ли ко́фе? —Я предпочита́ю (предпочту́) чай.
  "Would you like tea or coffee?"—"I prefer (would prefer) tea."

- Она́ люби́ла одина́ково всех друзе́й, никого́ не предпочита́ла.
  She loved all her friends equally; she had no favorites (*lit.* preferred no one).

- Он предложи́л пойти́ в кино́, но я предпочла́ прогу́лку.
  He suggested we go to the movie, but I preferred to go for a walk.

- Ей сде́лали предложе́ние Ива́н и Никола́й. Она́, ви́димо,
  предпочтёт Ива́на.
  Ivan and Nikolai have proposed to her. She will most probably favor (*lit.* prefer) Ivan.

(A)—(D) to prefer sb/sth to/over sb/sth

- Я предпочита́ю весну́ ле́ту (/се́вер ю́гу /кино́ теа́тру).
  I prefer spring to summer (/North to South/movies to the theater).

- Никола́й предпочита́ет всем напи́ткам пи́во (/всем ви́дам иску́сства му́зыку).
  Nikolas prefers beer to all other drinks (/music to all other arts).

■ Режиссёр предпочёл её скро́мный тала́нт всем знамени́тостям.
The director preferred her modest talent over all the celebrities.

**предпочита́ть 2.** *imp* /**предпоче́сть** *pf* (inf) to choose, prefer to do sth
■ Спроси́ли моё мне́ние, но я предпочла́ промолча́ть.
They asked my opinion, but I chose to keep silent.

■ Я не люблю́ го́род, предпочита́ю жить в дере́вне.
I don't like the city; I prefer to live in the country.

■ Он предпочита́ет не рабо́тать, а учи́ться.
He prefers to study rather than go out to work.

■ Мы предпочита́ли рабо́тать день и ночь, лишь бы зако́нчить рабо́ту во́время.
We chose to work day and night so as to finish the work on time.

**представля́ть 1.** *imp* /**предста́вить** *pf* (A)—(D) to present sth to sb/sth
■ Я предста́влю коми́ссии все докуме́нты.
I'll present all the documents to the committee.

■ Инжене́р предста́вил руководи́телю отде́ла все свои́ чертежи́.
The engineer presented all his drafts to the department head.

    **(A)—(на + A)** to present, submit sth for sth
■ Когда́ ты представля́ешь план на обсужде́ние?
When are you presenting the plan for discussion?

    **(A)—(D)—(на + A)** to present, submit sth to sb/sth for sth
■ Не забу́дьте предста́вить соглаше́ние на по́дпись дире́ктору.
Don't forget to present the agreement to the director for his signature.

■ Предста́вьте ваш прое́кт коми́ссии на рассмотре́ние.
Submit your project to the committee for consideration.

    **(A)—(в + A)** to present, submit sth to some place
■ Они́ предста́вят в дире́кцию все необходи́мые да́нные и материа́лы.
They will present (*or* submit) all the necessary data and materials to the director's office.

**представля́ть 2.** *imp* /**предста́вить** *pf* (A)—(D) to present, introduce sb to sb
■ Позво́льте, я предста́влю вам моего́ дру́га (/го́стя/А́нну).
Allow me to introduce my friend (/my guest/Ann) (to you).

■ Нача́льник отде́ла предста́вил нам но́вого сотру́дника.
The head of the department presented our new co-worker to us.

■ Предста́вьте меня́ свое́й жене́.
Introduce me to your wife.

**представля́ть** 3. *imp* /**предста́вить** *pf* (себе́)—(A) to imagine, picture (to one-self) sth

- Я представля́ю (себе́) наш дом (/на́шу встре́чу/у́тро в лесу́).
  I imagine our house (/our meeting/a morning in the forest).
- Он себе́ предста́вил свой разру́шенный дом (/дете́й на у́лице).
  He pictured his ruined house (/his children in the street).

   **(себе́)—(A)—(I)** to imagine (to oneself) sb (as) sb

- Я представля́ла себе́ сы́на пиани́стом, а он стал боксёром.
  I imagined my son a pianist, but he became a boxer.
- Ты мо́жешь предста́вить его́ себе́ краси́вым стро́йным ю́ношей?
  Can you imagine him as a slender, beautiful youth?

   **представля́ть/предста́вить себе́, что (как)** . . . to imagine (to oneself) that (how) . . .

- Предста́вьте себе́, что вы хо́дите по у́лицам Москвы́.
  Imagine that you're walking (along/in) the streets of Moscow.
- Я предста́вила себе́, как он обра́дуется э́той но́вости.
  I imagined how happy he would be at this news.

**предупрежда́ть** *imp* /**предупреди́ть** *pf* (A)—(o + P) to warn, let sb know (before-hand) about sth

- Врач предупреди́л отца́ о возмо́жных осложне́ниях.
  The doctor warned my father about possible complications.
- Предупреди́те меня́ зара́нее о дне ва́шего отъе́зда.
  Let me know beforehand when you're leaving (*lit.* about the day of your departure).
- Нас предупреди́ли по ра́дио о приближе́нии урага́на.
  The radio warned us about the approaching hurricane.

   **предупрежда́ть/предупреди́ть (D) (o том), что** . . . to warn, notify, let sb know beforehand that . . .

- Мы тебя́ предупрежда́ли (o том), что туда́ ходи́ть опа́сно.
  We warned you that it's dangerous to go there.
- Ива́н предупрежда́ет хозя́ина, что он за́втра опозда́ет на рабо́ту.
  Ivan is notifying his boss that he'll be late for work tomorrow.
- Он меня́ предупреди́л, что рабо́та бу́дет тяжёлая.
  He let me know beforehand that the work would be hard.

   **предупрежда́ть (D), что́бы** . . . to warn sb (not) to do sth/be sth . . .

- Мать тебя́ предупрежда́ла, что́бы ты не ходи́ла туда́.
  Mother warned you not to go there.

- Все нас предупрежда́ли, что́бы мы бы́ли осторо́жны.
  Everybody warned us to be careful.

**предупреди́ть (D), что́бы** . . . to let sb know that she/he should (not) do sth
- Нас предупреди́ли, что́бы мы не опа́здывали.
  They let us know that we should not be late.

**пренебрега́ть** *imp* /**пренебре́чь** *pf* **(I)** to neglect, ignore, disregard sth
- О́чень жаль, что ты пренебрёг на́шим предложе́нием (/на́шим мне́нием).
  It's a great pity that you disregarded our suggestion (/opinion).

- В э́тот раз я не пренебрегу́ твои́м сове́том.
  This time I will not ignore your advice.

- Не пренебрега́й ме́рами предосторо́жности (/свои́м здоро́вьем).
  Do not neglect precautionary measures (/your health).

**преподава́ть** *imp* **(A)—(в, на + P)** to teach sth in/at sth
- Она́ преподаёт литерату́ру и исто́рию в шко́ле (/в университе́те).
  She teaches literature and history in a school (/at the university).

- Моя́ мать преподава́ла биохи́мию на биологи́ческом факульте́те.
  My mother taught biochemistry in the biology department.

**(A)—(D)** to teach sth to sb
- Вы бу́дете преподава́ть матема́тику де́тям или взро́слым?
  Will you teach mathematics to children or adults?

**(A)—(y + G)** to teach sb sth
- Кто у вас (/у ва́шего сы́на) преподаёт фи́зику?
  Who teaches you (your son) physics?

**пресле́довать 1.** *imp* **(A)** to chase, pursue sb
- Охо́тники пресле́дуют зве́ря (/во́лка).
  The hunters are pursuing a wild beast (/wolf).

- Полице́йские пресле́довали банди́тов (/во́ра/маши́ну).
  The police chased the bandits (/thief/car).

**пресле́довать 2.** *imp* **(A)—(за + A)** to persecute sb for sth
- В э́той стране́ люде́й пресле́дуют за их взля́ды (/за их ве́ру).
  In this country they persecute people for their views (/faith).

**пресле́довать 3.** *imp* **(*3rd person only*) (A)** (of a thought or feeling) to haunt sb
- Э́та мысль постоя́нно пресле́довала моего́ дру́га (/отца́).
  This thought haunted my friend (/father) constantly.

■ Неуже́ли тебя́ всё ещё пресле́дует страх (/угрызе́ния со́вести)?
Does fear (/remorse) really still haunt you?

**прибавля́ть 1.** *imp* /**приба́вить** *pf* (A)/(G)—(в + A) to add (some of) sth to sth
■ Она́ приба́вила соль (со́ли) в о́вощи (/во́ду (воды́) в суп).
She added salt (some salt) to the vegetables (/water (some water) to the soup).

   **(к + D)—(A)** to add sth to sth
■ Приба́вьте к пятна́дцати де́вять.
Add 9 to 15.

■ Я приба́влю к э́той су́мме ещё два́дцать до́лларов.
I'll add another twenty dollars to this sum.

■ Ка́ждый год он прибавля́л к свое́й колле́кции но́вые карти́ны.
Every year he added new pictures to his collection.

**прибавля́ть 2.** *imp* /**приба́вить** *pf* (A)—(к + D) to add sth to sth (spoken or written)
■ Он приба́вил к письму́ не́сколько строк.
He added a few lines to the letter.

■ Позво́льте мне приба́вить к ска́занному ещё не́сколько слов.
Allow me to add a few words to what has been said.

**прибавля́ть 3.** *imp* /**приба́вить** *pf* (A)—(D) to increase sth; to raise sth for sb
■ Снача́ла он е́хал ме́дленно, а пото́м приба́вил ско́рость.
At first he drove slowly, but then he increased his speed.

■ Всем сотру́дникам прибавля́ли зарпла́ту ка́ждый год.
They've raised salaries for all the employees every year.

**прибега́ть** *imp* /**прибежа́ть** *pf* (в, на + A) to come running, drop in (or by) (in)to (or at) some place
■ Он прибежа́л в шко́лу (/в магази́н) в после́днюю мину́ту.
He came running into school (/store) at the last minute.

■ Ни́на всегда́ прибега́ла на рабо́ту за мину́ту до нача́ла.
Nina would come running to work a minute before starting time.

■ Когда́ она́ прибежа́ла на вокза́л, бы́ло почти́ оди́ннадцать часо́в (но́чи).
When she came running into the railroad station, it was almost eleven o'clock (at night).

■ За́втра я прибегу́ в о́ффис всего́ на не́сколько мину́т.
Tomorrow I'll drop into (/by at) my office for a few minutes.

(к + D) to come running to sb's

- Же́нщина прибежа́ла к врачу́ и умоли́ла ей помо́чь.
  A woman came running to the doctor's and implored him to help her.

  *in sport* (к + D)—(I) to finish, come in (in a race)

- Обы́чно он прибега́л к фи́нишу пе́рвым, но сего́дня он прибежа́л вторы́м.
  He usually finished first, but today he came in second.

  (с + G)/(от + G) to come running from some place or sb's

- Ни́на прибежа́ла от врача́ (/с заня́тий) и сра́зу пое́хала на рабо́ту.
  Nina came running from the doctor's (from class) and went straight off to work.

  (в, на + A)/(к + D)—(за + I) to come running to some place/sb's for sb/sth

- Он прибежа́л в апте́ку за лека́рством (/на по́чту за посы́лкой/к А́нне за сы́ном).
  He came running to the drugstore for medicine (/the post office for a parcel/Anna for his son).

  (в, на + A)/(к + D)—(inf)/(чтобы + inf) to come running to, drop by some place to do sth

- Ива́н прибежа́л к Ни́не, чтобы сообщи́ть э́ту но́вость.
  Ivan came running to Nina's to pass on the news.

- Я прибегу́ на вокза́л (/в университе́т) (чтобы) прости́ться с тобо́й.
  I'll drop by the station (/the university) to say goodbye to you.

**прибега́ть** *imp* /**прибе́гнуть** *pf* (к + D) to resort, have recourse to sth; to turn to (sb) for sth

- Что́бы спасти́ ситуа́цию, он прибе́г к хи́трости.
  To save the situation he resorted to cunning.

- Я, вероя́тно, прибе́гну к ва́шей по́мощи (/к по́мощи бра́та).
  I will probably turn to you (/my brother) for help.

- На́ши роди́тели прибега́ли к наказа́нию (/к стро́гим ме́рам) то́лько в кра́йнем слу́чае.
  Our parents had recourse to punishment (/stern measures) only as a last resort.

**прибива́ть** *imp* /**приби́ть** *pf* (A)—(на + P) to nail sth to sth

- Я прибью́ э́ту афи́шу (/табли́чку с мои́м и́менем) на две́ри.
  I'll nail this poster (/plaque with my name) to the door.

  (A)—(к + D)—(I) to nail, attach sth to sth with sth

- Пожа́луйста, не прибива́й объявле́ния к стена́м гвоздя́ми.
  Please don't nail advertisements to the walls (*lit.* attach them with nails).

**приближа́ть** *imp* /**прибли́зить** *pf* (A)—(к + D) to draw, bring sb/sth nearer (to) sb/sth

- Не приближа́й кни́гу к глаза́м.
  Don't bring the book nearer your eyes.

- Ка́ждый шаг приближа́ет его́ к до́му.
  Every step brings him nearer to home.

**приближа́ться 1.** *imp* /**прибли́зиться** *pf* (к + D) to approach, near, come close/near (to) sth

- Маши́на ме́дленно приближа́ется к толпе́ (/к гру́ппе студе́нтов).
  The car slowly approaches the crowd (group of students).

- Верени́ца маши́н прибли́зилась к зда́нию парла́мента.
  A line of cars slowly neared the parliament building.

- Когда́ я приближа́юсь к мо́рю, я всегда́ чу́вствую волне́ние.
  When I approach (*or* come near) the sea, I always feel excited.

- Я не прибли́жусь сли́шком бли́зко к огню́, не волну́йся.
  Don't worry; I won't come too close to the fire.

**приближа́ться 2.** *imp* /**прибли́зиться** *pf* (of sth) to approach, come soon

- Приближа́ется Но́вый год (/твой день рожде́ния/весна́).
  New Year's (/your birthday/spring) is coming soon.

- Приближа́лся срок пода́чи прое́кта.
  The deadline for submitting the project was approaching.

    *idiom* (of sth) (к + D) to come to, approach sth (abstract)
- Моя́ рабо́та над рома́ном приближа́лась к концу́.
  My work on the novel was coming to an end.

- Строи́тельство приближа́ется к заверше́нию.
  The construction is approaching completion.

**приве́тствовать 1.** *imp* (A) to welcome sb/sth

- Все прису́тствующие приве́тствовали президе́нта (/арти́стов).
  Everyone present welcomed the president (/artists).

    (A)—(I) to greet sb/sth with sth
- Слу́шатели приве́тствуют арти́стов (/орке́стр) аплодисме́нтами.
  The audience greets the artists (/orchestra) with applause.

    (A)—(от + G) to welcome sb on behalf of sb
- Я вас приве́тствую от и́мени всех ва́ших друзе́й.
  I welcome you on behalf of all your friends.

**приве́тствовать 2.** *imp* (A) to express satisfaction with, welcome sth

- Все приве́тствовали оконча́ние э́того строи́тельства.
  Everybody expressed satisfaction with the completion of this construction.
- Сена́т приве́тствует предложе́ние президе́нта (/э́то реше́ние).
  The Senate welcomes the president's proposal (/this decision).

**приводи́ть 1.** *imp* /**привести́** *pf* (A)—(в, на + A) to bring, lead sb to some place

- Учи́тель привёл дете́й в музе́й (/в теа́тр/на вы́ставку).
  The teacher led the children to the museum (/theater/exhibition).
- Приведи́ своего́ го́стя с собо́й в рестора́н (/в университе́т).
  Bring your guest with you to the restaurant (/university).
- Я привожу́ посети́теля на тре́тий эта́ж (/в кабине́т дека́на).
  I'm bringing a visitor to the third floor (/dean's office).

    **(A)—(к + D)** to bring sb to sb's

- Я приведу́ к вам за́втра моего́ дру́га (/бра́та).
  I'll bring my friend (/brother) to your place tomorrow.
- Он привёл свою́ ста́рую мать к врачу́.
  He brought his old mother to the doctor's.

    **(A)—(на + A)—(к + D)** to bring sb to sb's sth

- Он сказа́л, что он приведёт де́вочку на приём к врачу́ (/делега́цию на приём к дека́ну).
  He said he'd bring the girl to the doctor's appointment (/the delegation to the dean's reception).

    **(из, с + G)/(от + G)** to bring sb from some place or sb's

- Муж приведёт дете́й из шко́лы (/со стадио́на/от врача́).
  My husband will bring the children from school (/the stadium/the doctor's).

**приводи́ть 2.** *imp* /**привести́** *pf* (A)—(в, на + A)/(к + D) (of sb) to lead sb, show sb the way to some place

- Проводни́к привёл тури́стов в го́ры (/к перева́лу/на верши́ну горы́).
  The guide led the tourists to the mountains (/the pass/the mountaintop).
- Незнако́мец пообеща́л, что приведёт меня́ на доро́гу.
  A stranger promised to show me the way to the road.

    **(A)—(в, на + A)/(к + D)** (*3rd person only*) (of sth) to bring sb some place

- Э́та доро́га приведёт вас в го́род (/на о́зеро/к перева́лу).
  This road will bring you to the city (/lake/pass).

- Ле́стница привела́ нас в подва́л (/ко вхо́ду в мастерску́ю).
  The stairs brought us to the basement (/studio entrance).

**приводи́ть 3.** *imp* /**привести́** *pf* (A)—(к + D) to bring, take, lead sb/sth to sth (abstract)

- Э́тот но́вый факт привёл учёного к друго́му заключе́нию.
  This new fact brought the scientist to a different conclusion.

- Наш тре́нер не раз приводи́л на́шу кома́нду к побе́дам.
  Our coach led our team to victory more than once.

- Му́жество и упо́рство приведу́т его́ к высо́ким достиже́ниям.
  Courage and perseverance will take him to high achievements.

**приводи́ть 4.** *imp* /**привести́** *pf* (A)—(в + A) to drive, throw sb in(to) sth (emotion or feeling)

- После́дние собы́тия в э́той стране́ приво́дят мно́гих в отча́яние.
  The recent events in this country are driving many people to despair.

- Его́ слова́ привели́ всех в смуще́ние.
  His words threw everybody into confusion.

**приводи́ть 5.** *imp* /**привести́** *pf* (A)—(в + A) to cite sth as sth

- В доказа́тельство свое́й мы́сли он привёл ва́ши слова́ (/мне́ние своего́ профе́ссора).
  As proof of his idea he cited your words (/his professor's opinion).

**привози́ть** *imp* /**привезти́** *pf* (A) to bring (in a vehicle) sb/sth

- Обы́чно я привожу́ домо́й проду́кты.
  Usually I bring home the groceries.

- Привези́ мне ру́сский слова́рь, но не привози́ большо́й.
  Bring me a Russian dictionary, but don't bring a big one.

- Оте́ц привёз сы́ну гита́ру (/магнитофо́н/инструме́нты).
  The father brought his son a guitar (/tape recorder/tools).

- В сле́дующий раз я привезу́ с собо́й мою́ ста́ршую дочь.
  Next time I'll bring my older daughter with me.

   (A)—(в, на + A) to bring (in a vehicle) sb/sth to some place

- Авто́бус привёз спорти́вную кома́нду на стадио́н.
  The bus brought the (sports) team to the stadium.

- Я привезу́ отца́ в поликли́нику за́втра.
  I'll bring my father to the clinic tomorrow

- Не привози́ на да́чу молоко́, мы ку́пим здесь.
  Don't bring milk to the dacha (vacation house); we'll buy it here.

(A)—(D)/(к + D) to bring (to) sb/sb's (in a vehicle) sb/sth

- Он всегда́ приво́зит мое́й сестре́ цветы́ (/конфе́ты).
  He always brings my sister flowers (/candy).

- Кто вас привезёт к Ивано́вым?
  Who will bring you to the Ivanovs'?

(A)—(из, с + G) to bring (in a vehicle) sth from some place

- Я ча́сто привожу́ с рабо́ты (/из институ́та) домо́й мои́ чертежи́.
  I often bring my plans home from work (/the institute).

(A)—(D)—(из, с + G)/(от + G) to bring (to) sb (in a vehicle) sth from some place/sb

- Брат привёз мне ожере́лье из Япо́нии (/с Аля́ски).
  My brother brought me a necklace from Japan (/Alaska).

- Она́, коне́чно, привезёт де́тям пода́рки от всех ро́дстенников.
  Of course she'll bring the children presents from all the relatives.

**привыка́ть** *imp* /**привы́кнуть** *pf* (к + D) to get accustomed, used to sb/sth

- Он привы́к к э́тим лю́дям (/к но́вым колле́гам).
  He got used to these people (/his new colleagues).

- Я уве́рен, что привы́кну к э́тому кли́мату (/к мое́й рабо́те).
  I'm sure I'll get used to this climate (/my work).

- Нелегко́ привыка́ть к но́вым обы́чаям (/к но́вым поря́дкам).
  It isn't easy to get accustomed to new habits (/new rules).

**привыка́ть/привы́кнуть** (inf) to get used to doing sth

- Мы привы́кли ра́но встава́ть (/ходи́ть пешко́м).
  We got used to getting up early (/walking).

- Ты привы́кнешь е́здить в метро́ (/ложи́ться спать ра́но).
  You'll get used to going by subway (/going to bed early).

- Мы до́лго привыка́ли рабо́тать на у́лице.
  It took us a long time to get used to working outdoors.

**приглаша́ть** *imp* /**пригласи́ть** *pf* (A)—(в, на + A)/(к + D) to invite sb to some place/sb's

- Кого́ ты пригласи́л в кино́ (/на шко́льный ве́чер/на конце́рт)?
  Whom did you invite to the movie (/school party/concert)?

- Я приглашу́ Ива́на к нам (/к мои́м роди́телям).
  I'll invite Ivan to our place (/to my parents').

**(A)—(в + A)/(к + D)—(на + A)** to invite sb to some place/sb's for sth

- Мы ча́сто приглаша́ем Ма́шу в рестора́н на обе́д и́ли на у́жин.
  We often invite Masha to a restaurant for lunch or dinner.

- Ты ра́ньше всегда́ приглаша́л свои́х друзе́й к нам на Рождество́.
  You always used to invite your friends to our place for Christmas.

**(A)—(inf)** to invite sb to do sth

- Он приглаша́л вас пое́хать с ним за́ город, а вы не пое́хали.
  He invited you to go with him to the country, but you didn't go.

- Дека́н пригласи́л меня́ прочита́ть на факульте́те се́рию ле́кций.
  The dean invited me to present a series of lectures at the department.

**пригоди́ться** *pf* **(D)—(для + G)** to be of use, useful to sb for sth

- Вам пригодя́тся э́ти кни́ги для ва́шей курсово́й рабо́ты?
  Will these books be of use to you for your paper?

- Ни́не пригоди́лось э́то пла́тье для выступле́ния на конце́рте.
  This dress was useful to Nina for her performance in the concert.

**(D)—(в + P)** to be of use, useful to sb on sth

- Нам пригодя́тся э́ти сапоги́ в похо́де (/э́тот чемода́н в путеше́ствии).
  These boots will be useful to us on the hike (/This suitcase will be useful to us on the trip).

**приду́мывать** *imp* /**приду́мать** *pf* **(A)** to think of/up, invent sth

- Ива́н ве́чно приду́мает каку́ю-нибудь отгово́рку.
  Ivan will always invent some kind of excuse.

- Кто приду́мал э́ту игру́?
  Who thought up this game?

- Приду́май про́звище для мое́й соба́ки.
  Think of a nickname for my dog.

- Я приду́маю вы́ход из положе́ния.
  I'll think of a way out of the situation.

**приду́мать, что (как)** . . . to get an idea for sth (what/how)

- А́нна приду́мала, что́ она́ наде́нет (/как лу́чше оде́ться на ве́чер).
  Anna got an idea for what she'd wear (/how best to dress for the party).

**приезжа́ть** *imp* /**прие́хать** *pf* **(в, на + A)/(к + D)** to come to (by vehicle), arrive at some place/sb's

- Он прие́дет в поликли́нику (/на рабо́ту) че́рез полчаса́.
  He'll come to the clinic (/work) in half an hour.

- Я приезжа́ю в Испа́нию (/на побере́жье) то́лько ле́том.
  I come to Spain (/the coast) only in summer.
- Когда́ ты прие́хал к Ни́не (/к роди́телям)?
  When did you arrive at Nina's (/your parents')?

  (в, на + A)/(к + D)—(на + A) to come (by a vehicle) to some place/sb's on (a day)/for a period of time
- Я прие́ду в ваш го́род на неде́лю (/на конфере́нцию на оди́н день/к Ива́ну на воскресе́нье).
  I'll come to your city for a week (/to the conference for a day/to Ivan's on Sunday).

  (из, с, от + G) to arrive, come (by a vehicle) from some place, sb's
- Ива́н то́лько что прие́хал из Евро́пы (/из Москвы́/из дере́вни).
  Ivan has just arrived from Europe (/Moscow/the country).
- Я сего́дня прие́ду с рабо́ты (/с конце́рта/с конфере́нции) по́здно.
  Today I'll come home from work (/the concert/the conference) late.
- Мари́я то́лько что прие́хала от свои́х роди́телей.
  Maria just arrived from her parents'.

  (за + I) to come (in a vehicle) for sb/sth (i.e., to pick up sb/sth)
- Он обы́чно приезжа́ет за тобо́й (/за детьми́) в пять часо́в.
  He usually comes for you (/the children) at five o'clock.
- Кто прие́дет за проду́ктами (/за биле́тами на конце́рт)?
  Who will come for the groceries (/concert tickets)?

**признава́ть** *imp* /**призна́ть** *pf* (A) to admit, recognize, acknowledge sth
- Я не признаю́ его́ правоту́, пока́ он э́то не дока́жет.
  I won't admit that he's right (*lit.* his rightness) until he proves it.
- Он призна́л свою́ оши́бку (/вину́).
  He admitted his mistake (/fault).
- Как вы мо́жете не признава́ть фа́кты?
  How can you not acknowledge the facts?
- Все учёные признаю́т его́ заслу́ги пе́ред нау́кой.
  All scientists acknowledge his services to science.
- Большинство́ стран призна́ло но́вое госуда́рство.
  The majority of nations have recognized the new state.

**признава́ться** *imp* /**призна́ться** *pf* (в + P) to admit (to) sth
- Она́ всегда́ признаётся в свои́х оши́бках.
  She always admits to her mistakes.

■ Ива́н откры́то призна́лся в своём заблужде́нии.
Ivan openly admitted his error.

**(D)—(в + P) to admit, confess sth to sb**
■ Марк призна́лся дру́гу в свои́х подозре́ниях (/в своём просту́пке).
Marc admitted his suspicions (/confessed his fault) to his friend.

■ Не сомнева́юсь, что он призна́ется мне во всём.
I don't doubt that he'll confess everything to me.

**признава́ться/призна́ться (в том), что . . . to confess, admit that . . .**
■ Я до́лжен призна́ться (в том), что я не люблю́ мою́ профе́ссию.
I must confess that I don't like my profession.

■ Пётр признаётся, что нагруби́л учи́тельнице.
Peter admits that he was rude with the teacher.

■ Она́ признаётся, что не всегда́ поступа́ла по со́вести.
She admits that she did not always act according to her conscience.

**прика́зывать** *imp* /**приказа́ть** *pf* (D)—(inf) to order, tell sb to do sth
■ Нача́льник приказа́л нам зако́нчить рабо́ту к концу́ неде́ли.
The manager ordered us to finish work by the end of the week.

■ Оте́ц не прика́зывал де́тям что́-нибудь сде́лать, а проси́л их.
Father didn't order the children to do something; he asked them.

■ Я прикажу́ ему́ пойти́ к больно́му и вы́яснить, в чём там де́ло.
I'll tell him to go to the patient and explain what's going on.

**прилета́ть** *imp* /**прилете́ть** *pf* (в, на + A) to fly (come flying) to some place
■ Обы́чно в ма́рте в на́ши края́ (/на наш о́стров) прилета́ют пти́цы.
Birds usually fly to our area (/island) in March.

**(в, на + A)/(к + D) to fly to some place/sb's**
■ Я прилечу́ в Чика́го (/на конфере́нцию/к бра́ту) в сре́ду.
I'll fly to Chicago (/the conference/my brother's) on Wednesday.

**(из, с + G)—(к + D) to fly from some place to sb's**
■ К Ивано́вым прилете́л их друг из Кана́ды (/с Лонг-А́йленда).
A friend flew to the Ivanovs' from Canada (/Long Island).

**(от + G)— (в, на + A) to fly in from sb's to some place**
■ Он то́лько два дня наза́д прилете́л в Кана́ду (/на Аля́ску) от свои́х роди́телей.
He flew in to Canada (/Alaska) from his parents' only two days ago.

(из, с + G)—(на + P) to fly in to some place in/by sth

■ Я прилечу́ в Босто́н (/на Лонг-А́йленд) на своём самолёте.
I will fly in to Boston (/Long Island) in my private plane.

**принадлежа́ть 1.** *imp* (3rd person only) **(D)** to belong to sb

■ Кому́ принадлежа́т э́ти зе́мли (/кни́ги/карти́ны)?
To whom do these lands (/books/pictures) belong?

■ Э́та земля́ ра́ньше принадлежа́ла семье́ Ивано́вым.
This land used to belong to the Ivanov family.

**принадлежа́ть 2.** *imp* (3rd person only) **(D)** to belong (*i.e.*, be a creation of) to sb/sth; to be by sb

■ Э́то откры́тие принадлежи́т профе́ссору Петро́ву.
This invention belongs to Professor Petrov.

■ Э́та карти́на принадлежи́т ки́сти Ре́пина.
This picture is by Repin (*lit.* belongs to the brush of Repin).

**принадлежа́ть 3.** *imp* **(к + D)** to belong to, be a member, one of sb/sth

■ Я не принадлежу́ ни к како́й па́ртии или организа́ции.
I do not belong to (*or* am not a member of) any party or organization.

■ Че́хов принадлежи́т к числу́ лу́чших писа́телей на́шего вре́мени.
Chekhov is one of the best writers of our time.

■ Ру́сский писа́тель Лев Толсто́й принадлежа́л к аристокра́тии.
The Russian writer Leo Tolstoy was a member of the aristocracy.

**принима́ть 1.** *imp* /**приня́ть** *pf* **(A)**—**(от + G)** to accept sth from sb

■ Я не приму́ пода́рок (/часы́) от э́того челове́ка.
I will not accept a present (/watch) from this man.

**принима́ть 2.** *imp* /**приня́ть** *pf* **(A)**—**(от + G)** to take, receive sth from sb

■ Почто́вый слу́жащий принима́ет от люде́й пи́сьма (/посы́лки).
A post office clerk takes letters (/parcels) from people.

**(A)**—**(в, на + P)** to take sth from sb in/at some place

■ Кварти́рную пла́ту принима́ют в ба́нке (/зака́зы на ремо́нт . . . в мастерско́й/ посы́лки . . . на по́чте).
They take rent payments at the bank (/orders for repair in the repair shop/parcels at the post office).

**принима́ть 3.** *imp* /**приня́ть** *pf* **(A)**—**(в, на + A)** to accept, admit sb to sth (an organization)

- Бра́ту сообщи́ли, что его́ при́няли в э́тот университе́т (/на рабо́ту).
  My brother was informed that he's been accepted at this university (/offered the job (*lit.* accepted to the job)).

- Э́ту страну́ до́лго не принима́ли в ООН.
  This country was not admitted to the UN for a long time.

**принима́ть 4.** *imp* /**приня́ть** *pf* (A)—(в, на + A) to receive, see sb in/at some place

- Э́тот врач принима́ет больны́х в кли́нике (/на четвёртом этаже́).
  The doctor sees patients at the clinic (/on the fourth floor).

- Дире́ктор при́нял посети́теля в своём кабине́те.
  The director received the visitor in his office.

- Президе́нт при́мет делега́цию в Ова́льном за́ле.
  The president will receive the delegation in the Oval Office.

  (A)—(в + A) to see sb at some time

- Дека́н при́мет вас во вто́рник (/за́втра в три часа́ дня).
  The dean will see you Tuesday (/tomorrow at three o'clock).

  (A)—(A)—(в + A) to see sb so many times in a period of time

- Он принима́ет больны́х два ра́за в ме́сяц (/три ра́за в неде́лю).
  He sees patients twice a month (/three times a week).

**принима́ть 5.** *imp* /**приня́ть** *pf* (A) to accept, approve, pass sth

- К сча́стью, он при́нял мой сове́т (/моё предложе́ние/мой прое́кт).
  Happily, he accepted my advice (/proposal/project).

- Все ожида́ют, что Сена́т при́мет э́тот законопрое́кт.
  Everybody expects the Senate to approve (or pass) this bill.

**принима́ть 6.** *imp* /**приня́ть** *pf* (A)—(за + A) to take sb for sb

- Я при́нял э́того челове́ка за на́шего инжене́ра (/за моего́ сосе́да).
  I took this man for our engineer (/for my neighbor).

- Не ду́маю, что она́ при́мет нас за опа́сных люде́й.
  I don't think she'll take us for dangerous people.

- Ты я́вно принима́ешь его́ не за того́.
  You obviously take him for someone else.

**принима́ть 7.** *imp* /**приня́ть** *pf* (A)—(A)—(в + A) to take a given quantity of sth (medicine) so many times in a period of time

- Он принима́ет э́то лека́рство (/э́ти табле́тки) три ра́за в день.
  He takes this medication (/these tablets) three times a day.

**(A)—(до, после + G)—(по + D)** to take a given quntity of sth (medicine) before/after sth

■ Принима́йте э́то лека́рство по ча́йной ло́жке до (/по́сле) еды́.
Take a teaspoonful of this medicine before (/after) meals.

**принима́ться** *imp* /**приня́ться** *pf* **(за + A)** to start (doing) sth

■ Когда́ ты при́мешься за дома́шнее зада́ние (/за почи́нку маши́ны)?
When will you start your housework (/fixing the car)?

■ Все принима́ются за еду́.
Everybody starts to eat.

■ Мать с утра́ приняла́сь за убо́рку (/сти́рку/обе́д).
Mother started cleaning (/washing/the dinner) in the morning.

**принима́ться/приня́ться (inf)** to start doing sth

■ От ра́дости она́ приняла́сь смея́ться и танцева́ть.
She started to laugh and dance for joy.

**приноси́ть** *imp* /**принести́** *pf* **(A)—(в, на + A)** to bring sth to some place

■ Я принесу́ кни́ги в библиоте́ку (/на факульте́т) за́втра.
I'll bring the books to the library (/department) tomorrow.

■ Ива́н принёс на рабо́ту фотогра́фии свои́х дете́й.
Ivan brought pictures of his children to work.

**(A)—(D)/(к + D)** to bring sb/sth to sb's/sb

■ Я приношу́ моего́ ма́ленького сы́на к врачу́ раз в неде́лю.
I bring my little boy to the doctor's once a week.

■ Почему́ ты принёс чемода́ны к свои́м роди́телям?
Why did you bring the suitcases to your parents'?

■ Он прино́сит ма́тери проду́кты (/молоко́/газе́ты).
He brings his mother groceries (/milk/the newspapers).

■ Не приноси́те мне бо́льше ва́ше пече́нье; мне нельзя́ его́ есть.
Don't bring me any more of your cookies; I shouldn't eat them.

**(A)—(из, с + G)/(от + G)** to bring sb/sth from some plac/sb's

■ Принеси́ из столо́вой (/с балко́на) ещё оди́н стул.
Bring one more chair from the dining room (/balcony).

■ Он принёс с рабо́ты (/из университе́та) свои́ кни́ги и материа́лы.
He brought his books and materials from work (/the university).

■ Когда́ ты принесёшь ребёнка от сосе́дей?
When will you bring the child from the neighbors'?

**прислу́шиваться** *imp* /**прислу́шаться** *pf* (**к** + **D**) to listen to sth
- Он прислу́шивался к голоса́м (/к шу́му на у́лице).
  He listened to the voices (/the noise in the street).

(**к** + **D**) to listen, pay attention to sth; to take sth into consideration
- Прислу́шивайся к её сове́там; она зна́ет, что говори́т.
  Listen to her advice; she knows what she's talking about.
- Я безусло́вно прислу́шаюсь к ва́шему мне́нию.
  I'll certainly take your opinion into consideration.

**прису́тствовать** *imp* (**в, на** + **P**) to be (present ) in some place
- Ты прису́тствовал на ле́кции, когда́ э́то произошло́?
  Were you (present) at the lecture when it happened?

(**при** + **P**) to witness, be present at sth
- Мы прису́тствовали при разгово́ре (/при э́том спо́ре).
  We witnessed (*or* were present at) the conversation (/this argument).

**присыла́ть** *imp* /**присла́ть** *pf* (**A**)—(**D**)—(**в, на** + **A**) to send sth to sb in some place
- Мой брат присыла́ет нам в Росси́ю кни́ги и ве́щи.
  My brother sends us books and clothes to Russia.
- Я пришлю́ вам (/твои́м де́тям) на Аля́ску всё, что вам ну́жно.
  I'll send you whatever you (your children) need to Alaska.

(**A**)—(**D**)—(**из,с** + **G**) to send sth to sb from some place
- Что ты присла́л из Нью-Йо́рка свои́м друзья́м?
  What did you send your friends from New York?
- Я пришлю́ отцу́ с вы́ставки э́тот катало́г.
  I'll send Father this catalogue from the museum.

(**A**)—(**за** + **I**) to send sth for (to pick up) sb/sth
- Дире́ктор присла́л за детьми́ (/кни́гами) микроавто́бус.
  The director sent a van for (to pick up) the children (/books).
- За врачо́м пришлю́т маши́ну.
  They will send a car for the doctor.

**приходи́ть** 1. *imp* /**прийти́** *pf* (**в, на** + **A**) to come, get to some place
- Ты придёшь за́втра в парк (/в музе́й/на вы́ставку)?
  Will you come to the park (museum/exhibition) tomorrow?
- Я обы́чно прихожу́ на рабо́ту (/на конце́рт) ра́ньше вре́мени.
  I usually get to work (/the concert) early.

**(к + D)** to come to sb's

- Я приду́ к тебе́ за́втра.

  I'll come to your place tomorrow.

- Вчера́ брат неожи́данно пришёл к Ива́ну (/к на́шим роди́телям).

  Yesterday my brother came to Ivan's (/to our parents') unexpectedly.

**(из,с + G)/(от + G)** to come, arrive from some place or sb's

- Когда́ вы придёте из магази́на (/из апте́ки/с ры́нка)?

  When will you come from the store (/pharmacy/market)?

- Я обы́чно прихожу́ (домо́й) с рабо́ты (/из госте́й) уста́лый.

  I usually come home tired from work (/from a visit).

- Она́ пришла́ от врача́ в два часа́ дня.

  She arrived from the doctor's at two p.m.

**(в, на + A)—(из,с + G)/(от + G)** to come to some place from some place or sb's

- Мы придём в кафе́ от мои́х роди́телей, а на конце́рт с рабо́ты (/из университе́та).

  We'll come to the café from my parents', and to the concert from work (/the university).

**(за + I)** to come for sb/sth; to pick up sb/sth

- —За кем вы пришли́? —Я пришёл за мои́ми детьми́.

  "Whom did you come for (or whom are you picking up)?"—"I came for my children."

- Э́то приходи́л Ива́н за кни́гой (/за биле́тами/за лека́рством).

  It was Ivan, who came for a book (/the tickets/the medicine).

**приходи́ть/прийти́ (inf)** to come to do sth

- Я пришёл поговори́ть с ва́ми.

  I came to talk to you.

- Приходи́ за́втра занима́ться в библиоте́ке.

  Come and study in the library tomorrow.

**приходи́ть 2.** *imp* /**прийти́** *pf* (*3rd person only*) **(D)—(из, с + G)** (of sth mailed or sent) to arrive for sb from some place

- Моему́ колле́ге пришло́ письмо́ из Австра́лии (/с Ку́бы).

  A letter arrived for my colleague from Australia (/Cuba).

**(в, на + A)—(из, с + G)** (of sth mailed) to arrive at, come to some place from some place

- В на́ше изда́тельство из Вашингто́на пришёл паке́т (/письмо́).

  A package (/letter) arrived at our publisher from Washington.

- На наш факульте́т ча́сто прихо́дят материа́лы с други́х факульте́тов.
  Materials often come (/are often sent) from other departments to ours.

**приходи́ть 3.** *imp* /**прийти́** *pf* (в + A) (of sth) to become sth (physical condition)
- Со вре́менем на́ша маши́на пришла́ в него́дность.
  In time our car became unfit (to drive).

  (в + A) (of sb) to be, become sth (emotional condition)
- Когда́ он узна́л об э́том, он пришёл в восто́рг (/в негодова́ние).
  When he learned about this, he was delighted (/became indignant).

**причёсываться** *imp* /**причеса́ться** *pf* (I) to use sth for one's hair
- Я причёсываюсь щёткой (/гребёнкой).
  I use a brush (/comb) for my hair.

  (перед + I) to comb one's hair in front of sth
- Причеши́сь пе́ред зе́ркалом.
  Comb your hair in front of the mirror.

  (у + G) to have one's hair done by sb
- Она́ причёсывается у лу́чшего парикма́хера в го́роде.
  She has her hair done by the best hairdresser in the city.
- Сего́дня её парикма́хер бо́лен, и она́ причеса́лась у друго́го.
  Today her hairdresser is sick, and she had her hair done by someone else.

**про́бовать 1.** *imp* /**попро́бовать** *pf* (A) to taste sth
- —Ты про́бовала мой торт? —Ещё нет, но я попро́бую.
  "Did you taste my cake?"—"Not yet, but I will."

**про́бовать 2.** *imp* /**попро́бовать** *pf* (inf) to try to do sth
- Он про́бовал встать, но не мог.
  He tried to get up but couldn't.
- Я попро́бую узна́ть э́тот а́дрес (/реши́ть э́ту зада́чу).
  I'll try to find out the address (/solve this problem).

**проверя́ть 1.** *imp* /**прове́рить** *pf* (A) to check, verify, correct sth
- Вы уже́ прове́рили прое́кт Ма́рка (/наш отчёт)?
  Have you checked Mark's project (/our report) already?
- Мы прове́рим счёт из ба́нка (/да́ту на письме́).
  We'll verify the bill from the bank (/the date on the letter).
- Я ещё не проверя́ла дома́шние зада́ния (/сочине́ния) студе́нтов.
  I haven't corrected the students' homework (/essays) yet.

**проверя́ть 2.** *imp* /**прове́рить** *pf* (A) to test sth
- Меха́ник проверя́ет маши́ну (/мото́р/механи́зм).
  The mechanic is testing the car (/engine/mechanism).

    (A)—(на + P) to test sth on sb; to check sth through sth
- Лека́рства снача́ла проверя́ют на живо́тных.
  Drugs are first tested on animals.
- Мы прове́рим зна́ния ученико́в на экза́мене.
  We'll check the students' knowledge through the exams.

**проводи́ть 1.** *imp* /**провести́** *pf* (A)—(в, на + A)/(к + D) to take, lead sb to some place/sb
- Я проведу́ посети́теля в цех (/в лаборато́рию/на строи́тельство).
  I'll take the visitor to the shop (/laboratory/construction site).
- Я провожу́ госте́й снача́ла в дом, а пото́м на вера́нду.
  I take guests first to the house and then to the porch.
- Проводи́ делега́цию к гла́вному инжене́ру (/к дире́ктору).
  Take the delegation to the head engineer (/the director).
- Она́ провела́ дете́й в библиоте́ку (/в музе́й).
  She led the children to the library (/museum).

**проводи́ть 2.** *imp* /**провести́** *pf* (A)—(на + P)—(I) to draw sth on sth with/in sth
- Он провёл на чертеже́ ту́шью сплошну́ю ли́нию.
  He drew a solid line in ink on the blueprint.
- Я проведу́ на ка́рте кра́сным карандашо́м грани́цу ме́жду двумя́ шта́тами.
  I'll draw the border between two states on the map in red pencil.

**проводи́ть 3.** *imp* /**провести́** *pf* (A)—(в, на + P)/(за + I) to spend sth (time) in some place
- Мы провели́ о́тпуск на ю́ге (/во Флори́де/в Калифо́рнии).
  We spent our vacation in the South (/Florida/California).
- Я проведу́ неде́лю (/ме́сяц) за го́родом или за грани́цей.
  I'll spend a week (/a month) in the country or abroad.

    (A)—(в + P) to spend sth (time) doing sth
- Я провожу́ весь день (/все воскре́сенья) в рабо́те.
  I spend all day (/every Sunday) working (*lit.* in work).
- Он провёл всю свою́ жизнь в путеше́ствиях.
  He spent all his life traveling.

**проводи́ть** 4. *imp* /**провести́** *pf* (A)—(в, на + A) to conduct, carry out sth in some place

- Он провёл уро́к в шко́ле (/ле́кцию на на́шем факульте́те).
  He conducted a lesson at the school (/lecture at our department).

- На́ша гру́ппа проводи́ла о́пыты в лаборато́рии и на заво́де.
  Our group carried out experiments in laboratories and in a factory.

**провожа́ть/проводи́ть** *pf* (A)—(до + G) to accompany, see sb to sth

- Мать всегда́ провожа́ет дете́й до шко́льного авто́буса.
  Mother always accompanies the children to the school bus.

- Никола́й прово́дит её (/Мари́ю Ивано́ву) до маши́ны.
  Nicolas will see her (/Maria Ivanova) to the car.

- Они́ проводи́ли дру́га до авто́буса (/до угла́ у́лицы/до две́ри).
  They saw their friend to the bus (/corner of the street/door).

    (A)—(в, на + A) to see sb to sth

- Оте́ц проводи́л сы́на на вокза́л (/в аэропо́рт/на при́стань).
  The father saw his son to the train station (/airport/pier).

**продава́ть/прода́ть** *pf* (A)—(D) to sell sth to sb

- —Ты прода́шь мне свою́ маши́ну? —Коне́чно, я прода́м тебе́ мою́ маши́ну.
  "Will you sell me your car?"—"Of course I'll sell you my car."

    (A)—(в, на + P) to sell sth in/at some place

- Мой оте́ц продава́л оде́жду (/о́бувь/ме́бель) в универма́ге.
  My father was selling clothes (/shoes/furniture) in a department store.

- Не зна́ю, продаду́т ли тебе́ на по́чте тако́й я́щик.
  I don't know if they'll sell you a box like that at the post office.

- Вчера́ на аукцио́не про́дали мно́го краси́вых веще́й.
  Yesterday many beautiful things were sold at the auction.

    (в + A)/(за + A) to sell on/for sth (kind of payment)

- В э́том магази́не продаю́т в креди́т или то́лько за нали́чные?
  Does this store sell on credit (*lit.* Do they sell on credit in this store?), or only for cash?

**продолжа́ть/продо́лжить** *pf* (A) to continue sth

- Дава́йте продо́лжим наш разгово́р (/на́ше обсужде́ние) за́втра.
  Let's continue our conversation (discussion) tomorrow.

- Мы продо́лжили экспериме́нт на сле́дующий день.
  The next day we continued the experiment.

- Профе́ссор бу́дет продолжа́ть ле́кцию по́сле переры́ва.
  The professor will continue the lecture after a break.

**продолжа́ть (inf)** to go on, continue, keep doing sth

- Мы продолжа́ли рабо́тать ещё два часа́.
  We went on working for two hours.

- Я продолжа́ю занима́ться на э́том факульте́те (/писа́ть стихи́).
  I continue to study in this department (/to write poems).

- Лю́ди вокру́г проси́ли его́ замолча́ть, но он продолжа́л петь.
  People around him asked him to be quiet, but he went on singing.

- Мать продолжа́ет убежда́ть меня́, что́бы я занима́лся му́зыкой.
  Mother kept persuading me to study music.

**продолжа́ться/продо́лжиться** *pf* **(A)/(до + G)** to last, continue for some time/until some date

- Ско́лько вре́мени продолжа́ется уро́к (/ле́кция/сеа́нс)?
  How long does the lesson (/lecture/performance) last?

- Переры́в продо́лжится де́сять мину́т (/до полови́ны второ́го).
  The intermission will last ten minutes (/until one-thirty).

- Переми́рие ме́жду двумя́ стра́нами продолжа́лось пять неде́ль.
  The armistice between the two countries lasted five weeks.

- Неуже́ли заседа́ние бу́дет продолжа́ться до ве́чера (/до но́чи)?
  Will the meeting really continue until the evening (/night)?

**проѝгрывать/проигра́ть** *pf* **(A)—(D)** to lose sth to sb/sth

- Мой друг проигра́л э́ту па́ртию (/матч) бо́лее молодо́му спортсме́ну.
  My friend lost the game (/match) to a younger athlete.

  **(в, на + A)** to lose in/at sth

- Ива́н почти́ всегда́ проѝгрывает в ша́хматы (/в ша́шки).
  Ivan almost always loses at chess (/checkers).

- Э́тот теннисѝст проигра́л в соревнова́ниях (/на чемпиона́те).
  That tennis player lost in the competition (/the championship).

**производи́ть 1.** *imp* **/произвести́** *pf* **(A)—(в, на + A)** to carry out, do, make sth in some place

- Вы произво́дите в ва́шей мастерско́й ремо́нт шве́йных маши́н (/телеви́зоров/пылесо́сов)?
  Do you do sewing machine (/TV/vacuum cleaner) repairs in this shop?

- Я произвожу́ о́пыты в лаборато́рии.
  I carry out experiments in the laboratory.

- Археоло́ги произвели́ ряд раско́пок на берегу́ Кра́сного мо́ря.
  The archeologists made a series of excavations on the shores of the Red Sea.

**производи́ть 2.** *imp* /**произвести́** *pf* (A)—(в, на + A) to manufacture sth in/at some place

- На э́том заво́де (/в э́той фи́рме) произво́дят телеви́зоры.
  In this plant (/at this company) they manufacture TV sets.

**производи́ть 3.** *imp* /**произвести́** *pf* (A)—(на + A) to make, produce sth (an effect) on sb

- Ва́ши слова́ произвели́ на всех си́льное впечатле́ние.
  Your words made (*or* produced) a strong impression on everybody.

**произноси́ть 1.** *imp* /**произнести́** *pf* (A) to pronounce, say, utter sth
- Как она́ произнесла́ э́то сло́во?
  How did she pronounce this word?

- Слу́шайте внима́тельно, я произнесу́ э́ту фра́зу ещё раз.
  Listen attentively, I'll say the sentence one more time.

- Преподава́тель отчётливо произно́сит все слова́ в те́ксте.
  The instructor utters all the words of the text distinctly.

- Я с трудо́м произношу́ зву́ки э́того языка́ (/её фами́лию).
  I can hardly pronounce the sounds of this language (/her last name).

**произноси́ть 2.** *imp* /**произнести́** *pf* (A) to deliver, give sth (a speech)
- На банке́тах и приёмах он произно́сит приве́ствия.
  He delivers the salutations at banquets and receptions.

- Сего́дня он произнесёт коро́ткий спич (/пе́рвый тост).
  Today he will give a short speech (/the first toast).

(A)—(на + P)/(adv) to deliver sth (a speech) in a language
- Делега́ты произноси́ли ре́чи на францу́зском и испа́нском языка́х.
  The delegates delivered their speeches in French and Spanish.

**происходи́ть** *imp* /**произойти́** *pf* (в, на + P) to take place, be (there is/are) in some place
- В лесу́ (/на поля́х) ка́ждый день происхо́дят измене́ния.
  Changes take place in the forest (/fields) every day.

- В после́днее вре́мя в Чика́го происходи́ло мно́го интере́сных собы́тий.
  There have been many interesting events in Chicago lately.

- Вчера́ на э́том перекрёстке (/на пло́щади) произошла́ ава́рия.
  Yesterday there was a collision at this intersection (/in the square).

(у + G)—(в, на + P) to happen, go on in sb's sth
- У него́ в семье́ (/у нас на ка́федре) всё вре́мя что́-то происхо́дит.
  Something is always happening (*or* going on) in his family (/our department).

**(из-за + G)/(по + D)** to happen, occur, take place over/because of sb/sth
- Ссора произошла из-за детей (/из-за денег).
  The quarrel happened (*or* took place) over the children (/money).

- Ошибка произошла по вашей вине.
  This mistake occurred because of you (your fault).

**пропадать 1.** *imp* /**пропасть** *pf* **(у + G)** (of sb's animal or sth) to get/be lost/have stolen
- У моего брата пропала собака (/кошка).
  My brother's dog (/cat) is lost.

- У меня всё время куда-то пропадает зубная щётка.
  My toothbrush is always getting lost somewhere.

- Она постоянно боится, что у неё пропадут чертежи.
  She is always afraid that her designs will get lost.

- У Ивана часто пропадали деньги.
  Ivan often had money stolen.

    **(из, с + G)** to disappear, be stolen from some place
- Из нашей квартиры (/из музея) пропали ценные вещи.
  Some valuables have disappeared from our apartment (/the museum).

- С моего стола то и дело пропадают книги (/ручки/карандаши).
  Books (/pens/pencils) disappear from my desk now and then.

    **(у + G)—(из, с + G)** to be stolen/taken, disappear from sb's sth
- У меня из кармана иногда пропадают деньги и ключи.
  Sometimes money and keys are stolen right out of my pocket.

- У неё из шкатулки пропали серьги и ожерелье.
  Some earrings and a necklace disappeared (*or* were stolen) from her box.

- Не волнуйся, ничего у тебя со стола не пропадёт.
  Don't worry, nothing will be taken from your desk.

**пропадать 2.** *imp* /**пропасть** *pf* **(у + G)** (of sb) to lose sb's sth
- После этого у него совсем пропал голос (/аппетит/страх).
  After that he completely lost his voice (/appetite/fear).

**пропускать** *imp* /**пропустить** *pf* **(A)** to miss sth
- Ваши ученики часто пропускают уроки?
  Do your students often miss classes?

- Я ни за что не пропущу этот концерт.
  I won't miss this concert under any circumstances (for any reason).

- В э́том семе́стре ты пропусти́л мно́го заня́тий.
  This semester you've missed many classes.

- Не пропусти́ по́езд, сле́дующий то́лько че́рез час.
  Don't miss the train; the next one isn't for an hour.

**проси́ть** *imp* /**попроси́ть** *pf* **(y + G)—(A)** to ask sb for sth/(for) sth from sb

- Сын попроси́л у отца́ де́ньги (/ру́чку).
  The son asked for money (/a pen) from his father.

- Мы попро́сим лопа́ту у сосе́да.
  We'll ask our neighbor for his spade.

- Е́сли у тебя́ нет своего́ уче́бника, попроси́ у това́рища на час и́ли два.
  If you don't have your own textbook, ask your friend for one for an hour or two.

  **(y + G)—(G)** to ask sb for sth (abstract)

- Она́ всегда́ про́сит сове́та у мое́й ма́тери (/у друзе́й).
  She always asks her mother (/friends) for advice.

- Ты попроси́л у него́ проще́ния?
  Did you ask (him for) his forgiveness?

  **(A)—(o + P)** to ask sb for sth

- Я прошу́ вас о большо́й услу́ге.
  I'm asking you for a great favor.

- По́сле землетрясе́ния э́та страна́ проси́ла сосе́дей о по́мощи.
  After this earthquake, this country asked her neighbors for help.

  **проси́ть/попроси́ть (inf)** to ask sb to do sth

- Я попрошу́ дру́га взять для меня́ кни́ги в библиоте́ке.
  I'll ask my friend to get books from the library for me.

- Мы проси́ли его́ пое́хать с на́ми за́ город, но он не захоте́л.
  We asked him to go to the country with us, but he didn't want to.

  **проси́ть/попроси́ть, что́бы . . .** to ask that, ask sb to do sth

- Ни́на про́сит, что́бы ты ей позвони́л.
  Nina asks that you call her.

- Он попроси́л, что́бы я рассказа́л ему́ о моём выступле́нии.
  He asked me to tell him about my performance.

**протестова́ть** *imp* **(про́тив + G)** to object to, protest sth

- Я протесту́ю не про́тив твои́х слов, а про́тив твои́х де́йствий.
  I object not to your words but your actions.

■ Все стра́ны протестова́ли про́тив э́той агре́ссии.
Every country was protesting this aggression.

**протестова́ть про́тив того́, что́бы . . .** to object to sb's being/doing sth
■ Я протесту́ю про́тив того́, что́бы он вёл э́ти перегово́ры.
I object to his conducting these negotiations.

**проходи́ть 1.** *imp* /**пройти́** *pf* (**по** + **D**)/(**пе́ред** + **I**)(**че́рез** + **A**) to walk, come along/ through sth; to pass by some place
■ Когда́ я иду́ на рабо́ту, я прохожу́ по бульва́ру (/по мосту́).
When I go to work, I walk along the boulevard (/bridge).

■ Сего́дня я пройду́ домо́й че́рез парк.
Today I'll walk home through the park.

■ Я всегда́ проходи́л пе́ред э́тим зда́нием, не гля́дя на него́.
I always passed by this building without looking at it.

■ Кто э́то прошёл по коридо́ру?
Who was that who came along the corridor?

**(ми́мо** + **G)** to pass by sb/sth
■ Он сего́дня прошёл ми́мо Ива́на и да́же не поздоро́вался.
Today he passed (walked) by Ivan and didn't even say hello.

■ Я зна́ю, ты лю́бишь проходи́ть ми́мо э́того са́да (/ми́мо теа́тра).
I know that you like to pass by this garden (/the theater).

**(в, на** + **A)** to walk, go (in)to some place
■ Мы про́сим всех пройти́ в зал (/на второ́й эта́ж).
We are asking everybody to go into the hall (to the second floor).

**проходи́ть 2.** *imp* /**пройти́** *pf* (**A**)—(**за** + **A**) to walk sth (distance) in some time
■ Ты пройдёшь за час две ми́ли?
Can you walk two miles in an hour?

■ Он прошёл э́то расстоя́ние за полтора́ часа́ (/за со́рок мину́т).
He walked this distance in an hour and a half (/forty minutes).

**проща́ть** *imp* /**прости́ть** *pf* (**A**) to forgive sb
■ Он всегда́ всех проща́ет.
He (always) forgives everybody.

■ Я с ра́достью прощу́ его́ (/Ива́на/бра́та), е́сли он извини́тся.
I'll gladly forgive him (/Ivan/my brother) if he apologizes.

(A)—(D) to forgive sb sth

■ Она́ прости́ла сы́ну его́ ре́зкие слова́ (/его́ оши́бку).
She forgave her son his sharp words (/mistake).

(A)—(за + A) to forgive, excuse sb for sth

■ Прости́те меня́ за беспоко́йство (/за э́ту про́сьбу).
Excuse me for bothering you (/for this request).

■ Она́ проща́ет бра́та за его́ слова́ (/за его́ поведе́ние).
She forgives her brother for his words (/behavior).

прости́ть (A) за то, что . . . to forgive sb for (not) doing sth

■ Прости́те меня́ за то, что я опозда́л (/не позвони́л во́время).
Forgive me for being late (/for not calling you in time).

**проща́ться** *imp* /**прости́ться** *or* **попроща́ться** *pf* (с + I) to say goodbye to, take leave of sb

■ Я с ва́ми прощу́сь (попроща́юсь) за́втра.
I'll take my leave of you tomorrow.

■ Они́ до́лго проща́лись (друг с дру́гом).
They were a long time saying goodbye to each other.

(с + I)—(перед + I) to say goodbye to sb before sth

■ Мы попроща́емся с ва́ми пе́ред ухо́дом.
We'll say goodbye to you before we go (before leaving).

■ Пе́ред отъе́здом из го́рода он попроща́лся со все́ми друзья́ми.
Before leaving town he said goodbye to all his friends.

**пря́тать** *imp* /**спря́тать** *pf* (A)—(в, на, за, под + A) to hide sb /sth in some place

■ Я спря́чу вас в подва́л (/на черда́к).
I'll hide you in the basement (/attic).

■ Она́ спря́тала де́ньги в я́щик стола́ (/под поду́шку/за дива́н).
She hid the money in the desk drawer (/under the pillow/behind the sofa).

(A)—(в, на + P)/(за + I)/(под + I) to hide sb/sth in some place

■ Он кого́-то пря́чет на чердаке́ (/в лесу́).
He's hiding someone in the attic (/forest).

■ Он пря́тал докуме́нты в своём столе́ (/под матра́сом/за крова́тью).
He hid the documents in his desk (/under the mattress/behind the bed).

**прятаться** *imp* /**спрятаться** *pf* (от + G) to hide (oneself) from sb
- —От когó ты прячешься? —Я прячусь от моих кредитóров.
  "From whom are you hiding?"—"I'm hiding from my creditors."

  (от + G)—(под + A)/(под + I) to hide from sb under sth
- Щенóк спрятался от детéй под кровáть (под кровáтью).
  The puppy hid from the children under the bed.

  (в, на + P) to hide (oneself) in some place
- —Где мне спрятаться? —Спрячься в шкафý (/в вáнной).
  "Where shall I hide?"—"In the closet (/bathroom)."

**пугáть** *imp* /**испугáть** *or* **напугáть** *pf* (A) to frighten, scare sb
- Не пугáй ребёнка (/мáленькую Нину).
  Don't frighten the child (/little Nina).
- Простите, что испугáл (напугáл) вас.
  I'm sorry I scared you.

  (A)—(I) to frighten, intimidate sb with sth
- Он напугáл детéй своим криком (/своим видом).
  He frightened the children with his cries (/his appearance).
- Ивáн пугáет нас трýдностями в пути.
  Ivan is frightening us with the difficulties of the journey.
- Ты меня не испугáешь отвéтственностью, я готóва взять её на себя.
  You won't intimidate me with the responsibility; I'm ready to take it on.

**пугáться** *imp* /**испугáться** *pf* (G) to be frightened of/by sb/sth
- Она пугáется всегó и всех.
  She is frightened of everybody and everything.
- Мáльчик испугáлся собáки (/твоегó большóго портфéля).
  The little boy was frightened of the dog (/your big bag).
- Ивáн испугáлся его угрóз (/его свирéпого вида/его грóмкого гóлоса).
  Ivan was frightened by his threats (/fierce looks/loud voice).
- Я не испугáюсь вáших зловéщих предскáзаний.
  I won't be frightened by your sinister predictions.

**пускáть 1.** *imp* /**пустить** *pf* (A)—(в, на + A)/(к + D) to let sb (go), allow sb (to go) to some place/sb's
- Ты ещё бóлен, я не пущý тебя на занятия.
  You're still sick; I won't let you (go) to class.

■ Не пускáй её однý вéчером в парк.
Don't allow her (go) to the park alone in the evening.

■ Отéц всегдá пускáл сыновéй в кинó (/на стадиóн/к товáрищам), но сегóдня не пустил из-за морóза.
The father always lets his sons (go) to the movies (/stadium/their friends'), but he didn't today because of the cold.

   **(A)—(inf)** to let sb do sth

■ Родители пустили детéй купáться (/гулять с собáкой).
The parents let the children swim (/walk the dog).

**пускáть 2.** *imp* /**пустить** *pf* **(A)—(в, на + A)/(к + D)** to let sb into some place/sb's

■ Зрителей пустили на стадиóн (/на катóк/в кинó).
They let the spectators into the stadium (/skating rink/movie theater).

■ Емý нéгде ночевáть. Я пущý егó к нам (/в квартиру).
He has no place to sleep. I'll let him into our place (/the apartment).

   **(A)—(к + D)—(inf)** to allow sb into sb's place to do sth

■ Мы пустили егó к нам переночевáть (/согрéться).
We allowed him into our place to spend the night (/get warm).

**путешéствовать** *imp* **(по + D)** to travel in some place

■ Он мнóго путешéствовал по Росси́и (/по Ближнему Востóку).
He has traveled a lot in Russia (/the Middle East).

   **(на + P)** to travel on/by sth

■ Мы путешéствовали на маши́не, на парохóде, дáже на верблюдах.
We traveled by car, on a ship, even on camels.

**пытáться** *imp* /**попытáться** *pf* **(inf)** to attempt, try to do sth

■ Я попытáюсь стать врачóм (/бизнесмéном).
I'll try to become a doctor (/businessman).

■ Онá пытáется сменить профéссию (/научи́ться плавать).
She is attempting to change her profession (/learn to swim).

■ Он пытáлся найти её áдрес (/встрéтиться с ней), но не смог.
He tried to find her address (/meet her), but he couldn't.

# Р

**рабо́тать 1.** *imp* **(в, на + P)** to work in some place

- Он рабо́тает в университе́те (/на заво́де/на по́чте).
  He works at the university (/plant/post office).

- Мы вчера́ це́лый день рабо́тали в саду́ (/в огоро́де/на у́лице).
  All day yesterday we worked in the garden (/vegetable garden/street).

- Ты бу́дешь рабо́тать за́втра в библиоте́ке или в своём кабине́те?
  Will you be working in the library or in your office tomorrow?

**(по + D)** to work toward, according to sth

- По како́му расписа́нию (/гра́фику) рабо́тает ва́ша брига́да?
  What schedule (/timetable) is your team working toward?

- Слу́жащие э́того предприя́тия рабо́тали по пла́ну.
  The employees of this enterprise worked according to the plan.

**рабо́тать 2.** *imp* **(I)—(в, на + P)** to work as sth in some place

- Он рабо́тает учи́телем в шко́ле (/почто́вым слу́жащим на по́чте).
  He works as a teacher in a school (/clerk at a post office).

- Он ра́ньше рабо́тал врачо́м в больни́це (/инжене́ром на заво́де).
  He used to work as a doctor in a hospital (/engineer in a factory).

**(с + I)** to work with sb

- В то вре́мя я рабо́тал вме́сте с отцо́м (/с мои́м бра́том).
  At that time I worked (together) with my father (/my brother).

**рабо́тать 3.** *imp* **(над + I)** to work on sth

- Сейча́с я рабо́таю над но́вым расска́зом (/рома́ном/сцена́рием).
  At the moment I'm working on a new short story (/novel/script).

- Ско́лько вре́мени твой брат рабо́тал над диссерта́цией?
  How long did your brother work on his dissertation?

**(над + I)—(A)** to work on sth for some time

- Худо́жник рабо́тал над э́той карти́ной два го́да (/три ме́сяца).
  The artist worked on this picture for two years (/three months).

**рабо́тать 4.** *imp* **(I)** to work with sth (instrument, device)

- Они́ рабо́тали молотко́м (/лопа́той/стаме́ской).
  They worked with a hammer (/spade/chisel).

(на + P) to work on sth (machine, etc.)

■ Мой оте́ц рабо́тал тогда́ на э́том станке́ (/на конве́йере).
At that time my father worked on this lathe (/assembly line).

(с + I) to work with, use sth

■ С каки́ми материа́лами ты рабо́таешь?
What materials do you work with?

■ Когда́ я перевожу́, я рабо́таю со словарём.
When I translate, I use a dictionary.

■ В лаборато́рии мы рабо́тали с микроско́пом.
In the laboratory we worked with a microscope.

**ра́доваться** *imp* (D) to rejoice in, be happy with/at sth
■ Мы ра́дуемся весне́ (/со́лнцу и теплу́).
We rejoice in the spring (/sun and warmth).

■ Брат ра́довался жи́зни (/успе́ху/встре́че с друзья́ми).
My brother was happy with his life (/success/at meeting his friends).

(за + A) to be happy for sb
■ Я ра́дуюсь за бра́та (/за Ива́на/за дру́га).
I'm happy for my brother (/Ivan/my friend).

**ра́доваться (тому́), что (когда́)** . . . to be happy that (when) . . .
■ Мы ра́дуемся (тому́), что он приезжа́ет.
We are happy that he is coming.

■ Мы всегда́ ра́дуемся, когда́ мы встреча́ем его́.
We are always happy when we meet him.

**разбива́ть 1.** *imp* /**разби́ть** *pf* (A) to break, smash (up), damage sth
■ —Не разбе́й ва́зу. —Не волну́йся, я не разобью́ твою́ ва́зу.
"Don't break the vase."—"Don't worry. I won't break your vase."

■ Наде́юсь, что он не разобьёт э́ти очки́.
I hope he won't break these glasses.

■ Брат пое́хал в го́род на мое́й маши́не и разби́л её.
My brother drove to the city in my car and smashed it up.

■ Мо́лния разби́ла э́то ста́рое де́рево.
Lightning damaged this old tree.

(A)—(I) to break sth with sth
■ Мальчи́шка разби́л витри́ну магази́на па́лкой (/мячо́м/кулако́м).
A naughty boy broke the shop window with a stick (/ball/his fist).

*impersonal* (**A**)—(**I**) (of sth) to be broken up, wrecked, damaged by sth (natural forces)

- Ло́дку (/парохо́д) разби́ло бу́рей.
  The boat (/steamer) was wrecked (or broken up) by a storm.

**разбива́ть 2.** *imp* /**разби́ть** *pf* (**A**)—(**D**) to smash sb's sth

- Ива́н упа́л и разби́л себе́ лицо́ (/нос).
  Ivan fell and smashed his face (/broke his nose).

**разбива́ть 3.** *imp* /**разби́ть** *pf* (**A**)—(**на** + **A**) to divide sb/sth into sth

- А́втор разби́л свой рома́н на гла́вы (/сцена́рий на сце́ны).
  The author divided his novel into chapters (/script into scenes).

- Нам сказа́ли, что всех студе́нтов разобью́т на гру́ппы.
  We were told that they will divide all students into groups

**разбива́ться** *imp* /**разби́ться** *pf* (**от** + **G**)—(**о** + **A**) (of sth) to shatter after hitting sth

- Ча́шка упа́ла и разби́лась от уда́ра о деревя́нный пол.
  The cup fell and shattered on the wooden floor.

**разбира́ть 1.** *imp* /**разобра́ть** *pf* (**A**)—(**на** + **A**) to take sth apart; to disassemble sth into sth

- Ма́льчик разобра́л ма́мины часы́ (/свою́ игру́шку/ра́дио) на ча́сти.
  The boy took his mother's watch (/his toy/the radio) apart.

- Меха́ник разбира́ет маши́ну на мельча́йшие дета́ли.
  The mechanic is disassembling the machine into its tiniest parts.

**разбира́ть 2.** *imp* /**разобра́ть** *pf* (**A**)—(**в, на** + **P**) to sort, go through sth in some place

- Я разберу́ бума́ги на столе́ (/кни́ги на по́лках) за́втра.
  I'll go through the papers on my desk (/books on the shelves) tomorrow.

- Когда́ ты разбира́ла ве́щи в шкафу́, куда́ ты положи́ла мои́ га́лстуки?
  When you were sorting the things in the closet, where did you put my ties?

**разбира́ть 3.** *imp* /**разобра́ть** *pf* (**A**) to make out, get sth

- Я не разберу́ твой по́черк.
  I can't make out your handwriting.

- Повтори́те, я не разобра́л ваш а́дрес и но́мер телефо́на.
  Say that again, please; I didn't get your address and phone number.

(**A**)—(**в, на** + **P**) to discern, make out sth in sth

- Води́тель с трудо́м разбира́л доро́гу в тума́не.
  The driver could barely discern the road in the fog.

■ В темноте́ мы не могли́ разобра́ть фами́лию на две́ри до́ма.
In the darkness, we couldn't make out the name on the house's door.

**разбира́ть/разобра́ть,что (где,чей)** ... to make out, get what (where, whose) ...

■ Ты разобра́л, что́ он сказа́л?
Could you make out what he said?

■ Мы не разобра́ли, где бу́дет собра́ние.
We didn't get where the meeting will take place.

**разбира́ть 4.** *imp* /**разобра́ть** *pf* (A)—(в + P) to discuss, analyze sth in some place
■ Мы разберём э́ту статью́ (/ва́ши оши́бки) в кла́ссе.
We'll discuss (or analyze) this article (/your mistakes) in class.

**разбира́ться** *imp* /**разобра́ться** *pf* (в + P) to be a good judge of sb; to be knowledgeable about sth; to know one's way around sth; to arrive at an understanding of sth
■ Мой оте́ц хорошо́ разбира́лся в лю́дях.
Me father was a good judge of people.

■ Он хорошо́ разбира́ется в иску́сстве (/в му́зыке/в поли́тике).
He is very knowledgeable about art (/music/politics).

■ Мой брат начина́ет разбира́ться в маши́нах.
My brother is beginning to know his way around cars.

■ Наконе́ц, ты разобра́лся в э́том вопро́се.
You finally arrived at an understanding of this question.

**развива́ть** *imp* /**разви́ть** *pf* (A)—(I) to develop sth by/with sth
■ Она́ развива́ет па́мять зау́чиванием стихо́в наизу́сть.
She's developing her memory by memorizing verses.

■ Ты разовьёшь си́лу и му́скулы гимна́стикой.
You'll develop strength and muscles with gymnastics.

**развива́ться** *imp* /**разви́ться** *pf* (в + P) to develop in some place
■ В на́шей стране́ бы́стро развива́ется промы́шленность.
Industry is developing fast in our country.

**развлека́ть** *imp* /**развле́чь** *pf* (A)—(I) to entertain sb with/by sth
■ Я пока́ что развлеку́ дете́й и́грами (/игру́шками).
In the meantime I'll entertain the children with games (/toys).

■ Он развлека́л госте́й свои́м пе́нием и игро́й на роя́ле.
He entertained the guests by singing and playing the piano.

■ Наде́юсь, я развлёк вас свои́ми расска́зами (/шу́тками).
I hope I've entertained you with my stories (/jokes).

**разводи́ть 1.** *imp* /**развести́** *pf* (A)—(I)/(в + P) to mix, dilute sth with/in sth

■ Я развожу́ кака́о водо́й (в воде́) или молоко́м (в молоке́).
I mix cocoa with water (in water) or milk (in milk).

■ Пре́жде чем употребля́ть э́тот спирт, разведи́ его́ водо́й.
Dilute this alcohol with water before using it.

**разводи́ть 2.** *imp* /**развести́** *pf* (A)—(в, на + P) to cultivate, plant, breed sth in some place

■ У себя́ в саду́ я развожу́ клубни́ку (/разли́чные о́вощи).
In my garden I cultivate strawberries (/various vegetables).

■ Како́й замеча́тельный виногра́дник мы разведём на э́той земле́!
What a wonderful vineyard we'll plant on this land!

■ На на́шей фе́рме мы разво́дим ове́ц.
We breed sheep on our farm.

**разводи́ть 3.** *imp* /**развести́** *pf* (A)—(в, на + P) to light, start sth in some place

■ Мы развели́ костёр на поля́не (/ого́нь в печи́).
We lit the campfire in the clearing (/fire in the stove).

■ Не разводи́те костёр в лесу́, э́то мо́жет быть опа́сно.
Don't start a fire in the forest; it might be dangerous.

**разводи́ться** *imp* /**развести́сь** *pf* (с + I) to get a divorce from, get divorced from, divorce sb

■ Я развела́сь с му́жем мно́го лет наза́д.
I got divorced from my husband many years ago.

■ Ни́на говори́т, что муж не хо́чет с ней разводи́ться, но она́ всё равно́ с ним разведётся.
Nina says that her husband does not want a divorce (*or* to get a divorce from her), but she will divorce him anyway.

**развя́зывать** *imp* /**развяза́ть** *pf* (A) to untie sth

■ Она́ всегда́ терпели́во развя́зывает узлы́. Но э́тот у́зел она́ до́лго развя́зывала и всё же не развяза́ла.
She always unties knots patiently. But she was untying (*i.e.*, trying to untie) this knot for a long time and still couldn't untie it.

    (A)—(D) to untie sb's sth

■ —Дай я развяжу́ тебе́ шарф (/шнурки́). —Не развя́зывай, я могу́ развяза́ть сам.
"Let me untie your scarf (/shoelaces)."—"Don't (untie it/them). I can do it (untie it/them) myself."

**разгова́ривать** *imp* (**с** + **I**)—(**о** + **P**) to talk with sb about sb/sth; to discuss sb/sth with sb

- Мы ча́сто разгова́риваем с жено́й о детя́х (/о знако́мых/о рабо́те).
  My wife and I (*lit*. we with my wife) often talk about the children (/our friends/work).

- Вчера́ я до́лго разгова́ривал с ним о поли́тике (/об э́том де́ле).
  Yesterday I discussed politics (this business) with him for a long time.

   (**с** + **I**)—(**по** + **D**) to talk with sb on sth

- Я зна́ю, ты лю́бишь разгова́ривать по телефо́ну. Вчера́ ты с ке́м-то разгова́ривала (по телефо́ну) це́лый час.
  I know you like to talk on the phone. Yesterday you were talking (on the phone) with someone for a good hour.

   (**с** + **I**)—(**на** + **P**)/(**adv**) to converse with, speak to sb in some language

- Ни́на разгова́ривает с роди́телями по-францу́зски (по-ру́сски).
  Nina converses with her parents in French (Russian).

- Со мной он не разгова́ривает на че́шском (/на э́том языке́).
  He doesn't speak Czech (/this language) to me.

**раздева́ть** *imp* /**разде́ть** *pf* (**A**) to undress sb

- Не раздева́йте моего́ де́душку, я сама́ разде́ну его́.
  Don't undress my grandfather. I'll undress him myself.

**раздева́ться** *imp* /**разде́ться** *pf* (**в** + **P**) to take off one's clothes in some place

- Мы раздева́емся в коридо́ре (/в пере́дней).
  We take off our coats in the corridor (/hallway).

**раздража́ть** *imp* (**A**) to annoy, irritate sb/sth

- Му́жа (/дете́й) раздража́ет гро́мкая му́зыка.
  Loud music annoys my husband (/children).

- Э́тот газ раздража́ет глаза́ и нос.
  This gas irritates the eyes and nose.

   (**A**)—(**I**) to annoy sb with sth

- Он всех раздража́ет свои́м то́ном (/сме́хом/шу́тками).
  He annoys everybody with his tone of voice (/laughter/jokes).

**разлюби́ть** *pf* (**A**) to stop loving

- Он никогда́ тебя́ не разлю́бит.
  He'll never stop loving you.

- Я никогда́ не разлюблю́ стихи́ (/му́зыку/кни́ги).
  I'll never stop loving poetry (/music/books).

**разлюби́ть (inf)** to no longer like (to do) sth

■ К сожале́нию, сын разлюби́л чита́ть кни́ги (/занима́ться спо́ртом).
  Unfortunately, my son no longer likes to read books (/play sports).

**разреша́ть** *imp* /**разреши́ть** *pf* (A)—(D) to grant, allow sb sth

■ Я разрешу́ вам публика́цию мемуа́ров моего́ отца́.
  I will grant you the rights to publish (*lit.* the publication of) my father's memoirs.

■ Иммиграцио́нные вла́сти разреши́ли ему́ въезд в Аме́рику.
  The immigration authorities allowed him to enter (*lit.* entrance to) America.

**разреша́ть/разреши́ть (inf)** to allow sb to do sth; to let sb do sth

■ Врач разреша́ет больно́му выходи́ть на у́лицу.
  The doctor allows the patient to go out (*lit.* to go out on the street).

■ Я, пожа́луй, разрешу́ сы́ну пое́хать с ва́ми на стадио́н.
  Perhaps I will let my son go to the stadium with you.

■ Нача́льник отде́ла разреши́л нам предста́вить прое́кт за́втра.
  The head of the department has allowed us to submit the project tomorrow.

**разрыва́ть 1.** *imp* /**разорва́ть** *pf* (A)—(в + A) to tear (up) sth into sth

■ Она́ разорва́ла запи́ску (/письмо́/заявле́ние) в клочки́.
  She tore up the note (/letter/application) into little pieces.

**разрыва́ть 2.** *imp* /**разорва́ть** *pf* (A)—(о + A) to tear sth on sth

■ Обо что́ ты разорва́ла своё пла́тье (/пальто́/костю́м)?
  What did you tear your dress (/coat/suit) on?

■ Он разорва́л брю́ки об э́тот гвоздь (/об э́тот крючо́к).
  He tore his pants on this nail (/hook).

**разрыва́ть 3.** *imp* /**разорва́ть** *pf* (A)—(с + I) to break (off) sth with sb/sth

■ Он разорва́л знако́мство с э́тим челове́ком.
  He broke off his friendship with this man.

■ Э́та страна́, ви́димо, разорвёт дипломати́ческие отноше́ния с США.
  This country is apparently going to break off diplomatic relations with the U.S.A.

**разъезжа́ться** *imp* /**разъе́хаться** *pf* (по + D *pl*) to go to, depart/leave for, disperse to some places

■ Ле́том студе́нты разъезжа́ются по ра́зным города́м и шта́там.
  In the summer, the students disperse to various cities and states.

■ Го́сти ещё не разъе́хались по дома́м?
  Have the guests not yet departed for their homes (*or* not gone home yet)?

- Когда́ ко́нчится конфере́нция, делега́ты разъе́дутся по свои́м университе́там.
  When the conference ends, the delegates will leave for their universities.

**разы́скивать** *imp* /**разыска́ть** *pf* (**A**)—(**в, на** + **P**) to search, look for, find sb/sth

- Он разы́скивает в Босто́не (/на Аля́ске) свои́х ро́дственников.
  He is searching (*or* looking) for his relatives in Boston (/Alaska).

- Я уве́рен, что разыщу́ в библиоте́ке э́ту кни́гу.
  I'm sure I'll find this book in the library.

- Ты разыска́л на ка́рте э́ту у́лицу?
  Did you find that street on the map?

**расска́зывать** *imp* /**рассказа́ть** *pf* (**A**)—(**D**) to tell sb sth

- Я расскажу́ всем э́ту но́вость (/э́ту исто́рию).
  I'll tell everybody the news (/this story).

- Расскажи́те мне (/де́тям/Ни́не) содержа́ние э́того фи́льма.
  Tell me (/the children/Nina) the plot of the movie.

  (**D**)—(**о** + **P**) to tell sb about sb/sth

- Оте́ц расска́зывал нам о свои́х роди́телях (/о свои́х путеше́ствиях).
  Father told us about his parents (/his travels).

  (**D**)—(**про** + **A**) *colloq* to tell sb about sb/sth

- Ты никогда́ не расска́зываешь нам про свою́ пое́здку в А́зию.
  You never tell us about your trip to Asia.

  (**A**)—(**D**)—(**о** + **P**) to tell sb sth about sb/sth

- Он нам расска́зывает мно́го интере́сных исто́рий о свое́й ма́тери.
  He tells us many interesting stories about his mother.

- Она́ обеща́ет, что расска́жет нам мно́го любопы́тных веще́й (/мно́го удиви́тельного) о свое́й рабо́те.
  She promises she'll tell us many curious things (/much that is surprising) about her work.

**рассма́тривать** *imp* /**рассмотре́ть** *pf* (**A**) to examine, make out sth

- Ива́н до́лго рассма́тривал карти́ну э́того худо́жника.
  Ivan examined that artist's picture for a long time.

- Мо́жет быть, в очка́х я рассмотрю́ э́ту на́дпись (/э́ту по́дпись).
  Maybe I'll be able to make out this inscription (/signature) with my glasses.

- Он хорошо́ рассмотре́л её лицо́ (/фигу́ру/глаза́).
  He examined her face (/figure/eyes) thoroughly.

**(А)—(в, на + Р)** to examine, discern, spot, make out sth/sb in/on sth

- Мы рассма́тривали семе́йные фотогра́фии на стена́х.
  We examined the family photographs on the walls.

- Он рассмотре́л челове́ка на доро́ге (/твои́ се́рьги в траве́).
  He could spot the man on the road (/your earrings in the grass).

- Я не могу́ в темноте́ рассмотре́ть но́мер на маши́не.
  I cannot make out the car's license plate in the dark.

- В тума́не бы́ло невозмо́жно рассмотре́ть доро́гу.
  It was impossible to discern the road in the fog.

**(А)—(в + А)** to examine, make out sth in/with sth

- Мы рассма́триваем ли́ца актёров в бино́кль.
  We examine the actors' faces with the binoculars.

- В телеско́п он хорошо́ рассмотре́л Мле́чный Путь.
  He could make out the Milky Way very well with a telescope.

**расстава́ться** *imp* /**расста́ться** *pf* **(с + I)** to part with/from sb; to leave sb

- Я никогда́ не расста́нусь с дру́гом (/с Ма́рком/с ва́ми).
  I'll never part with my friend (/Mark/you).

- Он не раз расстава́лся с Мари́ей и сно́ва возвраща́лся к ней.
  He left her (*or* parted from her) and came back to her again several times.

**(с + I)—(в, на + Р)/(о́коло + G)** to part with sb at/in some place

- Я расста́лась с Никола́ем на вокза́ле (/в аэропорту́/о́коло моего́ до́ма).
  I parted with Nicholas at the train station (/airport/near my house).

**(с + I)—(на + А)** to part from sb for some time

- Мы расстаёмся с ва́ми то́лько на не́сколько неде́ль (/на ме́сяц).
  We're parting from each other only for a few weeks (/a month).

**не расстава́ться (с + I)** to be obsessed with sth (occupation)

- Она́ не расстава́лась с кни́гой (/с шитьём/с вяза́нием).
  She was obsessed with reading (*lit.* never parted from a book) (/sewing/knitting).

**расти́ 1.** *imp* **(в, на + Р)** (of vegetation) to grow, be in some place

- Па́льмы расту́т на ю́ге (/в Калифо́рнии).
  Palm trees grow in the South (in California).

- Ра́ньше в э́тих места́х росли́ со́сны.
  There used to be pine trees around here.

- Когда́-то в э́том па́рке рос веково́й дуб.
  An ancient oak once grew in this park.

(y + G)—(в, на + P) (of vegetation) to grow, be in sb's sth

- У меня́ на вера́нде цветы́ почему́-то не росли́.

For some reason, flowers wouldn't grow on my porch.

- У мое́й ба́бушки в саду́ расту́т я́блони (/ро́зы/цветы́).

There are apple trees (/roses/flowers) in my grandmother's garden.

(I noun/adj) (of sb) to grow up (to be) sb/sth

- Она́ росла́ сирото́й (/общи́тельной де́вочкой/не́женкой *colloq* ).

She was growing up an orphan (/to be a friendly girl/mollycoddled).

(без + G) (of sb) to grow up without sb/sth

- Он рос без роди́телей (/без семьи́).

He grew up without parents (/family).

(с + I) (of sb) to grow up with, be brought up by sb

- Де́вочка растёт с ба́бушкой.

The girl is growing up with (*or* being brought up by) her grandmother.

(y + G) to be raised, brought up at sb's/by sb

- Де́ти росли́ у дя́ди (/у де́душки и ба́бушки).

The children were raised (*or* brought up) at their uncle's (/grandparents').

(в, на + P) to be brought up in some place

- Ива́н рос в го́роде (/в гора́х/на берегу́ океа́на).

Ivan was brought up in the city (/mountains/at the seashore).

(в + P) to grow up, be brought up in (circumstances)

- Моя́ мать росла́ в бе́дности (/в бога́тстве/в ро́скоши).

My mother grew up (*or* was brought up) in poverty (/wealth/luxury).

расти́ 2. *imp* (в, на + P) (of sth) to grow, increase in some place

- На За́падном берегу́ (/в э́том райо́не) бы́стро растёт населе́ние.

The population on the West Coast (/in this area) is growing (*or* increasing) fast.

расходи́ться 1. *imp* /разойти́сь *pf* (*3rd person only*) (по + G *pl*)/(в + A *pl*) to go (away), disperse to some places

- По́сле шко́лы де́ти разошли́сь по дома́м.

After school the children dispersed to their homes.

- Мы проща́емся друг с дру́гом и расхо́димся в ра́зные сто́роны.

We say goodbye to each other and go away in different directions.

разойти́сь (по + G *pl*)—(inf) to go away to some places (in order) to do sth

- Мы разошли́сь по свои́м ко́мнатам отдыха́ть (/занима́ться).

We went away to our rooms to rest (/study).

**расходи́ться 2.** *imp* /**разойти́сь** *pf* (с + I)—(в, на + P) to get separated (from sb), miss (not to meet) sb in some place
- Е́сли мы с тобо́й в го́роде (/на у́лице) разойдёмся, позвони́ мне.
  If we get separated (*i.e.*, lose each other) in the city (/street), call me.
- Как это я разошёлся с Ни́ной (/с дру́гом) на э́той у́лице?
  How did I manage to miss Nina (/my friend) on this street?

**расходи́ться 3.** *imp* /**разойти́сь** *pf* (с + I) to divorce sb; to get divorced, part from sb
- Я разошёлся с жено́й два го́да наза́д.
  My wife and I got divorced two years ago.
- Она́ собира́ется расходи́тся с му́жем.
  She intends to divorce her husband.
- Он разошёлся с друзья́ми (/с Ива́ном/с Ни́ной).
  He parted from his friends (/Ivan/Nina).

**расходи́ться 4.** *imp* /**разойти́сь** *pf* (с + I)—(в + P)/(по + D) to disagree with sb, differ from sb in/on sth
- Мы разошли́сь с бра́том во взгля́дах на жизнь.
  My brother and I differed in our views on life.
- Не ду́маю, что мы разойдёмся с ним (/с Ни́ной) во мне́ниях.
  I don't think that his (/Nina's) and our opinions will differ.
- Мы с му́жем никогда́ не расходи́лись по э́тому вопро́су.
  My husband and I never disagreed on this matter.

**расходи́ться 5.** *imp* /**разойти́сь** *pf* (за + A) (of sth for sale) to sell out in some time
- Ва́ша кни́га разошла́сь за два дня.
  Your book sold out in two days.
- Э́ти това́ры обы́чно расхо́дятся бы́стро, за неде́лю и́ли две.
  These items usually sell out fast, in a week or two.

**рвать 1.** *imp* (A)—(в, на + P) to pick sth in some place
- Мы рвём цветы́ на поля́не (/фру́кты в саду́).
  We're picking flowers in the meadow (/fruit in the garden).

  (с + G) to pick, pluck sth from sth
- Э́то вы вчера́ рва́ли я́блоки с э́той я́блони?
  Was it you picking apples from this tree yesterday?
- Ка́ждый ве́чер сестра́ рвёт одну́ ро́зу с ро́зового куста́.
  Every evening my sister plucks one rose from the rose bush.

(A)—(c + I) to uproot, pull up sth

- Не рвите грибы (/цветы) с корнем.
  Don't pull up mushrooms (/uproot flowers).

**рвать 2.** *imp* (A)—(на + A) to tear (up) sth in(to) sth

- Я рву письмо (/записку) на мелкие кусочки.
  I tear the letter (/note) into small pieces.

- Когда он нервничает, он рвёт бумагу (/газету) на куски.
  When he is anxious, he tears up paper (/newspaper) into pieces.

**рвать 3.** *imp* (A)—(c + I) to break off with sb/sth with sb

- Я решила, что я рву с ним.
  I've decided to break off with him.

- Мы уже несколько раз рвали с ними отношения.
  We've already broken off relations with them several times.

**резать** *imp* (A)—(I) to cut sth with sth

- Я обычно режу сыр (/колбасу) другим ножом.
  Usually I cut cheese (/sausage) with another knife.

- Почему ты резал бумагу этими ножницами?
  Why were you cutting the paper with those scissors?

(A)—(на + P) to cut sth on sth

- Мы режем хлеб на этой доске (/на столе/на этой тарелке).
  We cut bread on this board (/table/this plate).

(A)—(I) to cut sth in(to) sth

- Она режет лимон ломтиками, а лук кружочками.
  She cuts lemons into slices and onions in rings.

**решать 1.** *imp* /**решить** *pf* (inf) to decide to do sth

- Он решил пойти с нами в кино (/написать ей письмо).
  He decided to go to the movie with us (/to write a letter to her).

- Мы решили остаться у родителей ещё на два дня.
  We decided to stay at our parents' for two more days.

**решать/решить** что (как) . . . to decide what (how) . . .

- Я пытаюсь решить, что мне надеть на концерт.
  I'm trying to decide what to wear for the concert.

- Ты уже решил, как ты туда поедешь?
  Have you (already) decided how you'll get there?

реша́ть 2. *imp* /**реши́ть** *pf* (A)—(в, на + P) to solve sth in some place
- В кла́ссе (/на уро́ке) он хорошо́ реша́л зада́чи и уравне́ния.
  In class (/at the lesson) he solved the problems and equations very well.

реша́ться *imp* /**реши́ться** *pf* (на + A) to make up one's mind to do sth
- Мы, наконе́ц, реши́лись на поку́пку до́ма (/на перее́зд).
  We finally made up our mind to buy a house (/on moving).

  **реши́ться (inf)** to determine to do sth
- Мари́я реши́лась оста́ться в го́роде (/поговори́ть с бра́том).
  Maria determined to stay in town (/to talk to her brother).

рисова́ть 1. *imp* /**нарисова́ть** *pf* (A)—(I) to draw, paint sth with/in sth
- Я нарису́ю ваш портре́т цветны́ми карандаша́ми (/пасте́лью).
  I'll paint your portrait in colored pencil (/pastels).

- Когда́ я вошёл, он рисова́л перо́м ло́шадь (/пти́цу/дом).
  When I came in, he was drawing a horse (/bird/house) with a pen.

  **(A)—(в, на + P)** to draw, paint sth in/on sth
- Мой брат рисова́л живо́тных на бума́ге (/на фарфо́ре/на стекле́).
  My brother drew animals on paper (/china/glass).

- Ни́на не лю́бит рисова́ть в альбо́ме (/в тетра́ди).
  Nina doesn't like to draw in an album (/notebook).

- Худо́жник сказа́л, что нарису́ет мой портре́т на холсте́.
  The artist said that he would paint my portrait on canvas.

рисова́ть 2. *imp* /**нарисова́ть** *pf* (A)—(в + P) to depict sb/sth in sth
- Он нарисова́л в рома́не (/в фи́льме) люде́й и нра́вы страны́.
  He depicted the people and customs of this country in his novel (/movie).

рожда́ться 1. *imp* /**роди́ться** *pf* (I) to be born sth (*i.e.*, possessing qualities)
- Она́ родила́сь сла́бой (/слепо́й).
  She was born feeble (/blind).

- Он роди́лся на ре́дкость краси́вым и здоро́вым ребёнком.
  He was born an exceptionally beautiful, healthy child.

  **(в, на + A)** to be born in some place
- Возмо́жно, наш ребёнок роди́тся в Евро́пе (/на Аля́ске).
  It's possible that our child will be born in Europe (/Alaska).

- Все на́ши де́ти роди́ли́сь в больши́х города́х (/на фе́рме).
  All our children were born in big cities (/on the farm).

- В э́том ме́сте я как бы рожда́юсь за́ново.
  Here (*lit.* in this place) I am as if born again (reborn).

  **(в + P) to be born into sth (a family)**
- Ива́н роди́лся в семье́ врача́ (/в большо́й семье́).
  Ivan was born into a physician's family (/a big family).

  **(у + G) to be born to sb**
- У них (/у моего́ бра́та) роди́лись близнецы́.
  Twins were born to them (/to my brother).

**рожда́ться 2.** *imp* /**роди́ться** *pf* (у + G) (of sth) to occur, come to sb
- У него́ неréдко рожда́ются интере́сные иде́и.
  Interesting ideas often occur to him.

- У меня́ родила́сь мысль написа́ть об э́том статьёй.
  The thought came to me to write an article about this.

- У мно́гих роди́лось тако́е подозре́ние (/сомне́ние).
  Such a suspicion (/doubt) occurred to many people.

**роня́ть** *imp* /**урони́ть** *pf* (A)—(в, на + A)/(за, под + A) to drop, let fall sth/sb on/in sth
- Ты что́-то роня́ешь под стол (/за дива́н).
  You're dropping something under the table (/behind the sofa).

- Мари́я урони́ла ва́зу (/ча́шку/таре́лку) на́ пол.
  Maria dropped a vase (/cup/plate) on the floor.

- Осторо́жно, не урони́ ребёнка на зе́млю.
  Careful. Don't let the child fall (on the ground).

- Я урони́ла де́ньги в траву́.
  I dropped my money on the grass.

  **(A)—(с + G)—(в, на + A) to drop sth from sth onto/into sth**
- Ты что́-то урони́ла с по́лки на́ пол (/в ра́ковину).
  You dropped something from the shelf onto the floor (/into the sink).

  **(A)—(в, на + P) to drop sth in some place**
- Же́нщина урони́ла на у́лице (/в магази́не/на пля́же) свои́ очки́.
  A woman dropped her glasses in the street (/store /on the beach).

**руководи́ть** *imp* (I) to direct, lead sth
- Я руковожу́ рабо́той э́той коми́ссии.
  I'm directing this committee's work.

- Мой друг руководит этой группой (/ансамблем).
  My friend directs this group (/company).

    **(I)—(с + I) to direct sth with sth**
- Он руководил факультетом с тактом (/с умом/со знанием дела).
  He directed the department with tact (/intelligence/competence).

# C

**садиться 1.** *imp* /**сесть** *pf* **(в, на + A) to sit (down) on/in sth**
- Не садись на кровать (/на пол), сядь на стул (/в кресло).
  Don't sit on the bed (the floor); sit on a chair (/in an armchair).

    **(в, на + P) to sit in some place**
- Она любит сесть в одном месте (/на кухне) и сидеть там весь вечер.
  She likes to sit down in one place (/the kitchen) and sit there all evening.
- Я обычно сажусь на веранде и читаю.
  Usually I sit on the porch and read there.

    **(в, на + A)/(в, на + P) to take a seat, sit down in some place**
- Почему ты сел в угол (в углу)?
  Why did you sit down in the corner?
- Не садись в партере, наши места на балконе.
  Don't take a seat in the orchestra; our seats are in the balcony.

    **(у, около + G)/(рядом с, перед + I) to sit, take a seat by/next to/near/in front of sth/sb**
- Я сяду у окна (/у двери/у доски/у стола).
  I'll take a seat by the window (/door/blackboard/table).
- Садитесь около меня (/около хозяйки).
  Take a seat near me (/the hostess).
- Он обычно садился рядом со мной (/рядом с другом).
  He usually sat next to me (/his friend).
- Они, наверное, сядут перед экраном (/перед окном).
  They'll probably sit in front of the screen (/window).

(ме́жду I & I) to take a seat, sit between sb and sb/sth and sth

- Я ся́ду ме́жду ва́ми и Ни́ной (/ме́жду шка́фом и столо́м).
  I'll sit between you and Nina (/I'll take the seat between the cupboard and the desk).

### сади́ться 2. *imp* /сесть *pf* (в, на + A) to take, board, get in(to)/on sth (transportation)

- Здесь я сажу́сь на авто́бус и́ли на по́езд.
  Here I get on a bus or a train.

- Я сел на по́езд и че́рез час был в Москве́.
  I took a train and was in Moscow in an hour.

- Мы ся́дем на парохо́д (/на самолёт) в три часа́.
  We'll board the ship (/plane) at three o'clock.

- Пора́ сади́ться в ваго́н (/в самолёт).
  It's time to get in the railroad car (/on the plane).

- В часы́ пик тру́дно сесть на авто́бус (/в ваго́н метро́).
  In the rush hour it's difficult to get on a bus (/a subway car).

- Мы ви́дели, как он сел в такси́ (/в маши́ну).
  We saw him get into a taxi (/his car).

### сади́ться 3. *imp* /сесть *pf* (за + A) to start, get started on sth (*lit.* to sit down to sth)

- Он, наконе́ц, сел за статьёй (/за рабо́ту/за прое́кт).
  He finally got started on the article (/work/project).

- Почему́ ты не сади́шься за обе́д?
  Why don't you start your dinner?

### сади́ться (inf) to sit down and do sth

- Сади́сь занима́ться (/гото́вить уро́ки/обе́дать).
  Sit down and study (/do your homework/have dinner).

### сади́ться 4. *imp* /сесть *pf* (в, на + A/P) to land, alight, perch in/on/at some place

- Самолёт ся́дет в друго́м аэропорту́ (/на берегу́ реки́).
  The plane will land at another airport (/on the bank of the river).

- Два парашюти́ста се́ли на поля́ну о́коло на́шего до́ма.
  Two parachutists alighted in a meadow near our house.

- Смотри́, комáр сади́тся тебе́ на́ нос.
  Look, a mosquito is landing on your nose.

- Ка́ждый ве́чер пти́цы сади́лись на ве́тки на́шего ду́ба.
  Every evening birds would perch on the branches of our oak tree.

**сажа́ть 1.** *imp* /**посади́ть** *pf* (A)—(в, на, за + A) to seat, sit sb on/in/at sth

- Посади́ го́стя на э́тот стул (/в э́то кре́сло/за э́тот стол).
  Seat our guest on this chair (/in this armchair/at this table).

- Сы́ро, а вы посади́ли ребёнка на зе́млю.
  It's damp, and you sat the child on the ground.

  (A)—(в, на + A)/(в, на + P) to seat sb; to put sb in some place; to offer sb a seat in some place

- Он посади́л меня́ в э́тот кабине́т (в э́том кабине́те).
  He seated (*or* put) me in this office.

- Мы обы́чно сажа́ем дете́й (за стол) на вера́нде.
  We usually seat children (at the table) on the porch.

- Вы не возража́ете, е́сли я вас посажу́ в пя́том ряду́?
  You don't mind if I seat you in the fifth row?

- Билетёрша сажа́ла нас в парте́р (в парте́ре), но мы отказа́лись.
  The usher offered us seats in the orchestra, but we declined.

  (y + G)/(ря́дом с, пе́ред + I) to seat sb by/next to/near/in front of sb

- Мы поса́дим ва́ших дете́й у окна́ (/ря́дом с ва́ми/пе́ред ва́ми)
  We'll seat your children by the window (/next to you/in front of you).

**сажа́ть 2.** *imp* /**посади́ть** *pf* (A)—(за + A) to sit sb down to do, at sth

- Мать посади́ла сы́на за уро́ки (/за кни́гу/за обе́д).
  Mother sat her son down at his homework (/to read a book/to eat dinner).

  (A)—(inf) to sit sb down to do sth

- Я посажу́ его́ писа́ть письмо́ (/у́жинать).
  I'll sit him down to write the letter (/have dinner).

**сажа́ть 3.** *imp* /**посади́ть** *pf* (A)—(в, на + A)/(в, на + P) to land sth in, on some place

- Лётчик посади́л самолёт на́ поле (/на бе́рег реки́/на́ воду).
  The pilot landed the plane in the field (/on the riverbank/on the water).

- Я посажу́ вертолёт в по́ле (/на берегу́ реки́).
  I'll land the helicopter in the field (/on the riverbank).

**сажа́ть 4.** *imp* /**посади́ть** *pf* (A)—(в, на + A)/(пе́ред + I) to plant sth in some place

- Мы сажа́ем цветы́ в саду́ (/на клу́мбах).
  We plant flowers in the garden (/on flower beds).

- Кто посади́л пе́ред до́мом э́то де́рево (/э́тот дуб/э́ту я́блоню)?
  Who planted this tree (/oak tree/apple tree) in front of the house?

**сверка́ть 1.** *imp* /**сверкну́ть** *pf* (**в, на** + P) to sparkle on/in sth
- На её па́льце сверкну́л бриллиа́нт.
  A diamond sparkled on her finger.
- В не́бе сверка́ли звёзды.
  Stars were sparkling in the sky.

    **(I)** to sparkle with sth
- Её пла́тье сверка́ло зо́лотом.
  Her dress sparkled with gold.
- Гла́вная у́лица го́рода сверка́ет огня́ми рекла́м и витри́н.
  The city's main street sparkles with the lights of signs and shop windows.

**сверка́ть 2.** *imp* /**сверкну́ть** *pf* **(I)** (**of eyes, glance**) to glitter with sth
- Его́ глаза́ сверка́ли гне́вом (/ра́достью/любопы́тством).
  His eyes glittered with anger (/joy/curiosity).

    (**в** + P) (of emotion) to flash in sb's sth (eyes, glance)
- В глаза́х Мари́и сверкну́ла ра́дость (/не́нависть).
  Joy (/hatred) flashed in Maria's eyes.

**свети́ть 1.** *imp* (*3rd person only*) (**в, на** + P) to shine in some place
- На не́бе (/в тума́не) све́тит луна́ и звёзды.
  The moon and stars are shining in the sky (/the fog).
- На горизо́нте (/в не́бе/в высоте́) свети́ло со́лнце.
  The sun was shining on the horizon (/in the sky/in the heavens).
- В окне́ ту́скло свети́ла ла́мпа.
  In the window a lamp shone dimly.

    (**в, на** + A) to shine on(to)/into sth
- На у́лицу (/на ре́ку) свети́ла луна́.
  The moon was shining on the street (/river).
- В окно́ (/в мою́ ко́мнату/пря́мо в глаза́) све́тит я́ркое со́лнце.
  A bright sun is shining in the window (/my room/straight into my eyes).

**свети́ть 2.** *imp* /**посвети́ть** *pf* (**D**)—(**I**) to give sb light, light sb's way with sth
- На ле́стнице темно́, и я свечу́ го́стю свечо́й.
  It's dark on the stairway, and I light my guest's way with a candle.
- Я посвечу́ тебе́ спи́чкой.
  I'll give you (some) light with a match.
- Во дворе́ Ива́н свети́л мне карма́нным фона́риком.
  In the courtyard, Ivan lighted my way with a flashlight.

■ Почему́ ты не посвети́л отцу́ ла́мпой?
Why didn't you light your father's way with a lamp?

**свя́зывать 1.** *imp* /**связа́ть** *pf* (A *pl*)—(I) to tie sth together with sth
■ Он связа́л все кни́ги шпага́том.
He tied all the books together with string.

**свя́зывать 2.** *imp* /**связа́ть** *pf* (A)—(с + I) to connect, link sth with/to sth
■ Эта доро́га свя́зывает наш го́род со столи́цей шта́та.
This road links our town to the state capital.

■ Но́вая авто́бусная ли́ния свя́жет центр го́рода с окра́инами.
The new bus line will connect the city center with the suburbs.

   (A *pl*)—(I) to connect sth with sth
■ Вла́сти реши́ли связа́ть э́ти два го́рода желе́зной доро́гой.
The authorities decided to link these two towns with a railroad.

**сдава́ть 1.** *imp* /**сдать** *pf* (A)—(в, на + A) to give sth to sth; to hand in sth at some place
■ Я сдам твоё пальто́ в химчи́стку (/ту́фли в мастерску́ю) за́втра.
I'll take your coat to the cleaner (/shoes to the repair shop) tomorrow.

■ Вы сда́ли посы́лку на по́чту?
Did you hand in the package at the post office?

   (A)—(в, на + A) to take in sth for sth (to be done); to put sth in some place for sth
■ Когда́ вы сдади́те ту́фли в ремо́нт (/ве́щи в чи́стку)?
When will you take the shoes in for repair (/the clothes in for cleaning)?

■ Мы сда́ли свою́ ме́бель на хране́ние.
We put our furniture into storage.

**сдава́ть 2.** *imp* /**сдать** *pf* (A)—(D)—(на + A) to rent sth to sb for some time
■ Он сдал мне ко́мнату (/кварти́ру/дом) на три ме́сяца.
He rented me a room (/apartment/house) for three months.

**сдава́ть 3.** *imp* /**сдать** *pf* (A)—(D)—(на + A) to take (*imp*) or pass (*pf*) sth (exam, test, etc.) for sth (grade)
■ —Когда́ ты сдаёшь э́тот экза́мен? —Я уже́ сдава́л его́ и сдал на пять.
"When do you take this exam?"—"I took it already and passed with an A."

   (A)—(D) to take sb's exam
■ Я сдава́л экза́мен профе́ссору Ивано́ву (/дру́гу моего́ отца́).
I took Professor Ivanov's (/a friend of my father's) exam.

**серди́ться** *imp* /**рассерди́ться** *pf* (**на + A**) to get, be angry with sb

- Я никогда́ ни на кого́ не сержу́сь.
  I never get angry with anyone.

- Éсли ты рассе́рдишься на него́, я переста́ну тебя́ уважа́ть.
  If you get angry with him, I'll stop respecting you.

- Она́ вчера́ це́лый ве́чер серди́лась на меня́ (/на весь мир).
  All yesterday evening she was angry with me (/with the whole world).

    (**на + A**)—(**за + A**) to get, be angry with sb for sth

- За что́ ты на него́ се́рдишься?
  Why are you angry with him?

- Не серди́тесь на меня́ за мои́ слова́ (/за моё опозда́ние).
  Don't be angry with me for what I said (my words) (/for my lateness).

- Я не рассержу́сь на вас (/на Ива́на/на жену́) за э́то.
  I won't get angry with you (/Ivan/my wife) for this.

- Он рассерди́лся на бра́та за его́ гру́бость.
  He got angry with his brother for his rudeness.

    **серди́ться** (**на то**), **что . . .** to be angry that . . .

- Он се́рдится (на то), что сестра́ никогда́ не звони́т ему́.
  He's angry that his sister never calls him.

    **серди́ться/рассерди́ться** (**на + A**) **за то, что . . .** to be, get angry with sb for (not) doing sth

- Я сержу́сь на него́ за то, что он не вы́полнил своего́ обеща́ния.
  I'm angry with him for not keeping his promise.

- Мы рассерди́лись на дете́й за то, что они́ не сказа́ли нам пра́вду.
  We got angry with our children for not telling us the truth.

**се́ять 1.** *imp* /**посе́ять** *pf* (**A**)—(**в, на + P**) to sow sth in some place

- Мы посе́ем лук на огоро́де, а пшени́цу в по́ле.
  We'll plant onions in the vegetable garden and wheat in the field.

**се́ять 2.** *imp* /**посе́ять** *pf* (**A**)—(**среди́+G**) to spread, sow sth (abstract) among sb

- Он всю жизнь се́ял среди́ люде́й добро́ (/любо́вь/зна́ния/свет).
  All his life he spread good (/love/knowledge/light) among the people.

- Ты посе́ял среди́ э́тих люде́й страх и па́нику.
  You sowed fear and panic among these people.

**сиде́ть 1.** *imp* (**в, на + P**)/(**за + I**) to sit in/on/at sth

- Я обы́чно сижу́ на сту́ле (/на дива́не) или на ковре́ (/на полу́).
  I usually sit on a chair (/sofa) or on the carpet (/floor).

- Он сиде́л за мои́м столо́м и де́лал уро́ки.
  He was sitting at my desk doing his homework.

- Я не бу́ду сиде́ть в э́том кре́сле, оно́ ло́маное.
  I won't sit in this armchair; it's broken.

  (**в, на** + **P**) to sit, have seats in some place

- Она́ сиде́ла в ваго́не (/в авто́бусе) и смотре́ла в окно́.
  She was sitting in the railroad car (/bus), looking out of the window.

- В теа́тре мы обы́чно сиди́м в парте́ре (/на балко́не/в ло́же).
  At the theater we usually have seats in the orchestra (/balcony/a box).

**сиде́ть 2.** *imp* (**за** + **I**) to sit over sth

- Вчера́ он весь день сиде́л за кни́гой (/за уро́ками).
  All day yesterday he sat over a book (/his homework).

**сиде́ть 3.** *imp* (**в, на** + **P**)/(**у** + **G**) to be, stay in some place/at sb's

- Ива́н сиде́л вчера́ на рабо́те (/в рестора́не/у прия́теля) до ве́чера.
  Yesterday Ivan was at work (/a restaurant/a friend's) until the evening.

- Я сижу́ в дере́вне уже́ два ме́сяца.
  I've been staying in the country for two months already.

  (**без** + **G**) to be out of/without sth

- Я тогда́ сиде́л без рабо́ты (/без де́нег/без све́та/без воды́).
  At that time I was out of work (/money/without electricity/water).

**скла́дывать 1.** *imp* /**сложи́ть** *pf* (**A**)—(**в, на** + **A**)/(**в, на** + **P**) to put (away), lay sth in some place

- Я сложу́ твои́ кни́ги на твой стол (на твоём столе́).
  I'll put your books on your desk.

- Сложи́те чемода́ны в шкаф (в шкафу́).
  Put the suitcases in the closet.

- Она́ скла́дывает ни́жнее бельё на ни́жнюю по́лку (на ни́жней по́лке).
  She puts (*or* lays) underwear on the lower shelf.

- Не скла́дывай уче́бники на́ пол (на полу́). Сложи́ их в портфе́ль.
  Don't put your textbooks on the floor. Put them in your bookbag.

  (**A**)—(**у** + **G**) to put sth by sth

- Сложи́ всё, что тебе́ ну́жно у две́ри (/у вхо́да/у окна́).
  Put together everything you need by the door (entrance/window).

**скла́дывать 2.** *imp* /**сложи́ть** *pf* (**A**) to fold sth

- Сложи́ аккура́тно свои́ ве́щи (/брю́ки/руба́шку).
  Fold your clothes (/pants/shirt) neatly.

■ Не люблю́ скла́дывать про́стыни.
I don't like to fold sheets.

    **(A)—(adv)** to fold sth in some way

■ Не скла́дывайте полоте́нце вче́тверо и́ли втро́е, сложи́те вдво́е.
Don't fold the towel in four or three; fold it in two.

**скрыва́ться 1.** *imp* /**скры́ться** *pf* (от + G)—(в, на + P)/(под + I) to hide (oneself), be in hiding, shelter sb from sb/sth in some place

■ Бегле́ц скрыва́лся от поли́ции в пусто́м до́ме (/на чердаке́).
The fugitive hid (*or* was in hiding) from the police in an empty house (/the attic).

■ Мы скро́емся от дождя́ под э́тим наве́сом.
We'll shelter ourselves from the rain under this awning.

**скрыва́ться 2.** *imp* /**скры́ться** *pf* (в + P)/(за + I) to disappear in(to)/behind/around/ below sth

■ Челове́к идёт по коридо́ру и скрыва́ется в како́м-то кабине́те.
The man walks along the corridor and disappears into some office.

■ Кора́бль скры́лся в тума́не (/в темноте́).
The ship disappeared in the fog (/darkness).

■ Ещё мину́та и маши́на скро́ется за поворо́том (/за дере́вьями).
In another minute the car will disappear around the bend (behind the trees).

■ Со́лнце скры́лось за облака́ми (/за горизо́нтом).
The sun disappeared behind the clouds (/below the horizon).

    **(под + I)** to disappear under sth

■ Плове́ц нырну́л и скры́лся под водо́й.
The swimmer dove and disappeared under the water.

    **(из + G)** to disappear from sight

■ Я следи́л за ней глаза́ми, пока́ она́ не скры́лась из ви́да (из ви́ду).
I watched her (*lit.* followed her with my eyes) until she disappeared from sight.

**скуча́ть 1.** *imp* (от + G) to be bored with/from sth

■ Он скуча́л от безде́лья (/от ле́ни).
He was bored with doing nothing (/from laziness).

    **(за + I)** to be bored with sth

■ Она́ скуча́ет за уро́ками (/за кни́гой/за роя́лем).
She is bored with her homework (the book/the piano).

**скуча́ть 2.** *imp* (**без + G**)/(**по + D**) to miss sb/sth
- Мари́я скуча́ла без него́ (/без друзе́й/без рабо́ты/без му́зыки).
  Maria missed him (/her friends/work/music).

- Ты скуча́ешь по де́тям?
  Do you miss the children?

**следи́ть 1.** *imp* (**за + I**) to watch sb/sth
- Мы следи́м за бегуна́ми (/за до́черью/за Ни́ной).
  We watch the runners (/our daughter/Nina).

- Он следи́л за выраже́нием её лица́ (/за её реа́кцией на его́ слова́).
  He watched the expression of her face (/her reaction to his words).

    (**за + I**)—(**в + A**) to watch, follow sb/sth through sth
- Я слежу́ за челове́ком на скале́ в бино́кль.
  I'm watching the man on the cliff through binoculars.

- Астроно́мы следя́т за движе́нием звёзд и плане́т в телеско́п.
  Astronomers follow the motions of the stars and planets through a telescope.

    **следи́ть** (**за тем**), **что** (**как**) . . . to watch what (how) . . .
- Мы следи́м (за тем), что́ де́лает челове́к на скале́ (/как дви́гаются плане́ты).
  We are watching what the man on the cliff is doing (/how the planets move).

**следи́ть 2.** *imp* (**за + I**) to keep up with sth; to follow sb
- Я слежу́ за его́ успе́хами (/за его́ разви́тием).
  I follow his progress (/development).

- Она́ о́чень следи́т за мо́дой (/за литерату́рой/за нови́нками кино́).
  She keeps up with fashion (/literature/new movies).

- Он следи́л за полити́ческими собы́тиями (/за хо́дом переговоров).
  He kept up with political events (/the course of the negotiations).

- Ива́н говори́т так бы́стро, что за ним тру́дно следи́ть.
  Ivan speaks so fast that it's difficult to follow him.

    **следи́ть** (**за тем**), **что** (**как**) . . . to keep up with what (how) . . .
- Он следи́т за тем, что́ происхо́дит в литерату́ре (/как развива́ются переговоры).
  He keeps up with what's going in literature (/how the negotiations develop).

**следи́ть 3.** *imp* (**за + I**) to look after sb; to take care of sth
- Кто следи́т за детьми́, когда́ ты на рабо́те?
  Who looks after the children when you are at work?

- Ты никогда́ не следи́л за свои́м здоро́вьем.
  You never took care of your health.

- Она́ следи́т за свое́й вне́шностью.
  She takes care of her looks (*or* appearance).

- Ива́н бу́дет следи́ть за са́дом и за до́мом.
  Ivan will take care of the garden and the house.

**следи́ть (за тем), что́бы . . .** to see to it that . . .

- Мать следи́т за тем, что́бы в до́ме была́ чистота́.
  Mother sees to it that the house is clean.

**сле́довать** *imp* **(за + I)** to follow sb/sth

- Он е́хал на маши́не впереди́, а я сле́довал за его́ маши́ной.
  He drove (in his car) in front of me, and I followed (his car).

- Сле́дуйте за мной, я покажу́ вам доро́гу.
  Follow me; I'll show you the way.

   **(за + I)—(adv)** to follow sb/sth in some way

- Я так боя́лся потеря́ть его́, что сле́довал за ним по пята́м.
  I was so afraid of losing him that I followed right on his heels.

- Куда́ бы она́ ни шла, он незаме́тно (/тайко́м) сле́дует за ней.
  Wherever she goes, he follows her unnoticed (/secretly).

**служи́ть 1.** *imp* **(D)** to serve sb/sth

- Всю свою́ жизнь он самоотве́рженно служи́л нау́ке (/лю́дям).
  All his life he selflessly served science (/people).

**служи́ть 2.** *imp* **(в + P)** to serve (*i.e.,* in the military) in sth

- Мой брат служи́л в а́рмии (/в авиа́ции/во фло́те).
  My brother served in the Army (/Air Force/Navy).

   **(в, на + P)/(за + I)** to serve (*i.e.,* in the military) in some place

- Я бу́ду служи́ть в Москве́ (/на Се́вере /за грани́цей).
  I'll serve in Moscow (/the North/abroad).

**служи́ть 3.** *imp* (*3rd person only*) **(D)—(I)** to serve sb as sth

- Пала́тка служи́ла на́шей семье́ убе́жищем от дождя́ и ве́тра.
  The tent served our family as a refuge from rain and wind.

- Сухи́е ве́тки слу́жат путеше́ственникам то́пливом.
  Dry branches serve the travelers as firewood.

■ Эта ко́мната до́лго служи́ла ему́ лаборато́рией.
For a long time this room served him as a laboratory.

(для + G) to serve to do sth
■ Этот прибо́р слу́жит для измере́ния глубины́ воды́.
This device serves to measure the depth of the water.

**случа́ться** *imp* /**случи́ться** *pf* (*3rd person only*) (с + I) to happen to/with sb
■ —Что случи́лось с Ива́ном и Ни́ной? Их не́ было сего́дня в шко́ле. —Это случа́ется с ни́ми вре́мя от вре́мени.
"What happened to Ivan and Nina? They didn't come to school today."—"It happens with them from time to time."

(с + I)—(в, на + P) to happen to sb in some place
■ Это случи́лось с бра́том в шко́ле (/на рабо́те/на у́лице).
This happened to my brother at school (/work/on the street).

(из-за + G)/(по + D) to happen because of/through sth
■ Пожа́р случи́лся из-за его́ неосторо́жности (/по его́ вине́).
The fire happened because of his carelessness (/through his fault).

**слу́шать** 1. *imp* (А)—(в, на + P) to listen to sb/sth in some place
■ На ле́кциях я с удово́льствием слу́шаю на́шего профе́ссора.
I listen to our professor at the lecture with pleasure.
■ Вчера́ я слу́шал конце́рт в консервато́рии.
Yesterday I listened to a concert at the conservatory.
■ Мы слу́шаем пе́ние птиц в саду́.
We listen to the birds singing in the garden.

(А)—(у + G) to listen to sth at sb's
■ Мы слу́шали э́тот конце́рт у на́ших друзе́й (/у Ивано́вых).
We listened to the concert at our friends' (/the Ivanovs').

(А)—(по + D) to listen to sth on sth
■ Я ча́сто слу́шаю его́ выступле́ния по ра́дио и по телеви́дению.
I often listen to his performances on radio and TV.

**слу́шать (то/о том), что (как)** . . . to listen to what (how) . . .
■ Мы слу́шали (то), что он нам расска́зывал.
We listened to what he was telling us.
■ Я с интере́сом слу́шаю расска́з о то́м, как он доби́лся её любви́.
I listen with interest to the story of how he managed to win her love.

**слу́шать 2.** *imp* **(A)—(в + P)** to take sth (courses, etc.) in some place
- Ива́н слу́шал курс э́того профе́ссора в университе́те.
  Ivan took this professor's course at the university.

**(A)—(у + G)** to take sth (courses, etc.) with sb
- Мы бу́дем слу́шать два ку́рса у профе́ссора Ивано́ва.
  We'll be taking two courses with Professor Ivanov.
- Ни́на слу́шала курс по литерату́ре у э́того профе́ссора.
  Nina took a literature course with this professor.

**слу́шать 3.** *imp* **(A)** to follow sb's advice; to obey sb
- Э́тот ма́льчик всегда́ слу́шал свои́х роди́телей и свои́х учителе́й.
  This boy always followed the advice of his parents and teachers.
- Е́сли ты хо́чешь быть здоро́в, ты до́лжен слу́шать сове́ты врача́
  If you want to be healthy, you must follow (*or* obey) the doctor's advice.

**слу́шаться/послу́шаться** *pf* **(A)** to listen to sb
- Поговори́те с ним. Он слу́шается вас бо́льше, чем отца́.
  Talk to him. He listens to you more than he does to his father.
- Послу́шайся Ни́ну (/свои́х сослужи́вцев) и всё бу́дет в поря́дке.
  Listen to Nina (/your co-workers) and everything will be okay.

**(G)** to follow, take sb's advice
- Мы ра́ды, что ты послу́шался на́шего сове́та.
  We're glad you followed (*or* took) our advice.

**слы́шать 1.** *imp* **/услы́шать** *pf* **(A)—(в, на + P)** to hear sth/sb in some place
- Говори́те гро́мче, я вас не слы́шу.
  Speak louder; I can't hear you.
- Мы услы́шали на у́лице каки́е-то зву́ки (/пе́ние/му́зыку).
  We heard some sounds (/singing/music) in the street.
- Ну́жен микрофо́н. Ина́че в э́том за́ле никто́ не услы́шит ни сло́ва.
  We need a microphone. Otherwise nobody in this auditorium will hear a word.

**(A)—(за + I)** to hear sth behind/outside sth
- Мы услы́шали за окно́м шум дождя́.
  We heard the noise of the rain outside (*lit.* beyond the window).
- Она́ слы́шит за две́рью ти́хие голоса́.
  She hears low voices behind (or outside) the door.

слышать (то), что (как) . . . to hear what (how) . . .

■ Ты слы́шал, что́ он сказа́л (/ка́к он э́то сказа́л)?
Did you hear what he said (/how he said it)?

слышать 2. *imp* /услы́шать *pf* (A)—(от + G) to hear sth from sb

■ Она́ услы́шала э́ту но́вость от сестры́.
She heard the news from her sister.

■ От кого́ вы слы́шали и́мя э́того врача́?
Whom did you hear this doctor's name from?

(A)—(в, на + P)/(y + G) to hear sth in some place/sb's

■ Брат услы́шал э́ту исто́рию в Нью-Йо́рке (/в магази́не/на рабо́те).
My brother heard that story in New York (/in a store/at work).

■ Я слы́шу чей-то го́лос (/смех) в коридо́ре.
I hear somebody's voice (/laughter) in the hallway.

■ Она́ слы́шала подро́бности э́того происше́ствия у друзе́й.
She heard the details of the incident at her friends'.

(о + P)—(от + G) to hear about sb/sth from sb

■ Я впервы́е услы́шала о Ни́не от моего́ дру́га.
I first heard about Nina from my friend.

■ Мы слы́шали о его́ прие́зде от Ма́ркова (/от мои́х сослужи́вцев).
We heard about his arrival from Markov (/my co-workers).

■ Мы ду́мали, что услы́шим от вас о но́вом президе́нте фи́рмы.
We thought we would hear from you about the new president of the company.

(о + P)—(в, на + P) to hear about sb/sth in some place

■ Он наде́ялся, что услы́шит о здоро́вье Ни́ны на вечери́нке.
He was hoping to hear about Nina's health at the party.

■ Я слы́шал в Москве́ о ва́шей после́дней вы́ставке.
In Moscow I heard about your last exhibition.

■ То́лько на ста́нции мы услы́шали о но́вом расписа́нии поездо́в.
We only heard about the new train schedule at the station.

(о + P)—(y + G) to hear about sb/sth at sb's

■ Мы слы́шали о ва́шей до́чери (/о её успе́хах) у Ма́рковых.
We heard about your daughter (/her successes) at the Markovs'.

(о + P)—(на + P)—(y + G) to hear about sth at sb's sth

■ Марк слы́шал об э́том на ве́чере у друзе́й (/на прие́ме у президе́нта).
Mark heard about this at his friends' party (/at the president's reception).

слы́шать (о том), что . . . to hear that . . .

- Я слы́шал (о том), что вы переезжа́ете на Восто́чный бе́рег.
  I heard (that) you're moving to the East Coast.

слы́шаться *imp* /послы́шаться *pf* (*3rd person only*) (в, на + P) to be heard in some place

- Во дворе́ (/на у́лице) слы́шатся голоса́ и смех.
  Voices and laughter are heard in the courtyard (/street).

- В коридо́ре послы́шались шаги. Пришёл оте́ц.
  Footsteps could be heard in the hallway. Father had come home.

  (из, с + G) to be heard from some place

- Из сосе́днего до́ма (/с у́лицы) слы́шались му́зыка и пе́ние.
  Music and singing were heard from the house next door (/the street).

сметь 1. *imp* /посме́ть *pf* (**inf**) (usually negative or disapproving) to not dare to do sth

- Не смей да́же и ду́мать об э́том.
  Don't even dare (to) think about it.

- Я не сме́ю напомина́ть ему́ о письме́ (/приглаша́ть его́ к себе́).
  I don't dare (to) remind him about the letter (/invite him to my place).

- Мы не посме́ли бы вас буди́ть без причи́ны.
  We wouldn't dare (to) wake you up without a (good) reason.

сметь 2. *imp* /посме́ть *pf* (**inf**) (usually negative) to have no right to do sth; to not feel it right to do sth

- Он не смел вам писа́ть (/беспоко́ить вас/гру́бо разгова́ривать с ва́ми).
  He had no right to write to you (/bother you/speak rudely to you).

- Она́ не сме́ет заходи́ть в ваш дом без ва́шего разреше́ния.
  She has no right to enter your house without your permission.

- Они́ не посме́ли тре́бовать у вас де́нег.
  They didn't feel it was right to ask you for money.

смея́ться 1. *imp* (от + G) to laugh from/with/over sth

- Она́ смеётся от ра́дости (/от сча́стья/от удово́льствия).
  She laughs with (*or* from) joy (/happiness/pleasure).

смея́ться 2. *imp* (над + I) to laugh at, make fun of sb/sth

- Ты всегда́ смеёшься надо мно́й (/над э́тим челове́ком).
  You always laugh at me (/that man).

- Все смея́лись над его́ расска́зом.
  Everybody laughed at his story.

■ Марк име́ет привы́чку смея́ться над её тру́состью.
Mark has a habit of making fun of her cowardice.

> **смея́ться над тем, что (о чём, как)** . . . to laugh at, make fun of what, about what, the way . . .

■ Он смея́лся над тем, что́ я говори́л (/о чём я говори́л).
She laughed at what I was saying (/what I was talking about).

■ Все смею́тся на тем, как он одева́ется (/говори́т).
Everybody makes fun of the way he dresses (/talks).

**смотре́ть 1.** *imp* (**на + A**) to look at sb/sth

■ Де́вочка удивлённо смо́трит на учи́теля (/на Ива́на/на меня́).
The girl looks at the teacher (/Nina/me) in surprise.

■ Он внима́тельно смотре́л на карти́ну (/на экра́н).
He looked attentively at the painting (/the screen).

> (**в, на + A**) to look into/at some place

■ Мы посмотре́ли во дво́р (/на доро́гу), но никого́ там не уви́дели.
We looked into the courtyard (/at the road) but saw no one.

> (**на + A**)—(**из, с + G**) to look at, watch sb/sth from sth/some place

■ Мы смо́трим с балко́на на прохо́жих (/на дете́й/на соба́ку).
We watch the passersby (/children/dog) from the balcony.

■ Я смотре́ла из окна́ на у́лицу (/на маши́ны/на люде́й).
I looked out of the window at the street (/cars/people).

■ Лю́ди ка́жутся ма́ленькими, когда́ смо́тришь на них с кры́ши.
People seem little when you look at them from the roof.

> (**в + A**)—(**на + A**) to look through sth at sth

■ В теа́тре мы смо́трим на сце́ну и на арти́стов в бино́кль.
At the theater we look at the stage and the actors through binoculars.

■ Учёные смо́трят на звёзды и плане́ты в телеско́п.
Scientists look at the stars and planets through a telescope.

**смотре́ть 2.** *imp* (**A**)—(**в, на + P**) to see, look at sth in some place

■ Он смотре́л э́ту пье́су в теа́тре (/на э́той сце́не).
He saw this play in a theater (/on this stage).

■ Я люблю́ смотре́ть семе́йные фоторга́фии в альбо́мах.
I love to look at family pictures in albums.

> (**A**)—(**по + D**) to watch sth on sth

■ Ты бу́дешь смотре́ть э́тот футбо́льный матч по телеви́зору (*colloq.*)?
Will you be watching the soccer game on TV?

**смотре́ть 3.** *imp* (за + I) to look after sb/sth

■ Кто бу́дет смотре́ть за детьми́ (/за до́мом), когда́ вас не бу́дет?
Who will look after the children (/house) when you're not there?

■ Мать смо́трит за са́дом (/за живо́тными).
My mother looks after the garden (/the animals).

**смотре́ть за тем, что́бы** ... to see to it that ...

■ Мари́я смотре́ла за тем, что́бы де́ти бы́ли здоро́вы.
Maria sees to it that the children are healthy.

**смотре́ть 4.** *imp* (на + A)—(как на + A) to take sb for sb/sth

■ Я всегда́ смотре́л на тебя́ как на взро́слого (/как на дру́га).
I always took you for an adult (/a friend).

**смуща́ться** *imp* /**смути́ться** *pf* (от + G) to be, get embarrassed by/at sth

■ Я всегда́ смуща́юсь от похва́л.
I always get embarrassed by praise.

■ Она́ смути́лась от э́тих слов (/от моего́ взгля́да).
She was embarrassed at these words (/my glance).

**(при + P)** to be, get embarrassed in the presence of sb

■ При нём Ни́на смуща́ется и красне́ет.
In his presence Nina is (*or* gets) embarrassed and blushes.

**снима́ть 1.** *imp* /**снять** *pf* (A)—(с + G) to take sb/sth off/down from sth

■ Мать снима́ет ребёнка со сту́ла (/с каче́лей).
The mother takes the child down from the chair (/swing).

■ Сними́ кастрю́лю (/ча́йник/суп) с плиты́.
Take the pan (/teapot/soup) off the range.

■ Я сниму́ кни́ги с по́лки (/што́ры с окна́).
I'll take the books down from the shelf (/blinds down from the window).

■ Кто снял пальто́ с ве́шалки (/карти́ну со стены́)?
Who took the coat off the hanger (/the picture off the wall)?

**снима́ть 2.** *imp* /**снять** *pf* (A)—(с + G) to take sth (off/from) sb/sth

■ Я сниму́ с ребёнка пальто́ (/ша́пку/перча́тки/шарф).
I'll take off the child's coat (/hat/gloves/scarf).

■ Он снял шля́пу с её головы́ (/кольцо́ с её па́льца).
He took the hat from her head (/the ring from her finger).

(в, на + P) to take sth off in some place
- Сними́те пальто́ на ве́шалке (*colloq*) (/в прихо́жей).
  Take your coats off in the coat room (/hallway).
- В своём кабине́те от снял шля́пу и пальто́.
  In his office he took off his hat and coat.
- Éсли бу́дет тепло́, я сниму́ на у́лице (/на пля́же) жаке́т.
  If it's warm, I'll take my jacket off in the street (/at the beach).

**снима́ть 3.** *imp* /**снять** *pf* (A)—(в, на + P)/(за + I)/(у + G) to rent sth in some place
- Я сниму́ кварти́ру в це́нтре го́рода (/в э́том райо́не).
  I'll rent an apartment downtown (/in this neighborhood).
- Он всегда́ снима́л дом на берегу́ о́зера (/за го́родом/у мо́ря).
  He always rented a house at the lake shore (/out of town/by the sea).

(A)—(для + G) to rent sth for sb/sth
- Ива́н снял дом для сы́на (/для себя́/для но́вого сотру́дника).
  Ivan rented a house for his son (/himself/his new colleague).
- Ты снима́ешь э́ту ко́мнату для рабо́ты и́ли для о́тдыха?
  Are you renting this room for work or for vacationing?

(A)—(у + G)—(на + A) to rent sth from sb for some time
- Мой друг снял у Мари́и (/у мои́х сосе́дей) дом на три го́да.
  My friend rented a house from Maria (/my neighbors) for three years.

**снима́ть 4.** *imp* /**снять** *pf* (A)—(I) to take a picture of, shoot sb/sth with sth
- Ива́н снял меня́ (/Ни́ну/дете́й) свои́м но́вым аппара́том.
  Ivan took pictures of me (/Nina/the children) with his new camera.
- Киноопера́торы снима́ют фи́льмы профессиона́льной ка́мерой.
  Cameramen shoot movies with a professional camera.

**снима́ть 5.** *imp* /**снять** *pf* (A)—(с + G) to dismiss, ban sb from sth
- На́шего нача́льника (/Ива́на) неожи́данно сня́ли с рабо́ты.
  They unexpectedly dismissed our boss (/Ivan) from his job.
- Организа́торы турни́ра сня́ли э́того спортсме́на с соревнова́ний.
  The tournament organizers banned that athlete from the competition.

(A)—(с + G)—(за + A) to dismiss sb from sth for sth
- Э́того инжене́ра сня́ли с до́лжности за плоху́ю рабо́ту.
  That engineer was dismissed from his post for poor performance.

**снИться** *imp* /**приснИться** *pf* (D) to have a dream, dream about sb/sth

- Мне приснИлся стрАшный сон.
  I had a scary dream.
- ЕмУ чАсто снИлся покОйный брат (/их стАрый дом).
  He often dreamt about his dead brother (/their old house).

    **снИться/приснИться (D), что (бУдто)** ... to dream that ...

- Мне приснИлось, что я поЕду в МосквУ.
  I dreamed that I'm going to Moscow.
- Ей чАсто снИтся, бУдто её сын ужЕ закОнчил университЕт.
  She often dreams that her son has already graduated from university.

**собирАть 1.** *imp* /**собрАть** *pf* (A)—(в, на + P)/(у + G) to get together, gather sb/sth in some place/at sb's

- Мы соберём в зАле учАстников концЕрта.
  We'll get the concert performers together in the auditorium.
- КАждый день трЕнер собирАл на стадиОне всех члЕнов комАнды.
  Every day the coach gathered all the team members at the stadium.
- ИвАн собрАл у себЯ всех своИх друзЕй (/всю своЮ бригАду).
  Ivan got all his friends (/the whole team) together at his place.

    **(A pl)—(на + A)/(для + G)** to get together, gather sb for sth

- Я соберУ учителЕй на заседАние (/актёров на репетИцию).
  I'll get the teachers together for a meeting (the actors together for a rehearsal).
- Он собрАл студЕнтов для бесЕды (/для обсуждЕния проЕкта).
  He gathered students for a conversation (/to discuss the project).

    **(A pl)—(inf)** to gather some people to do sth

- Марк собрАл друзЕй обсудИть план поЕздки (/поговорИть по душАм).
  Mark gathered his friends to discuss their trip plans (/for a heart-to-heart (talk)).

**собирАть 2.** *imp* /**собрАть** *pf* (A)—(в + A) to put (together) sth in sth

- СоберИ своИ кнИги (/тетрАди) в портфЕль.
  Put your books (/notebooks) in your bookbag.
- ОнА сейчАс соберёт своИ вЕщи в чемодАн.
  She'll put her belongings in the suitcase now.
- ИвАн всегдА собирАет газЕты в стОпку.
  Ivan always puts the newspapers together in a pile.
- Ты собрАл своИ игрУшки (/Игры/кУклы) в свой Ящик?
  Did you put your toys (/games/dolls) in your box?

**собира́ть 3.** *imp* /**собра́ть** *pf* (**A** *pl*)—(**в, на** + **P**) to gather, collect, pick sth in some place

■ Мы соберём я́годы (/грибы́/лече́бные тра́вы) в лесу́.
We'll gather (*or* collect *or* pick) berries (/mushrooms/medicinal herbs) in the woods.

■ Вы собира́ли цветы́ в по́ле (/на берегу́ реки́/на поля́не)?
Did you pick the flowers in a field (/on the riverbank/in the meadow)?

(**G** *pl*)—(**в** + **P**) (*pf only*) to pick, gather some of sth

■ Она́ собрала́ в па́рке грибо́в (/оре́хов/цвето́в).
In the park she picked (*or* gathered) mushrooms (/nuts/flowers).

(**A** *pl*)—(**в** + **A**) to gather sth in sth

■ Де́ти собира́ли грибы́ в корзи́нку (/я́годы в ба́нку).
The children gathered mushrooms in a basket (/berries in a jar).

(**A** *pl*)—(**с** + **G**) to pick, collect sth from sth

■ Сего́дня они́ бу́дут собира́ть оре́хи с дере́вьев (/сухи́е ли́стья с земли́).
Today they will pick nuts from the trees (/collect dry leaves from the ground).

(**A**)—(**G** *pl*) to gather, collect sth of sth

■ Мы обеща́ли, что соберём буке́т цвето́в (/мешо́к оре́хов).
We promised we'd gather a bouquet of flowers (/collect a bag of nuts).

**собира́ть 4.** *imp* /**собра́ть** *pf* (*imp only*) (**A**)—(**с** + **G**) to collect sth since (a time)

■ С ю́ношеских лет он собира́ет кни́ги по иску́сству (/ма́рки).
He has been collecting books on art (/stamps) since his youth.

■ Он на́чал собира́ть карти́ны и фарфо́р с про́шлого го́да.
He started collecting paintings and china last year.

(*pf only*) (**A**)—(**за** + **A**) to collect, accumulate sth in some time

■ За после́дние го́ды он собра́л хоро́шую библиоте́ку (/колле́кцию карти́н).
In recent years he has accumulated (*or* collected) a good library (/collection of paintings).

**собира́ться 1.** *imp* /**собра́ться** *pf* (*3rd person only*) (**в, на** + **P**)/(**у** + **G**) to gather, assemble in some place/at sb's

■ На пло́щади (/на на́бережной) собрала́сь толпа́.
A crowd gathered in the square (/on the embankment).

■ В клу́бе (/в а́ктовом за́ле) собира́ются студе́нты.
The students are assembling at the club (/in the auditorium).

■ За́втра у меня́ (/у Ива́на) соберу́тся все ро́дственники.
Tomorrow all our relatives will gather at my place (/at Ivan's).

(в + P)—(на + A) to gather, assemble in some place/at sb's for sth

- Студе́нты собрали́сь в э́той аудито́рии на ле́кцию (на собра́ние).
  The students gathered in the auditorium for a lecture (/meeting).

- Рабо́чие соберу́тся в це́хе на встре́чу с го́стем из Москвы́.
  The workers will assemble in the shop to meet the guest from Moscow.

(в + P)/(у + G)—(inf) to get together, gather in some place/at sb's to do sth

- Дава́йте соберёмся у меня́ за́втра отме́тить э́то собы́тие.
  Let's get together at my place tomorrow to celebrate the event.

- Мы собра́лись в университе́те обсуди́ть на́шу програ́мму.
  We'll gathered at the university to discuss our program.

**собра́ться (для того́), что́бы . . .** to get together to do sth

- Нам на́до собра́ться (для того́), что́бы обсуди́ть ряд вопро́сов.
  We need to get together to discuss some questions.

**собира́ться 2.** *imp* /**собра́ться** *pf* (в, на + A) to prepare, get ready for sth/to go some place

- Я собира́юсь в командиро́вку (/в теа́тр).
  I'm getting ready for a business trip (/the theater).

- Ты уже́ собра́лся в доро́гу (/в шко́лу/на рабо́ту)?
  Are you already prepared for the trip (/school/work)?

(к + D) to get ready to go to sb's

- Я за́нят. Мы собира́емся к роди́телям (/к Ма́рковым).
  I'm busy. We're getting ready to go to my parents' (/to the Markovs').

**собира́ться 3.** *imp* /**собра́ться** *pf* (в, на + A) to be going to, intend to go to some place

- Я сего́дня собира́юсь в кино́ (/в теа́тр/на вы́ставку).
  Today I intend to go to the movies (theater/exhibition).

- Мы собрали́сь в музе́й, но пото́м реши́ли оста́ться до́ма.
  We were going to the museum, but then we decided to stay home.

(к + D) to intend to go to sb's

- Он собира́ется сего́дня к врачу́ (/к де́тям).
  He intends to go to the doctor's (/his children's house) today.

**собира́ться/собра́ться (inf) . . .** to be about to, going to, intend to do sth (*neg.* to not get around to sth)

- Мы собира́емся за́втракать (/обе́дать); сади́сь с на́ми.
  We're about to have breakfast (/dinner); join us (*lit.* sit down with us).

- Он собирáется весь день занимáться.
  He intends to study all day.
- Я собирáлся поговорúть с Ивáном об э́том, но его́ нé было.
  I was going to talk to Ivan about this, but he wasn't there.
- Онá никáк не соберётся позвонúть Марúи.
  She'll never get around to calling Maria.

**соблюдáть** *imp* (А)—(в, на + P) to keep, observe sth in some place
- Мы прóсим соблюдáть в больнúце тишину́ (/в шкóле поря́док).
  We ask (you) to observe (*or* keep) quiet in the hospital (/order in school).
- На дорóгах он всегдá соблюдáет прáвила движéния.
  On the road he always observes traffic regulations.

**совéтовать** *imp* /**посовéтовать** *pf* (D)—(inf) to advise, tell sb to do sth
- Я совéтую вам посмотрéть э́тот фильм (/прочитáть э́ту кнúгу).
  I advise you to see this film (/read this book).
- Врач совéтовал больнóму перемени́ть клúмат.
  The doctor advised the patient to move to another (*lit.* change) climate.
- Он не посовéтовал бы вам меня́ть тéму диссертáции.
  He wouldn't have advised you to change your dissertation topic.
- Посовéтуйте Марúи отдохну́ть (/поéхать к мóрю).
  Tell Maria to get some rest (/go to the seashore).
- Кто вам посовéтовал перейти́ в э́тот университéт?
  Who advised you to transfer to this university?

**совéтоваться** *imp* /**посовéтоваться** *pf* (с + I)—(о + P) to seek advice from, consult sb on/about sth
- Я обо всём совéтуюсь с мáтерью (/с му́жем/с моúм дру́гом).
  I seek advice on everything from my mother (/husband/friend).
- Он посовéтовался об э́той поéздке с врачóм.
  He consulted his doctor about this trip.

    (с + I)—(по + D) to consult sb about sth
- Нáдо бу́дет мне посовéтоваться по э́тому вопрóсу с адвокáтом.
  I'll have to consult a lawyer about this problem.

**совпадáть** 1. *imp* /**совпáсть** *pf* (*3rd person only*) (с + I) to coincide with sth
- Их приéзд в гóрод совпáл с моúм окончáнием университéта.
  Their visit to (arrival in) the city coincided with my graduation from university.

- Ваш день рождéния почтú совпадáет с моúм.
  Your birthday is almost the same as (almost coincides with) mine.

- Я постарáюсь, чтóбы моя́ поéздка совпáла по врéмени с вáшей.
  I'll try to arrange it so that my trip coincides (in time) with yours.

- Моё расписáние всегдá не совпадáло с твоúм расписáнием.
  My schedule never coincided with yours.

- Бýдет замечáтельно, éсли фестивáль совпадёт с моúм óтпуском.
  It will be wonderful if the festival coincides with my vacation.

**совпадáть 2.** *imp* /**совпáсть** *pf* (*3rd person only*) (**с + I**) to correspond to/with sth

- Мрáчность пейзáжа совпадáла с моúм настроéнием.
  The gloomy landscape corresponded with (*or* to) my mood.

- Хорошó, что вáши идéи совпáли с идéями другúх члéнов грýппы.
  It was good that your ideas corresponded with those (the ideas) of the other team members.

**соглашáться 1.** *imp* /**согласúться** *pf* (**на + A**) to agree, consent to sth

- Мы срáзу согласúлись на э́ти услóвия (/на переговóры).
  We immediately agreed to these conditions (/to the negotiations).

- Я дýмаю, что он согласúтся на нáше предложéние.
  I think he will consent to our proposal.

- Я не срáзу соглашáюсь на э́ту встрéчу.
  I don't consent to this meeting immediately.

**соглашáться/согласúться (inf)** to agree to do sth

- Я охóтно соглашáюсь поéхать с нúми.
  I gladly agree to go with them.

- Он согласúлся сдéлать для нас э́тот перевóд.
  He agreed to do this translation for us.

- Мы, возмóжно, согласúмся написáть сценáрий.
  We may agree to write the script.

**соглашáться 2.** *imp* /**согласúться** *pf* (**с + I**) to agree with/to sth

- Он согласúлся с моúм мнéнием (/с моéй оцéнкой фáктов).
  He agreed with my opinion (/my evaluation of the facts).

- Мы не мóжем согласúться с такúм решéнием (/с э́тим плáном).
  We cannot agree to such a solution (/this plan).

**(с + I)—(в + P)** to agree with sb on sth

- Я с рáдостью соглашáюсь с вáми в э́том вопрóсе.
  I gladly agree with you on this matter.

■ Он во всём согласи́лся с жено́й (/с нача́льником/со мной).
He agreed on everything with his wife (/boss/me).

**соглаша́ться/согласи́ться (с тем), что** . . . to agree with that/what . . .
■ Он соглаша́ется, что я права́.
He agrees that I am right.

■ Мы ра́ды, что вы согласи́лись с тем, что предлага́л Ивано́в.
We're glad you've agreed with what Ivanov suggested.

**согрева́ть** *imp* /**согре́ть** *pf* **(A)—(D)/(для + G)** to warm, heat sth for sb
■ Пожа́луйста, согре́йте мне и А́нне чай (/суп).
Please warm some tea (/soup) for Anna and me.

■ Она́ согре́ла э́ту во́ду для тебя́ (/для Ива́на).
She heated the water for you (/Ivan).

**(A)—(в, на + P)** to warm/heat sth in/on sth
■ Я обы́чно согрева́ю во́ду в ча́йнике, а молоко́ в кастрю́ле.
I usually heat water in the teapot and milk in a pan.

■ В лесу́ не согре́ешь еду́ на плите́. Там мы гре́ем еду́ на костре́.
You don't warm food on a range in the forest. We do it (warm food) on a campfire.

**согрева́ться 1.** *imp* /**согре́ться** *pf* **(от + G)** to get warm from sth; to warm oneself with sth
■ Ива́н согре́лся от ходьбы́ (/от бе́га).
Ivan got warm from walking (/running).

■ Он всегда́ согрева́лся от ча́я (/от ко́фе).
He always used to warm himself with tea (/coffee).

**(в, на + P)** to warm oneself in some place
■ Я согре́юсь в до́ме (/в посте́ли/на пля́же).
I'll warm myself in the house (/in bed/on the beach).

■ Де́вочка понемно́гу согрева́лась на со́лнце.
The girl was gradually getting warm (warming herself) in the sun.

**(под + I)/(у, около + G)** to warm oneself under/by/near sth
■ Ма́льчик согре́лся под одея́лом.
The boy warmed himself under the blanket.

■ Я согрева́юсь у костра́ (/о́коло батаре́и).
I'm warming myself by the campfire (/near the radiator).

**согреваться 2.** *imp* /**согреться** *pf* (*3rd person only*) (**в, на** + **P**) to get warm in/on sth
- На со́лнце вода́ в реке́ согрева́ется.
  The river water is getting warm in the sun.
- Чай в ча́йнике (/суп в кастрю́ле) согре́лся.
  The tea in the teapot (/soup in the pan) got warm.
- На пли́тке ко́фе ско́ро согре́ется.
  The coffee on the hotplate will soon get warm.

**содержа́ть 1.** *imp* (**A**)—(**на** + **A**) to support sb/sth on sth
- Он содержа́л жену́ и дете́й (/семью́) на свою́ зарпла́ту.
  He supported his wife and children (/his family) on his salary.
- Я содержу́ себя́ и сы́на на мою́ стипе́ндию.
  I support myself and my son on my stipend.

**содержа́ть 2.** *imp* (**A**)—(**в** + **P**) to keep sth in sth (condition)
- Он всегда́ содержа́л свои́ ве́щи (/кни́ги/докуме́нты) в поря́дке.
  He always kept his things (/books/documents) in order.
- Я стара́юсь содержа́ть дом (/кварти́ру) в чистоте́.
  I try to keep the house (/apartment) clean (*lit.* in cleanliness).

**содержа́ть 3.** *imp* (3rd person only) (**A**)—(**в** + **себе**) to contain sth
- Но́вый слова́рь содержа́л пятьдеся́т ты́сяч слов и выраже́ний.
  The new dictionary contained fifty thousand words and expressions.
- Молоко́ соде́ржит (в себе́) белки́ и жиры́.
  Milk contains protein and fat.

**соединя́ть 1.** *imp* /**соедини́ть** *pf* (**A**)—(**с** + **I**) to connect sth to sth
- Соедини́те одну́ трубу́ с друго́й (/маши́ну с прице́пом).
  Connect one pipe to the other one (/the car to the trailer).

    (**A** *pl*)—(**I**) to connect sth with sth
- Стре́лочник соедини́л ваго́ны тро́сом.
  The switchman connected the railroad cars with a cable.

**соединя́ть 2.** *imp* /**соедини́ть** *pf* (**A** *pl*)—(**в** + **A**) to bring together, unite sb/sth in sth
- Всех студе́нтов соедини́ли в одну́ гру́ппу.
  They brought together all the students (in one group).
- Президе́нт фи́рмы собира́ется соедини́ть филиа́лы в одно́ це́лое.
  The president of the firm intends to unite its branches into a whole.

**соединя́ть 3.** *imp* /**соедини́ть** *pf* (**в** + **себе**)—(**A** & **A**) to unite, combine (in oneself) sth and sth

■ Он соединя́ет в себе́ тала́нт и упо́рство (/хра́брость и ро́бость).
He unites in himself talent and persistence (/bravery and timidity).

■ В своём иссле́довании они́ соединя́ли тео́рию и пра́ктику.
In their research they combined theory and practice.

**соединя́ть 4.** *imp* /**соедини́ть** *pf* (**A**)—(**с** + **I**) to link, connect sth to/with sth
■ Река́ соединя́ет э́то о́зеро с мо́рем.
The river links this lake to the sea.

■ Подзе́мный перехо́д соедини́т одно́ зда́ние с други́м.
The underground walkway will connect one building with another.

**создава́ть 1.** *imp* /**созда́ть** *pf* (**A**)—(**I**) to create sth with sth
■ Он со́здал э́то бога́тство свои́м трудо́м.
He created this wealth with his toil.

**создава́ть 2.** *imp* /**созда́ть** *pf* (**A**) to create, design sth
■ Э́тот режиссёр со́здал ряд замеча́тельных фи́льмов.
This director created a number of wonderful movies.

■ Он безусло́вно созда́ст ещё нема́ло шеде́вров.
He will undoubtedly create many more masterpieces.

■ Изобрета́тель создаёт но́вый прибо́р для наблюде́ния за звёздами.
An inventor is designing a new device for observing the stars.

**создава́ть 3.** *imp* /**созда́ть** *pf* (**A**) to found, establish sth
■ Кто со́здал э́то госуда́рство (/па́ртию)?
Who founded this state (/party)?

■ Он со́здал в го́роде теа́тр (/библиоте́ку/хор).
He established a theater (/library/choir) in the city.

**сокраща́ть 1.** *imp* /**сократи́ть** *pf* (**A**)—(**на** + **A**) to shorten, cut (short) sth by sth
■ Я сокращу́ доро́гу на не́сколько миль, е́сли пое́ду э́тим путём.
If I go this way, I'll shorten the route by a few miles.

■ Он сократи́л свой о́тпуск на пять дней.
He cut his vacation short by five days.

■ Она́ сократи́т свою́ кни́гу на два́дцать страни́ц (/на пять глав).
She will shorten her book by twenty pages (/five chapters).

**сокраща́ть 2.** *imp* /**сократи́ть** *pf* (**A**)—(**на** + **A**)/(**до** + **G**) to reduce, cut sth by/to sth
■ На́ша фи́рма сократи́ла свой штат на пятьсо́т челове́к.
Our firm's cut its staff by five hundred people.

■ Я сокращу́ расхо́ды на оде́жду до ми́нимума.
I will reduce my expenditure on clothes to a minimum.

**сомневаться 1.** *imp* (в + P) to have doubts about/as to sth; to doubt sth

- Я сомневаюсь в правильности ваших выводов.
  I have doubts about (*or* as to) the validity of your conclusions.
- Она никогда не сомневалась в её честности (/в её искренности).
  She never doubted her honesty (/sincerity).

**сомневаться 2.** *imp* (в + P) to not rely on sb, question sb

- Теперь я сомневаюсь в моём друге (/в Иване Ивановиче).
  I don't rely on my friend (/on Ivan Ivanovich) now.
- Он сомневался даже в себе.
  He questioned even himself.

**сообщать** *imp* /**сообщить** *pf* (A)—(D) to let sb know sth

- Иван сообщил мне ваш адрес и номер телефона.
  Ivan let me know your address and telephone number.
- Когда вы сообщите нам наши оценки?
  When will you let us know our grades?

    (D)—(о + P) to tell sb, let sb know, inform sb of/about sb/sth

- Кто сообщит твоей матери об Иване?
  Who will tell your mother about Ivan?
- Я всегда сообщал родителям о всех своих делах.
  I always let my parents know about everything I did (all my doings).
- Мой муж только что сообщил мне о приезде его родителей.
  My husband has just told me of his parents' visit.
- Газеты регулярно сообщают своим читателям о ходе переговоров.
  The newspapers regularly inform readers of the progress of the negotiations.

    (D)—(о + P)—(по + D) to inform sb of sth by sth

- Она сообщила нам по телефону о дне приезда делегации.
  She informed us by phone of the day of the delegation's arrival.
- Жителям города сообщают по радио о приближении урагана.
  The city's residents are being informed by radio about the approaching hurricane.

    **сообщать** (D) (о том), что . . . to tell, inform sb that . . .

- Кто вам сообщил (о том), что завтра соревнований не будет?
  Who told (*or* informed) you that there will be no competitions tomorrow?

**соревноваться** *imp* (с + I)—(в + P) to compete with sb in sth

- Я во всём соревнуюсь с братом (/с другом/с Иваном).
  I compete with my brother (/friend/Ivan) in everything.

- Мы соревнова́лись в прыжка́х в во́ду с лу́чшими прыгуна́ми.
  We competed in diving with the best divers.

**составля́ть 1.** *imp* /**соста́вить** *pf* (A)—(из + G) to make up sth from/with sth
- Он соста́вил из слов предложе́ние (/из би́сера узо́р).
  He made up a sentence from the words (/a design with beads).
- Я соста́влю миксту́ру из э́тих трав.
  I'll make up a mixture from these herbs.

**составля́ть 2.** *imp* /**соста́вить** *pf* (A)—(из + G) to put together sth from/of sb
- Тре́нер составля́ет кома́нду из лу́чших игроко́в.
  The coach puts together his team from the best players.
- Мы соста́вили тру́ппу из молоды́х актёров.
  We put together a company of young actors.

**составля́ть 3.** *imp* /**соста́вить** *pf* (A) to compile, draw up sth
- Я составля́ю ру́сский слова́рь (/уче́бник по ру́сскому языку́).
  I'm compiling a Russian dictionary (/Russian textbook).
- Кто соста́вил э́тот катало́г (/докла́д/расписа́ние/план)?
  Who drew up this catalog (/report/schedule/syllabus)?

**составля́ть 4.** *imp* /**соста́вить** *pf* (A *pl*)—(в + A) to put sth in sth
- Он соста́вит столы́ в оди́н ряд.
  He'll put the tables in one row.

      (A)—(в, на + A)/(в, на + P) to put all of sth in some place
- Соста́вь сту́лья в коридо́р (/посу́ду в шкаф/кастрю́ли на по́лку).
  Put all the chairs in the hall (/dishes in the cupboard/pots on the shelf).
- Я соста́влю мои́ чемода́ны в гара́ж (в гараже́).
  I'll put all my suitcases in the garage.

**состоя́ть 1.** *imp* (*3rd person only*) (из + G) to consist of, be made up of sth/sb
- Кварти́ра состоя́ла из трёх ко́мнат и ку́хни.
  The apartment consisted of three rooms and a kitchen.
- На́ша семья́ состои́т из на́ших роди́телей, мои́х бра́тьев и меня́ самого́.
  Our family consists of my parents, my brothers, and myself.
- Кома́нда страны́ бу́дет состоя́ть из тридцати́ спортсме́нов.
  The country's team will be made up of thirty athletes.

**состоя́ть 2.** *imp* (3rd person only) (в + P) to consist of, be in sth
- Мои́ обя́занности состоя́ли в перево́де пи́сем на ру́сский язы́к.
  My duties were translating letters into Russian.

- Рабо́та Ива́на состои́т в редакти́ровании стате́й для сбо́рника.
  Ivan's work consists of editing articles for the (published) collection.

  **состоя́ть в том, что** . . . to consist in the fact that . . .
- Тру́дность состои́т в том, что он не гото́в идти́ на компроми́сс.
  The difficulty consists in the fact that he is not ready to make a compromise.

  **состоя́ть в том, что́бы** . . . to be (doing) sth
- Зада́ча состои́т в том, что́бы подписа́ть догово́р о переми́рии.
  The goal is to sign an agreement about the armistice.

**состоя́ться** *pf* (*3rd person only*) **(в, на + P)** to take place, be held in some place
- Собра́ние состои́тся в а́ктовом за́ле (/на факульте́те).
  The meeting will take place in the auditorium (/at the department).
- Конфере́нция состоя́лась в университе́те (/в зда́нии теа́тра).
  The conference took place at the university (/in the theater building).
- Говоря́т, что матч состои́тся на на́шем стадио́не.
  They say the match will be held in our stadium.

  **(в + P)/(G)/(в + A)** to take place on some date/day
- Встре́ча состоя́лась в про́шлом году́ (/оди́ннадцатого ма́рта).
  The meeting took place last year (/on March 11).
- Конце́рт состои́тся не в понеде́льник, а в сре́ду.
  The concert will take place not on Monday but on Wednesday.

**сохраня́ть 1.** *imp* /**сохрани́ть** *pf* **(A)—(для + G)** to keep, save, retain sth for/to sb/sth
- Я сохраню́ э́ти фотогра́фии для дете́й.
  I'll keep these pictures for my children.
- Мы сохраня́ли де́ньги для поку́пки до́ма.
  We saved money to buy a house.
- Я для поря́дка сохраня́ю все квита́нции.
  I retain all receipts in order to keep track.

  **(в + P)** to keep sth in sth (condition)
- Он сохраня́ет все свои́ ве́щи (/бума́ги/инструме́нты) в чистоте́ и поря́дке.
  He keeps all his belongings (/papers/tools) clean and (well) organized.
- Я сохраню́ твою́ библиоте́ку в це́лости и сохра́нности.
  I'll keep your library intact and safe.

**сохраня́ть 2.** *imp* /**сохрани́ть** *pf* (**A**) to keep, preserve sth (qualities)

■ Она́ всегда́ сохраня́ет прису́тствие ду́ха (/хладнокро́вие).
She always keeps her presence of mind (/cool).

■ Он де́лал всё, что́бы сохрани́ть си́лы и здоро́вье.
He did everything to preserve his strength and health.

■ Я ношу́ э́то пла́тье три го́да, но оно́ всё ещё сохрани́ло свой цвет.
I've worn this dress for three years, but it's still kept its color.

**сохраня́ть 3.** *imp* /**сохрани́ть** *pf* (**A**) to keep, preserve sth

■ Я сохраню́ э́тот секре́т, чего́ бы мне э́то ни сто́ило.
I'll keep this secret at all costs.

■ Он на всю жизнь сохрани́л любо́вь к ней (/ве́рность ей).
He preserved his love for her (/faithfulness to her) all his life.

■ Она́ и в ста́рости сохраня́ла те же убежде́ния (/привы́чки/о́браз жи́зни).
Even in old age she kept the same convictions (/habits/way of life).

  (**A**)—(**до** + **G**) to preserve sth until sth

■ Ива́н сохраня́л свои́ чу́вства к ней до ста́рости.
Ivan preserved his feelings for her into old age.

**сохраня́ть 4.** *imp* /**сохрани́ть** *pf* (**A**)—(**в** + **P**) to keep sth in sth (memory)

■ Я сохраня́ю в се́рдце её о́блик (/воспомина́ния о на́ших встре́чах).
I keep her face (/memories of our meetings) in my heart.

■ Он сохрани́л в па́мяти её и́мя (/их пе́рвую встре́чу).
He kept her name (/their first meeting) in his memory.

**спаса́ть 1.** *imp* /**спасти́** *pf* (**A**)—(**от** + **G**) to keep, save sb from sth

■ Я спасу́ свои́х дете́й от всех боле́зней (/опа́сностей).
I'll keep my children from all sickness(es) (/danger(s)).

■ Мой друг спас меня́ (/ребёнка/Ма́ркова) от ве́рной сме́рти.
My friend saved me (/a child/Markov/) from certain death.

■ Не́сколько раз он спаса́л библиоте́ку от пожа́ра.
He saved the library from fire several times.

**спаса́ть 2.** *imp* /**спасти́** *pf* (3rd person only) (**от** + **G**) to protect against/from sth

■ Тёплое пальто́ спаса́ет меня́ от хо́лода (/моро́за).
The warm coat protects me against cold (/frost).

■ Да́же моски́тная се́тка не спаса́ла нас от комаро́в.
Even the mosquito net did not protect us from the mosquitoes.

- Пала́тка спаса́ла от ве́тра, но не от со́лнца.
  The tent protected against the wind but not the sun.

**спать** *imp* (**в, на** + **P**) to sleep in/on sth/in some place
- Обы́чно я сплю в крова́ти, но в ту ночь я спала́ на дива́не.
  I usually sleep in the bed, but that night I slept on the couch.
- Ты спишь в ночно́й руба́шке или в пижа́ме?
  Do you sleep in a nightgown or pajamas?
- Ле́том брат спал не в свое́й ко́мнате, а на вера́нде.
  In summer my brother slept not in his room but on the porch.

    (**с** + **I**) to sleep with sb
- Мой ма́ленкий брат иногда́ спит с отцо́м (/с дру́гом).
  Sometimes my little brother sleeps with our father (/his friend).

**спеши́ть 1.** *imp* (**с** + **I**) to hurry, hurry to do sth
- Мы спеши́ли с рабо́той (/с отъе́здом).
  We hurried the work (/(in order) to leave).
- Я спешу́ с отве́том на ва́ше письмо́.
  I'm hurrying to answer your letter.

    **спеши́ть** (**inf**) to hurry to do sth
- Она́ спеши́т сообщи́ть э́ту но́вость друзья́м.
  She hurries to inform her friends about this news.

**спеши́ть 2.** *imp* (**к** + **D**) to be in a hurry to make sth (*i.e.*, get to sth in time)
- Они́ спеша́т к нача́лу спекта́кля (/к отхо́ду по́езда/к прибы́тию самолёта).
  They are hurrying to make the start of the performance (/the departure of the train/the arrival of the plane).

    (**в, на** + **A**) to hurry to some place
- Я спешу́ в шко́лу (/в магази́н/в теа́тр/в рестора́н).
  I hurry to school (/the store/theater/restaurant).
- Сестра́ спеши́ла на конце́рт (/на собра́ние/на вокза́л).
  My sister was hurrying to a concert (/meeting/the station).
- Не бу́дем спеши́ть на э́тот по́езд; пое́дем на сле́дующем.
  Let's not hurry for this train; we'll take the next one.

    (**к** + **D**) to hurry to sb's
- Когда́ ты меня́ встре́тил, я спеши́л к врачу́ (/к дека́ну).
  When you met me, I was hurrying to the doctor's (/the dean's (office)).

**спо́рить** *imp* (**с** + **I**)—(**о** + **P**) to argue with sb about sth

- Я ча́сто спо́рю с бра́том о поли́тике (/о жи́зни/о литерату́ре).
  I often argue with my brother about politics (/life/literature).

- Не спорь с роди́телями о веща́х, кото́рых ты не зна́ешь.
  Don't argue with your parents about things you don't know.

- Мы всегда́ спо́рили друг с дру́гом о му́зыке и об иску́сстве.
  We always argued (*lit.* with each other) about music and art.

     **спо́рить** (**о том**), **что** (**как, когда́**) . . . to argue about what (how, when) . . .

- Бра́тья спо́рили (о том), что они бу́дут де́лать ве́чером.
  The brothers were arguing about what they would do in the evening.

- Рабо́тайте, а не спо́рьте (о том), когда́ и как вы начнёте рабо́тать.
  Work rather than arguing about when and how you will start working.

**справля́ться 1.** *imp* /**спра́виться** *pf* (**с** + **I**) to cope with, manage sth

- Ива́н спра́вился с зада́нием (/с зада́чей/с э́тим поруче́нием).
  Ivan coped with the task (/problem/this assignment).

- Он хорошо́ справля́ется с рабо́той (/со свои́ми обя́занностями).
  He manages his work (/his duties) well.

**справля́ться 2.** *imp* /**спра́виться** *pf* (**с** + **I**) to handle, cope with, manage sth/sb

- Я спра́влюсь с детьми́ сама́.
  I'll manage the children myself.

- С э́тим проти́вником бу́дет нелегко́ спра́виться.
  It won't be easy to manage this opponent.

- Он уме́ет справля́ться со свои́ми эмо́циями (/со стра́хом).
  He is able to handle his emotions (/fear).

- Как тебе́ удаётся справля́ться со все́ми тру́дностями?
  How do you succeed in coping with all these difficulties?

**спра́шивать 1.** *imp* /**спроси́ть** *pf* (**A**)—(**у** + **G**) to ask sb (for) sth

- Она́ спра́шивает у меня́ (/у студе́нта) а́дрес и но́мер телефо́на.
  She asks me (/the students) for the address and telephone number.

- Спроси́те у посети́теля и́мя и фами́лию.
  Ask the visitor (for) his first and last names.

**спра́шивать 2.** *imp* /**спроси́ть** *pf* (**A**)/(**у** + **G**)—(**о** + **P**) to ask sb about sb/sth

- Я спрошу́ дру́га (у дру́га) о его сестре́ (/о роди́телях).
  I'll ask my friend about his sister (/parents).

- Все спрáшивали меня́ (у меня́) о моéй дóчери (/о моéй статьé).
  Everyone was asking me about my daughter (/article).

    **(в, на + P)—(о + P)** to inquire, ask in some place about sth
- Он спрáшивает на вокзáле (/в спрáвочной) о расписáнии поездóв.
  He asks about the train schedule at the station (/information booth).
- Спроси́те в кóмнате № 404 о лéкции (/о похóде/о репети́ции).
  Ask in room 404 about the lecture (/trip/rehearsal).
- Я спроси́л в деканáте о здорóвье профéссора Мáркова.
  I inquired about Professor Markov's health at the dean's office.

    **спрáшивать/спроси́ть (A) о том, что (где, когдá** . . . to ask sb what
    (where, when) . . .
- Студéнты спроси́ли профéссора, чтó он дýмает об э́той кни́ге (/где и когдá состои́тся лéкция).
  The students asked the professor what he thought about this book (/where and when the lecture would take place).

**спрáшивать 3.** *imp* /**спроси́ть** *pf* (A)—(у + G) to ask sb for sth
- Я спроси́л у сосéда газéту (/у сестры́ лекáрство).
  I asked my neighbor for a newspaper (/the nurse for medicine).
- Не спрáшивай у меня́ сигарéту, я не курю́.
  Don't ask me for a cigarette; I don't smoke.

    **(A)—(в, на + P)** to ask for sth in some place
- Он спрóсит э́ту кни́гу в библиотéке (/на факультéте).
  He'll ask for the book at the library (/department).
- Ты спрáшивал э́то лекáрство в аптéке?
  Did you ask for this medicine at the drugstore?
- Ивáн спроси́л газéту (/журнáл) в киóске.
  Ivan asked for a paper (/magazine) at the newsstand.

    **(G)—(у + G)** to ask sth of sb; to ask sb for sth
- Спроси́ совéта у сестры́ (/у мáтери/у твоегó профéссора/у негó).
  Ask your sister (/mother/professor/him) for advice.
- Я спрошý у отцá разрешéния истрáтить э́ти дéньги.
  I'll ask my father's permission (permission of my father) to spend the money.

**спускáться** *imp* /**спусти́ться** *pf* (на + P) to go down (do/make a jump) in sth
- —Я никогдá не спускáлся на парашю́те. —А я спусти́лся оди́н раз.
  "I've never done a parachute jump (jumped in a parachute)."—"And I've done it once."

ссориться    279

- Он не спуска́лся на ли́фте, не люби́л.
  He never went down in the elevator; he didn't like it.

   (по + D) to go, come down (by/on) sth
- Он ме́дленно спуска́лся по ле́стнице (/по скло́ну холма́).
  He went slowly downstairs (/down the (slope of the) hill).
- Ты спуска́йся по доро́ге, а я спущу́сь по э́той тропи́нке.
  You go down by the road, and I'll come down on this trail.
- Она́ спуска́ется по ступе́нькам вприпры́жку.
  She goes skipping down the steps.

   (в, на + A) to go down to some place
- Мы спуска́емся по у́зкой ле́стнице в подва́л (/в трюм парохо́да).
  We go down the narrow stair to the basement (/the ship's hold).
- Водола́зы спусти́лись на дно реки́.
  The divers went down to the bottom of the river.
- Я спуска́юсь на второ́й эта́ж в пра́чечную.
  I go down to the laundry room on the second floor.

   (с + G)—(в, на + A)/(к + D) to descend, go down from sth (in)to sth
- Тури́сты спуска́лись с горы́ в доли́ну (/к реке́).
  The tourists went down from the mountain into the valley (/to the river).
- Обезья́на спусти́лась с де́рева на зе́млю.
  A monkey descended from the tree to the ground.

**сра́внивать** *imp* /**сравни́ть** *pf* (A)—(с + I) to compare sb/sth to/with sb/sth
- Ива́н сра́внивает всех же́нщин (/меня́/Мари́ю) со свое́й жено́й.
  Ivan compares all women (/me/Maria) to his wife.
- Он всегда́ сра́внивал моего́ бра́та со свои́м сы́ном (/с Ива́ном).
  He always compared my brother to his son (/Ivan).
- Профе́ссор сравни́л его́ рома́н с шеде́врами про́шлого ве́ка.
  The professor compared his new novel with the masterpieces of the last century.
- Не сра́внивай меня́ с обезья́ной (/с орло́м).
  Don't compare me to a monkey (/eagle).
- Я не сравню́ мою́ маши́ну ни с одно́й маши́ной.
  I will not compare my car with any other (car).

**ссо́риться** *imp* /**поссо́риться** *pf* (с + I)—(из-за + G) to quarrel with sb over sth
- Мой брат вчера́ поссо́рился со свое́й жено́й из-за дете́й.
  Yesterday my brother quarreled with his wife over the children.

- Я никогда́ ни с кем не поссо́рюсь из-за де́нег.
  I will never quarrel with anyone over money.

- Не ссо́рьтесь друг с дру́гом из-за пустяка́.
  Don't quarrel with each other over a trifle.

      **(с + I)—(в, на + P)** to quarrel with sb in some place

- Я поссо́рился с Ива́ном в теа́тре (/на рабо́те/на стадио́не).
  I quarreled with Ivan at the theater (/at work/in the stadium).

**ста́вить 1.** *imp* /**поста́вить** *pf* **(А)—(в, на + А)** to put sb (standing) on/in sth

- Поста́вьте ма́льчика на зе́млю (/на́ пол/на стул/на стол).
  Put the boy on the ground (/floor/chair/table).

- За что ты поста́вил сы́на в у́гол?
  Why did you put your son in the corner?

**ста́вить 2.** *imp* /**поста́вить** *pf* **(А)—(в, на + А)** to put sth (upright) on/in sth

- Она́ ста́вит на стол буты́лку вина́ (/ва́зу с цвета́ми/таре́лки).
  She puts a bottle of wine (/a vase of flowers/plates) on the table.

- Поста́вь в холоди́льник буты́лку с молоко́м (/ба́нку с со́усом).
  Put the bottle of milk (/jar of sauce) in the refrigerator.

- Он аккура́тно поста́вил все кни́ги на по́лку.
  He put all the books neatly on the shelf.

**ста́вить 3.** *imp* /**поста́вить** *pf* **(А)—(в, на + А)/(в, на + Р)** to place, put sth in/on some place

- Поста́вь цветы́ в во́ду (/в ва́зу).
  Place the flowers in water (/in the vase).

- Ты поста́вила посу́ду в шкаф (/в шкафу́)?
  Did you put the dishes in the cupboard?

- Я поста́влю дива́н в у́гол (/в углу́).
  I'll put the couch in the corner.

- Дава́йте поста́вим э́тот стол на ку́хню (/на ку́хне) и́ли на вера́нду (на вера́нде).
  Let's put this table either in the kitchen or on the porch.

      **(А)—(к + D)/(у + G)** to put sth near/by sth

- Не ста́вьте стол к окну́ (/у окна́), поста́вьте его́ к стене́ (/у стены́).
  Don't put the table by (near) the window; put it (by) near the wall.

**ста́вить 4.** *imp* /**поста́вить** *pf* **(А)—(на + А)** to apply sth to sth

- Я поста́влю на го́рло (/на грудь) компре́сс.
  I'll apply a compress to my throat (/my chest).

**ста́вить 5.** *imp* /**поста́вить** *pf* (A)—(в, на + P) to put (in) sth in some place

■ Мне поста́вили в гости́ной телефо́н (/на две́ри но́вый замо́к).
   They put (in) a telephone in the living room (/a lock on the door) for me.


**станови́ться 1.** *imp* /**стать** *pf* (на + A) to stand (up) on sth

■ Она́ упала́, но тут же ста́ла на но́ги.
   She fell down but immediately got up again (*lit.* stood up on her feet).

■ Что́бы лу́чше ви́деть, он станови́лся на носки́ (/на цы́почки).
   To see better, he was standing on his toes (/on tiptoe).

■ Он стал пе́ред ней на коле́ни.
   He knelt (*lit.* stood on his knees) in front of her.


**станови́ться 2.** *imp* /**стать** *pf* (в, на + P) to stand on/in some place

■ Почему́ ты стал на поро́ге (/в дверя́х)?
   Why did you stand on the threshold (/in the doorway)?

■ Он люби́л станови́ться на балко́не и смотре́ть на го́род.
   He liked to stand on the balcony and look at the city.

■ Я ста́ну в углу́, в стороне́ от толчеи́.
   I'll stand in the corner away from the crowd.

   (в, на + A) to stand, step in/on sth

■ Он стал на своё ме́сто (/в свой ряд).
   He stood in his place (/in his row).

■ Дава́й ста́нем в о́чередь.
   Let's get (stand) in line.

■ Не станови́сь босы́ми нога́ми на зе́млю (/на траву́/на́ пол).
   Don't step on the ground (/grass/floor) in bare feet.

   (к + D) to stand by sth

■ Я ста́ну к стене́.
   I'll stand by the wall.

■ Ива́н не хоте́л станови́ться к две́ри.
   Ivan didn't want to stand by the door.

   (за + A)/(за + I) to stand behind sth

■ Она́ ста́ла за дверь (за две́рью), что́бы Марк её не заме́тил.
   She stood behind the door so that Mark wouldn't notice her.

■ Когда́ ма́льчик пря́тался, он станови́лся за што́ру (за што́рой).
   When the boy hid, he would stand behind the curtain.

**станови́ться 3.** *imp* /**стать** *pf* (**I** noun/adj) to become, get sb/sth

- Он стал инжене́ром (/врачо́м/учи́телем).
  He became an engineer (/doctor/teacher).

- Марк стано́вится хоро́шим челове́ком (/серьёзным учёным).
  Mark is becoming a good person (/serious scientist).

- В после́днее вре́мя она́ ста́ла гру́стной (/весёлой/оживлённой).
  Lately she has become sad (/merry/animated).

- Времена́ми де́ти станови́лись шу́мными (/крикли́выми).
  At times the children were getting noisy (/loud).

- Суп стал холо́дным.
  The soup got cold.

  *colloq* (**A** adj) to get, turn, grow sth

- Он стал краси́вый (/высо́кий).
  He grew handsome (/tall).

- Чай стано́вится холо́дный.
  The tea is getting cold.

- Вино́ постоя́ло, ста́ло ки́слое.
  The wine stood for a while and turned sour.

- Пальто́ ста́ло ста́рое (/рва́ное).
  The coat got old (/torn).

  (**I** adj comparative) to get (more) sth

- Дни стано́вятся длинне́е (бо́лее дли́нными) (/коро́че).
  The days get longer (/shorter).

- На́ша семья́ станови́лась всё бо́льше и всё шумне́е (бо́лее шу́мной).
  Our family kept getting bigger and noisier.

  *imp* (**в** + **P**)/(**D**)—(adv) to become sth in some place; (of sb) to get sth

- В Чика́го ста́ло тепло́ (/стано́вится всё тепле́е).
  It got warm (/it is becoming warmer and warmer) in Chicago.

- Е́сли мне ста́нет интере́сно, я оста́нусь до конца́ спекта́кля.
  If I get interested, I'll stay until the end of the show.

**стать** *pf* (inf) to start, be doing (be going to do) sth

- От ра́дости он стал петь (/танцева́ть/пры́гать).
  He started singing (/dancing/jumping) for joy.

- Ива́н стал рабо́тать, когда́ ему́ бы́ло пятна́дцать лет.
  Ivan started working when he was fifteen.

- Я не ста́ну помога́ть тебе́ в э́том де́ле.
  I won't be helping you in this matter.

**стара́ться** *imp* (**inf**) to try to do sth
- Я стара́юсь вспо́мнить её и́мя.
  I am trying to recall her name.
- Мы стара́лись не опозда́ть на по́езд.
  We tried not to miss (*lit.* be late for) the train.
- Учени́к стара́лся поня́ть пра́вило, но не мог.
  The pupil tried to understand the rule but couldn't.
- Он все́ми си́лами стара́ется забы́ть своё мра́чное про́шлое.
  He tries his best to forget his sad (*lit.* gloomy) past.

  **стара́ться, что́бы** . . . to try to (do something so that . . . )
- Они́ стара́лись, что́бы всё бы́ло гото́во во́время.
  They tried to (do everything so) that everything would be ready in time.

**стира́ть 1.** *imp* /**стере́ть** *pf* (**A**)—(**c + G**) to wipe off sth from sth
- —Сотри́ пыль с по́лки. —Я сотру́ пыль со стола́, с по́лки я уже́ стира́ла.
  "Dust (*lit.* wipe the dust off) the shelf."—"I'll dust the desk, but I've already dusted the shelf."
- Она́ стара́тельно стира́ет с лица́ грязь и черни́ла (/с но́са пу́дру).
  She carefully wipes the dirt and ink off her face (/powder off her nose).
- Учи́тель стёр с доски́ мел.
  The teacher wiped the chalk off the blackboard.

  (**A**)—(**I**) to wipe off sth with sth
- Де́вочка стира́ет грязь с лица́ бума́жной салфе́ткой.
  The little girl wipes the dirt off her face with a paper napkin.
- Не стира́йте пыль с роя́ля вла́жной тря́пкой.
  Don't dust (wipe dust off) the piano with a wet rag.
- Он стёр пот со лба руко́й (/ладо́нью).
  He wiped the sweat off his forehead with his hand (/palm).

**стира́ть 2.** *imp* /**стере́ть** *pf* (**A**)—(**в + P**) to erase sth in sth
- Я стира́ю мои́ поме́тки в кни́ге (/за́пись в тетра́ди).
  I erase my marks in the book (/my note in the exercise book).
- Сотри́ после́днее сло́во в предложе́нии (/одну́ ци́фру в фо́рмуле).
  Erase the last word in the sentence (/one figure in your formula).

  (A)—(в + P)—(I) to erase sth in sth with sth

- Я сотру́ рези́нкой э́ту стро́чку в моём сочине́нии.
  I'll erase this line in my composition with the eraser.

- Он стира́л рези́нкой кля́ксу в тетра́ди, но не смог стере́ть её.
  He tried to erase (was erasing) a blot in his notebook with an eraser but couldn't get it out (erase it).

стира́ть *imp* /вы́стирать *pf* (A) to wash sth

- Мы стира́ем посте́льное бельё (/оде́жду/носки́) раз в неде́лю.
  We wash the bed linens (/clothes/socks) once a week.

  (A)—(D)/(для + G) to wash sb's sth; to wash sth for sb

- Дава́йте я вы́стираю вам бельё.
  Let me do (*lit.* wash) your laundry.

- Она́ с удово́льствием бу́дет стира́ть руба́шки для вас.
  She'll be happy to wash your shirts for you.

- Я вы́стирала бельё сы́ну и бра́ту (/для Мари́и и для свое́й сосе́дки).
  I washed my son's and brother's linen (/the linen for Maria and my neighbor).

  (A)—(I)—(в + P) to wash sth with/by sth in sth

- Я стира́ю ни́жнее бельё стира́льным порошко́м в тёплой воде́.
  I wash underwear with detergent in warm water.

- Мать вы́стирала про́стыни в стира́льной маши́не горя́чей водо́й.
  Mother washed the sheets in the washing machine with hot water.

- Она́ стира́ет то́нкое бельё рука́ми в ра́ковине (/в ва́нне).
  She washes delicate laundry by hand in the sink (/bathtub).

сто́ить 1. *imp* (A) to cost sth

- Э́та вещь сего́дня сто́ит сто до́лларов.
  This piece costs a hundred dollars now.

- Ско́лько сто́ило твоё пальто́?
  How much did your coat cost?

сто́ить 2. *imp impersonal* (**inf**) to be worth doing sth

- Вы счита́ете, что э́тот рома́н сто́ит чита́ть?
  Do you think this novel is worth reading?

- Не сто́ит об э́том вспомина́ть.
  This is not worth remembering (it's not worth remembering this).

- Я не жале́ю о пое́здке; туда́ сто́ило пое́хать.
  I don't regret the trip; it was worth going there.

**стоя́ть 1.** *imp* (**на + A**) (of sb) to stand on sth/in some way

- Ребёнок ещё некре́пко стои́т на нога́х.
  The child is still unsteady on his feet (*lit.* still doesn't stand steady on his feet).

- Не стой на траве́, она мо́края.
  Don't stand on the grass; it's wet.

- Ма́ленькая де́вочка стоя́ла босико́м на полу́ (/на сту́ле).
  A little girl was standing barefoot on the floor (/chair).

- Когда́ я вошёл, он стоя́л на коле́нях (/на четвере́ньках).
  When I came in, he was (*lit.* standing) on his knees (/on all fours).

  (**в, на + P**)/(**у + G**)/(**перед + I**) to stand in some place

- Кто там стои́т на доро́ге (/пе́ред до́мом)?
  Who is standing there in the road (/in front of the house)?

- Мари́я стои́т в своём кабине́те и о чём-то ду́мает.
  Maria is standing in her office thinking about something.

- Ма́льчик стоя́л у ка́ссы и счита́л свои́ де́ньги.
  The boy was standing by the checkout counting his money.

- Она стоя́ла в дверя́х и разгова́ривала с А́нной.
  She was standing in the doorway talking to Anna.

- Он стои́т пе́ред зе́ркалом и улыба́ется.
  He stands in front of the mirror and smiles.

  (**за + I**) to stand behind sth

- Я чу́вствовала, что он стои́т у меня́ за спино́й.
  I felt that he was standing behind me (*lit.* my back).

- У меня́ в ко́мнате за две́рью стои́т комо́д.
  In my room, the chest of drawers stands behind the door.

  (**в, на + P**)—(**с + I**) to stand in some place with sb

- Кто э́то стои́т в саду́ с твое́й сестро́й?
  Who is standing in the garden with your sister?

- Мину́ту наза́д она стоя́ла с друзья́ми в фойе́ (/в за́ле/на у́лице).
  A minute ago she was standing with her friends in the foyer (/hall/street).

**стоя́ть 2.** *imp* (*3rd person only*) (**в, на + P**) (of sth) to stand, be in/on sth (upright)

- На столе́ стоя́л графи́н с водо́й (/ва́за с цвета́ми).
  A carafe with water in it (/vase of flowers) stood on the table.

- В холоди́льнике бу́дет стоя́ть галло́н молока́ (/ба́нка майоне́за).
  There will be a gallon of milk (/jar of mayonnaise) in the refrigerator.

**стоя́ть 3.** *imp* (*3rd person only*) (**в, на + P**)/(**у, о́коло + G**)/(**пе́ред + I**) (of sth) to be (standing); to be kept, located in some place
- Кре́сло стои́т в гости́ной у окна́ (/на балко́не о́коло две́ри).
  The armchair is in the living room by the window (/on the balcony by the door).
- Маши́на бу́дет стоя́ть в гараже́ (/на у́лице/пе́ред до́мом).
  The car will be (kept) in the garage (/street/in front of the house).
- Где у тебя́ стои́т посу́да, на ку́хонном столе́ и́ли в шкафу́?
  Where is your china—on the kitchen table or in the cupboard?
- Го́род стоя́л на берегу́ о́зера (/на перекрёстке доро́г).
  The city was located on the shore of the lake (/at a crossroads).

**стреля́ть** *imp* (**из + G**) to shoot (with), operate sth
- Ты лу́чше стреля́ешь из ружья́ и́ли из пистоле́та?
  Do you shoot better with (*lit.* from/out of) a rifle or a pistol?
- Во вре́мя войны́ Ива́ну приходи́лось стреля́ть из пулемёта.
  During the war Ivan had to operate (*lit.* shoot) a machine gun.

    (**в + A**)/(**по + D**) to shoot at/(in)to sb/sth
- Охо́тник стреля́л в птиц (по пти́цам), но не попа́л.
  The hunter shot at the birds but did not hit them.
- Почему́ ты стреля́л в во́здух (/в де́рево)?
  Why did you shoot into the air (/at the tree)?

    (**из + G**)—(**по + D**) to fire sth at sth
- Солда́т стреля́л из пу́шки по самолёту (/из пулемёта по та́нкам).
  The soldier fired a cannon at the plane (/a machine gun at the tanks).

    (**из, с + G**)—(**по + D**) to shoot from sth/some place at sb
- Сна́йпер стреля́л из окна́ (/с кры́ши) по лю́дям внизу́.
  A sniper was shooting from the window (/roof) at the people below.

**стреми́ться** *imp* (**в, на + A**) to strive to be in sth; to strive to get to some place
- Она́ всегда́ стреми́лась в бале́т (/на сце́ну).
  She always strove to get into the ballet (/on the stage).
- Он стреми́тся в Нью-Йо́рк (/на Берму́дские острова́).
  He is trying (striving) to get to New York (/the Bermudas).

    (**к + D**) to seek sth
- Все лю́ди стремя́тся к сча́стью (/к ра́дости/к любви́).
  All people seek happiness (/joy/love).

- Ива́н всегда́ стреми́лся к успе́ху (/к сла́ве/к бога́тству/к побе́де).
  Ivan always sought success (/fame/wealth/victory).

- Я всю жизнь стремлю́сь к зна́ниям.
  All my life I have sought knowledge.

**стреми́ться (inf)** to aspire, seek (to do) sth

- Он стреми́лся доби́ться свое́й це́ли как мо́жно скоре́е.
  He was seeking to reach his goal as soon as possible.

- Я стремлю́сь попа́сть на рабо́ту в э́ту фи́рму.
  I seek a job in this firm.

- Мой брат стреми́тся стать знамени́тым музыка́нтом.
  My brother aspires to become a famous musician.

**стри́чься** imp **(у + G)** to have one's hair cut/done by sb

- Я обы́чно стригу́сь у лу́чшего парикма́хера (/у Ивано́ва).
  I usually have my hair cut by one of the best hairdressers (/by Ivanov).

- Она́ всегда́ стри́глась у Мари́и, но сего́дня стрижётся у А́нны.
  She always had her hair done by Maria, but today she's having it done by Anna.

**стро́ить 1.** *imp* /**постро́ить** *pf* **(A)—(из + G)** to build sth of sth

- Ива́н стро́ит себе́ дом из кирпича́ и ка́мня.
  Ivan is building himself a house of brick and stone.

**(A)—(в, на + P)** to build sth in some place

- На э́том заво́де стро́ят суда́ (/маши́ны/самолёты/автомоби́ли).
  In this plant they build ships (/machines/planes/cars).

- В на́шем го́роде (/на э́той у́лице) постро́ят но́вый кинотеа́тр.
  They're going to build a new movie theater in our town (/on this street).

- Мо́жно ли постро́ить тако́е сооруже́ние в степи́ (/на се́вере)?
  Is it possible to build such a structure in the steppe (/North)?

**(A)—(по + D)** to build sth to sth (a plan or design)

- Э́тот музе́й постро́или по прое́кту изве́стного архите́ктора.
  This museum was built to a famous architect's design.

**стро́ить 2.** *imp* /**постро́ить** *pf* **(A)—(из + G)** to construct sth from sth

- Постро́йте из э́тих слов предложе́ние.
  Construct a sentence from these words.

**стро́ить 3.** *imp* /**постро́ить** *pf* (A pl) to make, build sth (without foundation)

- Не строй понапра́сну пла́ны (/иллю́зии/дога́дки).
  Don't make vain plans (/build (false) illusions/make (vain) conjectures).

- Мари́я, как всегда́, стро́ила заключе́ния.
  As usual, Maria was jumping to (*lit.* building) conclusions.

**стро́ить 3.** *imp* /**постро́ить** *pf* (A)—(на + P) to build, base sth on sth

- Э́тот челове́к стро́ил отноше́ния с людьми́ на их сла́бостях.
  This man based his relationships with people on their weaknesses.

- Он постро́ил докла́д на результа́тах своего́ экспериме́нта.
  He built his presentation on the results of his experiment.

- Я ду́маю, что он стро́ит свои́ рассчёты на ло́жных при́нципах.
  I think that he bases his calculations on false principles.

**стуча́ть** *imp* /**постуча́ть** *pf* (в, на + P)/(за + I) to bang, make a banging noise, knock in some place

- На у́лице (/во дворе́) стра́шно стучи́т кака́я-то маши́на.
  In the street (/yard) some machine is making a terrible banging noise.

- В сосе́дней кварти́ре всё у́тро стуча́ла пи́шущая маши́нка.
  A typewriter was banging in the apartment next door all morning.

- В саду́ (/за окно́м) стучи́т дя́тел.
  A woodpecker is knocking in the garden (/outside (*lit.* beyond the window).

  **(I)—(по + P)/(в + A)** to beat, bang with sth on sth

- Не стучи́ ви́лкой по таре́лке.
  Don't bang on your plate with (your) fork.

- Был тако́й гро́хот, сло́вно кто́-то стуча́л молотко́м по желе́зу.
  There was a rumble as if someone were banging on iron with a hammer.

- Мой сосе́д име́ет привы́чку стуча́ть кулако́м (/сапого́м) в сте́ну.
  My neighbor is in the habit of beating (with) his fist (/shoe) on the wall.

  **(I)—(в, на + P)** to hammer, bang (with) sth in some place

- На ку́хне мать стучи́т кастрю́лями и сковорода́ми.
  In the kitchen Mother is banging pots and pans.

- Мы слы́шали, как оте́ц в гараже́ стуча́л чём-то тяжёлым.
  We heard father in the garage hammering with something heavy.

**суди́ть 1.** *imp* (A) to judge sb/sth

- Он всегда́ суро́во суди́л люде́й и их посту́пки.
  He always judged people and their actions severely.

- Трýдно судúть семéйные делá другúх людéй.
  It is difficult to judge others' domestic (*lit.* family) affairs.

- Я не сужý её (/её словá/её поведéние).
  I don't judge her (/her words/her behavior).

  **(о + Р)—(по + D)** to make judgments about, judge sb/sth from/on the basis of sth

- Я сужý об э́том по сóбственному óпыту.
  I make judgments from my own experience.

- Не судú о нём по внéшности; а судú по делáм.
  Don't judge him by appearances; judge him by his deeds.

- Он судúл о литератýре (/искýсстве) по второстепéнным детáлям.
  He made judgments about literature (/art) on the basis of minor details.

**судúть 2.** *imp* **(за + А)** to be tried for sth

- Егó сýдят за обмáн (/за воровствó/за подлóг).
  He is being tried for fraud (/theft/perjury).

**судúть 3.** *imp* **(А)—(на + Р)** to referee, umpire sth at sth (game or contest)

- Кто бýдет судúть футбóльный матч на э́тих соревновáниях?
  Who will referee the soccer game at this event (competition)?

- Он судúл мнóгие тéннисные встрéчи на чемпионáтах.
  He umpired many championship tennis matches (*lit.* tennis matches at championship tournaments).

**существовáть 1.** *imp* **(для + G)** (of sth) to be meant for sth

- Прáвила существýют для всех людéй.
  Rules are meant for everybody.

  **(в, на + Р)** to exist in/on sth

- Э́та проблéма существýет тóлько в твоём воображéнии.
  This problem exists only in your imagination.

- Э́ти фóнды существовáли тóлько на бумáге.
  These funds existed only on paper.

- В действúтельности такúе живóтные никогдá не существовáли.
  In reality such animals never existed.

  **(в, на + Р)** to exist in/at some place

- Во мнóгих странáх существýет безрабóтица.
  Unemployment exists in many countries.

- На э́том óстрове ещё недáвно существовáли дрéвние обы́чаи.
  Until recently ancient customs still existed on this island.

**существова́ть 2.** *imp* **(без + G)** to exist without sth

- Челове́к не мо́жет существова́ть без воды́ (/без пи́щи).
  Man cannot exist without water (/food).

**сходи́ть 1.** *imp* /**сойти́** *pf* **(с + G)—(в, на + A)** to step down from sth (on)/(in)to sth

- Она́ схо́дит с крыльца́ на зе́млю (/с терра́сы в сад).
  She steps down from the porch (on)to the ground (/the terrace into the garden).

**сходи́ть 2.** *imp* /**сойти́** *pf coll* **(с + G)—(в, на + P)/(у + G)** to get off sth (transportation)

- Я сойду́ с по́езда на сле́дующей ста́нции (/в Босто́не).
  I'll get off the train at the next station (/in Boston).

- Он обы́чно сходи́л с авто́буса на э́той остано́вке (/на э́той у́лице).
  He usually got off the bus at this stop (/this street).

- Не сходи́те с тролле́йбуса у музе́я (/у больни́цы).
  Don't get off the streetcar at the museum (/the hospital).

**сходи́ть 3.** *pf* **(в, на + A)/(к + D)** to run (*i.e.*, go for a short while) to some place/sb

- Я схожу́ в магази́н (/на ры́нок) и верну́сь.
  I'll run to the store (/market) and come back.

- Сходи́ к сосе́ду (/к Ива́ну) и пригласи́ его́ к нам.
  Run to our neighbor (/Ivan) and invite him to our place.

  **(в + A)—(за + I)** to go to some place for (*i.e.*, to fetch) sb/sth

- Он сходи́л в апте́ку за лека́рством (/в поликли́нику за врачо́м).
  He went to the pharmacy for medicine (/the clinic for the doctor).

  **(в, на + A)—(inf)** to run to, drop by some place to do sth

- Она́ схо́дит в ка́ссу купи́ть биле́ты (/в библиоте́ку взять кни́ги).
  She'll run to the box office to get (buy) the tickets (/the library to get the books).

- Мари́я сходи́ла на вы́ставку посмотре́ть на но́вые маши́ны.
  Maria dropped by the show to look at the new cars.

**счита́ть 1.** *imp* /**сосчита́ть** *pf* **(до + G)** to count (up) to sth

- —Счита́й до двадцати́ пяти́. —Я уже́ сосчита́л до ста.
  "Count to twenty-five."—"I already counted up to a hundred."

**счита́ть 2.** *imp* /**сосчита́ть** *pf* **(A)** to count sb/sth

- Мари́я счита́ла всех прису́тствующих (/госте́й/дете́й).
  Maria was counting everyone present (/the guests/the children).

- Сосчита́й, ско́лько у нас оста́лось де́нег.
  Count how much money we have left.

■ Я сосчитáю столы́ и сту́лья в зáле.
I'll count the tables and chairs in the hall.

■ Врач считáет пульс больнóго.
The doctor is taking (*lit.* counting) the patient's pulse.

(A)—(на + P) to count sth with/on sth

■ Касси́ры считáют дéньги на компью́тере (/на калькуля́торе).
The tellers count the money on the computer (/with a calculator).

считáть 3. *imp* (A)—(I noun/adj) to consider sb/sth (to be) sth

■ Онá считáла своегó му́жа гéнием (/выдаю́щимся учёным)
She considered her husband a genius (/an outstanding scientist).

■ Все считáют Ивáна у́мным человéком (/хорóшим врачóм).
Everybody considers Ivan a clever man (/a good doctor).

■ Друзья́ считáли её красивой (/талáнтливой/дóброй).
Her friends considered her beautiful (/talented/kind).

считáться 1. *imp* (I noun/adj) to be considered (to be) sth

■ Он считáлся лу́чшим архитéктором в гóроде.
He was considered (to be) the best architect in the city.

■ Ни́на и Ивáн считáются специали́стами в э́той óбласти.
Nina and Ivan are considered specialists in this field.

■ Онá считáется элегáнтной (/энерги́чной).
She is considered elegant (/energetic).

считáться 2. *imp* (с + I) to consider sb, take sth into consideration

■ Я всегдá считáлся с отцóм (/с мнéнием роди́телей).
I always considered my father (/my parents' opinion).

■ Онá всегдá считáется с вáшими привы́чками, взгля́дами и вку́сами.
She always takes your habits, views, and tastes into consideration.

■ Нам приходи́лось считáться с обстоя́тельствами.
We had to consider the circumstances.

съéздить *pf* (в, на + A)/(к + D) to go, drive over (*i.e.*, in a vehicle, for a short while)
to some place/sb's

■ Я съéзжу в магази́н (/на ры́нок) и верну́сь.
I'll drive over to the store (/market) and come back.

■ Съéзди к роди́телям и пригласи́ их к нам.
Go (drive) over to your parents' and invite them to our place.

**съезжа́ть 1.** *imp* /**съе́хать** *pf* (**на** + **P**)—(**по** + **D**) to drive in sth, (with **на конька́х**) skate on sth down sth

- Ты съе́дешь по э́той доро́ге на маши́не?
  Will you be able to drive down this road in your car?

- Я съезжа́ю на конька́х по тропи́нке (/по скло́ну холма́).
  I skate (*i.e.,* go on skates) down the trail (/(the slope of) the hill).

    (**на** + **P**)—(**с** + **G**)—(**в, на** + **A**) to drive in, (with **на са́нках** or **на лы́жах**) sled, ski from sth (in)to sth

- Я съе́ду на са́нках (/на лы́жах) с горы́ на доро́гу.
  I'll sled (/ski) down the mountain to the road.

- Он съе́хал на маши́не с холма́ на бе́рег (/почти́ в во́ду).
  He drove (in the car) down the hill to the shore (/almost into the water).

**съезжа́ть 2.** *imp* /**съе́хать** *pf* (**с** + **G**)—(**на** + **A**) to drive off sth onto/into sth

- Она съезжа́ет с доро́ги на обо́чину (/на тротуа́р).
  She drives off the road onto the shoulder (i.e., side of the road) (/onto the sidewalk).

# T

**танцева́ть** *imp* (**A**)—(**с** + **I**) to dance sth

- Я не танцу́ю тусте́п (/мазу́рку).
  I don't dance the two-step (/mazurka).

- Он весь ве́чер танцева́л ра́зные та́нцы с жено́й (/с неве́стой).
  All evening he danced different dances with his wife (/bride).

- С кем ты бу́дешь танцева́ть сле́дующий та́нец?
  With whom will you dance the next dance?

**та́ять 1.** *imp* /**раста́ять** *pf* (**в, на** + **P**) to melt in/on some place

- Снег та́ет в лесу́ (/на поля́х/на у́лицах го́рода).
  The snow is melting in the forest (/in the fields/in the city streets).

- Моро́женое у тебя́ в стака́не уже́ раста́яло.
  The ice cream in your cup has already melted.

**та́ять 2.** *imp* /**раста́ять** *pf* (**в** + **P**) to dissolve, disappear into sth

- Её фигу́ра та́ет в темноте́ (/в тума́не).
  Her figure dissolves into the darkness (/fog).

- Самолёт растаял на горизонте.
  The plane disappears into the horizon.

**терпе́ть** *imp* /**потерпе́ть** *pf* (A) to bear, stand, suffer, endure sth
- Я легко́ терплю́ го́лод и хо́лод.
  I bear hunger and cold easily.
- Ты мо́жешь потерпе́ть боль не́сколько мину́т?
  Can you stand the pain for a few minutes?
- Мы не раз терпе́ли от него́ оби́ды и оскорбле́ния.
  We suffered (or endured) his offenses and insults more than once.

**теря́ть 1.** *imp* /**потеря́ть** *pf* (A)—(в, на + P) to lose sb/sth in/on some place
- Я потеря́л отца́ и сестру́ в толпе́ (/в универма́ге/на прогу́лке).
  I lost my father and sister in the crowd (/department store/on a walk).
- Он ча́сто теря́ет ве́щи на у́лице (/в авто́бусе/в метро́).
  He often loses things on the street (/on the bus /on the subway).

**теря́ть 2.** *imp* /**потеря́ть** *pf* (A) to lose (*i.e.*, be deprived of) sb/sth (abstract); to waste (time)
- Ива́н давно́ потеря́л роди́телей.
  Ivan lost his parents (*i.e.*, they died) long ago.
- С во́зрастом моя́ жена́ потеря́ла свою́ красоту́, но не (потеря́ла) обая́ние.
  With age my wife lost her beauty but not (didn't lose) her charm.
- С ним я всегда́ теря́ю терпе́ние (/контро́ль над собо́й).
  I always lose my patience (/self-control) with him.
- Éсли я не поступлю́ в университе́т в э́том году́, я потеря́ю год.
  If I don't enroll in the university this year, I'll waste a year.

**течь 1.** *imp* (из, с+G)—(в, на + A) to flow out of/from sth (in)to sth
- Каки́е ре́ки теку́т из Вели́ких озёр?
  What rivers flow out of the Great Lakes?
- Во́лга течёт с се́вера на юг, в Каспи́йское мо́ре.
  The Volga flows from north to south (in)to the Caspian Sea.

  (по+D) to flow in/along/over/through sth
- Болшинство́ ру́сских рек теку́т по равни́нам.
  Most Russian rivers flow over plains.
- Руче́й тёк по грубо́кому овра́гу.
  The creek flowed along a deep ravine.

- Ра́ньше э́та река́ текла́ по друго́му ру́слу.
  This river used to flow in a different bed.

- В гора́х ре́ки теку́т по уще́льям.
  Mountain rivers (rivers in the mountains) flow through canyons.

**течь 2.** *imp* **(у+G)—(из, с+G)** to run, drip, leak from/off sb's sth

- У нас вода́ течёт из кра́на (/с кры́ши/с потолка́).
  We have water leaking from a faucet (/our roof/the ceiling).

- Шёл до́ждь, и у него́ со шля́пы (/с пальто́) текла́ вода́.
  It was raining, and the water was dripping from his hat (/off his coat).

- До́лго у вас текла́ кровь из ра́ны?
  Was your wound bleeding (*lit.* was blood running from your wound) for a long time?

    **(у+G)—(по+D)** to pour, stream down sb's sth

- У неё по щека́м текли́ слёзы.
  Tears were pouring (or streaming) down her cheeks.

**тону́ть 1.** *imp* /**утону́ть** *pf* **(в, на + P)** to sink, drown in sth

- Он тону́л в о́зере (/в реке́/в мо́ре), но, к сча́стью, не утону́л.
  He sank in the lake (/river/sea) but fortunately did not drown.

- Говоря́т, её сын утону́л на Чёрном мо́ре (/на о́зере Мичига́н).
  They say her son drowned in the Black Sea (/Lake Michigan).

**тону́ть 2.** *imp* /**утону́ть** *pf* **(в + P)** to sink into sth

- Колёса маши́ны тону́ли в грязи́ (/в песке́).
  The car wheels were sinking into the mud (/sand).

    **(в + P)—(по + A)** to sink into sth up to sth

- В лесу́ мы сра́зу же утону́ли по коле́но в снегу́.
  In the forest we immediately sank knee-deep into the snow (*or* up to our knees in the snow).

**торгова́ть** *imp* **(в, на + P)—(I)** to deal in sth in some place

- В э́том магази́не (/на я́рмарке) торгу́ют всем на све́те.
  In this store (/at the fair) they deal in everything under the sun (*lit.* in the world).

    **(с + I)** to trade with sth

- Каки́е стра́ны торгова́ли с Росси́ей в про́шлые го́ды?
  Which countries have traded with Russia in recent years?

**тормози́ть 1.** *imp* (**A**)—(**I**) to slow, brake sth with sth
- Ива́н тормози́л ло́дку весло́м (/лы́жи па́лками).
  Ivan slowed the boat with a oar (/his skis with the poles).

  (**на + P**)/(**у + G**) to brake sth at sth
- Мы тормози́м маши́ну на перекрёстке (/у светофо́ра).
  We brake (*lit.* brake the car) at the intersection (/at the traffic light).

**тормози́ть 2.** *imp* (**A**)—(**I**) to slow down, hinder sth with sth
- Ва́шими де́йствиями вы то́лько тормози́те на́шу рабо́ту.
  You only slow down our work by your actions.
- Свое́й экономи́ческой поли́тикой он тормози́л разви́тие страны́.
  His economic policy hindered (*lit.* with his economic policy he hindered) the development of the country.

**торопи́ться** *imp* (**в, на + A**) to hurry to sth/some place
- Де́ти торо́пятся в шко́лу (/в кино́/в музе́й).
  The children hurry to school (/the movie theater/the museum).
- Я не говори́л с ним, потому́ что торопи́лся на рабо́ту (/на заня́тия).
  I didn't talk to him because I was hurrying to work (/classes).

  (**к + D**) to hurry to make (*i.e.,* arrive in time for) sth; to be in time for sth
- Ни́на торопи́лась к нача́лу конце́рта (/к обеду).
  Nina was hurrying to make the start of the concert (/be in time for dinner).

  (**к + D**) to hurry to sb's
- Мы торопи́лись к мои́м роди́телям (/к бра́ту/к Макси́му).
  We hurried to my parents' (/my brother's/Maxim's).

  (**с + I**) to hurry, be in a hurry to do sth
- Мы торо́пимся с отве́том на ва́ше письмо́.
  We're hurrying to answer your letter (*lit.* with an answer to your letter).
- Брат торопи́лся с отъе́здом (/с жени́тьбой).
  My brother was in a hurry to leave (/to get married).
- Не торопи́тесь с вы́водами.
  Don't jump (rush) to conclusions (*or* be in a hurry to draw conclusions).

  **торопи́ться (inf)** to hasten, be in a hurry to do sth
- Я тороплю́сь отве́тить на ва́ше письмо́ (/зако́нчить прое́кт).
  I hasten to answer your letter (/I'm in a hurry to finish the project).

**тра́тить 1.** *imp* /**испра́тить** *or* **потра́тить** *pf* (A)—(на + A) to spend sth (money) on sb/sth

■ Она́ тра́тила мно́го де́нег на дете́й (/на семью́).
  She was spending a lot of money on her children (/her family).

■ Я истра́тил (or потра́тил) на эту поку́пку всю мою́ зарпла́ту.
  I spent my whole salary on this purchase.

■ Я тра́чу на кварти́ру (/на маши́ну) бо́льше де́нег, чем на еду́.
  I spend more money on the apartment (/the car) than on food.

**тра́тить 2.** *imp* /**испра́тить** *or* **потра́тить** *pf* (A)—(на + A) to spend, waste sth (abstract) on sth

■ Он потра́тил на э́ту рабо́ту мно́го вре́мени (/эне́ргии).
  He's spent a lot of time (/energy) on this work.

■ Не тра́тьте си́лы и не́рвы на бесполе́зные диску́ссии.
  Don't waste your effort and nerves on useless discussions.

**тре́бовать 1.** *imp* /**потре́бовать** *pf* (A) to demand, ask for, request sth

■ Он тре́бовал де́ньги за свою́ рабо́ту.
  He demanded money for his work.

■ Тамо́женник потре́бовал на́ши докуме́нты (/паспорта́).
  A customs official asked for (or requested) our documents (/passports).

   **(G)** to demand, ask for, request sth

■ Председа́тель потре́бовал тишины́ и поря́дка.
  The chairman requested (or asked for) silence and order.

■ Он тре́бовал по́мощи и де́нег.
  He demanded help and money.

■ Наш нача́льник тре́бует уваже́ния к себе́.
  Our boss demanded respect for himself.

   **(A)—(y+G)** to demand, ask for, request sth (concrete) from sb

■ Сын потре́бовал у роди́телей деньги на обуче́ние.
  The son asked for tuition money from his parents.

■ Тамо́женник тре́бовал у путеше́ственников их паспотра́ (/докуме́нты).
  The customs official demanded the travelers' passports (/papers).

■ Охра́нник тре́бует у нас пропуска́ на стадио́н.
  The guard requests our (*lit.* from us) passes to the stadium.

   **(G)—(от+G)** to demand that sb do/request sth (abstract) from sb; to ask sb (to do) sth

- Оте́ц потре́бовал от сы́на выполне́ния его́ обеща́ния.
  The father demanded that his son fulfill his promise.

- Дире́ктор шко́лы тре́бует от ученико́в дисципли́ны и поря́дка (/от учителе́й справедли́вости к ученика́м).
  The principal demands discipline and order from pupils (/fairness to pupils from teachers).

- Я потре́бую от нача́льника объясне́ния его́ де́йствий.
  I'll ask the boss to explain his actions (or request an explanation of his actions from the boss).

  **тре́бовать/потре́бовать (inf)** to demand, to have sth done; to demand that sth be done

- Слу́жащие тре́буют отмени́ть э́тот прика́з.
  The employees demand that this order be abolished.

- Инжене́р тре́бовал перевести́ его́ в другу́ю гру́ппу.
  The engineer demand to be transferred to another team.

- Потре́буй приба́вить тебе́ зарпла́ту.
  Demand that your salary be raised.

  **тре́бовать/потре́бовать, что́бы . . .** to demand, ask, request that . . .

- Я потре́бую, что́бы он э́того не де́лал.
  I will request that he not do this.

- Он потре́бовал, что́бы я показа́л ему́ все докуме́нты.
  He has asked that I show him all the documents.

- Все тре́бовали, что́бы он публи́чно отказа́лся от своего́ раси́стского выска́зывания.
  Everyone has demanded that he publicly retract his racist statement.

**тре́бовать 2.** *imp* /**потре́бовать** *pf (3rd person only)* **(G)** to demand, require, need sth

- Де́ти тре́буют постя́нного внима́ния (/ухо́да).
  Children demand constant attention (/care).

- Уже́ че́рез два го́да дом тре́бовал ремо́нта.
  Only two years later the house already needed repair.

- Э́то утвержде́ние тре́бовало доказа́тельства.
  This statement required proof.

- Рассмотре́ние э́того вопро́са потре́бует ва́шего вмеша́тельства.
  The consideration of this matter will require your involvement.

**(от+G)—(G)** to require, demand sth of/from sb

- Э́тот вид спо́рта тре́бует от спортсме́нов выно́сливости (/ежедне́вных трениро́вок).
  This kind of sport requires stamina (/daily training) of athletes.

- Э́та рабо́та потре́бует от нас внима́ния (/о́пыта/зна́ний).
  This work will require attention (/experience/expertise) from us.

- Воспита́ние дете́й потре́бовало от роди́телей нема́лых жертв.
  Raising the children demanded considerable sacrifices from the parents.

**тре́бовать 3.** *imp* /**потре́бовать** *pf* **(А)—(в, на + А)/(к + D)** to summon sb to some place/sb

- Вас сро́чно тре́буют в декана́т (/на совеща́ние/к дире́ктору).
  You are urgently summoned to the dean's office (/the conference/the director).

**тро́гать 1.** *imp* /**тро́нуть** *pf* **(А)—(I)** to touch sth (with sth)

- —Не тро́гай мои́ ве́щи (/кни́ги). —Я не тро́ну твои́ ве́щи.
  "Don't touch my things (/books)."—"I won't touch your things."

- Про́сим не тро́гать экспона́ты (/карти́ны) рука́ми.
  Please don't touch the exhibits (/pictures) (*lit.* with your hands).

**тро́гать 2.** *imp* /**тро́нуть** *pf* **(А)—(I)** to touch sb with sth

- Она́ тро́нула всех свои́м расска́зом (/свое́й доброто́й).
  She touched everyone with her story (/kindness).

**тяну́ть 1.** *imp* **(А)—(за + А)** to pull sb by sth/at sb's sth

- Ребёнок тяну́л мать за́ руку (/за рука́в/за пла́тье).
  The child pulled at his mother's hand (/sleeve/dress).

- Я тяну́ соба́ку за поводо́к.
  I pull the dog by the leash.

**(А)—(в, на + А)/(к + D)** to pull sth (in)to/toward sb/sth

- Парохо́д тя́нет ба́ржу в порт.
  The steamer pulls a barge into port.

- Ло́шади с трудо́м тяну́ли нагру́женную теле́гу на доро́гу.
  The horses could hardly pull the heavy cart to the road.

- Он тяну́л ру́чку две́ри к себе́, но дверь не открыва́лась.
  He pulled the door handle toward himself, but the door didn't open.

**(А)—(из, с + G)** to pull sth from/out of/off sth

- Я ви́дел, как рыбаки́ тяну́ли сеть из реки́ (/из воды́).
  I saw the fishermen pulling the net from the river (/out of the water).

■ Соба́ка тя́нет со стола́ большо́й кусо́к мя́са.
The dog is pulling a big piece of meat off the table.

**тяну́ть 2.** *imp coll* **(A)—(в на + A)/(к + D)** to drag sb to some place/sb's
■ Я тяну́ дете́й в парк (/на вы́ставку), а они́ не хотя́т идти́.
I'm dragging the children to the park (/an exhibition), but they don't want to go.

■ Не тяни́ меня́ к Ивано́вым; я не люблю́ там быва́ть.
Don't drag me to the Ivanovs'; I don't like going there.

**тяну́ть 3.** *imp impersonal* **(A)—(к + D)** (of sb) to love, be attracted to sth (abstract)
■ Меня́ тя́нет к рабо́те (/к чте́нию/к му́зыке).
I love to (*or* I am attracted to) work (/reading/music).

*impersonal* **(A)—(inf)** (of sb) to long, feel the urge to do sth
■ Бра́та всегда́ тяну́ло занима́ться иссле́дованиями.
My brother always longed to do research.

**убега́ть** *imp* **/убежа́ть** *pf* **(от + G)** to run away from, escape sb/sth
■ Он убега́ет от соба́ки (/от учи́теля/от мальчи́шки).
He runs away from the dog (/the teacher/the naughty boy).

■ Хорошо́, что мы убежа́ли от дождя́ (/от грозы́).
It's good that we escaped the rain (/storm).

**(из, с + G)** to run out of/away hastily from some place
■ Ма́льчик мно́го раз убега́л из до́ма (/из интерна́та/из шко́лы).
The boy ran away from home (/boarding school/school) many times.

■ Почему́ ты убежа́л с конце́рта (/с конфере́нции)?
Why did you run out of the concert (/conference/) so hastily)?

**(на + A)—(inf)** to run over to some place to do sth
■ Ива́н убежа́л на вокза́л встреча́ть бра́та.
Ivan ran over to the railroad station to meet his brother.

**убежда́ть 1.** *imp* **/убеди́ть** *pf* (*1st person sing. pf. not used*) **(A)—(в + P)** to (try to) convince sb of sth
■ Ива́н убеди́л меня́ (/свою́ жену́) в необходи́мости э́той пое́здки.
Ivan convinced me (/his wife) of the necessity of this trip.

■ Она́ убежда́ла свои́х друзе́й в свое́й правоте́.

She was trying to convince her friends that she was right (*lit.* of her correctness).

■ Он, несомне́нно, убеди́т чле́нов коми́ссии в свое́й че́стности.

He will certainly convince the committee members of his honesty.

■ Не убежда́й меня́ в невозмо́жном (/в очеви́дном).

Don't try to convince me of the impossible (/obvious).

**(A)—(I)** to persuade sb with sth

■ Он убеди́л отца́ свои́ми до́водами (/ци́фрами/фа́ктами).

He persuaded his father with his reasons (/figures/facts).

■ Ты не убеди́шь меня́ свои́ми слеза́ми.

You won't persuade me with your tears.

**убежда́ть/убеди́ть** (*1st person sing. pf. not used*) (**в том**), **что** . . . to (try to) convince that . . .

■ Нача́льник убежда́л нас (в том), что э́то пра́вильное реше́ние.

The boss was trying to convince us that the decision was correct.

■ Я смогу́ убеди́ть бра́та, что нам лу́чше не е́здить туда́.

I'll be able to convince my brother that it's better for us not to go there.

**убежда́ть 2.** *imp* /**убеди́ть** *pf* (*1st person sing. pf. not used*) (**A**)—(**inf**) to (try to) persuade sb to do sth

■ Я убежда́ю отца́ (/Ни́ну) пое́хать с на́ми в Росси́ю.

I'm trying to persuade my father (/Nina) to go to Russia with us.

■ Я наде́юсь, что ты убеди́шь своего́ дру́га (/Ма́ркова) написа́ть э́ту статью́.

I hope you'll persuade your friend (/Markov) to write the article.

■ Мы убеди́ли дире́ктора ба́нка отказа́ться от э́того пла́на.

We persuaded the bank's director to turn down this plan.

**убежда́ть, что́бы** . . . to try to persuade (sb) that (to do sth) . . .

■ Мы убежда́ем его́, что́бы он перее́хал в наш го́род.

We are trying to persuade him to (*or* that he should) move to our town.

**убежда́ться** *imp* /**убеди́ться** *pf* (*1st person sing. pf. not used*) (**в + P**) to be, become convinced of sth

■ Я всё бо́льше убежда́юсь в его́ доброте́ (/в его́ че́стности).

We are becoming more and more convinced of his kindness (/honesty).

■ Он сам ско́ро убеди́тся в необходи́мости таки́х мер.

He himself will soon be convinced of the necessity of these measures.

**убежда́ться/убеди́ться** (**в том**), **что** . . . to be convinced, realize that . . .

■ Я не раз убежда́лся (в том), что с бо́ссом лу́чше не спо́рить.

More than once I've been convinced that it's better not to argue with the boss.

- Ты ско́ро убеди́шься (в том), что ты непра́в.
  You'll soon realize that you're wrong.

**убива́ть** *imp* /**уби́ть** *pf* (A) to kill sb

- Он ми́рный челове́к; он да́же му́ху не убьёт.
  He is a peaceful man; he wouldn't hurt a fly (*lit.* won't kill even a fly).

- Ива́н никогда́ никого́ не убива́л.
  Ivan never killed anyone.

     (A)—(I)—(из + G) to kill sb with sth from sth

- Охо́тник уби́л во́лка вы́стрелом из ружья́.
  The hunter killed the wolf with a shot from his shotgun.

- Неуже́ли мо́жно уби́ть челове́ка уда́ром дуби́нки?
  Is it really possible to kill a man with a blow from a club?

**убира́ть 1.** *imp* /**убра́ть** *pf* (A)—(из, с + G) to take, clear sth (away) from/out of/off sth

- Не убира́й посу́ду со стола́; я сама́ её уберу́.
  Don't clear the dishes away from the table; I'll clear them away myself.

- Кто убра́л докуме́нты из я́щика (/кни́ги с по́лки)?
  Who took the papers out of the drawer (/books off the shelf).

- Убери́ му́сор с по́ла (/с доро́ги).
  Clear the trash off the floor (/the road).

- Когда́ вы уберёте чемода́ны из коридо́ра?
  When will you take the suitcases out of the hallway?

     (A)—(от + G) to move sth away from sth

- Убери́те бума́ги от ками́на (/от пе́чки).
  Move the papers away from the fireplace (/stove).

- Он убра́л телеви́зор от окна́ (/от две́ри).
  He moved the TV set away from the window (/door).

**убира́ть 2.** *imp* /**убра́ть** *pf* (A)—(на, в + A) to put sth (away) in its place/in/on sth

- Убери́ свои́ ве́щи (/кни́ги/инструме́нты) на ме́сто.
  Put your things (/books/tools) away in their places.

- Ни́на убира́ет посу́ду (/ножи́/ло́жки) в шкаф.
  Nina puts the dishes (/knives/spoons) away in the cupboard.

- —Ты убрала́ чемода́ны в кладову́ю? —Нет, я не убира́ла их.
  "Did you put the suitcases in the lockerroom?"—"No, I didn't (put them there)."

**уважа́ть** *imp* (**A**) to respect sb/sth

- Он уважа́ет свои́х роди́телей (/учителе́й/ста́рших).
  He respects his parents (/his teachers/his elders).

- Мы уважа́ем ва́ше мне́ние (/о́пыт/чу́вства).
  We respect your opinion (/experience/feelings).

    (**A**)—(**за** + **A**) to respect sb for sth

- Все уважа́ют моего́ отца́ за его́ ум (/че́стность/доброту́).
  Everybody respects my father for his intellect (/honesty/kindness).

**увели́чивать 1.** *imp* /**увели́чить** *pf* (**A**)—(**на** + **A**) to raise, increase sth (by) sth

- Администра́ция увели́чила нам зарпла́ту на де́сять проце́нтов.
  The administration raised our pay ten percent.

- Врач рекоменду́ет увели́чивать до́зу лека́рства на полтабле́тки в день.
  The doctor recommends increasing the medication dose by half a tablet daily.

- Я бо́льше не увели́чу мой долг ни на оди́н цент.
  I won't increase my debt by even a penny more.

**увели́чивать 2.** *imp* /**увели́чить** *pf* (**A**)—(**в** + **A**) to enlarge sth so many times

- Вы должны́ увели́чить фотогра́фии (/чертежи́/текст) в два ра́за.
  You must enlarge the photographs (/blueprints/text) two times.

- Микроско́п увели́чивает предме́ты в два́дцать пять раз.
  The microscope enlarges objects twenty-five times.

**увлека́ть 1.** *imp* /**увле́чь** *pf* (**A**)—(**на, в** + **A**) to carry sth/sb down (in)to sth

- Водоворо́т увлёк ло́дку на дно (/в глубину́).
  The whirlpool carried the boat down to the bottom (/to the depths).

- Бою́сь, что людско́й пото́к увлечёт нас на пло́щадь (/в переу́лок).
  I'm afraid that the flood of people will carry us down to the square (/into a sidestreet).

**увлекать 2.** *imp* /**увлечь** *pf* (**A**) to captivate, excite sb

- Ни́ну (/мои́х дете́й) о́чень увлекла́ э́та кни́га.
  The book totally captivated Nina (/my children).

- Неуже́ли тебя́ не увлека́ет э́та рабо́та?
  Does this work really not excite you?

- Наде́юсь, тебя́ увлечёт перспекти́ва пое́хать с на́ми в го́ры.
  I hope the prospect of going to the mountains with us will excite you.

    (**A**)—(**I**) to involve sb in sth; to captivate, carry away sb with sth

- Он увлёк свои́м пла́ном (/свое́й иде́ей) всех свои́х друзе́й.
  He carried away (*or* captivated) all his friends with his plan (/idea).

- Мы постара́емся увле́чь сы́на каки́м-либо де́лом (/спо́ртом).
  We'll try to involve our son in some occupation (/sports).
- Наде́юсь, я увлеку́ слу́шателей мои́м расска́зом.
  I hope I'll captivate listeners with my story.

  **увле́чь (A) так (насто́лько), что . . .** to captivate, excite sb so much that . . .
- Его́ так (насто́лько) увлекла́ кни́га, что он забы́л да́же о еде́.
  The book captivated (*or* excited) him so much that he forgot even to eat (about food).

**увлека́ться 1.** *imp* /**увле́чься** *pf* (I) to take great interest in sth; to be, become crazy about sth; to get hooked on sth
- Он увлёкся ша́хматами (/джа́зом).
  He became crazy about chess (/jazz).
- Ива́н и Мари́я увлека́ются та́нцами (/теа́тром).
  Ivan and Maria are crazy about dancing (the theater).
- Ты когда́-то увлека́лся матема́тикой.
  At one time you used to take great interest in mathematics.

  **увлека́ться/увле́чься (I) так (насто́лько), что . . .** to get so involved in sth that . . .
- Он иногда́ так (насто́лько) увлечётся игро́й, что забыва́ет о еде́.
  Sometimes he would get so involved in the game that he would forget to eat (about food).

**увлека́ться 2.** *imp* /**увлечься** *pf* (I) to be, get infatuated with sb
- Она́ увлекла́сь Ива́ном, но ненадо́лго.
  She got infatuated with Ivan, but not for long.
- Он постоя́нно ке́м-нибудь увлека́лся.
  He was always infatuated with somebody.
- Наде́юсь, Макси́м не увлечётся э́той балери́ной.
  I hope Maxim won't get infatuated with this ballerina.

**угова́ривать** *imp* /**уговори́ть** *pf* (A)—(inf) to persuade, convince sb to do sth; to talk sb into/out of doing sth
- Я его́ уговорю́ пое́хать с на́ми в Росси́ю.
  I'll persuade him to go (*or* I'll talk him into going) to Russia with us.
- Брат угова́ривает меня́ не обраща́ть внима́ния на ме́лочи.
  My brother tries to convince me not to worry about (pay attention to) details.
- Мы его́ угова́ривали не ходи́ть в кино́, но не уговори́ли.
  We were trying to persuade him not to go to the movie, but we couldn't talk him out of it.

**угова́ривать (A), что́бы . . .** to (try to) convince sb that . . .

- Мари́я нас угова́ривает, что́бы мы не покупа́ли э́ту маши́ну.
  Maria is trying to convince us not to buy (that we shouldn't buy) this car.

**угоща́ть** *imp* /**угости́ть** *pf* (A)—(I) to treat sb to sth; to offer sb sth

- Я вас угощу́ о́чень вку́сным блю́дом (/мои́м варе́ньем).
  I'll treat you to a very tasty dish (/my preserves).

- Брат всегда́ меня́ угоща́ет моро́женым (/конфе́тами/фру́ктами).
  My brother always treats me to ice cream (/candy/fruit).

- Мать лю́бит угоща́ть люде́й свои́ми пирога́ми и ке́ксами.
  Mother likes to offer people her pies and cookies.

- Пожа́луйста, ниче́м не угоща́й меня́; я уже́ обе́дал.
  Please don't offer me anything (*i.e.,* food); I've (already) had dinner.

- Мо́жно вас угости́ть обе́дом (/ча́ем/стака́ном ко́фе)?
  Can I offer you dinner (/tea/a cup of coffee)?

**угрожа́ть 1.** *imp* (D) to threaten sb

- Ты мне не угрожа́й, я тебя́ не бою́сь.
  Don't threaten me; I'm not afraid of you.

- Как он мо́жет угрожа́ть де́тям?
  How can he threaten children?

**(D)—(I)** to threaten, menace sb/sth with sth

- Хулига́н угрожа́ет прохо́жему пистоле́том.
  The hooligan menaces a passerby with a gun.

- Сосе́дняя страна́ угрожа́ет нам (/на́шей стране́) войно́й.
  The neighboring country is threatening us (/our country) with war.

**угрожа́ть (inf)** to threaten to do sth

- Она́ угрожа́ет порва́ть с ним, е́сли он не извини́тся пе́ред ней.
  She's threatening to break up with him if he doesn't apologize to her.

- Он угрожа́л пожа́ловаться нача́льству.
  He threatened to complain to the authorities.

**угрожа́ть 2.** *imp* (3rd person only) (I) to bring the threat of sth

- Си́льные дожди́ угрожа́ли наводне́нием.
  Heavy rains brought the threat of flooding.

- За́суха угрожа́ет но́выми бе́дствиями.
  A drought brought the threat of new calamities.

**угрожа́ть 3.** *imp* (*3rd person only*) **(D)** (of sb/sth) to be on the verge of sth

■ Ему́ (/моему́ дру́гу) угрожа́ет банкро́тство и нужда́.
  He (/my friend) is on the verge of bankruptcy and destitution.

■ Бою́сь, что отцу́ (/бра́ту/Ива́ну) угрожа́ет увольне́ние.
  I'm afraid my father (/my brother/Ivan) is on the verge of dismissal.

■ Э́той стране́ угрожа́л экономи́ческий кри́зис.
  This country was on the verge of an economic crisis.

**удава́ться 1.** *imp* /уда́ться *pf* (*3rd person only*) **(D)**/(у + G) (of sb's sth) to succeed, be a success/successful

■ Обе́д ей (у неё) уда́лся, как никогда́.
  Her dinner succeeded as never before.

■ Наде́юсь, Ма́рку уда́стся э́та статья́.
  I hope Mark's article will be a success.

■ Отцу́ обы́чно удава́лись выступле́ния.
  My father's presentations were usually successful.

**удава́ться 2.** *imp* /уда́ться *pf* (*3rd person only*) *impersonal* **(D)**—(inf) (of sb) to succeed in doing sth; to manage, get to do sth

■ Обы́чно мне удаётся доста́ть биле́ты на любо́й спекта́кль.
  I usually manage to get tickets to any show.

■ Мое́й люби́мой кома́нде удало́сь победи́ть в ма́тче.
  My favorite team succeeded in winning the match.

■ Нам ника́к не удава́лось встре́титься друг с дру́гом.
  We never managed to get together (meet each other).

■ Сестре́ так и не удало́сь послу́шать э́того певца́.
  My sister never got to hear this singer.

■ Ду́маю, что за́втра нам уда́стся пое́хать за́ город.
  I think tomorrow we'll manage to get to the country.

**ударя́ть 1.** *imp* /уда́рить *pf* **(A)**—**(I)** to strike, hit, whip sb with sth

■ Он уда́рил соба́ку па́лкой (/ного́й).
  He struck a dog with a stick (/kicked a dog (*lit.* hit it with his foot)).

■ Уда́рь лошаде́й кнуто́м, что́бы они́ пошли́ быстре́е.
  Whip the horses (with the whip) so they'll move faster.

**(A)**—**(I)**—(по + D)/(в + A) to hit, strike sb with sth in sth

■ Осторо́жно, не уда́рь меня́ свое́й па́лкой в лицо́ (/в грудь).
  Be careful—don't hit me in the face (/chest) with your stick.

■ Ма́ма, он уда́рил меня́ руко́й по лицу́ (/по голове́/по спине́).
Mother, he struck me in the face (/head/back) with his hand.

**ударя́ть 2.** *imp* /уда́рить *pf* (A)—(по + D) to hit sth with sth
■ Он ударя́ет кулако́м по мячу́ (/молотко́м по гвоздю́).
He hits the ball with his fist (/a nail with the hammer).

**ударя́ть 3.** *imp* /уда́рить *pf* (в + A) to strike, beat sth
■ Кто́-то уда́рил в ко́локол (/в гонг).
Someone struck the bell (/gong).

■ Он ме́рно ударя́ет в бараба́н.
He beats the drum rhythmically.

**ударя́ться 1.** *imp* /уда́риться *pf* (I)—(о + A) (of sb) to hit, bang one's sth on sth
■ Ма́льчик па́дает и ударя́ется коле́ном об у́гол стола́.
The boy falls down and hits his knee on the corner of the table.

■ —Осторо́жно, не уда́рься голово́й о две́рцу шка́фа. —Не уда́рюсь.
"Careful—don't bang your head on the cupboard door."—"I won't (bang it)."

■ Обо что́ ты уда́рился ного́й?
What did you bang your leg on?

**ударя́ться 2.** *imp* /уда́риться *pf* (*3rd person only*) (в + A)/(о + A) to beat on/against sth; to hit sth
■ Во́лны ударя́ются о бе́рег (/о прибре́жные ска́лы).
The waves are beating against the shore (/sea cliffs).

■ Бро́шенный им ка́мень уда́рился в окно́ (/в ветрово́е стекло́ маши́ны).
The stone he threw (thrown by him) hit the window (/(car) windshield).

**уезжа́ть** *imp* /уе́хать *pf* (на + P)/(I) to leave in/by sth (transportation)
■ Мы уе́дем отту́да на авто́бусе (авто́бусом).
We'll leave from there on a bus (by bus).

■ Я уе́хал домо́й пе́рвым по́ездом (/после́дним авто́бусом).
I left home by the first train (/last bus).

(из, с, от + G) to leave, go out of some place/sb's
■ Когда́ ты уе́хал из до́ма (/из Нью-Йо́рка/из Росси́и)?
When did you leave home (/New York/Russia)?

■ Я уе́ду с конфере́нции (/с конце́рта) во вре́мя переры́ва.
I'll leave the conference (/concert) during the intermission.

■ Ле́том мы уезжа́ем из го́рода. Ра́ньше мы уезжа́ли и зимо́й.
In summer we go out of town. We used to leave in the winter, too.

- Я до́лжен бу́ду уе́хать от вас не поздне́е девяти́.
  I'll have to leave your place not later than nine.

  **(в, на + A)/(к + D)** to leave for, go to some place /sb's . . . to go (away) on sth
- Когда́ вы уезжа́ете в Москву́ (/в Евро́пу)?
  When do you leave for Moscow (/Europe)?
- Говоря́т, ва́ша сестра́ уе́хала на Се́вер (/на Гава́йи).
  They say your sister went up (to the) North (/to Hawaii).
- Мы уе́дем на неде́лю к мое́й ба́бушке (/к роди́телям жены́).
  We're going to my grandmother's (/my wife's parents') for a week.
- В про́шлом году́ мой нача́льник ча́сто уезжа́л в командиро́вки.
  Last year my boss often went away on business trips.

  **(в, на + A)—(за + I)** to go out to, leave for some place for (*i.e.*, to pick up, etc.) sth/sb
- Я уе́ду ненадо́лго в апте́ку за лека́рством (/в больни́цу за врачо́м).
  I'm going out for a short while to the pharmacy for medicine (/to the hospital for the doctor).
- Он уе́хал на рабо́ту за чертежа́ми (/на вокза́л за бра́том).
  He left for work to get the plans (/the station to meet his brother).

  **(в, на + A)—(inf)** to go to some place to do sth
- Он уе́хал в друго́й го́род рабо́тать (/в библиоте́ку занима́ться).
  He went to another city to work (/the library to study).
- Ве́чером я уе́ду на вокза́л встреча́ть роди́телей.
  In the evening I'll go to the station to meet my parents.

**у́жинать** *imp* /**поу́жинать** *pf* **(с + I)** to have supper with sb
- Сего́дня я бу́ду у́жинать с роди́телями (/с Ни́ной/с друзья́ми).
  Tonight I'll have supper with my parents (/Nina/my friends).

  **(I)** to have sth for supper
- Он поу́жинает яи́чницей (/ча́ем с бутербро́дами).
  He'll have scrambled eggs (/tea and sandwiches) for supper.

  **(в, на + P)/(у + G)** to have supper in/on some place/at sb's
- Мы вчера́ у́жинали в столо́вой (/в рестора́не/в по́езде).
  Yesterday we had supper in the dining hall (/in a restaurant/on the train).
- Я бу́ду у́жинать на терра́се (/на вера́нде/в саду́/на ку́хне).
  I'll have supper on the terrace (/porch/in the garden/in the kitchen).
- Он сказа́л, что поу́жинал у Ма́рковых (/у сестры́).
  He said that he had supper at the Markovs' (/at his sister's).

**узнава́ть 1.** *imp* /**узна́ть** *pf* (**A**) to recognize sb/sth

- Она́ сра́зу узна́ла э́того арти́ста (/э́ту же́нщину/Ни́ну).
  She recognized the artist (/the woman/Nina) immediately.

- Я легко́ узнаю́ её по́черк (/го́лос).
  I can recognize her handwriting (/voice) easily.

- —Наде́юсь, ты узна́ешь мою́ маши́ну. —Я ду́маю, что узна́ю.
  "I hope you'll recognize my car."—"I think I will (recognize it)."

- Удиви́тельно, что ты всегда́ узнаёшь её похо́дку.
  It's surprising that you always recognize her footsteps.

  **(A)—(в + P)** to recognize sb in sb

- Ива́н узна́л в посети́теле своего́ шко́льного това́рища.
  Ivan recognized his schoolmate in the visitor.

  **(A)—(по + D)** to recognize sb/sth by/from sth

- Мы узна́ли его́ по го́лосу (/по похо́дке/по мане́ре говори́ть).
  We recognized him by his voice (/walk/the way he speaks).

- Я уве́рен, что я узна́ю дом по твоему́ описа́нию (/по коло́ннам).
  I'm sure I'll recognize the house from your description (by the columns).

**узнава́ть 2.** *imp* /**узна́ть** *pf* (**A**)—(**из, от + G**) to learn, find out sth from sth/sb

- Мы узна́ем результа́ты соревнова́ния из газе́т.
  We will find out the competition results from the newspapers.

- Он узна́л э́ту но́вость (/мой а́дрес) от Ни́ны.
  He learned this news (/my address) from Nina.

  **(о + P)—(из, от + G)** to learn, find out about sb/sth from sth/sb

- Мари́я узна́ла о ва́шей боле́зни от Ма́ркова.
  Maria learned about your illness from Markov.

- Мы узнаём о Мари́и и её дела́х из её пи́сем (/от друзе́й).
  We learn about Maria and her doings from her letters (/from friends).

- Она́ всегда́ узнава́ла о пла́нах дире́ктора от его́ секрета́рши.
  She always found out about the director's plans from his secretary.

  **(A)—(у + G)** to (try to) find out sth from sb

- Я узнаю́ состоя́ние её здоро́вья у её врача́.
  I find out about the state of her health from her doctor.

- Вы узна́ли у секретаря́ фами́лию ва́шего экзамена́тора?
  Did you find out the name of your examiner from the secretary?

- Я узнава́л у Мари́и а́дрес А́нны, но она́ его́ не зна́ла.
  I tried to find out Anna's address from Maria, but she didn't know it.

(A)—(в, на + P) to find out, inquire about sth in some place

- Он узнáл расписáние поездóв в спрáвочном бюрó.
  He found out the train schedule at the information office.

- Мы узнаём в кабинéте № 404 часы́ приёма завéдующего кáфедрой.
  We can inquire about the chairman's office hours in room 404

- Вы узнáете состáв комáнды на стадиóне.
  You'll find out the makeup of the team at the stadium.

  **узнавáть/узнáть (у + G) (о том), что . . . (как)** to find out from sb about what (how) . . .

- Я узнáю у негó, чтó он собирáется дéлать зáвтра (/как он себя́ чýвствует).
  I'll find out from him what he intends to do tomorrow (/how he feels).

**уклáдывать 1.** *imp* /**уложи́ть** *pf* (A)—(в, на + A) to put sb (to sleep) on sth

- Я уложý ребёнка (/больнóго отцá) в кровáть.
  I'll put the child (/my sick father) to bed.

- Почемý хозя́йка уложи́ла вас на дивáн, а не на кровáть?
  Why did the hostess put you (to sleep) on the couch and not on the bed?

  (A)—(в, на + P) to put sb (to sleep) in some place

- Не уклáдывайте гостéй на верáнде. Уложи́те их в э́той кóмнате.
  Put our guests (to sleep) in this room. Don't put them on the porch.

  (A)—(inf) to put sb to bed (*lit.* to sleep)

- Мари́я уклáдывает детéй спать в дéвять часóв.
  Maria puts her children to bed at nine o'clock.

- Ты ужé уложи́ла Ни́ну спать?
  Did you already put Nina to bed?

**уклáдывать 2.** *imp* /**уложи́ть** *pf* (A)—(в, на + P) to put, pack sth in sth

- Мáльчик уклáдывает свои́ кни́ги и тетрáди в шкóльную сýмку.
  The boy puts his books and notebooks in his schoolbag.

- Я уложý все мои́ вéщи на э́ту пóлку.
  I'll put all my things on this shelf.

- Не уклáдывай постéльное бельё в шкаф; егó нáдо поглáдить.
  Don't put the linens in the closet; they need ironing.

- Уложи́ нáши вéщи (/твои́ плáтья) в чемодáн.
  Pack our things (/your dresses) in the suitcase.

**улыбáться** *imp* /**улыбнýться** *pf* (D) to smile at sb

- Дéвочка рáдостно улыбнýлась мáтери (/Ни́не/прохóжему)
  The girl smiled joyfully at her mother (/Nina/the passerby).

(**от + G**) to smile with sth

- Ива́н улыба́ется от сча́стья (от ра́дости/от удово́льствия).
  Ivan is smiling with happiness (/joy/pleasure).

уме́ть *imp* (**inf**) to be able, know how to do sth

- Он уме́ет рисова́ть (/пла́вать/ката́ться на конька́х).
  He can draw (/swim/skate).

- В мо́лодости я уме́л танцева́ть наро́дные та́нцы.
  When I was young I knew how to dance folk dances.

умира́ть *imp* /умере́ть *pf* (**от + G**) to die from/of sth

- От э́той боле́зни никто́ не умира́ет. И он не умрёт от э́того.
  Nobody dies from this illness. And he won't die from it either.

- Мой оте́ц у́мер от тяжёлой боле́зни.
  My father died of a serious illness.

(**I adj**)/(**в + P**) to die sth (adj); to die at sth (age)

- В про́шлом мно́гие умира́ли молоды́ми (/в молодо́м во́зрасте).
  In the past many people died young (/at a young age).

(**в, на + P**) to die in some place

- Наде́юсь, я не умру́ в больни́це (/в чужо́м до́ме).
  I hope I won't die in a hospital (/in someone else's house).

- Он у́мер на рабо́те (/на у́лице/в магази́не).
  He died at work (/in the street/in a store).

умыва́ться *imp* /умы́ться *pf* (**I**) to wash (oneself) with/in sth

- Я умыва́юсь тёплой водо́й, а мой брат умыва́ется холо́дной водо́й.
  I wash in warm water and my brother washes in cold water.

- Мы ви́дели, как он умыва́лся сне́гом.
  We saw him wash himself with snow.

(**в, на + P**) to wash oneself in some place

- Когда́ он пришёл, Мари́я умыва́лась в ва́нной.
  When he came, Maria was washing herself in the bathroom.

- Мы лю́бим умыва́ться на ре́чке.
  We like to wash ourselves at the river.

- Сего́дня я умо́юсь на ку́хне.
  Today I'll wash in the kitchen.

**управля́ть 1.** *imp* (**I**) to operate, drive sth

■ Он хорошо́ управля́ет любо́й маши́ной (/самолётом).
He operates any machine (/aircraft) well.

■ Когда́ вы е́здили во Флори́ду, кто управля́л маши́ной?
Who drove the car when you went to Florida?

**управля́ть 2.** *imp* (**I**) to govern sb; to control, rule sth

■ Он всю жизнь управля́л людьми́.
He governed people all his life.

■ На́шим произво́дством управля́ет о́чень о́пытный инжене́р.
A very experienced engineer controls our production.

■ В те го́ды страно́й управля́л му́дрый мона́рх.
In those days (years) a wise monarch ruled the land.

**упрека́ть** *imp* /**упрекну́ть** *pf* (**A**)—(**в + P**) to accuse sb of sth; to blame sb for sth

■ Я не упрекну́ вас в ску́пости, но могу́ упрекну́ть вас в ле́ни.
I won't accuse you of greed, but I can accuse you of laziness.

■ Он упрека́л сы́на (/нас/Ива́на) в эгои́зме и беспе́чности.
He accused his son (/us/Ivan) of selfishness and uncaringness.

■ Не упрека́й друго́го в нереши́тельности; будь реши́тельным сам.
Don't blame someone else for indecision; be decisive yourself.

    (**A**)—(**за + A**) to reproach sb for sth

■ Мать упрека́ет сы́на за гру́бость (/за неря́шливость).
The mother reproaches her son for his rudeness (/untidiness).

■ Она́ всегда́ упрека́ла му́жа за что́-нибудь.
She was always reproaching her husband for something.

    **упрека́ть/упрекну́ть** (**A**) **в том** (*or* **за то**), **что** . . . to reproach sb for (not) doing sth

■ Ни́на упрека́ет своего́ дру́га в том, что он не внима́телен к ней.
Nina reproaches her boyfriend for not being attentive to her.

■ Роди́тели упрекну́ли меня́ за то, что я не поздра́вил их с юбиле́ем.
My parents reproached me for not congratulating them on their anniversary.

**успева́ть 1.** *imp* /**успе́ть** *pf* (**inf**) to have time, manage to do sth

■ Я успе́ю зако́нчить прое́кт во́время (/рабо́ту к ве́черу).
I'll manage to finish the project in time (/work by the evening).

■ Мы успе́ли сходи́ть на вы́ставку до её закры́тия.
We managed to get to the exhibition before it closed.

- Онá успевáет сдéлать все домáшние задáния за два-три часá.
  She manages to do all her household chores in two or three hours.

- Он не успéет прочитáть весь ромáн к заня́тию в срéду.
  He won't have time to read the whole novel by Wednesday's class.

### (к + D)/(в, на + A) to be in time for sth/at some place

- Ты успéешь к начáлу концéрта (/к откры́тию вы́ставки)?
  Will you be in time for the beginning of the concert (/exhibition opening)?

- К счáстью, она успéла на пóезд (/на самолёт/на автóбус).
  Fortunately, she was in time for the train (/plane/bus).

- Ещё рáно; ты успéешь в шкóлу (/на урóк/на лéкцию).
  It's still early; you'll be in time for school (/class/the lecture).

**успевáть 2.** *imp* **(по + D)** to make progress in sth (studies)

- Он хорошó успевáет по матемáтике (/по рýсскому языкý).
  He's making good progress in mathematics (/Russian).

**успокáивать** *imp* /**успокóить** *pf* **(A)** to calm sb

- Он успокáивает родúтелей (/дрýга/Мари́ю).
  He calms his parents (/his friend/Maria).

### (A)—(I) to calm, soothe sb/sth with sth

- Пойдú, успокóй чéм-нибудь мать.
  Go soothe your mother with something.

- Ни́на успокáивала больнóго дóбрыми словáми.
  Nina soothed the patient with kind words.

- Успокóй мою́ дýшу письмóм (/какúм-нибудь сообщéнием).
  Soothe my soul with a letter (/some communication).

- Чем ты егó успокáиваешь, когда он в такóм состоя́нии?
  How do you calm him when he is in such a condition?

**успокáиваться** *imp* /**успокóиться** *pf* to calm down

- Он совершéнно успокóился.
  He calmed down completely.

- Успокóйся, пожáлуйста.
  Please calm down.

- Ребёнок понемнóгу успокáивался.
  The child was calming down little by little.

**уставáть** *imp* /**устáть** *pf* (**от + G**) to tire, be, get tired by/from/of sth

- От э́той прогу́лки я не устáну.
  This walk won't tire me (I won't get tired from this walk).

- Он всегдá бы́стро устаёт от суеты́ большóго гóрода.
  He always tires easily from the bustle of a big city.

- Вы не устáли от гостéй (/от ресторáнов/от развлечéний)?
  Weren't you tired by the guests (/restaurants/amusements)?

- Марѝя уставáла от монотóнной рабóты.
  Maria was getting tired of her monotonous work.

**уставáть/устáть (inf)** to tire, get tired (of) doing sth

- Мы устáли дéлать однó и то же (/ходи́ть по магази́нам).
  We tired of doing the same thing (/of shopping).

- Ты не устáнешь цéлый день игрáть в шáхматы?
  Won't you get tired playing chess all day?

**устанáвливать 1.** *imp* /**установи́ть** *pf* (**A**)—(**в, на + P**) to install, put sth in some place

- В больни́чных палáтах установи́ли телеви́зоры.
  They installed TV sets in the hospital wards.

- У нас на кýхне рабóчие устанáвливают нóвый холоди́льник.
  The workmen are putting a new refrigerator in our kitchen.

**устанáвливать 2.** *imp* /**установи́ть** *pf* (**A**) to establish sth

- Э́та пáртия смоглá установи́ть в странé демократи́ческий режи́м.
  This party was able to establish a democratic regime in the country.

- Нóвое прави́тельство установи́ло дипломати́ческие отношéния со мнóгими госудáрствами.
  The new government established diplomatic relations with many governments.

**устанáвливать 3.** *imp* /**установи́ть** *pf* (**A**) to determine sth

- Агéнты ЦРУ стремя́тся установи́ть причи́ну пожáра.
  FBI agents are trying to determine the cause of the fire.

- Как устанáвливают ли́чность престýпника?
  How do they determine the criminal's identity?

**установи́ть, что . . .** to establish that . . .

- Я установи́л, что в тот вéчер егó действи́тельно нé было дóма.
  I established that he was in fact not home that evening.

**устра́ивать 1.** *imp* /**устро́ить** *pf* (A)—(в, на + P)—(для + G) to arrange, organize sth for sb

- Посо́л устро́ил в посо́льстве приём для журнали́стов.
  The ambassador arranged a reception for journalists at the embassy.

- Кто устра́ивал в церкви концерты для студентов?
  Who organized the concerts for students in the church?

- Мы устро́им для дете́й нового́днюю ёлку на терра́се.
  We'll organize a Christmas (*lit.* New Year's) tree for the children on the terrace.

**устра́ивать 2.** *imp* /**устро́ить** *pf* (A)—(в, на + A)/(к + D) to put sb in sth/at sb's

- Я вас устро́ю на другу́ю кварти́ру (/к моему́ бра́ту).
  I'll put you in another apartment (/at my brother's).

- Кто вас устро́ил в э́ту больни́цу?
  Who put you in this hospital?

**устра́ивать 3.** *imp* /**устро́ить** *pf* (A)—(I)—(в + A) to set up sb (*i.e.*, get sb a position) as sth in some place

- Мы устро́им тебя́ лабора́нтом в на́шу лаборато́рию.
  We'll set you up as a technician in our lab.

**уха́живать** *imp* (за + I) to take care of sb/sth; to court sb

- Кто уха́живает за ва́шими детьми́ (/за ва́шим больны́м отцо́м)?
  Who takes care of your children (/your sick father)?

- Пока́ меня́ не́ было, моя́ сестра́ уха́живала за цвета́ми (/за са́дом).
  While I was away, my sister took care of the flowers (/garden).

- Она́ говори́т, что тепе́рь бу́дет уха́живать за свои́м лицо́м.
  She says that she'll take care of her face now.

- Марк лю́бит уха́живать за краси́выми де́вушками.
  Mark likes to court beautiful girls.

**уходи́ть 1.** *imp* /**уйти́** *pf* (из, с, от + G) to leave some place/sb's

- Он ухо́дит из библиоте́ки (/с ле́кции/с рабо́ты) в два часа́.
  He leaves the library (/lecture/work) at two o'clock.

- Наде́юсь, ты не уйдёшь из кафе́ до трёх часо́в.
  I hope you won't leave the cafeteria before three o'clock.

- Почему́ ты ушёл от Попо́вых (/от роди́телей) так ра́но?
  Why did you leave the Popovs' (/your parents') so early?

**(в, на + A)/(к + D)** to leave, go out for some place/to sb's
- Ива́н ушёл в шко́лу (/в кино́/на ле́кцию/на рабо́ту).
  Ivan left for school (/the movies /a lecture/work).

- Я уйду́ ненадо́лго к Мари́и (/к бра́ту/к сосе́дям).
  I'll go out for a while to Maria's (/my brother's/the neighbors').

- Когда́ ты звони́л вчера́, он уходи́л к друзья́м.
  When you called yesterday, he had gone out to his friends'.

**(в + A)—(за + I)** to go to some place for sb/sth (i.e., to bring, pick up, buy, etc.) sb/sth
- Мать ушла́ в шко́лу за детьми́ (/в магази́н за хле́бом).
  Mother went to school for the children (/the store for bread).

**(в + A)—(inf)** to leave for some place to do sth
- Илья́ ухо́дит в библиоте́ку занима́ться (/в столо́вую обе́дать).
  Ilya is leaving for the library to study (/the dining hall to have dinner).

**уходи́ть 2.** *imp* /**уйти́** *pf* **(от + G)** to abandon sb; to leave sb/sb's
- Марк ушёл от жены́ и дете́й.
  Mark has left his wife and children.

- Он никогда́ не уйдёт от семьи́.
  He'll never abandon his family.

- Когда́ я вы́шла за́муж, я ушла́ от роди́телей.
  When I got married, I left my parents' (house).

**уходи́ть 3.** *imp* /**уйти́** *pf* **(из, с + G)—(в, на + A)** to leave, quit, drop out of sth (to go) (in)to sth/in order to do sth
- Он ушёл из университе́та во флот.
  He dropped out of university (to go) into the navy.

- Ива́н ухо́дит с рабо́ты в аспиранту́ру.
  Ivan is quitting his job (to go) to graduate school.

- Я уйду́ с преподава́ния на журнали́стскую рабо́ту.
  I'll leave teaching in order to work as a journalist.

**уча́ствовать** *imp* **(в + P)** to participate, take part in sth
- Я уча́ствую в э́том конце́рте.
  I'm taking part in this concert.

- Он уча́ствовал во мно́гих конфере́нциях (/в соревнова́ниях).
  He participated in many conferences (/competitions).

- Мари́я уча́ствует в э́той дискуссии (/в рабо́те э́той коми́ссии).
  Maria is participating in this discussion (/in this committee's work).

- В каки́х экспеди́циях уча́ствовал э́тот гео́лог?
  What expeditions has this geologist taken part in?

**учи́ть 1.** *imp* **(A)—(D)** to teach sb sth

- Я учу́ мои́х дете́й пе́нию (/му́зыке).
  I teach my children singing (/music).

- Говоря́т, ты у́чишь своего́ племя́нника (/Ма́рка) рисова́нию.
  They say you teach your nephew (/Mark) drawing.

- Меня́ учи́ла францу́зскому языку́ настоя́щая францу́женка.
  A real Frenchwoman taught me French.

- Я уве́рена, что учителя́ у́чат вас то́лько хоро́шему.
  I'm sure the teachers teach you only good things.

**учи́ть 2.** *imp* **(A)—(D)** to teach, instruct sb (to be) sth

- Мать учи́ла дете́й че́стности (/терпи́мости к други́м/доброте́).
  Mother taught (*or* instructed) the children to be honest (/tolerant of others/kind).

  **учи́ть (A)—(inf)** to teach sb to do sth

- Оте́ц учи́л меня́ уважа́ть ста́рших.
  Father taught me to respect my elders.

- Мы у́чим дете́й игра́ть на роя́ле.
  We're teaching our children to play the piano.

**учи́ть 3.** *imp* **(A)** to learn, study sth

- Я учу́ стихотворе́ние (/пра́вила грамма́тики/роль в пье́се).
  I'm learning a poem (/grammar rules/a part in the play).

- Я учи́л э́ту музыка́льную пье́су два ме́сяца.
  I studied this piece of music for two months.

**учи́ться 1.** *imp* **(D)—(в, на + P)** to study, learn sth in some place

- Моя́ дочь учи́лась гра́моте ещё в Росси́и.
  My daughter studied reading and writing while still in Russia.

- В мастерско́й де́ти у́чатся ремеслу́.
  In the workshop the children learn a craft.

- Окса́на учи́лась фигу́рному ката́нию на Украи́не.
  Oksana learned figure skating in Ukraine.

**(D)—(у + G)** to study sth with sb

■ Моя́ сестра́ учи́лась литерату́ре у профе́ссора Попо́ва.
My sister studied literature with Professor Popov.

■ Я учу́сь пе́нию у знамени́того педаго́га.
I study singing with a famous teacher.

■ Илья́ бу́дет учи́ться игре́ на скри́пке у выдаю́щегося ма́стера.
Ilya will study the violin (*lit.* playing the violin) with an outstanding master.

**учи́ться (inf)** to study, learn to do sth

■ Ма́льчик у́чится чита́ть и писа́ть (/пла́вать/ходи́ть на лы́жах).
The boy is learning to read and write (/swim/ski).

■ Ива́н до́лго учи́лся игра́ть на роя́ле.
Ivan studied piano (*lit.* playing the piano) for a long time.

**учи́ться 2.** *imp* **(в, на + P)** to study in some place

■ В то вре́мя он учи́лся на биологи́ческом факульте́те.
At that time he was studying in the biology department.

■ Ваш сын у́чится в сре́дней шко́ле?
Is your son in high school (*lit.* studying in high school)?

**учи́ться 3.** *imp* **(D)** to learn (to be) sth

■ Он у́чится аккура́тности (/терпе́нию).
He is learning to be tidy (/learning patience).

**учи́ться (inf)** to learn to do sth

■ Я учу́сь владе́ть собо́й при любы́х обстоя́тельствах.
I'm learning to control myself under any circumstances.

■ Ему́ ещё на́до учи́ться вести́ себя́ корре́ктно со все́ми.
He still has to learn to behave properly with anyone.

**фотографи́ровать** *imp* /**сфотографи́ровать** *pf* **(A)—(с + I)** to photograph, take pictures of sb/sth with sb/sth

■ Он сфотографи́ровал Ни́ну с му́жем (/меня́ с мое́й соба́кой).
He photographed Nina with her husband (/me and my dog).

- Сфотографи́руй дом с са́дом.
  Take a picture of the house and garden.

    **(А)—(I)** to photograph, take pictures of sb/sth with (the help of) sth
- Каки́м аппара́том ты обы́чно фотографи́руешь пейза́жи?
  With what camera do you usually photograph landscapes?
- Ива́н предпочита́ет фотографи́ровать аппара́том „Зени́т“.
  Ivan prefers to take pictures with a Zenith (camera).

    **(в, на + Р)** to take pictures in some place
- Мы фотографи́ровали в ра́зных места́х (/на у́лицах/в па́рке).
  We took pictures in various places (/on the streets/in a park).

**фотографи́роваться** *imp* /**сфотографи́роваться** *pf* **(с + I)** to be photographed, have one's picture taken with sb
- Он фотографи́ровался со мно́й (/с детьми́).
  He was photographed (*or* had pictures taken) with me (/the children).

    **(в + Р)** to have one's picture taken in sth
- Я бу́ду фотографи́роваться в э́том туале́те (/в шля́пе/в очка́х).
  I'll have my picture taken in this outfit (/hat/glasses).

    **(в, на + Р)** to have one's picture taken in some place
- Он фотографи́ровался и на откры́том во́здухе и в помеще́нии.
  He had his picture taken both in the open air and indoors (*lit.* in buildings).

    **(на + А)/(для + G)** to have one's picture taken for sth
- Я сфотографи́руюсь на па́спорт (для па́спорта).
  I'm going to have my picture taken for my passport.

# X

**характеризова́ть** *imp/pf* **(А)—(как + А)** to describe, characterize sb/sth as sth
- Он характеризу́ет Ма́рка как у́много и до́брого челове́ка.
  He describes (*or* will describe) Mark as a clever and kind man.
- Профе́ссор характеризова́л Ната́шу как отли́чную студе́нтку.
  The professor characterized Natasha as an excellent student.

**хвали́ть** *imp* /**похвали́ть** *pf* (**A**) to commend, praise sb/sth; *(colloq)* to rave about sth

- Преподава́тель похвали́л моё эссе́ (/рабо́ту/сочине́ние).
  The instructor commended my essay (/paper/composition).

- Подру́ги хва́лят моё но́вое пла́тье.
  My girlfriends are raving about my new dress.

- Специали́сты хвали́ли фильм (/вы́ставку).
  Aficionados praised the movie (/exhibition).

- Ду́маю, что они́ похва́лят э́тот спекта́кль.
  I think they will rave about this show.

       (**A**)—(**за** + **A**) to commend, praise sb/sth for sth

- Учи́тель похвали́л ученика́ за отли́чный отве́т.
  The teacher commended the pupil for an excellent answer.

- Никто́ не похва́лит тебя́ за тако́й посту́пок.
  Nobody will praise you for this act.

- Все хвали́ли его́ за му́жество и нахо́дчивость.
  Everybody praised him for courage and resourcefulness.

- Кри́тики хва́лят рома́н за оригина́льность и ю́мор.
  The critics are praising the novel for its originality and humor.

**хва́статься 1.** *imp* (**I**) to brag, boast about sth

- Он хва́стается свое́й маши́ной (/свои́м до́мом/свои́ми успе́хами).
  He brags about his car (/house/success).

- Марк как всегда́ хва́стался свои́ми знамени́тыми пре́дками.
  As usual, Mark bragged about his famous forebears.

- Что ты хва́стаешься свои́ми ма́рками? Хва́тит, не хва́стайся.
  Why are you boasting about your stamps? That's enough, don't boast.

       (**I**)—(**перед** + **I**) to brag, boast about sth to sb

- Она́ хва́сталась пе́ред все́ми успе́хами свои́х дете́й.
  She bragged (or boasted) about her children's achievements to everyone.

       **хва́статься (тем), что ...** to brag, boast (about the fact) that ...

- Он хва́стается, что он са́мый бога́тый челове́к в го́роде.
  He boasts that he is the richest man in town.

- Э́та же́нщина хва́сталась тем, что её муж ли́чно знако́м с президе́нтом.
  This woman bragged about the fact that her husband is personally acquainted with the president.

**хвата́ть 1.** *imp* /**схвати́ть** *pf* (A) to seize, grab sth

- Она́ схвати́ла портфе́ль (/су́мку/кни́гу) и вы́бежала из ко́мнаты.
  She seized her briefcase (/handbag/book) and ran out of the room.

- Он бы́стро хвата́ет все свои́ ве́щи.
  He quickly grabs all his things.

      (A)—(за + A) to seize, grab sb by sth

- Она́ схвати́ла ма́льчика за́ руку (/за рука́в).
  She seized the boy by the hand (/sleeve).

- Не хвата́й меня́ за во́лосы (/за ши́ворот). *colloq*
  Don't grab me by the hair (/scruff of the neck).

      (A)—(I) to seize sb/sth in sth

- Ко́шка схвати́ла мышь зуба́ми.
  The cat seized the mouse in its teeth.

- Пти́ца хвата́ет еду́ клю́вом.
  The bird seizes food in its beak.

**хвата́ть 2.** *imp* /**хвати́ть** *pf impersonal* (D)—(G) to (not) be enough of sth for sb/(of sb) to get sth

- Всем посети́телям мест не хвата́ло, поэ́тому не́которые стоя́ли.
  There were not enough seats for everybody, so some people stood.

- Всем де́тям хвата́ет пода́рков (/игру́шек/моро́женого)?
  Are there enough presents (/toys/ice cream) for all the children?

- Мне не хвати́ло биле́тов.
  I couldn't get tickets (*i.e.*, there were not enough tickets for me to get).

- Всем хвати́ло молока́, но не всем хвати́ло су́па (/хле́ба).
  There was enough milk for everyone, but not enough soup (/bread) (for everyone).

      (D)/(у + G)—(G) (of sb) to (not) have enough of sth

- Нам (у нас) хвата́ет молока́ (/хле́ба/сы́ра)?
  Do we have enough milk (/bread/cheese)?

- Вам хва́тит э́тих де́нег? Е́сли вам (у вас) бу́дет не хвата́ть де́нег, я вам помогу́.
  Is this enough money for you? If it isn't enough, I'll help you.

      (D)/(у + G)—(G)—(на + A) (of sb) to (not) have enough of sth for sth

- Ты ду́маешь, нам (у нас) хвата́ет посу́ды на все́х госте́й?
  Do you think we have enough china for all the guests?

- Мне (у меня́) хва́тит де́нег на биле́ты (/на проду́кты).
  I'll have enough money for the tickets (/for groceries).

- У мои́х роди́телей хвата́ло вре́мени и сил на нас (/на дете́й).
  My parents had enough time and energy for us (/their children).

  **(y + G)—(G)—(inf)** (of sb or sth) to (not) have enough of sth to do sth
- Су́пу у нас хвати́ло бы накорми́ть полк солда́т.
  We had enough soup to feed an army (*lit.* a regiment).
- Хва́тит ли у меня́ сил спусти́ться с горы́?
  Will I have the strength (*lit.* enough strength) to get down the mountain?
- У него́ не хвата́ло уме́ния выража́ть свои́ мы́сли.
  He didn't have the skill (*lit.* enough skill) to express his thoughts.

**ходи́ть 1.** *imp indef* **(в, на + P)/(пе́ред, за + I)/(вокру́г, вдоль + G)** to walk in/around some place
- Кто э́то хо́дит в коридо́ре (/на у́лице пе́ред до́мом)?
  Who is that walking in the hallway (/in the street in front of the house)?
- Кто́-то всё у́тро ходи́л вокру́г на́шего до́ма (/за до́мом/вдоль забо́ра).
  All morning someone was walking around our house (/behind the house/along the fence).

  **(по + D)** to walk through some place/along sth
- Он ходи́л взад и вперёд по ко́мнате (/по двору́).
  He was walking up and down (*lit.* back and forth around) the room (/yard).
- Мы лю́бим ходи́ть по бе́регу (/по э́той доро́ге).
  We like to walk along the riverbank (/this road).
- Я хожу́ по́ лесу, ищу́ грибы́.
  I walk through the forest looking for mushrooms.

**ходи́ть 2.** *imp indef* **(в, на + A)** to go to some place; to attend sth
- Ка́ждое у́тро я хожу́ в шко́лу (/в университе́т/в магази́н).
  I go to school (/the university/the store) every morning.
- Ты вчера́ ходи́л на рабо́ту (/на заво́д/на по́чту/на заня́тия)?
  Did you go to work (/the factory/the post office/classes) yesterday?
- Они́ ча́сто хо́дят в теа́тр (/в кино́/на конце́рты/на та́нцы).
  They often go to the theater (/the movies/concerts/dances).

  **(по + D pl)** to go to (or walk around) some places
- Она́ лю́бит ходи́ть по музе́ям (/по магази́нам).
  She likes to walk around museums (/stores).
- Там мы ходи́ли по теа́трам (/вы́ставкам/вечера́м/конце́ртам).
  We went to theaters (/exhibitions/parties/concerts) there.

**(в, на + A)—(за + I)** to go to some place for (*i.e.*, to pick up, etc.) sth/sb

- Кто хо́дит в шко́лу за детьми́ (/на ры́нок за проду́ктами)?
  Who goes to school to pick up the children (the market for groceries)?

- У́тром он ходи́л в лес за гриба́ми.
  In the morning he went to the woods for mushrooms.

**ходи́ть (inf)** to go out to do sth

- По вечера́м он хо́дит гуля́ть (/танцева́ть/встреча́ться с друзья́ми).
  In the evenings he goes out walking (/dancing/to meet friends).

**(в, на + A)—(inf)** to go to some place to do sth

- Она́ ра́ньше ходи́ла занима́ться в библиоте́ку.
  She used to go to the library to study.

- Я хожу́ в лес собира́ть грибы́ (/в о́перу слу́шать певцо́в).
  I go to the forest to pick mushrooms (/the opera to listen to singers).

- Марк и Ива́н хо́дят на стадио́н трениро́ва́ться.
  Mark and Ivan go to the stadium to train.

**ходи́ть 3.** *imp indef* **(в, на + A)** (of transportation) to go to some place

- Э́тот авто́бус хо́дит в центр го́рода (/на вокза́л).
  This bus goes downtown (/to the railroad station).

**(из, с + G)—(в, на + A)** to go from some place to some place

- Э́тот по́езд метро́ обы́чно ходи́л из э́того при́города в аэропо́рт.
  This subway line (*lit.* train) used to go from this suburb to the airport.

- Ка́тер хо́дит с о́строва на при́стань и обра́тно.
  The ferry (*lit.* launch) goes from the island to the pier and back.

**(до + G)** to go to (as far as) some place

- Хо́дит ли э́тот авто́бус до при́стани?
  Does this bus go to (as far as) the pier?

**(по + D)** to go along sth

- Авто́бусы не хо́дят по э́той у́лице (/по на́бережным).
  Buses do not go along this street (/embankments).

**(че́рез + A)** to cross, go across sth

- Хо́дят ли авто́бусы че́рез э́тот мост (/че́рез э́ту пло́щадь)?
  Do the buses cross (*or* go across) this bridge (this square)?

- Зимо́й паро́м че́рез реку́ не ходи́л.
  In winter the ferry didn't cross the river.

**ходи́ть 4.** *imp* **(в + P)** to wear sth; have sth on

- —В чём ты хо́дишь зимо́й? —Зимо́й я хожу́ в пальто́ (/в ша́пке).
  "What do you wear in winter?"—"In winter I wear a coat (/hat)."

- Она́ всегда́ ходи́ла в ту́флях на высо́ких каблука́х.
  She always had on high-heeled shoes.

- Я не бу́ду ходи́ть в очка́х (/в гало́шах/в плаще́).
  I will not wear glasses (/galoshes/a raincoat).

  **(с + I)** (of sb) to carry

- Она́ всегда́ хо́дит с зонто́м (/с портфе́лем/с су́мкой).
  She always carries an umbrella (/briefcase/handbag).

  **(без + G)** not to wear sth (clothes, etc.)

- Почему́ ты хо́дишь без га́лстука (/без шля́пы/без перча́ток)?
  Why don't you wear a tie (/hat/gloves)?

  **(в + P)—(с + I)/(без + G)** to wear sth with/without sth

- Он хо́дит в бе́лой руба́шке с га́лстуком (/в плаще́ с по́ясом).
  He wears a white shirt and a tie (/a raincoat with a belt).

- Она́ ходи́ла в ту́флях без каблуко́в.
  She wore flat shoes (*lit.* shoes without heels).

- Вы хо́дите в пальто́ с капюшо́ном и́ли без капюшо́на?
  Do you wear a coat with a hood or one without (a hood)?

**хоте́ть 1.** *imp* **(G)** to want, wish for sth (abstract)

- Я хочу́ сы́ра (/хле́ба/ча́я/ко́фе/фру́ктов).
  I want cheese (/bread/tea/coffee/fruit).

- Ты хо́чешь пи́ва или вина́?
  Would you like beer or wine?

- Как все лю́ди, он хоте́л сча́стья (/любви́/внима́ния).
  Like everyone, he wished for happiness (/love/attention).

  **(A)** to want sth

- Я хоте́ла маши́ну (/соба́ку/моро́женое/но́вое пальто́).
  I wanted a car (/a dog/ice cream/a new coat).

  **хоте́ть (inf)** to want, have a desire to do sth

- Я не хочу́ занима́ться. Я хочу́ отдыха́ть (/гуля́ть/танцева́ть).
  I have no desire to study. I want to rest (/go for a walk/dance).

- Ребёнок пла́кал, потому́ что он хоте́л спать.
  The child was crying because he was sleepy (*lit.* he wanted to sleep).

- Почему́ ты не хоте́л пойти́ с на́ми на конце́рт?
  Why didn't you want to go to the concert with us?

  **(в, на + A)** *colloq.* to want (to go) to some place
- Я не хочу́ в кино́ (/на конце́рт).
  I don't want (to go) to the theater.
- Мои́ друзья́ хоте́ли в лес (/на пляж/на вы́ставку/в музе́й).
  My friends wanted (to go) to the forest (/beach/exhibition/museum).

**хоте́ть 2.** *imp* **(G)** to want, long for, dream of sth
- Я хочу́ успе́ха (/споко́йной жи́зни).
  I want (*or* long (for) *or* dream of) success (/a quiet life).

  **хоте́ть (inf)** to want, mean, like to do sth
- Я хочу́ узна́ть её а́дрес (/встре́титься с ва́ми на э́той неде́ле).
  I would like to find out her address (/meet you this week).
- Вы хоте́ли познако́мить меня́ со свое́й жено́й (/приня́ть душ).
  You meant to introduce me to your wife (/take a shower).
- Он хо́чет купи́ть э́тот дом (/посмотре́ть э́тот фильм).
  He wants to buy this house (/to watch this movie).

  **хоте́ть, что́бы . . .** to want, like sb to do/be sth
- Я хочу́, что́бы вы зако́нчили э́ту рабо́ту к ве́черу.
  I want you to finish this work by evening.
- Мы хоти́м, что́бы ты пришёл в пять часо́в.
  We would like you to come at five o'clock.
- Роди́тели хоте́ли, что́бы их сын стал врачо́м.
  The parents wanted their son to become a doctor.

**хоте́ться** *imp impersonal* **(D)—(G)** (of sb) to want (some of), desire sth
- Мне хо́чется моро́женого (/сла́дкого/варе́нья).
  I would like some ice cream (/something sweet/jam).
- Ему́ хоте́лось пирога́ с капу́стой (/пи́ва).
  He wanted a cabbage dumpling (/beer).
- Ка́ждому хо́чется любви́ (/внима́ния/сча́стья).
  Everyone desires love (/attention/happiness).

  **хоте́ться (inf)** (of sb) to feel like (doing), to have a desire to do sth
- Мне не хо́чется идти́ туда́ (/звони́ть ей по телефо́ну).
  I have no desire to go there (/call her).

■ Нам хоте́лось петь и танцева́ть от ра́дости.
We felt like singing and dancing for joy.

■ Неуже́ли тебе́ не хо́чется занима́ться спо́ртом?
Do you really have no desire to take up a sport?

**хоте́ться, что́бы** . . . to want, like sth (to happen)

■ Нам хоте́лось, что́бы сын был внима́тельнее к нам.
We wanted our son to be more attentive to us.

**храни́ть 1.** *imp* **(A)** to preserve, keep, save sth

■ Все э́ти го́ды мы храни́ли её пи́сьма (/э́тот сувени́р).
We have kept (*or* preserved) her letters (/this souvenir) all these years.

■ Он храни́т все ста́рые счета́ (/медици́нские докуме́нты).
He saves all his old bills (/medical records).

**(A)—(для + G)** to keep sth for sb

■ Я храню́ э́ти фотогра́фии для дете́й (/для Лиа́ны и Ни́ки).
I am keeping these photos for my children (/Liana and Nika).

**храни́ть 2.** *imp* **(A)—(в, на + P)** to keep sth in some place

■ Мы храни́м мя́со (/ма́сло/лека́рства) в холоди́льнике.
We keep meat (/butter/medicine) in the refrigerator.

■ Она́ храни́ла свои́ драгоце́нности в се́йфе (/на чердаке́).
She keeps her jewelry in a safe (/the attic).

**Ц**

**цвести́** *imp* (3rd person only) **(в, на + P)** to blossom, bloom in some place

■ В моём саду́ цвету́т ро́зы и сире́нь.
Roses and lilacs blossom in my garden.

■ На поля́х и луга́х уже́ цвели́ полевы́е цветы́.
In the fields and meadows wild flowers were already blooming.

**целова́ть** *imp* /**поцелова́ть** *pf* **(A)** to kiss sb

■ Поцелу́й ребёнка.
Kiss the child.

- Ли́за всех поцелова́ла: мать, отца́, ба́бушку.
  Liza kissed everybody: her mother, her father, her grandmother.
- Мо́жно, я тебя́ поцелу́ю?
  May I kiss you?

### (A)—(D) to kiss sb's sth

- Он целу́ет ей ру́ки.
  He kisses her hands.

### (A)—(в + A) to kiss sb on sth

- Он целу́ет жену́ в гу́бы (/мать в щёку).
  He kisses his wife on the lips (/his mother on the cheek).

**цени́ть** *imp* (A) to value, appreciate sth/sb

- Мы цени́ли э́того инжене́ра (/на́шего профе́ссора).
  We valued this engineer (/our professor).
- Нельзя́ не цени́ть ва́ши зна́ния (/че́стность).
  One cannot but value your knowledge (/honesty).
- Она́ всегда́ цени́ла твою́ ве́рность друзья́м (/твою́ доброту́).
  She always appreciated your loyalty to your friends (/kindness).

### (A)—(за + A) to value sb for sth

- Нача́льник це́нит тебя́ за ум (/за тала́нт/за остроу́мие).
  Our boss values you for your intellect (/talent/wit).
- Мы его́ цени́ли за ве́рность друзья́м (/за доброту́).
  We valued him for his loyalty to his friends (/kindness).

### (A)—(как + A) to value sb as sth

- Все це́нят его́ как тала́нтливого писа́теля.
  Everybody values him as a talented writer.
- Я всегда́ цени́ла Ма́рка как ве́рного дру́га.
  I always valued Mark as a loyal friend.
- Нача́льники бу́дут цени́ть тебя́ как хоро́шего рабо́тника.
  Your superiors will value you as a good worker.

# Ч

**чини́ть** *imp* /**починм́ть** *pf* (**A**)—(**D**) to fix, mend sth for sb

- Кто тебе́ починм́л фотоаппара́т (/маши́ну/очки́/часы́)?
  Who fixed the camera (/car/glasses/watch) for you?

- Она́ чи́нит сы́ну (/бра́ту/Ива́ну) ку́ртку и брю́ки.
  She's mending a jacket and pants for her son (/her brother/Ivan).

(**A**)—(**в, на** + **P**) to repair, fix sb's sth in some place

- В э́той мастерско́й (/на э́том заво́де) чи́нят ра́дио и телеви́зоры.
  In this shop (/factory) they repair (*or* fix) radio and TV sets.

**чи́стить 1.** *imp* (**A**)—(**D**) to clean sb's sth

- Я чи́щу му́жу брю́ки (/плащ).
  I'm cleaning my husband's pants (/raincoat).

- Кто вам чи́стит ковры́?
  Who cleans your carpets?

(**A**)—(**I**) to clean, brush sth with sth

- Я почи́щу ковёр щёткой (/пылесо́сом).
  I'll clean the carpet with a brush (/vacuum cleaner).

- Како́й зубно́й щёткой ты чи́стил сего́дня зу́бы?
  Which toothbrush did you clean (*or* brush) your teeth with today?

**чи́стить 2.** *imp* (**A**) to peel, clean sth

- Я никогда́ не чи́щу я́блоки (/морко́вь/огурцы́).
  I never peel apples (/carrots/cucumbers).

- Когда́ ты бу́дешь чи́стить ры́бу (/грибы́)?
  When will you clean the fish (/mushrooms)?

(**A**)—(**I**) to peel sth with sth

- Каки́м ножо́м ты чи́стишь лук (/чесно́к)?
  With which knife do you peel onions (/garlic)?

- Я чи́щу апельси́ны рука́ми, а не́которые чи́стят их ножо́м.
  I peel oranges with my hands, but some (people) peel them with a knife.

(**A**)—(**D**) to peel sth for sb

- Пожа́луйста, почи́сти мне огуре́ц (/я́блоко).
  Please peel me a cucumber (/apple).

**читáть 1.** *imp* (**A**) to read sth

- Он читáет интерéсную кнѝгу (/нóвый ромáн/газéту/Толстóго).
  He's reading an interesting book (/a new novel/the paper/Tolstoy).

### (A)—(D) to read sth to sb

- Когдá я вошёл, онá читáла дéтям скáзку.
  When I came in, she was reading a fairy tale to the children.

### (A)—(в + P) to read sth in sth

- Вы читáли её расскáз в нóвом сбóрнике?
  Did you read her short story in the new collection?

- Я читáю в журнáлах все рецéнзии на нóвые фѝльмы.
  I read all the new movie reviews in magazines.

### (о + P)—(в + P) to read about sb/sth in sth

- Ты читáл в газéтах о собы́тиях на Блѝжнем Востóке?
  Did you read about the events in the Middle East in the papers?

- Мы читáли об э́том замечáтельном фѝзике во мнóгих журнáлах.
  We read about this remarkable physicist in many magazines.

### (A)—(в, на + P)/(adv) to read sth in sth (language)

- Мы читáем Чéхова на рýсском языкé (/по-рýсски).
  We read Chekhov in Russian.

- Он читáет газéты на китáйском языкé (/по-китáйски) и на хѝнди.
  He reads newspapers in Chinese and Hindi.

- Брат читáл э́тот ромáн Жорж Санд в перевóде (/в оригинáле).
  My brother read this novel by George Sand in translation (/in the original).

### (при + P) to read with/by/in sth (condition)

- Мы не мóжем читáть при такóм шýме.
  We cannot read with such a noise.

- Не читáй при такóм слáбом свéте.
  Don't read by such a dim light.

**читáть 2.** *imp* (**A**) to recite sth

- Он хорошó читáет стихѝ (/Пýшкина).
  He recites poems (/Pushkin) well.

### (A)—(D) to read sth to sb

- На вéчере Мáрков читáл студéнтам (/нам) своѝ нóвые расскáзы.
  At the recital Markov read his new short stories to the students (/us).

**чита́ть 3.** *imp* (**A**) to teach sth

■ В э́том году́ профе́ссор Петро́в чита́ет но́вый курс.
This year Professor Petrov is teaching a new course.

**(A)—(D)** to teach sb sth; to lecture to sb

■ Он чита́л нам два ку́рса.
He taught us two courses.

■ Кому́ ты бу́дешь чита́ть ле́кции в э́том году́?
Whom will you lecture to this year?

**(A)—(в, на + P)** to teach, deliver sth (course, lecture, etc.) in some place

■ Оте́ц не́сколько лет чита́л курс в на́шем университе́те.
For several years my father taught a course at our university.

■ На конфере́нции он бу́дет чита́ть докла́д об э́том откры́тии.
He will deliver a report on this invention at the conference.

**чу́вствовать 1.** *imp* (**A**) to feel sth

■ —Что ты сейча́с чу́вствуешь? —Я чу́вствую боль (/хо́лод).
"What are you feeling?"—"I feel pain (/cold)."

■ В ту мину́ту он чу́вствовал то́лько ра́дость (/волне́ние/страх).
At that moment he felt only joy (/excitement/fear).

**(A)—(к + D)** to feel sth for/in sb/sth

■ Мы чу́вствовали к роди́телям любо́вь и уваже́ние.
We felt love and respect for our parents.

■ Она́ чу́вствует к нему́ не́жность.
She feels tenderness for him.

■ Я чу́вствую дове́рие к её слова́м.
I feel confident in her words.

**чу́вствовать, что (как)** . . . to feel that (how) . . .

■ Ты чу́вствуешь, что стано́вится холодне́е?
Do you feel that it's getting colder?

■ Она́ чу́вствовала, как у неё постепе́нно неме́ет пра́вая рука́.
She could feel how her right hand was becoming numb, little by little.

**чу́вствовать 2.** *imp* (**A**) to feel, (taste, etc.) sth

■ Она́ чу́вствовала во рту вкус мя́ты.
She could taste (*lit.* feel the taste of) mint in her mouth.

■ Когда́ тро́гаешь э́ту ткань, чу́вствуешь её мя́гкость (/упру́гость).
When you touch this fabric, you can feel its softness (/elasticity).

**чу́вствовать 3.** *imp* **(A)—(adv)** to have a sense of, feeling for sth

- Она́ прекра́сно чу́вствовала стиль э́того писа́теля.
  She had an excellent sense of this author's style.

- Он то́нко чу́вствует му́зыку (/поэ́зию/жи́вопись).
  He has a refined feeling for music (/poetry/painting).

**чу́вствовать 4.** *imp* **(A)** to feel, know sth

- Я чу́вствую свою́ правоту́, но не могу́ её доказа́ть.
  I know I'm right (*lit.* my rightness), but I can't prove it.

- Мы всегда́ чу́встовали ва́ше превосхо́дство.
  We always felt your superiority.

**(A)—(в + P)** to sense sth in sb

- Мари́я чу́вствовала в нём дру́га (/сторо́нника/сопе́рника).
  Maria sensed in him a friend (/supporter/rival).

**чу́вствовать, что (как)** . . . to feel that, sense how . . .

- Мы чу́вствуем, что он зна́ет своё де́ло.
  We feel that he knows his profession (or business).

- Я чу́вствую, что мы бу́дем друзья́ми.
  I feel (that) we'll be friends.

- Он с нача́ла чу́вствовал, как сло́жатся их отноше́ния.
  From the beginning he sensed how their relationship would turn out.

*idiom* **чу́вствовать себя́ (adv)/(I adj)** . . . to feel (some way)

- Он сего́дня хорошо́ (/пло́хо) себя́ чу́вствует.
  He feels well (/bad) today.

- Я давно́ не чу́вствовал себя́ таки́м счастли́вым, как сего́дня.
  I haven't felt as happy as (I do) today in a long time.

**чу́вствоваться** *imp* (3rd person only) **(в + P)** to be felt in sth

- В приро́де уже́ чу́вствуется весна́.
  Spring can already be felt outdoors (*lit.* in nature).

**(в, на + P)** to be felt (or otherwise sensed) in some place

- На у́лице чу́вствуется пра́здничное настрое́ние.
  One can feel a festive mood (*lit.* a festive mood can be felt) on the street.

- В лесу́ не чу́вствовалась жара́.
  The heat could not be felt in the forest.

- В ку́хне чу́вствовался за́пах чеснока́.
  There was a smell of (*or* you could smell) garlic in the kitchen.

**чу́вствоваться, что** . . . to be felt that . . .

■ Чу́вствуется, что весна́ уже́ приближа́ется.
One can feel (*lit.* it is felt) that spring is already approaching.

■ Не чу́вствовалось, что мы на верши́не высо́кой горы́.
One didn't feel (*lit.* it was not felt) that we were on the summit of a high mountain.

**шепта́ть** *imp* /**шепну́ть** *pf* (**A**) to whisper sth

■ —Что ты там ше́пчешь? Не шепчи́, говори́ вслух. —Я не шепчу́, у меня́ тако́й го́лос.
"What are you whispering for? Don't whisper, speak up."—"I'm not whispering; this is my normal voice."

(**A**)—(**D**)—(**на + A**) to whisper sth in sb's ear

■ Он шепну́л ей на́ ухо каки́е-то слова́.
He whispered some words in her ear.

**шить** *imp* /**сшить** *pf* (**A**)—(**на + P**) to sew sth on/by sth

■ Я шью брю́ки на шве́йной маши́не.
I'm sewing the pants on the sewing machine.

■ Она́ говори́т, что сошьёт ю́бку на рука́х.
She says she'll sew the skirt by hand.

(**A**)—(**D**)/(**для + G**) to make (by sewing), sew sth for sb

■ Ни́на шьёт себе́ ю́бку из ше́рсти (/блу́зку из шёлка).
Nina is making (*or* sewing) herself a wool skirt (/a silk blouse).

■ Она́ сши́ла пла́тье сестре́ (для сестры́) из заграни́чной тка́ни.
She made a dress for her sister from imported fabric.

■ Я ши́ла мои́м де́тям пла́тья и да́же пальто́.
I sewed dresses and even coats for my children.

**шуме́ть** *imp* (**в, на + P**) to be noisy, make (a) noise in some place

■ Ра́зве я шумлю́ в кла́ссе (/на уро́ках/на трениро́вках)?
Am I really noisy in class (/in lessons/at training sessions)?

■ Кто там шуми́т во дворе́ (/на у́лице/в коридо́ре)?
Who is making a noise in the yard (/on the street/in the hallway)?

- Про́сим в библиоте́ке не шуме́ть.
  We request silence (*lit.* that no noise be made) in the library.

**шути́ть 1.** *imp* /**пошути́ть** *pf* (**с** + **I**) to joke (around) with sb
- Я ча́сто шучу́ с Мари́ей (/с детьми́/со все́ми).
  I often joke with Maria (/the children/everybody).
- Он лю́бит пошути́ть с друзья́ми.
  He likes to joke around with friends.

**шути́ть 2.** *imp* /**пошути́ть** *pf* (**над** + **I**) to make fun of sb
- Все шу́тят над Ма́рком (/надо мно́й/над её слова́ми).
  Everyone makes fun of Mark (/me/her words).
- Сего́дня она́ опя́ть пошути́ла над его́ педанти́чностью.
  Today she made fun of his pedantry again.

# Я

**явля́ться 1.** *imp* /**яви́ться** *pf* (**в, на** + **A**) to show up at some place
- Почему́ ты вчера́ не яви́лся в университе́т (/на репети́цию)?
  Why didn't you show up at the university (/rehearsal) yesterday?

  (**из, с** + **G**)—(**в** + **A**) to show up (against expectation) from some place at some time
- Он яви́лся из библиоте́ки (/с рабо́ты) в де́сять часо́в ве́чера.
  He showed up from the library (/from work) at ten o'clock in the evening.

  (**за** + **I**) to show up for (to pick up) sb/sth
- У́тром она́ яви́лась за детьми́ (/за свои́ми веща́ми).
  She showed up in the morning to pick up the children (/her belongings).

  (**к** + **D**)/(**на** + **A**)—(**в** + **P**) to show up, appear in front of sb/at sb's/in some place in sth
- Он яви́лся к дире́ктору (/к Петро́вым) в джи́нсах (/в футбо́лке).
  He showed up at the director's (/at the Petrovs') in jeans (/a T-shirt).
- Не явля́йся на прогу́лку в наря́дном туале́те.
  Don't show up for the walk in fancy clothes.

- Ничего́, е́сли я явлю́сь на официа́льный приём в коро́ткой ю́бке?
  Is it okay if I appear at an official reception in a miniskirt?
- Мне бы не пришло́ в го́лову яви́ться к нача́льнику в ке́дах.
  I wouldn't even think of appearing in front of the boss in sneakers.

      (в, на + A)—(с + I) to appear, show up at some place/sb's with sth/sb
- Мой сосе́д яви́лся на вечери́нку с цвета́ми (/с буты́лкой вина́).
  My neighbor appeared at the party with flowers (/a bottle of wine).
- Не ду́маю, что она́ я́вится на про́воды Ма́рка с му́жем.
  I don't think she'll show up at Mark's farewell party with her husband.
- Вы должны́ яви́ться в суд со свои́ми свиде́телями.
  You must appear in court with your witnesses.

      (к + D)/(в, на + A)—(без + G) to appear, show up at some place/sb's without
      sth/sb
- Вы опя́ть яви́лись на совеща́ние без чертеже́й.
  Once again you showed up at the meeting without the plans.
- Не ду́маю, что он я́вится в суд без своего́ адвока́та.
  I don't think he'll appear in court without his lawyer.
- Не сове́тую вам явля́ться к ней на день рожде́ния без цвето́в.
  I don't advise you to show up at her birthday party without flowers.

      яви́ться (inf) to show up to do sth
- Когда́ ты, наконе́ц, я́вишься забра́ть свои́ кни́ги и ве́щи?
  When will you finally show up to take away your books and belongings?

**явля́ться 2.** *imp* /**яви́ться** *pf (pf only)* **(I) to be, turn out to be sth**
- Ва́ши слова́ яви́лись причи́ной на́шей ссо́ры.
  Your words turned out to be the reason for our quarrel.
- Э́тот факт безусло́вно я́вится доказа́тельством её невино́вности.
  This fact will undoubtedly be the proof of her innocence.

      (для + G)—(I) to be sth to sb
- Мой прие́зд яви́лся для них по́лной неожи́данностью.
  My arrival was a complete surprise to them.

**явля́ться 3.** *imp* /**яви́ться** *pf (imp only)* **(I) to turn out, prove to be sth**
- Он явля́ется мне дру́гом (/отцо́м/ро́дственником).
  He turns out to be my friend (/father/relative).
- Э́то откры́тие явля́лось для того́ вре́мени револю́цией в нау́ке.
  This discovery proved to be a revolution in science at the time.

# Appendix

## The Infinitive

The infinitive is an unchanging verb form. It is the initial form of a verb and is given as the entry verb in a dictionary.

There are three infinitive endings in Russian:

1. **-ть** follows a vowel and forms the infinitive of most Russian verbs.
2. **-ти** follows a consonant and forms the infinitive of a considerably smaller group of verbs (e.g., расти́, "to grow"; идти́, "to go"; and вести́, "to lead").
3. **-чь** follows a vowel and forms the infinitive of a few verbs (e.g., помо́чь, "to help"; лечь, "to lie down"; and мочь, "to be able").

## The Aspect of the Verb

As mentioned above (see Organization, p. 00), every Russian verb can be characterized aspectually as an imperfective (*imp*) or perfective (*pf*) verb. Imperfective verbs describe a continuous or repeated action. Perfective verbs describe a completed, nonrepeated, or instantaneous action.

The imperfective aspect has two principal meanings: (1) to indicate an action as a process (e.g., жить, "to live," and течь, "to flow") or (2) to indicate a repeated action (e.g., пры́гать, "to be jumping"). The meaning of some imperfective verbs conveys repetition of an action (e.g., быва́ть, "to frequent" or "to be [frequently]").

The class of imperfective verbs includes two groups of unprefixed verbs of motion: verbs of definite motion and verbs of indefinite motion. Verbs of definite motion denote a movement performed once and in one definite direction (e.g., Я иду́ на по́чту, "I am going to the post office"—i.e., I am going now, not habitually). Verbs of indefinite motion denote movement in different directions and/or movement performed many times (e.g., Я хожу́ по па́рку, "I walk around the park" [in many directions], and Я хожу́ в шко́лу, "I go to school" [repeatedly; every day]).

The principal meanings of perfective verbs are as follows:

1. The completion of an action and/or its result (e.g., Он напи́шет письмо́, "He will write a letter," or Он око́нчил шко́лу, "He finished [i.e., graduated from] school").
2. An action performed once (e.g., Он пры́гнет в во́ду, "He will jump into the water").
3. The beginning of an action (e.g., Она́ запе́ла пе́сню, "She started singing a song").
4. A restrictive or limited action (e.g., Мы походи́ли по па́рку, "We walked around the park [for a while]").
5. An instantaneous action (e.g., кри́кнуть, "to give a cry").

Some verbs possess both perfective and imperfective meanings, depending on the context (e.g., испо́льзовать, "to use," and насле́довать, "to inherit").

Compare Он испо́льзует э́ти материа́лы, which can mean "He uses these materials" (present, *imp*) or "He will use these materials" (future, *pf*).

Two verbs of different aspects and of the same meaning form an aspectual pair. A number of Russian verbs form part of an aspectual pair. In this case, both imperfective and perfective verbs of the pair represent the entry verb (e.g., чита́ть *imp*/прочита́ть *pf*, "to read").

## Verb Forms of the Present and the Future

| де́лать ("to do") | | | сде́лать ("to do") | |
|---|---|---|---|---|
| *Imperfective verb* | | | *Perfective verb* | |
| Present tense | | Future (compound) tense | Future (simple) tense | |
| я | де́лаю | бу́ду де́лать | я | сде́лаю |
| ты | де́лаешь | бу́дешь де́лать | ты | сде́лаешь |
| он/она́ | де́лает | бу́дет де́лать | он/она | сде́лает |
| мы | де́лаем | бу́дем де́лать | мы | сде́лаем |
| вы | де́лаете | бу́дете де́лать | вы | сде́лаете |
| они́ | де́лают | бу́дут де́лать | они | сде́лают |

1. Only imperfective verbs have a present tense.
2. Both imperfective and perfective verbs have a future tense. The imperfective future is a compound form made up of the verb быть and the infinitive of the conjugated verb. The perfective future is a simple form (*cf.* я сде́лаю, etc.).
3. Both imperfective and perfective verbs in the present and/or future change in person (first, second, or third person) and in number (singular or plural); see the table above.

## First and Second Conjugations

According to the personal endings in the present (*imp*) or in the future (*pf*), all Russian verbs are divided into two large groups: **First conjugation verbs** and **Second conjugation verbs.**

| | First conjugation | | Second conjugation | | |
|---|---|---|---|---|---|
| | ждать | отдохну́ть | говори́ть | постро́ить | учи́ть |
| | "to wait" | "to have a rest" | "to speak" | "to build" | "to learn" |
| я | жду | отдохну́ | говорю́ | постро́ю | учу́ |
| ты | ждёшь | отдохнёшь | говори́шь | постро́ишь | у́чишь |
| он/она́ | ждёт | отдохнёт | говори́т | постро́ит | у́чит |
| мы | ждём | отдохнём | говори́м | постро́им | у́чим |
| вы | ждёте | отдохнёте | говори́те | постро́ите | у́чите |
| они́ | ждут | отдохну́т | говоря́т | постро́ят | у́чат |

1. Verbs with the endings -ю/-у, -ешь/-ёшь, -ет/-ёт, -ем/-ём, ете/-ёте, and ют/-ут (*cf.* делать *imp*/сделать *pf* [above] and ждать *imp,* отдохнуть *pf*) belong to the first conjugation. The endings -ю and -ют occur after vowels and -у and -ут after consonants. The endings -ешь, -ет, -ем, and -ете are never stressed, whereas -ёшь, -ёт, -ём, and -ёте are always stressed.

2. Verbs with the endings -ю/-у, -ишь, -ит, -им, -ите, and -ят/-ат belong to the second conjugation (*cf.* говорить *imp,* построить *pf,* and учить *imp*). The endings -ю, and -ят occur after vowels and soft consonants (*cf.* построят, говорят); the endings -у, -ат occur after the consonants ж, ч, ш, and щ (*cf.* учат).

3. Most Russian verbs belong to the first conjugation.

| стараться *imp*/постараться *pf*<br>"to try" | | учиться *imp*<br>"to study" | |
|---|---|---|---|
| я | стараюсь/постараюсь | я | учусь |
| ты | стараешься/постараешься | ты | учишься |
| он/она | старается/постарается | он/она | учится |
| мы | стараемся/постараемся | мы | учимся |
| вы | стараетесь/постараетесь | вы | учитесь |
| они | стараются/постараются | они | учатся |

1. So-called reflexive verbs, or verbs with the particle -ся/-сь (see table), have the same type of conjugation as the analogous nonreflexive verb (*cf.* учить) or would have if there were such a verb (*стараать, *cf.* стирать "to wash clothes": стираю, стираешь, etc.).
   *Note:* The same is true of two verbs that differ only by their prefix. They have the same type of conjugation and, as a rule, the same accent pattern (*cf.* делать and сделать).

2. The particle has the form -ся after a consonant and the form -сь after a vowel.
   *Note:* This rule applies only to finite verb forms. The forms of participle verbal adverbs have some peculiarities that are not described in this appendix.

3. The reflexive verb may have both aspectual characteristics (*cf.* стараться *imp*/постараться *pf* ).

## Basic Verb Forms

Russian verb forms are derived from two basic forms: (1) the stem of the infinitive and (2) the stem of the present (for imperfective verbs) or the simple future (for perfective verbs).

A number of verb forms are derived directly from the infinitive stem. Generally the stem of the infinitive is obtained by dropping its ending: рабóта-ть, "to work"; говори-ть, "to talk"; and учи-ть-ся, "to study" (see exceptions below).

The stem of the present (simple future) is obtained by dropping the ending of the first-person singular -ю/-у: рабóта-ю, отдохн-у, говор-ю, and уч-у-сь.

*Note:* Some verb forms are derived from the third-person singular or third-person plural stems of the present or simple future (see the formation of the imperative below).

The stem of the infinitive and that of the present (simple future) may coincide (*cf.* чита́-ть and чита́-ю\*), or they may have differences. The most frequent phenomenon creating differences between the two stems is *alternation of consonants*. This phenomenon affects a large number of Russian verbs, and it would be very difficult to progress in Russian without learning the rules of consonant alternations. A table of possible consonant alternations follows.

The top line below shows the consonants in a verb infinitive that alternate. The bottom line illustrates the alternative consonant(s) within the forms of the present (simple future) of the same verb. Examples: люби́-ть, "to love"—любл-ю́, and ходи́-ть, "to walk"—хож-у́.

| в | п | б | ф | м | з | с | д | т | ст | г | к | х | ск |
|---|---|---|---|---|---|---|---|---|----|---|---|---|----|
| вл | пл | бл | фл | мл | ж | ш | ж | ч/щ | щ | ж | ч | ш | щ |

(For more about alternations in verbs see "Types of Conjugation," p. 000)

# Stress Patterns in Present (Future) Tense Forms

Russian stress patterns in general, and those in verb forms in particular, are a complicated issue with many rules and even more exceptions. A few basic rules are given here, and the reader is referred to "Types of Conjugation" for details.

If the stress is on the *stem* in the infinitive, in the forms of the present (future) the stress is not changed and is on the root. Examples: стро́ить—стро́ю, стро́ит, стро́ят, ог ко́нчить—ко́нчу, ко́нчит, ко́нчат.

If the stress is on the *ending* in the infinitive, there are two possibilities:

1. In all forms of the present (future), the stress is on the ending: *cf.* говори́ть—говорю́, говори́т, and говоря́т.
2. In the first-person singular, the stress is on the ending, whereas *in all other forms* the stress is on the root: *cf.* писа́ть—пишу́, пи́шет, and пи́шут.

Accordingly, there are three stress patterns in the forms of the present (future):

    a. The stress is fixed on the root.
    b. The stress is fixed on the ending.
    c. The stress is removed. In the first-person singular the ending is stressed; in all other forms the stress is on the root.

As a rule, a verb with a prefix has the same stress pattern as the corresponding nonprefixed verb: *cf.* дава́ть—даю́ . . . and продава́ть—продаю́. The prefix вы́- in perfective verbs is regularly stressed. As a result, the present (future) forms of verbs with вы́- have their own stress pattern (e.g., учи́ть—учу́, у́чит, and у́чат [pattern c] and вы́учить—вы́учу, вы́учит, and вы́учат [pattern a].

\* Many students will have been taught that there are *two* stems here: чита́- (from the infinitive) and чита́й- (from the present). Both approaches are valid.

# Formation of Past Tense Forms

---

**рабо́тать** ("to work")

---

### singular

| | | | |
|---|---|---|---|
| я рабо́та-л | | я рабо́та-ла | |
| ты рабо́та-л | (masculine) | ты рабо́та-ла | (feminine) |
| оте́ц рабо́та-л | | она́ рабо́та-ла | |
| заво́д рабо́та-л | | це́рковь рабо́та-ла | |

оно́ (ра́дио) рабо́тало (for an object of neuter gender)

### plural

мы рабо́та-ли
вы рабо́та-ли         (for several persons/things)
они́ рабо́та-ли
ра́дио (pl) рабо́та-ли

---

1. Both imperfective and perfective verbs have past tense forms. Compare Он писа́л (*imp*) письмо́, "He was writing a letter," and Он написа́л (*pf*) письмо́, "He wrote a letter."
2. In the past tense, verbs change in gender (feminine, masculine, and neuter) and in number (singular and plural) (see the table above).
3. Past tense forms generally are derived from the stem of the infinitive by adding to it the endings -л (masculine), -ла (feminine), and -ло (neuter) in the singular and -ли in the plural.

   Most Russian verbs (i.e., all verbs with the infinitive in -ть and infinitive stems ending in a vowel) form the past tense according to this pattern. Other formations of past tense forms may be considered irregular (for irregular past tense forms, see "Types of Conjugation").

# Formation of the Imperative

The imperative possesses second-person singular and second-person plural forms. Imperative forms are derived from the present (future) stem of the third-person plural by adding to it one of three endings: -й, -и, or -ь.

1. If the stem of the present (future) ends in a vowel, the ending -й is added (e.g., чита́-ю—чита́й, боле́-ю—боле́й, ог бо-ю́сь—бо́йся).
2. If the stem of the present (future) ends in a single consonant and the ending of the first-person singular is stressed, -и (stressed) is added (e.g., писа́ть, "to write": я пишу́—пиши́; крича́ть, "to yell": кричу́—кричи́. If the stem of the present (future) ends in a single consonant and the ending of the first-person singular is unstressed, -ь is added (e.g., быть, "to be": бу́ду—будь, встать, "to get up": вста́ну—встань).

3. If the stem of the present (future) ends in two consonants and the ending of the first-person singular is stressed, -й (stressed) is added (e.g., нача́ть, "to start": я начну́—начни́. If the stem of the present (future) ends in two consonants and the ending of the first-person singular is unstressed, -и (unstressed) is added (e.g., привы́кнуть "to get used to": привы́кну—привы́кни).

*Note:* Perfective verbs with the prefix вы- have the same ending in the imperative as the corresponding nonprefixed verb. Compare писа́ть—пиши́ and вы́писать—вы́пиши; дать—дай and вы́дать—вы́дай; and ре́зать—режь and вы́резать—вы́режь.

All the examples given above demonstrate the form of the second-person singular. The second-person plural = the second-person singular + те: пиши́-те, вста́нь-те, etc.

## Types of Conjugation

**Type 1.** The infinitive ends in -ать, -ять, -еть; the present (future) ends in -аю, -ает; -яю, -яет; -ею, -еет.

This is a productive verb class. It includes both imperfective and perfective verbs of the first conjugation. Verbs of this class have one basic stem in all forms. The formation of the past tense is regular. All present (future) forms have stress pattern (a).

*Examples of Type 1 Conjugation*

| Infinitive | Present/Simple Future | | | | Imperative |
|---|---|---|---|---|---|
| | 1 sing | 2 sing | 3 sing | 3 pl | |
| чита́ть | чита́ю | чита́ешь | чита́ет | чита́ют | чита́й |
| де́лать | де́лаю | де́лаешь | де́лает | де́лают | де́лай |
| гуля́ть | гуля́ю | гуля́ешь | гуля́ет | гуля́ют | гуля́й |
| теря́ть | теря́ю | теря́ешь | теря́ет | теря́ют | теря́й |
| боле́ть | боле́ю | боле́ешь | боле́ет | боле́ют | боле́й |
| уме́ть | уме́ю | уме́ешь | уме́ет | уме́ют | уме́й |

**Type 2.** The infinitive ends in -овать, -евать; the present (future) ends in -ую, -ует; -юю, -юет.

This is a productive verb class. It includes both imperfective and perfective verbs of the first conjugation. Verbs of this class have two basic stems because in the present (future) they substitute the infinitive suffixes -ова/-ева by -у/-ю: рисова́-ть—рису́-ю, танцева́-ть—танцу́-ю. The stress patterns in the present (future) forms are (a) and (b). Some verbs with the stressed ending in the infinitive demonstrate in the present (future) forms that go against the general rule (see above) of stress pattern (a): compare рисова́ть—рису́ю, рису́ет, and рису́ют. The formation of the past tense is regular.

Although verb forms of this type are predictable, their use in the present (future) may present difficulties. For this reason, a list of the most common verbs of this type included in this book is given below. All the verbs on the list, except жева́ть—жую́ . . . , demonstrate stress pattern (a).

### Examples of Type 2 Conjugation

| Infinitive | Present/Simple Future | | | Stress | Imperative |
|---|---|---|---|---|---|
| | 1 sing | 3 sing | 3 pl | | |
| бесе́довать | бесе́дую | бесе́дует | бесе́дуют | (a) | бесе́дуй |
| волнова́ться | волну́юсь | волну́ется | волну́ются | (a) | волну́йся |
| голосова́ть | голосу́ю | голосу́ет | голосу́ют | (a) | голосу́й |
| жева́ть | жую́ | жуёт | жую́т | (b) | жуй |
| жа́ловаться | жа́луюсь | жа́луется | жа́луются | (a) | жа́луйся |
| интересова́ть | интересу́ю | интересу́ет | интересу́ются | (a) | интересу́йся |
| испо́льзовать | испо́льзую | испо́льзует | испо́льзуют | (a) | испо́льзуй |
| иссле́довать | иссле́дую | иссле́дует | иссле́дуют | (a) | иссле́дуй |
| копи́ровать | копи́рую | копи́рует | копи́руют | (a) | копи́руй |
| любова́ться | любу́юсь | любу́ется | любу́ются | (a) | любу́йся |
| ночева́ть | ночу́ю | ночу́ет | ночу́ют | (a) | ночу́й |
| про́бовать | про́бую | про́бует | про́буют | (a) | про́буй |
| ра́доваться | ра́дуюсь | ра́дуется | ра́дуются | (a) | ра́дуйся |
| рисова́ть | рису́ю | рису́ет | рису́ют | (a) | рису́й |
| сове́товать | сове́тую | сове́тует | сове́туют | (a) | сове́туй |
| соревнова́ться | соревну́юсь | соревну́ется | соревну́ются | (a) | соревну́йся |
| существова́ть | существу́ю | существу́ет | существу́ют | (a) | существу́й |
| танцева́ть | танцу́ю | танцу́ет | танцу́ют | (a) | танцу́й |
| тре́бовать | тре́бую | тре́бует | тре́буют | (a) | тре́буй |
| торгова́ть | торгу́ю | торгу́ет | торгу́ют | (a) | торгу́й |
| целова́ть | целу́ю | целу́ет | целу́ют | (a) | целу́й |
| чу́вствовать | чу́вствую | чу́вствует | чу́вствуют | (a) | чу́вствуй |

**Type 3.** The infinitive ends in **-нуть**; the future ends in **-ну; -нет/-нёт**.

This is a productive verb class. It includes only perfective verbs of the first conjugation. The stem of the future is formed from the stem of the infinitive by dropping the final **-у**: верну́-ть—верн-у́. The stress patterns in the future forms are (a), (b), or (c). The formation of the past tense is regular.

This class includes some verbs describing instantaneous action (e.g., кри́кнуть, "to give a cry").

### Examples of Type 3 Conjugation

| Infinitive | Simple Future | | | Past | Stress | Imperative |
|---|---|---|---|---|---|---|
| | 1 sing | 3 sing | 3 pl | | | |
| верну́ть | верну́ | вернёт | верну́т | верну́л, верну́ла | (b) | верни́ |
| кри́кнуть | кри́кну | кри́кнет | кри́кнут | кри́кнул, кри́кнула | (a) | кри́кни |
| махну́ть | махну́ | махнёт | махну́т | махну́л, махну́ла | (b) | махни́ |
| обману́ть | обману́ | обма́нет | обма́нут | обману́л, обману́ла | (c) | обмани́ |
| сту́кнуть | сту́кну | сту́кнет | сту́кнут | сту́кнул, сту́кнула | (a) | сту́кни |
| просну́ться | просну́сь | проснётся | просну́тся | просну́лся, просну́лась | (b) | просни́сь |

**Type 4.** The infinitive ends in **-нуть**; the present (future) ends in **-ну; -нет/-нёт**.

This is a nonproductive verb class. It includes imperfective and perfective verbs of the first conjugation. The correlation of the two basic stems is the same as in type 3 (see above): привы́кну-ть—привы́кн-у. The only stress pattern in all forms of the present (future) is (a).

In the past tense, the suffix **-ну-** is lost: привы́кнуть, "to get used to" —привы́к (masc), привы́кла (fem), and привы́кли (pl). If **-ну-** is not preceded by a consonant, **-л** is added in the masculine form as well: compare вя́нуть, "to wither"—вял.

### Examples of Type 4 Conjugation

| Infinitive | Present/Simple Future | | | Past | Stress | Imperative |
|---|---|---|---|---|---|---|
| | 1 sing | 3 sing | 3 pl | | | |
| вя́нуть | вя́ну | вя́нет | вя́нут | вял, вя́ла | (a) | вянь |
| дости́гнуть | дости́гну | дости́гнет | дости́гнут | дости́г, дости́гла | (a) | дости́гни |
| исче́знуть | исче́зну | исче́знет | исче́знут | исче́з, исче́зла | (a) | исче́зни |
| мёрзнуть | мёрзну | мёрзнет | мёрзнут | мёрз, мёрзла | (a) | мёрзни |
| мо́кнуть | мо́кну | мо́кнет | мо́кнут | мок, мо́кла | (a) | мо́кни |
| па́хнуть | па́хну | па́хнет | па́хнут | пах, па́хла | (a) | па́хни |

### Examples of Type 4 Conjugation (continued)

| Infinitive | Present/Simple Future | | | Past | Stress | Imperative |
|---|---|---|---|---|---|---|
| | 1 sing | 3 sing | 3 pl | | | |
| привы́кнуть | привы́кну | привы́кнет | привы́кнут | привы́к, привы́кла | (a) | привы́кни |
| пога́снуть | пога́сну | пога́снет | пога́снут | пога́с, пога́сла | (a) | пога́сни |
| поги́бнуть | поги́бну | поги́бнет | поги́бнут | поги́б, поги́бла | (a) | поги́бни |

**Type 5.** The infinitive ends in **-ить**; the present (future) ends in **-ю (-у); -ит**.

This is a productive verb class. It includes imperfective and perfective verbs of the second conjugation. The stem of the present (future) is formed from the stem of the infinitive by dropping the final **-и**: стро́и-ть, "to build"—стро́-ю, спеши́-ть, and "to hurry"—спеш-у́. The stress patterns in the forms of the present (future) are (a), (b), and (c). The formation of the past tense is regular.

Verbs of this class may have an alternation (interchange) of consonants in the first-person singular of the present or simple future (see examples below).

*Note:* The general rule is that in the first conjugation, consonant alternations affect all the verb forms of the present (future), whereas in the second conjugation only the form of the first-person singular of the present (future) is affected.

### Examples of Type 5 Conjugation
#### A. Verbs without Consonant Alternations

| Infinitive | Present/Simple Future | | | | Stress | Imperative |
|---|---|---|---|---|---|---|
| | 1 sing | 2 sing | 3 sing | 3 pl | | |
| говори́ть | говорю́ | говори́шь | говори́т | говоря́т | (b) | говори́ |
| ко́нчить | ко́нчу | ко́нчишь | ко́нчит | ко́нчат | (a) | ко́нчи |
| кури́ть | курю́ | ку́ришь | ку́рит | ку́рят | (c) | кури́ |
| стро́ить | стро́ю | стро́ишь | стро́ит | стро́ят | (a) | строй |
| спеши́ть | спешу́ | спеши́шь | спеши́т | спеша́т | (b) | спеши́ |

#### B. Verbs with Consonant Alternations
a. Alternation **б—бл, в—вл, м—мл, п—пл**

| Infinitive | Present/Simple Future | | | | Stress | Imperative |
|---|---|---|---|---|---|---|
| | 1 sing | 2 sing | 3 sing | 3 pl | | |
| лови́ть | ловлю́ | ло́вишь | ло́вит | ло́вят | (c) | лови́ |
| купи́ть | куплю́ | ку́пишь | ку́пит | ку́пят | (c) | купи́ |
| люби́ть | люблю́ | лю́бишь | лю́бит | лю́бят | (c) | люби́ |
| корми́ть | кормлю́ | ко́рмишь | ко́рмит | ко́рмят | (c) | корми́ |

In the same manner, other verbs of this class with the infinitive stem ending in **-б, -в, -п,** or **-м** add **-л** to this stem in the first-person singular.

b. Alternation з—ж, д—ж, с—ш, т—ч, т—щ, ст—щ

| Infinitive | Present/Simple Future | | | | Stress | Imperative |
|---|---|---|---|---|---|---|
| | 1 sing | 2 sing | 3 sing | 3 pl | | |
| **з—ж** | | | | | | |
| возить | вожу́ | во́зишь | во́зит | во́зят | (c) | вози́ |
| вы́разить | вы́ражу | вы́разишь | вы́разит | вы́разят | (a) | вы́рази |
| изобрази́ть | изображу́ | изобрази́шь | изобрази́т | изобразя́т | (b) | изобрази́ |
| тормози́ть | торможу́ | тормози́шь | тормози́т | тормозя́т | (b) | тормози́ |
| **д—ж** | | | | | | |
| буди́ть | бужу́ | бу́дишь | бу́дит | бу́дят | (c) | буди́ |
| выходи́ть | выхожу́ | выхо́дишь | выхо́дит | выхо́дят | (c) | выходи́ |
| гла́дить | гла́жу | гла́дишь | гла́дит | гла́дят | (a) | гладь |
| е́здить | е́зжу | е́здишь | е́здит | е́здят | (a) | е́зди |
| **с—ш** | | | | | | |
| бро́сить | бро́шу | бро́сишь | бро́сит | бро́сят | (a) | брось |
| кра́сить | кра́шу | кра́сишь | кра́сит | кра́сят | (a) | крась |
| носи́ть | ношу́ | но́сишь | но́сит | но́сят | (c) | носи́ |
| проси́ть | прошу́ | про́сишь | про́сит | про́сят | (c) | проси́ |
| **т—ч** | | | | | | |
| встре́тить | встре́чу | встре́тишь | встре́тит | встре́тят | (a) | встре́ть |
| кипяти́ть | кипячу́ | кипяти́шь | кипяти́т | кипятя́т | (b) | кипяти́ |
| плати́ть | плачу́ | пла́тишь | пла́тит | пла́тят | (c) | плати́ |
| отве́тить | отве́чу | отве́тишь | отве́тит | отве́тят | (a) | отве́ть |
| **т—щ** | | | | | | |
| запрети́ть | запрещу́ | запрети́шь | запрети́т | запретя́т | (b) | запрети́ |
| защити́ть | защищу́ | защити́шь | защити́т | защитя́т | (b) | защити́ |
| освети́ть | освещу́ | освети́шь | освети́т | осветя́т | (b) | освети́ |
| посети́ть | посещу́ | посети́шь | посети́т | посетя́т | (b) | посети́ |
| **ст—щ** | | | | | | |
| пусти́ть | пущу́ | пу́стишь | пу́стит | пу́стят | (c) | пусти́ |
| чи́стить | чи́щу | чи́стишь | чи́стит | чи́стят | (a) | чи́сти |

*Note:* The **-щ-** forms above are borrowed from the old liturgical language, Old Church Slavonic.

Other verbs of this class with the infinitive stem ending in -з, -д, -с, -т, and -ст (*cf.* examples to the corresponding entry verbs) have the same consonant alternations.

**Type 6.** The infinitive ends in -ать, -ять, -еть; the present (perfective) ends in -ю (-у); -ит.

This is a nonproductive verb class. It includes imperfective and perfective verbs of the second conjugation. The terminal -ать in the infinitive follows consonants ж, ш, ч and corresponds in the present (future) to the ending -у, -ат: слы́шать, "to hear"—слы́ш-у, слы́ш-ат; an exception is спать, "to sleep." The terminal -еть in the infinitive follows other consonants, and -ять follows a vowel; in both cases the ending in the present (future) is -ю, -ят: смотре́ть "to look"— смотр-ю́, смо́тр-ят; стоя́ть, "to be standing"—сто-ю́, сто-я́т. The stress patterns in the forms of the present (future) are (a), (b), or (c).

The formation of the past tense in this group of verbs is regular. An exception occurs in the feminine singular form of a monosyllabic verb such as спать, "to sleep," where the stress is on the ending: спала́.

*Examples of Type 6 Conjugation*
*Verbs without Alternation in the Root*

| Infinitive | Present/Simple Future | | | | Stress | Imperative |
|---|---|---|---|---|---|---|
| | 1 sing | 2 sing | 3 sing | 3 pl | | |
| боя́ться | бою́сь | бои́шься | бои́тся | боя́тся | (b) | бо́йся |
| горе́ть | горю́ | гори́шь | гори́т | горя́т | (b) | гори́ |
| держа́ть | держу́ | де́ржишь | де́ржит | де́ржат | (c) | держи́ |
| дыша́ть | дышу́ | ды́шишь | ды́шит | ды́шат | (c) | дыши́ |
| крича́ть | кричу́ | кричи́шь | кричи́т | крича́т | (b) | кричи́ |
| лежа́ть | лежу́ | лежи́шь | лежи́т | лежа́т | (b) | лежи́ |
| молча́ть | молчу́ | молчи́шь | молчи́т | молча́т | (b) | молчи́ |
| смотре́ть | смотрю́ | смо́тришь | смо́трит | смо́трят | (c) | смотри́ |
| стоя́ть | стою́ | стои́шь | стои́т | стоя́т | (b) | стой |

Some verbs of this group in -еть have an alternation (interchange) of consonants in the first-person singular of the present or simple future (*cf.* the table of consonant alternations above). The only verb in -ать with this kind of alternation is спать.

*Examples of Type 6 Conjugation*
*Verbs with Consonant Alternations*

| Infinitive | Present/Simple Future | | | | Stress | Imperative |
|---|---|---|---|---|---|---|
| | 1 sing | 2 sing | 3 sing | 3 pl | | |
| блесте́ть | блещу́ | блести́шь | блести́т | блестя́т | (b) | блести́ |
| ви́деть | ви́жу | ви́дишь | ви́дит | ви́дят | (a) | not used |
| висе́ть | вишу́ | виси́шь | виси́т | вися́т | (b) | виси́ |
| зави́сеть | зави́шу | зави́сишь | зави́сит | зави́сят | (a) | зави́сь |

### Examples of Type 6 Conjugation
### Verbs with Consonant Alternations (continued)

| Infinitive | Present/Simple Future | | | | Stress | Imperative |
|---|---|---|---|---|---|---|
| | 1 sing | 2 sing | 3 sing | 3 pl | | |
| лете́ть | лечу́ | лети́шь | лети́т | летя́т | (b) | лети́ |
| спать | сплю | спишь | спит | спят | (b) | спи |
| терпе́ть | терплю́ | те́рпишь | те́рпит | те́рпят | (c) | терпи́ |
| шуме́ть | шумлю́ | шуми́шь | шуми́т | шумя́т | (b) | шуми́ |

**Type 7.** The infinitive ends in **-ать, -ять**; the present (future) ends in **-ю (-у); -ет, ёт.**

This is a nonproductive verb class. It includes imperfective and perfective verbs of the first conjugation. To form the stem of the present (future), the final **а/я** in the infinitive stem must be dropped: рва—ть, "to tear"—рв-у; смея-ть-ся, "to laugh"—сме—ю-сь . . . Their stress patterns in the present (future) forms are (a), (b), or (c).

Most verbs in **-ать** alternate consonants of the infinitive stem in all forms of the present or simple future (see examples below). The verb посл-а́ть, "to send," has an individual alternation pattern, changing **сл** into **шл:** пошлю́, пошлёшь, пошлёт . . .

In a few verbs of this group, the formation of the present (future) stem involves introducing an additional vowel into the infinitive stem: бра-ть, "to take"—бер-у́, берёшь, etc. (for other examples, see below).

The formation of the past tense is regular. An exception occurs in the feminine singular forms of monosyllabic verbs (not counting prefixes), where the stress is on the ending: compare рвать, "to tear off"—рвала́, and прерва́ть, "to interrupt"—прервала́ (for other examples, see below).

### Examples of Type 7 Conjugation
### Verbs without Alternations

| Infinitive | Present/Simple Future | | | | Stress | Past | Imperative |
|---|---|---|---|---|---|---|---|
| | 1 sing | 2 sing | 3 sing | 3 pl | | fem. sing | |
| врать | вру | врёшь | врёт | врут | (b) | врала́ | ври |
| ждать | жду | ждёшь | ждёт | ждут | (b) | ждала́ | жди |
| рвать | рву | рвёшь | рвёт | рвут | (b) | рвала́ | рви |
| се́ять | се́ю | се́ешь | се́ет | се́ют | (a) | | сей |
| смея́ться | смею́сь | смеёшься | смеётся | смею́тся | (b) | | сме́йся |
| наде́яться | наде́юсь | наде́ешься | наде́ется | наде́ются | (a) | | наде́йся |

## Examples of Type 7 Conjugation
### Verbs with Consonant Alternations

Patterns: з—ж, с—ш, х—ш, к—ч, т—ч, т—щ, ск—щ, б—бл

| Infinitive | Present/Simple Future | | | | Stress | Imperative |
|---|---|---|---|---|---|---|
| | 1 sing | 2 sing | 3 sing | 3 pl | | |

**з—ж**

| | | | | | | |
|---|---|---|---|---|---|---|
| ма́зать | ма́жу | ма́жешь | ма́жет | ма́жут | (a) | мажь |
| ре́зать | ре́жу | ре́жешь | ре́жет | ре́жут | (a) | режь |
| связа́ть | свяжу́ | свя́жешь | свя́жет | свя́жут | (c) | свяжи́ |
| сказа́ть | скажу́ | ска́жешь | ска́жет | ска́жут | (c) | скажи́ |
| показа́ть | покажу́ | пока́жешь | пока́жет | пока́жут | (c) | покажи́ |

**с, х—ш**

| | | | | | | |
|---|---|---|---|---|---|---|
| писа́ть | пишу́ | пи́шешь | пи́шет | пи́шут | (c) | пиши́ |
| маха́ть | машу́ | ма́шешь | ма́шет | ма́шут | (c) | маши́ |

**к, т—ч**

| | | | | | | |
|---|---|---|---|---|---|---|
| пла́кать | пла́чу | пла́чешь | пла́чет | пла́чут | (a) | плачь |
| пря́тать | пря́чу | пря́чешь | пря́чет | пря́чут | (a) | прячь |
| шепта́ть | шепчу́ | ше́пчешь | ше́пчет | ше́пчут | (c) | шепчи́ |

**ск—щ**

| | | | | | | |
|---|---|---|---|---|---|---|
| иска́ть | ищу́ | и́щешь | и́щет | и́щут | (c) | ищи́ |

**б—бл**

| | | | | | | |
|---|---|---|---|---|---|---|
| колеба́ться | колéблюсь | колéблешься | колéблется | колéблются | (a) | колéблись |

*Note:* колеба́ться has an irregular idiosyncratic stress on the ending of the infinitive.

### Verbs with the Introduction of a Vowel into the Root

| Infinitive | Present/Simple Future | | | | Stress | Past | Imperative |
|---|---|---|---|---|---|---|---|
| | 1 sing | 2 sing | 3 sing | 3 pl | | fem. sing | |
| брать | беру́ | берёшь | берёт | беру́т | (b) | брала́ | бери́ |
| дра́ться | деру́сь | дерёшься | дерётся | деру́тся | (b) | драла́сь | дери́сь |
| звать | зову́ | зовёшь | зовёт | зову́т | (b) | звала́ | зови́ |
| подобра́ть | подберу́ | подберёшь | подберёт | подберу́т | (b) | подобрала́ | подбери́ |
| разобра́ть | разберу́ | разберёшь | разберёт | разберу́т | (b) | разобрала́ | разбери́ |

*Note:* Remember that verbs that differ only by prefix or by **-ся** have the same conjugation type (e.g., the verbs сказа́ть, показа́ть, рассказа́ть, каза́ться, etc., or the verbs брать, набра́ть, убра́ть, etc.). Note especially that in the future forms of the verbs подобра́ть and разобра́ть, the connective o between root and prefix in the infinitive is dropped.

**Type 8.** The infinitive in -сти (-сть), -зти; the present ends in consonant +у; +ет. This is a nonproductive verb group. It includes imperfective and perfective verbs of the first conjugation. In verbs with -з (the ending -зти in the infinitive) the two stems do not differ: вез-ти́, "to transport"—вез-у́. The verbs with the infinitive stem ending in -с may have the present (future) stem ending in -с,-д,-т: нес-ти́, "to carry"—нес-у́; вес-ти́, "to lead"—вед-у́; and цвес-ти́, "to bloom"—цвет-у́. In the verb предпоче́-сть, "to prefer," the future form is предпочт-у́, etc. (see below). The predominant stress pattern in the forms of the present (future) is (b); there are some instances of stress pattern (a) (see the forms of сесть in the table below).

The forms of the past tense are irregular. They are formed from the present (future) stem, with the final -д, -т replaced by -л and, in the masculine singular form, with -е turning into -ё. In all forms the ending is stressed (e.g., вести́: вед-у́—вёл, вела́; цвести́: цвет-у́—цвёл, цвела́; нести: нес-у́—нёс, несли́). An exception occurs in all past forms of the verb расти́, "to grow." Singular рос, росла́, росло́, and plural росли́ (with the individual change of the radical a into o).

---

*Examples of Type 8 Conjugation*
*Verbs Included in This Book*
*(not included on this list are prefixed verbs formed from the verbs marked \*)*

| Infinitive | Present/Simple Future | | | Past | Imperative | Stress |
|---|---|---|---|---|---|---|
| | 1 sing | 3 sing | 3 pl | | | |
| везти́* | везу́ | везёт | везу́т | вёз, везла́ | вези́ | (b) |
| вести́* | веду́ | ведёт | веду́т | вёл, вела́ | веди́ | (b) |
| изобрести́ | изобрету́ | изобретёт | изобрету́т | изобрёл, изобрела́ | изобрети́ | (b) |
| класть | кладу́ | кладёт | кладу́т | клал, кла́ла | клади́ | (b) |
| красть | краду́ | крадёт | краду́т | крал, кра́ла | кради́ | (b) |
| мести́ | мету́ | метёт | мету́т | мёл, мела́ | мети́ | (b) |
| нести́* | несу́ | несёт | несу́т | нёс, несла́ | неси́ | (b) |
| попа́сть | попаду́ | попадёт | попаду́т | попа́л, попа́ла | попади́ | (b) |
| предпоче́сть | предпочту́ | предпочтёт | предпочту́т | предпочёл, предпочла́ | предпочти́ | (b) |
| произвести́ | произведу́ | произведёт | произведу́т | произвёл, произвела́ | произведи́ | (b) |
| пропа́сть | пропаду́ | пропадёт | пропаду́т | пропа́л, пропа́ла | пропади́ | (b) |

## Examples of Type 8 Conjugation
### Verbs Included in This Book (continued)

| Infinitive | Present/Simple Future | | | Past | Imperative | Stress |
|---|---|---|---|---|---|---|
| | 1 sing | 3 sing | 3 pl | | | |
| совпа́сть | совпаду́ | совпадёт | совпаду́т | совпа́л, совпа́ла | совпади́ | (b) |
| спасти́ | спасу́ | спасёт | спасу́т | спас спасла́ | спаси́ | (b) |
| цвести́ | цвету́ | цветёт | цвету́т | цвёл, цвела́ | цвести́ | (b) |
| сесть | ся́ду | ся́дет | ся́дут | сел, се́ла | сядь | (a) |

*Note:* сел is formed regularly from the infinitive.
*Note:* As the table shows, the verb сесть has an irregular conjugation pattern.

**Type 9.** The infinitive ends in **-чь**; the present (future) ends in -гу, -жет; -ку, -чет.

This is a nonproductive verb group. It includes imperfective and perfective verbs of the first conjugation. In the present (future), г/к is added in the first singular and third plural, and ж/ч is added in the other forms. The verbs лечь, жечь, and обже́чь (see the table) have some additional irregularity. The predominant stress pattern in the present (future) forms is (b). The forms of лечь, "to lie down," and of the perfective verbs with the prefix вы- have pattern (a); the forms of мочь and its prefixed derivatives have pattern (c).

The past tense is irregular (see the table). In the feminine singular forms, the ending is stressed. Exceptions occur in the verb стричь, "to cut (hair)"—стриг, стри́гла, and in perfective verbs with the prefix вы-: вы́стричь, "to cut off (hair)"—вы́стригла; вы́жечь, "to burn out"—вы́жгла.

## Examples of Type 9 Conjugation
### Verbs Included in This Book

| Infinitive | Present/Simple Future | | | | Past | Imperative | Stress |
|---|---|---|---|---|---|---|---|
| | 1 sing | 2 sing | 3 sing | 3 pl | | | |
| бере́чь | берегу́ | бережёшь | бережёт | берегу́т | берёг, берегла́ | береги́ | (b) |
| жечь | жгу | жжёшь | жжёт | жгут | жёг, жгла | жги | (b) |
| лечь | ля́гу | ля́жешь | ля́жет | ля́гут | лёг, легла́ | ляг | (a) |
| мочь | могу́ | мо́жешь | мо́жет | мо́гут | мог, могла́ | моги́ | (c) |

### Examples of Type 9 Conjugation
### Verbs Included in This Book (continued)

| Infinitive | Present/Simple Future | | | | Past | Imper. | Stress |
|---|---|---|---|---|---|---|---|
| | 1 sing | 2 sing | 3 sing | 3 pl | | | |
| навле́чь | навлеку́ | навлечёшь | навлечёт | навлеку́т | навлёк, навлекла́ | навлеки́ | (b) |
| обже́чь | обожгу́ | обожжёшь | обожжёт | обожгу́т | обжёг, обожгла́ | обожги́ | (b) |
| печь | пеку́ | печёшь | печёт | пеку́т | пёк, пекла́ | пеки́ | (b) |
| помо́чь | помогу́ | помо́жешь | помо́жет | помо́гут | помо́г, помогла́ | помоги́ | (c) |
| развле́чь | развлеку́ | развлечёшь | развлечёт | развлеку́т | развлёк, развлекла́ | развлеки́ | (b) |
| стричь | стригу́ | стрижёшь | стрижёт | стригу́т | стриг, стри́гла | стриги́ | (b) |
| увле́чь | увлеку́ | увлечёшь | увлечёт | увлеку́т | увлёк, увлекла́ | увлеки́ | (b) |
| вы́печь* | вы́пеку | вы́печешь | вы́печет | вы́пекут | вы́пек, вы́пекла | вы́пеки | (a) |

*This verb is not included in the book but is introduced here to illustrate a different stress pattern.

*Note:* The verb **пренебре́чь** is conjugated like **бере́чь**.

**Type 10.** The infinitive ends in **-ить**; the present (future) ends in **-ью, -ьёт**.

This is a nonproductive verb group. It includes imperfective and perfective verbs of the first conjugation. The **-и-** of the infinitive changes in the present (future) into **-ь-**. The verb брить, "to shave," changes the **-и-** of the infinitive into **-e-** and has in the present the endings **-ю, -ет** (unstressed). The predominant stress pattern in the forms of the present (future) is (b); there are some instances of pattern (a).

The past tense is regular in the feminine singular forms of some monosyllabic verbs, and the ending is stressed (see the list below).

### Examples of Type 10 Conjugation
### Verbs Included in This Book

| Infinitive | Present/Simple Future | | | | Imperative | Past | Stress |
|---|---|---|---|---|---|---|---|
| | 1 sing | 2 sing | 3 sing | 3 pl | | | |
| бить | бью | бьёшь | бьёт | бьют | бей | | (b) |
| лить | лью | льёшь | льёт | льют | лей | лила́ | (b) |
| пить | пью | пьёшь | пьёт | пьют | пей | пила́ | (b) |
| шить | шью | шьёшь | шьёт | шьют | шей | | (b) |

| разви́ть | разовью́ | разовьёшь | разовьёт | разовью́т | разве́й | развила́ | (b) |
| бри́ться | бре́юсь | бре́ешься | бре́ется | бре́ются | бре́йся | | (a) |

*Note.* Verbs formed from these verbs using prefixes have the same conjugation pattern. Also note especially the connecting **o** that appears between prefix and root in the future forms of the verb **разви́ть**.

**Type 11.**  The infinitive ends in **-авать**; the present ends in **-аю, -ает**.

This is a nonproductive verb group. It includes only imperfective verbs of the first conjugation. The stem of the present is formed from the infinitive stem by dropping its final **-ва**. Most verbs of this group are either derivatives of the verb **дава́ть** or are formed from the root **ста-**. The stress pattern in the forms of the present is (b). The past tense is regular.

*Examples of Type 11 Conjugation*
*Verbs Included in This Book*

| Infinitive | Present | | | | Imperative | Past | Stress |
| | 1 sing | 2 sing | 3 sing | 3 pl | | | |
| дава́ть | даю́ | даёшь | даёт | даю́т | дава́й | | (b) |
| встава́ть | встаю́ | встаёшь | встаёт | встаю́т | встава́й | | (b) |
| узнава́ть | узнаю́ | узнаёшь | узнаёт | узнаю́т | узнава́й | | (b) |

Other verbs of this group included in this book are достава́ть, задава́ть, застава́ть, издава́ть, отдава́ть, отстава́ть, передава́ть, перестава́ть, подава́ть, предава́ть, преподава́ть, признава́ть, продава́ть, расстава́ться, сдава́ть, создава́ть, удава́ться, устава́ть.

**Type 12.**  The infinitive ends in **-ыть**; the present (future) ends in **-ою, -оет**.

This is a small, nonproductive verb group. It includes imperfective and perfective verbs of the first conjugation. The **ы** of the infinitive changes in the present (future) into **o**. The stress pattern in the forms of the present (future) is (a). The past tense is regular.

*Examples of Type 12 Conjugation*
*Verbs Included in This Book*

| Infinitive | Present/Simple Future | | | | Imperative | Past | Stress |
| | 1 sing | 2 sing | 3 sing | 3 pl | | | |
| крыть | кро́ю | кро́ешь | кро́ет | кро́ют | крой | | (a) |
| мыть | мо́ю | мо́ешь | мо́ет | мо́ют | мой | | (a) |

The verbs закры́ть(ся), накры́ть, откры́ть, раскры́ть, скры́ть, покры́ть(ся), вы́мыть(ся), помы́ть(ся), умы́ть(ся) have the same conjugation pattern.

**Type 13.** The infinitive ends in **-ать, -ять**; the present (future) ends in **-ну,-му** (**-йму, -иму**); **-нет,-мет** (**-ймет, -имет**).

This is a nonproductive group of verbs of the first conjugation. The verbs мять, "to crumple," and жать, "to squeeze," are imperfective; other verbs in this group are perfective. The stem of the present is formed from the infinitive stem: (1) verbs not ending in **нять** change the -а-, -я- to -м-, -н- (e.g., <u>нача</u>-ть, "to begin"— <u>начн</u>-у́; <u>жа</u>-ть, "to squeeze"—<u>жм</u>-у); and (2) verbs ending in **нять** change the -ня- to -ним- (e.g., <u>обня</u>-ть, "to hug"—<u>обним</u>-у́) or into -йм- (e.g., <u>заня</u>-ть, "to borrow"—<u>займ</u>-у́). The verb взять, "to take," has irregular future forms (see the table). The stress patterns in the present (future) forms are (b) and (c).

The past tense is regular. The verbs взять and нача́ть and verbs in **-нять** have a stressed ending in the feminine singular form: взяла́, начала́ (see also the list below).

### Examples of Type 13 Conjugation
### Verbs Included in This Book

| Infinitive | Present/Simple Future | | | | Imperative | Past | Stress |
|---|---|---|---|---|---|---|---|
| | 1 sing | 2 sing | 3 sing | 3 pl | | fem sing | |
| взять | возьму́ | возьмёшь | возьмёт | возьму́т | возьми́ | взяла́ | (b) |
| жать | жму | жмёшь | жмёт | жмут | жми | жа́ла | (b) |
| мять | мну | мнёшь | мнёт | мнут | мни | мя́ла | (b) |
| нача́ть | начну́ | начнёшь | начнёт | начну́т | начни́ | начала́ | (b) |
| заня́ть | займу́ | займёшь | займёт | займу́т | займи́ | заняла́ | (b) |
| наня́ть | найму́ | наймёшь | наймёт | найму́т | найми́ | наняла́ | (b) |
| поня́ть | пойму́ | поймёшь | поймёт | пойму́т | пойми́ | поняла́ | (b) |
| обня́ть | обниму́ | обни́мешь | обни́мут | обни́мут | обними́ | обняла́ | (c) |
| подня́ть | подниму́ | подни́мешь | подни́мет | подни́мут | подними́ | подняла́ | (c) |
| приня́ть | приму́ | при́мешь | при́мет | при́мут | прими́ | приняла́ | (c) |
| снять | сниму́ | сни́мешь | сни́мет | сни́мут | сними́ | сняла́ | (c) |

### Examples of Conjugation
### with Individual Irregularities

| Infinitive | Present/Simple Future | | | | Past | Imperative | Stress |
|---|---|---|---|---|---|---|---|
| | 1 sing | 2 sing | 3 sing | 3 pl | | | |
| быть (*imp*) | – | – | есть | – | был, была́ | будь | |
| забы́ть (*pf*) | забу́ду | забу́дешь | забу́дет | забу́дут | забы́л, забы́ла | забу́дь | (a) |
| идти́ (*imp*) | иду́ | идёшь | идёт | иду́т | шёл, шла | иди́ | (b) |

### Examples of Conjugation
### with Individual Irregularities (continued)

| Infinitive | Present/Simple Future | | | | Past | Imperative | Stress |
|---|---|---|---|---|---|---|---|
| | 1 sing | 2 sing | 3 sing | 3 pl | | | |
| пойти́ (pf) | пойду́ | пойдёшь | пойдёт | пойду́т | пошёл, пошла́ | пойди́ | (b) |
| жить | живу́ | живёшь | живёт | живу́т | жил, жила́ | живи́ | (b) |
| плыть | плыву́ | плывёшь | плывёт | плыву́т | плыл, плыла́ | плыви́ | (b) |
| стать | ста́ну | ста́нешь | ста́нет | ста́нут | стал, ста́ла | стань | (a) |
| встать | вста́ну | вста́нешь | вста́нет | вста́нут | встал, вста́ла | встань | (a) |
| запере́ть | запру́ | запрёшь | запрёт | запру́т | за́пер, заперла́ | запри́ | (b) |
| вы́тереть | вы́тру | вы́трешь | вы́трет | вы́трут | вы́тер, вы́терла | вы́три | (a) |
| оде́ть | оде́ну | оде́нешь | оде́нет | оде́нут | оде́л, оде́ла | оде́нь | (a) |
| разде́ть | разде́ну | разде́нешь | разде́нет | разде́нут | разде́л, разде́ла | разде́нь | (a) |

| Infinitive | Present/Simple Future | | | | | | Imper. | Stress |
|---|---|---|---|---|---|---|---|---|
| | 1 sing | 2 sing | 3 sing | 1 pl | 2 pl | 3 pl | | |
| бежа́ть | бегу́ | бежи́шь | бежи́т | бежи́м | бежи́те | бегу́т | беги́ | (b) |
| хоте́ть | хочу́ | хо́чешь | хо́чет | хоти́м | хоти́те | хотя́т | хоти́ | (c) |
| есть | ем | ешь | ест | еди́м | еди́те | едя́т | ешь | (b) |
| е́хать | е́ду | е́дешь | е́дет | е́дем | е́дете | е́дут | — | (a) |
| петь | пою́ | поёшь | поёт | поём | поёте | пою́т | пой | (b) |
| дать | дам | дашь | даст | дади́м | дади́те | даду́т | дай | (b) |
| созда́ть | созда́м | созда́шь | созда́ст | создади́м | создади́те | создаду́т | созда́й | (b) |
| вы́дать | вы́дам | вы́дашь | вы́даст | вы́даим | вы́дадите | вы́дадут | вы́дай | (a) |
| хоте́ть | хочу́ | хо́чешь | хо́чет | хоти́м | хоти́те | хотя́т | хоти́ | (c) |

*Note:* Note that the verbs бежа́ть, хоте́ть, дать, созда́ть, and вы́дать have features of both the first and the second conjugations.

| Prepositions | | | |
|---|---|---|---|
| Included are the prepositions used in this dictionary. | | | |
| **Prepositions Used with the Accusative** | | | |
| Case | Meaning | Preposition | Translation |
| **Accusative** | Spatial meaning Designate direction of motion | **в, на** | to sth/some place |
| | | **под** | under sth |
| | | **за** | behind sth |
| | | **че́рез** | across sth |
| | Temporal meaning | **в** | at some time *or* on some day |
| | | **че́рез** | in some time (*i.e.*, later) |
| | | **за** | (finish sth) in some time |
| | | **на** | for some time (plan, intention) |
| | Designates a collision with an object, usually a destructive one. | **о** | against sth |

## Examples

**Spatial meaning**: Prepositions are used with intransitive or transitive verbs of motion.

(**в, на** + **A**) to some place

> Мы идём **в** музе́й (/**на** вокза́л).
>> We are going to a museum (/to the train station).
> Я несу́ кни́ги **в** библиоте́ку (/**на** по́чту).
>> I am carrying books to the library (/to the post office).
> Положи́ кни́гу **на** стол.
>> Put the book on the table.
> Я поста́влю посу́ду **в** шкаф.
>> I'll put the china in the cupboard.

(**под, за** + **A**) under or behind sth

> Маши́на е́дет **под** мост.
>> The car is going under the bridge.

Отнеси́ му́сор **за** дом.

Take the garbage out behind the house.

Он поста́вил чемода́н **под** шкаф (/**за** дверь).

He put the suitcase under the cupboard (/behind the door).

**(че́рез + A)** across sth

Я переведу́ вас **че́рез** доро́гу.

I'll lead you across the road.

Перейди́ **че́рез** мост.

Cross the bridge.

**(о + A)** against

Обо что́ ты разорва́л пальто́?

How (*lit.* against what) did you tear your coat?

**Temporal meaning:** Prepositions are used in expressions of time.

**(в, че́рез, за, на + A)** at, in, or for some time

Я прие́ду к вам **в** пять часо́в/**в** понеде́льник.

I'll come to your place at five o'clock (/on Monday).

Он позвони́т **че́рез** полчаса́.

He will call in half an hour.

Она́ зако́нчила рабо́ту **за** два дня

She finished the work in two days.

Мы пое́дем в Росси́ю **на** три ме́сяца.

We are going to Russia for three months.

Мо́жно мне взять ва́шу кни́гу **на** не́сколько дней?

May I take your book for a few days?

| Prepositions Used with the Genitive | | | |
|---|---|---|---|
| Case | Meaning | Preposition | Translation |
| **Genitive** | Spatial (I): designate location | **о́коло** | near sb/sth |
| | | **напро́тив** | in front of sb/sth |
| | | **позади́** | behind sb/sth |
| | | **среди́** | among some people *or* some things |
| | | **у** | at sb's *or* by/ near sth |
| | Spatial (II): designate starting (final) point of motion or place of motion | **из, с** | from some place |
| | | **от** | from sb's *or* away from sth |
| | | **из-за** | from behind sth |
| | | **вдоль** | along sth |
| | | **ми́мо** | by/past sth |
| | | **вокру́г** | around sb/sth |
| | | **до** | up to sth/some place |
| | Causal | **от** | from sth |
| | | **из** | out of sth |
| | | **из-за** | because of sth (adversive) |
| | Temporal | **до** | 1. before sth |
| | | | 2. up to (a time) |
| | | **по́сле** | after sth |
| | Other | **для** | for sb/sth |
| | | **без** | without sb/sth |

## Examples

**Spatial meaning I.** Prepositions designating location

**(у + G)** at sb's/by sth

Я был (/встре́тил его́) у друзе́й.

I was (/met him) at my friends' place.

Стол стои́т у окна́.

The table is (standing) by the window.

Он посади́л меня́ у две́ри.

He seated me by the door.

**(о́коло + G)** near sth

Марк рабо́тает о́коло до́ма.

Mark works near the house.

Пове́сь э́ту фотогра́фию о́коло мое́й крова́ти.

Hang this picture by my bed.

**(напро́тив, поза́ди + G)** in front of or behind sth

Ты поста́вил маши́ну напро́тив до́ма или позади́ до́ма?

Did you park the car in front of or behind the house?

**(среди́ + G)** among some people/things

Мы нашли́ письмо́ среди́ бума́г.

We found the letter among some papers.

Я иска́ла бра́та среди́ пассажи́ров.

I was looking for my brother among the passengers.

## Spatial meaning II.

1. Starting point of motion

**(из, с + G)** (down) from/out of sth

Он пришёл из шко́лы (/с конфере́нции).

He came from school (/the conference).

Я вы́йду из до́ма (/со двора́).

I'll walk out of the house (/yard).

Мы спуска́емся с кры́ши.

We are coming down from the roof.

Ты вы́нешь буты́лку из холоди́льника?

Will you take the bottle out of the refrigerator?

Я сниму́ кни́гу с по́лки.

I'll take the book from the shelf.

**(из-за + G)** from behind sth

Марк вы́шел из-за ши́рмы.

Mark came out from behind the screen.

**(от + G)** from sb's/away from sth

Мы пришли́ от бра́та.

We came from my brother's.

Отодви́нь телеви́зор от окна́.

Move the TV away from the window.

2. Final point of motion

(до + G) up to/as far as sth

Он дошёл до до́ма.

   He reached the house.

Я донесу́ чемода́н до две́ри.

   I'll bring the suitcase to the door.

Авто́бус идёт до музе́я.

   The bus goes as far as the museum.

3. Place of motion

(вдоль, ми́мо + G) along sth or by/past sth

Он идёт вдоль у́лицы (/кана́ла).

   He is walking along the street (/canal).

Я пойду́ ми́мо шко́лы.

   I'll go by (past) the school.

**Causal meaning:** Designate cause of sth or result of sth

(от + G) from sth

Она́ красне́ет от засте́нчивости.

   She blushes from shyness.

У́лицы мо́крые от дождя́

   The streets are wet from (as a result of) rain.

(из + G) out of sth

Я сде́лал э́то из уваже́ния к нему́

   I did this out of respect to him.

(из-за + G) because of sth (adversive)

Рейс был отменён из-за плохо́й пого́ды.

   The flight was canceled because of bad weather.

**Temporal meaning**

(до/по́сле + G) before/after sth

Я принима́ю лека́рство до (/по́сле) еды́.

   I take medicine before (/after) meals.

**Other meanings of prepositions used with the genitive**

(для + G) for sb/sth

Он написа́л э́то для меня́.

   He wrote this for me.

(без + G) without sb/sth

Мы бы́ли там без Ве́ры.

   We were there without Vera.

Я переведу́ текст без словаря́.

   I'll translate the text without a dictionary.

## Prepositions Used with the Dative

| Case | Meaning | Preposition | Translation |
|------|---------|-------------|-------------|
| **Dative** | Spatial: designate direction of motion or place of motion | **к** | to/toward sb/sth |
| | | **по** | along/around sth |
| | Designate manner of action | **по** | to/towards sb/sth |

## Examples

### Spatial meaning

1. Direction of motion

(к + D) to sb or to/toward sth

Он идёт к дру́гу (/к бе́регу).

He's going to his friend (/to the shore).

Мы подви́нем стол к окну́.

We'll move the table toward the window.

2. Place of motion

(по + D) along/around some place or to some places

Мы гуля́ем по бе́регу.

We walk along the beach.

Она́ идёт по у́лице.

She is walking along the street.

Он ча́сто ходи́л по магази́нам.

He often went to the shops.

**Manner:** Designate manner in which action is conducted.

(по + D) according to or by sth

Мы рабо́таем по пла́ну.

We're working according to the plan.

Я пошлю́ де́ньги по по́чте.

I'll send the money by mail.

Он узна́л её по го́лосу.

He recognized her by her voice.

## Prepositions Used with the Instrumental

| Case | Meaning | Preposition | Translation |
|------|---------|-------------|-------------|
| **Instrumental** | Joint action | **с** | with sb |
| | Spatial: designate location | **за** | behind sb/sth |
| | | **пе́ред** | in front of sb/sth |
| | | **под** | under sth |
| | | **над** | above sth |
| | | **ме́жду** | between sth and sth between some people |
| | Manner of action | **с** | with sth |
| | Goal of motion | **за** | for sb/sth |

**Examples**

**Joint action**

(с + I) with sb

Я рабо́таю с бра́том.
I work with my brother.
Он познако́мился с Ма́рком.
He got acquainted with Mark.
Она́ пришла́ с му́жем.
She came with her husband.

**Spatial meaning:** designate location

(за + I) behind sth

Кто стои́т за што́рой?
Who is standing behind the curtain?
Положи́ зонт за две́рью.
Put the umbrella behind the door.

(под + I) under sth

Почему́ твои́ кни́ги лежа́т под столо́м?
Why are your books (lying) under the table?
Я нашла́ твою́ игру́шку под дива́ном.
I found your toy under the couch.

(над + I) above sth

Ла́мпа виси́т над столо́м.

The lamp is hanging above the table.

Пове́сь э́ту карти́ну над мое́й крова́тью.

Hang this picture above my bed.

(ме́жду + I) between sth and sth/some people:

Я живу́ ме́жду библиоте́кой и музе́ем.

I live between the library and the museum.

Ме́жду ни́ми быва́ли спо́ры.

There were disagreements between them.

## Manner of action

(с + I) with sth (abstract)

Я чита́л э́ту кни́гу с удово́льствием.

I read this book with pleasure.

Она́ сказа́ла э́то с го́речью.

She said this with bitterness.

## Goal of motion

(за + I) for (to pick up, bring, etc.) sb/sth

Я е́ду за лека́рством (/за до́ктором).

I am going for medicine (/for the doctor).

Она́ посла́ла сы́на за биле́тами.

She sent her son for (to buy) the tickets.

## Prepositions Used with the Prepositional

| Case | Meaning | Preposition | Translation |
|---|---|---|---|
| **Prepositional** | Spatial: designate location or place of action | **в, на** | in/on/at sth |
| | Object of action | **о** | about sb/sth |
| | Designate conditions or circumstances of action | **при** | with/in sth |

**Examples**

**Spatial meaning.** Designate location or place of action
(в, на + P) in/on/at sth

Я бу́ду ве́чером в теа́тре (/на конце́рте).
In the evening I'll be at the theater (/at the concert).
Он рабо́тает в го́роде (/на э́той у́лице).
He works in the city (/on this street).
Карти́на виси́т в столо́вой (/на стене́).
The picture is hanging in the dining room (/on the wall).
Она́ нашла́ кни́гу в шкафу́ (/на по́лке).
She found the book in the cupboard (/on the shelf).

**Designating the object of an action**
(о + P) about sb/sth

Мы говори́м о его́ кни́ге.
We are speaking about his book.
Я ду́маю о мои́х друзья́х.
I'm thinking about my friends.

**Designating conditions or circumstances of an action**
(при + P) by/in sth

Мы лю́бим обе́дать при свеча́х.
We like to eat (dine) by candlelight.
Не говори́ э́того при мне.
Don't say that in my presence.

*Note:* The same preposition can be used with the same noun in both the prepositional case (location) and the accusative case (direction of motion). Compare Я был в библиоте́ке—я иду́ в библиоте́ку.

# Glossary

**abandon** оставля́ть/оста́вить
  **abandon** *or* **leave** уходи́ть/уйти́
  **abandon** *or* **neglect** забра́сывать/
    забро́сить
**abuse** издева́ться
**accept** принима́ть/приня́ть
**accompany** провожа́ть/проводи́ть
*(be)* **accounted** объясня́ться/
  объясни́ться
**accumulate** нака́пливать/
  накопи́ть; собира́ть/собра́ть
**accuse** обвиня́ть/обвини́ть;
  упрека́ть/упрекну́ть
*(get)* **accustomed** привыка́ть/
  привы́кнуть
**ache** боле́ть
**acknowledge** признава́ть/призна́ть
*(get)* **acquainted** знако́миться/
  познако́миться
**acquire** получа́ть/получи́ть
**act, play,** *or* **perform** игра́ть
**add** *(to/in)* прибавля́ть/
  приба́вить; добавля́ть/
  доба́вить; включа́ть/
  включи́ть
  **add** *(into)* долива́ть/доли́ть
**address** обраща́ться/обрати́ться
**adhere** держа́ться
**adjourn** откла́дывать/отложи́ть
**admire** восхища́ться
  *(one cannot stop)* **admiring**
  (не) налюбова́ться
**admit** признава́ть/призна́ть;
  признава́ться/призна́ться
  **admit** *(to)* принима́ть/
    приня́ть; зачисля́ть/зачи́слить
  **admit that . . .** признава́ться/
    призна́ться (в том), что . . .
  *(be)* **admitted** *(to a hospital)*
    ложи́ться/лечь
**adore** обожа́ть
*(follow or take sb's)* **advice**
  слу́шаться/послу́шаться

*(give)* **advice** сове́товать/
  посове́товать
*(seek)* **advice (from)** сове́товаться/
  посове́товаться
**advise** сове́товать/посове́товать
**affect** отража́ться/отрази́ться
*(be)* **afraid** боя́ться; опаса́ться
**agree** соглаша́ться/согласи́ться
  **agree** догова́риваться/
    договори́ться
  **agree that . . .** договори́ться,
    что . . .
    согласи́ться (на то), что́бы . . .
  **agree** *(to)* пойти́ (на)
  **agree** *(to do sth)* соглаша́ться/
    согласи́ться (с тем), что . . .
  **agree** *(with)* договори́ться
**alarm** волнова́ть
**alight** сади́ться/сесть
**allow** разреша́ть/разреши́ть;
  позволя́ть/позво́лить
**allow** *(in)* пуска́ть/пусти́ть
**analyze** разбира́ть/разобра́ть
*(be/get)* **angry** серди́ться/
  рассерди́ться
**announce that . . .** передава́ть,
  что . . .
**annoy** раздража́ть
  *(be)* **annoying** надоеда́ть/
    надое́сть
**answer** отвеча́ть/отве́тить
**aspire** стреми́ться
**apologize** извиня́ться/извини́ться
**appear** появля́ться/появи́ться;
  выступа́ть/вы́ступить;
  идти́
  **appear** *or* **show up**
    пока́зываться/показа́ться;
    явля́ться/яви́ться
  **appear** *(for a moment)* мелька́ть/
    мелькну́ть
  **appear** *(before)* выступа́ть/
    вы́ступить

*(start)* **appearing**   пойти;
появля́ться/появи́ться
**applaud**   аплоди́ровать
**apply** *(on)*   ста́вить/поста́вить
**appoint**   назнача́ть/назна́чить
*(manage to get an)* **appointment**
попада́ть/попа́сть
**appreciate**   цени́ть
**approach**   приближа́ться/
прибли́зиться; подходи́ть/
подойти́
**approach** *or* **drive up**
подъезжа́ть/подъе́хать
**approve**   одобря́ть/одо́брить;
принима́ть/приня́ть
**argue**   спо́рить
**arm**   вооружа́ть/вооружи́ть
**arouse**   буди́ть/пробуди́ть;
возбужда́ть/возбуди́ть
**arrange**   устра́ивать/устро́ить;
запи́сывать/записа́ть (на)
**arrest**   аресто́вывать/арестова́ть
**arrive**   приходи́ть/прийти́;
приезжа́ть/прие́хать
**arrive by air**   прилета́ть/
прилете́ть
*(be)* **ashamed of**   красне́ть
**ask** *(for)*   проси́ть/попроси́ть;
тре́бовать/потре́бовать
**ask (a question)**   задава́ть/
зада́ть (вопрос)
**ask**   спра́шивать/спроси́ть
**aspire**   стреми́ться
**assemble**   собира́ться/собра́ться
**assign**   задава́ть/зада́ть
**attack**   наступа́ть; напада́ть/
напа́сть; набра́сываться/
набро́ситься
**attain**   достига́ть/дости́гнуть/
дости́чь
**attempt**   пыта́ться/попыта́ться
**attend**   посеща́ть; ходи́ть
*(pay)* **attention**   прислу́шиваться/
прислу́шаться
*(be)* **attracted** *(to)*   тяну́ть

**avoid**   бере́чься
**avoid** *(doing sth)*   избе́гать/
избежа́ть
**await**   ждать; дожида́ться/
дожда́ться
**back up**   подде́рживать/
поддержа́ть
**ban** *(from)*   снима́ть/снять
**bang** *(on)*   стуча́ть/постуча́ть;
ударя́ться/уда́риться
**bark**   ла́ять
**base** *or* **build** *(on)*   стро́ить/
постро́ить
**bathe**   купа́ть; купа́ться
**be**   быть (есть); находи́ться; расти́;
встреча́ться
**be** *(to)*   явля́ться/яви́ться
**be** *(sth)*   явля́ться/яви́ться;
быва́ть
**be sore**   боле́ть
**be** *(standing, lying)*   стоя́ть; лежа́ть
**be** *or* **go** *(often)*   быва́ть
**be** *(visit)*   побыва́ть
**be a good judge**   разбира́ться/
разобра́ться
**be** *(not)*   (не) быть; нет
**be able** *(to do)*   уме́ть
**be** *(present)*   прису́тствовать
**be about** *(to do)*   собира́ться/
собра́ться
**be in company of**   враща́ться
**be often** *(in some place)*   быва́ть
**be** *or* **get** *(friendly)*   води́ть
**be** *or* **stay**   сиде́ть
**be there**   встреча́ться/
встре́титься; происходи́ть/
произойти́
**be** *(kind of voice)*   петь
**be without**   сиде́ть (без)
**be with**   находи́ться
**bear**   терпе́ть/потерпе́ть
**beat**   бить; побежда́ть/победи́ть
**beat** *(on)*   стуча́ть/постуча́ть;
ударя́ть/уда́рить; ударя́ться/
уда́риться

**beat** *(in)*  обы́грывать/обыгра́ть
**beat against**  ударя́ться/
  уда́риться
**become**  станови́ться/стать
  **become** *(sth)*  приходи́ть/прийти́
  *(be)* **becoming**  подходи́ть/
  подойти́
**begin**  начина́ть/нача́ть;
  начина́ться/нача́ться
**believe**  ве́рить
  **believe** *(in)*  пове́рить
**belong**  принадлежа́ть
**bend**  гнуть/согну́ть
  **bend** *(down)*  нагиба́ть/нагну́ть
  **bend over** *(to)*  наклоня́ться/
  наклони́ться
**betray**  предава́ть/преда́ть;
  изменя́ть/измени́ть
  **betray** *or* **disappoint**
  обма́нывать/обману́ть
**bind**  свя́зывать/связа́ть
**blame**  вини́ть; осужда́ть/осуди́ть
  **blame** *or* **accuse**  обвиня́ть/
  обвини́ть; упрека́ть/упрекну́ть
  **blame** *or* **criticize**  критикова́ть
**bloom**  цвести́
**blossom**  цвести́
**blow**  дуть
  **blow up**  взрыва́ть/взорва́ть
**blush**  красне́ть/покрасне́ть
**board** *(in/into)*  сади́ться/сесть
  *(go on)* **board**  пла́вать
**boast**  хва́статься
  *(go)* **boating**  ката́ться
**boil**  кипе́ть; кипяти́ть
**book up**  зака́зывать/заказа́ть
*(be)* **bored**  скуча́ть
*(be)* **born**  рожда́ться/роди́ться
**borrow**  ода́лживать/одолжи́ть;
  занима́ть/заня́ть
  **borrow** *or* **take**  брать/взять
**bother**  беспоко́ить
  **bother** *(with)*  надоеда́ть/надое́сть
**bow**  кла́няться
**brag**  хва́статься

**brake**  тормози́ть
**break**  лома́ть/слома́ть;
  разбива́ть/разби́ть
  **break** *or* **ruin**  по́ртить/испо́ртить
  **break** *or* **get broken**  испо́ртиться
  **break** *or* **violate**  наруша́ть/
  нару́шить
  **break off**  рвать; разрыва́ть/
  разорва́ть; порыва́ть/порва́ть
  **break** *(on)*  разбива́ться/разби́ться
  **break down**  разбира́ть/разобра́ть
  **break into**  лезть
  **break up**  порыва́ть/порва́ть
**breakfast**  за́втракать
**breathe**  дыша́ть
  **breathe in**  вдыха́ть/вдохну́ть
  *(not)* **breathe in enough**
  (не) надыша́ться
**breed**  разводи́ть/развести́
**brew**  завари́ть
**bring** *(to)*  приводи́ть/привести́;
  привози́ть/привезти́
  **bring out**  выпуска́ть
  **bring** *or* **carry** *(to)*  приноси́ть/
  принести́
  **bring into**  вноси́ть/внести́;
  вводи́ть/ввести́
  **bring** *or* **put** *(in)*  вводи́ть/ввести́
  **bring** *or* **walk** *(up to)*  подводи́ть/
  подвести́
  **bring** *or* **carry** *(up to)*  подноси́ть/
  поднести́
  **bring** *or* **drive** *(up to)*  довози́ть/
  довезти́; подвози́ть/подвезти́
  **bring together**  соединя́ть/
  соедини́ть
  **bring back**  верну́ть
  **bring nearer**  приближа́ть/
  прибли́зить
  **bring up**  воспи́тывать/
  воспита́ть; поднима́ть/подня́ть
**broadcast** *(over)*  передава́ть/
  переда́ть
*(get)* **broken**  испо́ртиться;
  разбива́ться/разби́ться

*(be)* **brought up**   расти́;
воспи́тываться/воспита́ться;
поднима́ться/подня́ться
**brush**   чи́стить
**build**   стро́ить/постро́ить
**burn**   жечь/сжечь
  **burn** *or* **sting** *(with)*   обжига́ть/
  обже́чь
*(be)* **busy with**   вози́ться
  *(keep)* **busy with**   занима́ть/
  заня́ть; занима́ться/заня́ться
**button**   застёгивать/застегну́ть
**buy**   покупа́ть/купи́ть
  **buy** *(a large quantity of)*   накупа́ть/
  накупи́ть
**call**   называ́ть/назва́ть; звони́ть/
позвони́ть; вызыва́ть/вы́звать
  **call on**   посеща́ть/посети́ть
  **call** *or* **shout**   крича́ть/кри́кнуть
  *(be)* **called** *or* **labeled**   называ́ться
**calm**   успока́ивать/успоко́ить
  **calm down**   успока́иваться/
  успоко́иться
**captivate**   увлека́ть/увле́чь
  **captivate** *or* **interest**
  заинтересова́ть
*(take)* **care of**   следи́ть; уха́живать
  **care for** *or* **look after**   наблюда́ть
  *(be)* **cared for** *(by)*   лечи́ться
**carry**   носи́ть; нести́
  **carry** *(from)*   выноси́ть/вы́нести
  **carry** *(over)*   переноси́ть/
  перенести́
  **carry** *(over to)*   относи́ть/отнести́
  **carry** *(up to)*   донести́
  **carry away** *(down)*   увлека́ть/
  увле́чь
  **carry out**   производи́ть/
  произвести́; проводи́ть/
  провести́; выноси́ть/вы́нести
**catch**   лови́ть/пойма́ть
  **catch up** *(to)*   догоня́ть/догна́ть
  **catch** *or* **get hold**   застава́ть/
  заста́ть
  **catch an illness**   зарази́ться

**celebrate**   пра́здновать/
отпра́здновать
**change**   меня́ть/поменя́ть;
изменя́ть/измени́ть;
изменя́ться/измени́ться
  **change** *or* **turn** *(into)*
  превраща́ться/преврати́ться
  **change** *(topic, etc.)*   переводи́ть
**characterize**   характеризова́ть
**charge** *(for)*   брать/взять
**chase**   пресле́довать
**cheat**   обма́нывать/обману́ть
**check**   проверя́ть/прове́рить
**cherish**   бере́чь
**chew**   жева́ть
**choose**   отбира́ть/отобра́ть;
избира́ть/избра́ть; подбира́ть/
подобра́ть
  **choose** *(find)*   выбира́ть/вы́брать
  **choose** *(to do)*   предпочита́ть/
  предпоче́сть
**chop**   коло́ть
**cite**   приводи́ть/привести́
**clean**   чи́стить
  **clean** *(out of)*   очища́ть/очи́стить;
  освобожда́ть/освободи́ть
**clear** *(off)*   очища́ть/очи́стить
  **clear of** *(take away)*   убира́ть/
  убра́ть
**climb**   лезть; влеза́ть/влезть;
залеза́ть/зале́зть
  **climb up**   взбира́ться/взобра́ться
**close**   закрыва́ть/закры́ть;
закрыва́ться/закры́ться
**coincide**   совпада́ть/совпа́сть
*(get)* **cold**   замерза́ть/замёрзнуть
**collect**   собира́ть/собра́ть;
набира́ть/набра́ть
**comb**   причёсываться/
причеса́ться
**combine**   соединя́ть/соедини́ть
**come**   приходи́ть/прийти́;
приезжа́ть/прие́хать;
приближа́ться/прибли́зиться
  **come along**   проходи́ть/пройти́

come (by air)   прилета́ть/
прилете́ть
come   явля́ться/яви́ться
come or occur   рожда́ться/
роди́ться
come (into)   входи́ть/войти́
come (up to)   подходи́ть/подойти́;
доходи́ть/дойти́
come (in numbers)   наезжа́ть/
нае́хать
come back   верну́ться;
возвраща́ться/возврати́ться
come close (to)   приближа́ться/
прибли́зиться
come down   спуска́ться/
спусти́ться
come off   отрыва́ться/оторва́ться
come true   опра́вдываться/
оправда́ться
come running   прибега́ть/
прибежа́ть
come out   выходи́ть/вы́йти;
получа́ться/получи́ться
come out of   идти́
commend   хвали́ть/похвали́ть
communicate (over sth)   передава́ть
(по + ра́дио, etc.)
(be in) company of   враща́ться
compare   сра́внивать/сравни́ть
compete (with)   соревнова́ться
complain   жа́ловаться/
пожа́ловаться
complete   выполня́ть/вы́полнить;
составля́ть/соста́вить
complicate   осложня́ть/осложни́ть
compose or write   писа́ть/написа́ть
comprehend   понима́ть/поня́ть
(be) concerned about   забо́титься;
волнова́ться
conclude (with)   конча́ть/ко́нчить
condemn   осужда́ть/осуди́ть
conduct   проводи́ть/провести́
confess   признава́ться/призна́ться
confide (in)   доверя́ться/
дове́риться

confirm   одобря́ть/одо́брить;
подтвержда́ть/подтверди́ть
(be/get) confused   смуща́ться/
смути́ться
congratulate   поздравля́ть/
поздра́вить
connect   свя́зывать/связа́ть
(be) connoisseur (of)   понима́ть
consent (to)   соглаша́ться/
согласи́ться
conserve   бере́чь
consider   счита́ть
    (take into) consideration
        счита́ться
    (take into) consideration or
    pay attention   прислу́шиваться/
        прислу́шаться
    (be) considered   счита́ться
consist (in/of)   состоя́ть
construct   стро́ить/постро́ить
consult   сове́товаться/
посове́товаться
contain   содержа́ть
continue   продолжа́ть/продо́лжить;
продолжа́ться/продо́лжиться
control   управля́ть
converse   разгова́ривать;
объясня́ться/объясни́ться
convert   обраща́ть/обрати́ть
convince   убежда́ть/убеди́ть
    (be/ become) convinced
        убежда́ться/убеди́ться
    (be) convinced that;
        пове́рить (в то), что;
cook   вари́ть/свари́ть; вари́ться/
свари́ться
готовить; отва́ривать/отва́рить
    cook (a lot of)   навари́ть
cope (with)   обраща́ться;
справля́ться/спра́виться
copy   копи́ровать; подража́ть
    copy (from)   выпи́сывать/
        вы́писать
    copy (from/to)   перепи́сывать/
        переписа́ть

correct исправля́ть/испра́вить;
поправля́ть/попра́вить
correct *or* examine проверя́ть/
прове́рить
correspond *(to)* совпада́ть/совпа́сть
correspond with перепи́сываться
cost сто́ить
count счита́ть/сосчита́ть
count *or* rely on наде́яться
court уха́живать
cover *(with)* покрыва́ть/покры́ть;
накрыва́ть/накры́ть; закрыва́ть/
закрыть; набра́сывать/набро́сить
*(become)* covered *(with)*
покрыва́ть/покры́ть;
покрыва́ться/покры́ться
crack *(with)* коло́ть
crawl лезть
*(be)* crazy *(about)* увлека́ться/
увле́чься
crease *or* crumple мять/смять
create создава́ть/созда́ть
cross ходи́ть; переходи́ть/
перейти́; переезжа́ть/перее́хать
cross *(one's path)* встреча́ть;
встреча́ться
cross out зачёркивать/
зачеркну́ть; вычёркивать/
вы́черкнуть
cry *or* weep пла́кать
cultivate разводи́ть/развести́
cultivate *or* develop
воспи́тывать/воспита́ть
cure лечи́ть; выле́чивать/
вы́лечить; помога́ть/помо́чь
cut ре́зать; понижа́ть/пони́зить;
сокраща́ть/сократи́ть
cut off отреза́ть/отре́зать;
обреза́ть/обре́зать
cut off *(from)* исключа́ть/
исключи́ть
cut out *(of)* выреза́ть/вы́резать
cut нареза́ть/наре́зать
*(have one's hair)* cut стри́чься
cut *(short)* сокраща́ть/сократи́ть

damage по́ртить/испо́ртить
damage *or* break разбива́ть/
разби́ть
dance танцева́ть
dare *(to do)* сметь/посме́ть
deafen оглуша́ть/оглуши́ть
deal *(in)* торгова́ть
deceive обма́нывать/обману́ть
*(be)* deceived by обману́ться
decide реша́ть/реши́ть
decipher разбира́ть/разобра́ть
declare объявля́ть/объяви́ть;
заявля́ть/заяви́ть
decline отка́зываться/отказа́ться
dedicate посвяща́ть/посвяти́ть
defeat бить; побежда́ть/победи́ть
defend защища́ть/защити́ть
delight восхища́ть
delight in *or* enjoy наслажда́ться/
наслади́ться
deliver *(to)* отправля́ть/отпра́вить;
доставля́ть/доста́вить
deliver *(a speech)* произноси́ть/
произнести́
deliver *(a lecture)* чита́ть
demand тре́бовать/потре́бовать
demonstrate пока́зывать/показа́ть
denounce выдава́ть/вы́дать
depart *(for)* разъезжа́ться/
разъе́хаться
depend on зави́сеть
depict рисова́ть/нарисова́ть
depict *or* describe опи́сывать/
описа́ть
depict *or* write *(about)* писа́ть/
написа́ть
deposit *(money)* вноси́ть/внести́;
вкла́дывать/вложи́ть; переводи́ть/
перевести́
deprive отка́зывать/отказа́ть
descend спуска́ться/спусти́ться
describe *or* depict опи́сывать/
описа́ть
describe as *(sth)* характеризова́ть
desert броса́ть/бро́сить

deserve заслуживать/заслужить
design создавать/создать
desire *or (have a)* desire хотеть;
хотеться
destroy, tear down, *or* break
ломать/сломать
determine устанавливать/
установить; определять/
определить
*(be)* determined to do решиться
detest ненавидеть
develop развивать/развить;
развиваться/развиться
develop *or* cultivate воспитывать/
воспитать
deviate отступать/отступить
deviate *or* move away отходить/
отойти
devote отдавать/отдать
devote *or* dedicate посвящать/
посвятить
diagnose определять/определить
dial *(a telephone number)* набирать/
набрать
die умирать/умереть
die *or* perish погибать/погибнуть
differ *(from)* расходиться/
разойтись
dilute разводить/развести
diminish уменьшать/уменьшить
dine обедать/пообедать
direct руководить
direct (to) направлять/направить
dirty мазать
disagree расходиться/разойтись
disappear исчезать/исчезнуть;
пропадать/пропасть;
таять/растаять
disappear (from sight)
скрываться/скрыться
disappoint обманывать/обмануть
*(be)* disappointed in обмануться
disassemble разбирать/разобрать
discern рассматривать/
рассмотреть; разбирать/разобрать

discharge отпускать/отпустить
disconnect выключать/выключить
discover обнаруживать/
обнаружить; открывать/открыть
discuss обсуждать/обсудить;
разговаривать; беседовать
discuss *or* analyze разбирать/
разобрать
dismiss *(from)* снимать/снять
disperse разъезжаться/
разъехаться; расходиться/
разойтись
display обнаруживать/обнаружить
disprove опровергать/
опровергнуть
disregard пренебрегать/
пренебречь
dissolve *or* disappear таять/
растаять
dissuade *(from)* отговаривать/
отговорить
distinguish *(by)* отличать/
отличить
distract *(from)* отрывать/оторвать
distress огорчать/огорчить
disturb беспокоить; мешать/
помешать; возмущать/возмутить;
нарушать/нарушить
dive нырять/нырнуть
divide делить/разделить *or*
поделить; разбивать/разбить
divide *or (be)* divided *(into/by)*
делиться/разделиться
divorce *or (get)* divorced
разводиться/развестись;
расходиться/разойтись
*(let sb)* do предоставить
do делать/сделать; производить/
произвести
do so that ... делать ..., чтобы
do without обходиться/
обойтись
*(be)* doing sth стать
*(not like to)* do *(anymore)*
разлюбить

*(start)* **doing**   поступа́ть/
поступи́ть; стать
**donate**   же́ртовать/поже́ртвовать
**doubt** *or (have)* **doubts**
сомнева́ться
**draft** *(in)*   зачисля́ть/зачи́слить
*(be)* **drafty**   дуть
**drag**   тяну́ть
**draw**   рисова́ть/нарисова́ть;
проводи́ть/провести́
  **draw** *(curtain, etc.)*   опуска́ть/
  опусти́ть
  **draw nearer**   приближа́ть/
  прибли́зить
  **draw** *(on)*   навлека́ть/навле́чь
  **draw up** *or* **compile**   составля́ть/
  соста́вить
**dream** *or* **(have a) dream**   сни́ться/
присни́ться; мечта́ть
  **dream of** *or* **want**   хоте́ть
**dress**   одева́ть/оде́ть
  **dress** *(oneself)*   одева́ться/оде́ться
  **dress up**   наряжа́ться/наряди́ться
**drift away**   относи́ть/отнести́
  **drift from**   отходи́ть/отойти́
**drink**   пить/вы́пить
  **drink**   глота́ть/глотну́ть
  *(have enough to)* **drink**
  напива́ться/напи́ться
**drip**   течь
**drive**   е́здить/е́хать/пое́хать;
вози́ть/везти́
  **drive** *(a vehicle)*   води́ть/вести́;
  управля́ть
  **drive around**   объезжа́ть/
  объе́хать
  **drive from** *(out of)*   выезжа́ть/
  вы́ехать
  **drive down** *(off)*   съезжа́ть/
  съе́хать
  **drive in**   въезжа́ть/въе́хать;
  заезжа́ть/зае́хать
  **drive** *(on)*   наезжа́ть/нае́хать
  **drive** *(up to)*   подъезжа́ть/
  подъе́хать; довози́ть/довезти́

**drive** *(to) or* **throw** *(in)*
приводи́ть/привести́
**drop**   опуска́ть/опусти́ть;
роня́ть/урони́ть
  **drop behind**   отстава́ть/отста́ть
  **drop in/by**   забега́ть/забежа́ть
  **drop by**   заходи́ть/зайти́; сходи́ть
  **drop out of**   уходи́ть/уйти́
  **drop** *or* **come running** *(in)*
  прибега́ть/прибежа́ть
  **drop oneself** *(into/on)*
  опуска́ться/ опусти́ться
  **drop off**   заводи́ть/завести́;
  заноси́ть/занести́
  **drop** *(a letter)*   броса́ть/бро́сить
**drown**   тону́ть/утону́ть
*(get)* **drunk**   напива́ться/напи́ться
**dry** *(with)*   вытира́ть/вы́тереть
**dye**   кра́сить
**earn**   зараба́тывать/зарабо́тать;
заслу́живать/заслужи́ть
**eat**   есть
*(have an)* **effect on**   отража́ться/
отрази́ться
**elect**   выбира́ть/вы́брать;
избира́ть/избра́ть
*(be or get)* **embarrassed**
смуща́ться/смути́ться
**embrace**   обнима́ть/обня́ть
**emit**   издава́ть/изда́ть
**empty into**   впада́ть/впасть
**encourage**   подде́рживать/
поддержа́ть
**end**   конча́ть/ко́нчить;
конча́ться/ко́нчиться
  **end up** *(with)*   зака́нчиваться/
  зако́нчиться
  **end up** *(without)*   остава́ться/
  оста́ться
*(be)* **engaged**   занима́ться
*(be)* **engrossed in looking** *(at)*
засма́триваться/засмотре́ться
**enjoy**   наслажда́ться/наслади́ться
  **enjoy** *(success, etc.)*   по́льзоваться
**enlarge**   увели́чивать/увеличи́ть

*(to be/have/not have)* **enough of** хвата́ть/хвати́ть

**enter** входи́ть/войти́; вступа́ть/вступи́ть

    **enter** *(a vessel)* заходи́ть/зайти́

    **enter** *(school)* поступа́ть/поступи́ть

**entertain** развлека́ть/развле́чь

**entrust** доверя́ть/дове́рить

**erase** стира́ть/стере́ть

**escape** *(from)* избега́ть/избежа́ть; убега́ть/убежа́ть

**establish** *or* **originate** устана́вливать/установи́ть; создава́ть/созда́ть

**evict** выселя́ть/вы́селить

*(take an)* **exam** сдава́ть/сдать

**exaggerate** преувели́чивать/преувели́чить

**examine** рассма́тривать/рассмотре́ть; осма́тривать/осмотре́ть

    **examine** *or* **explore** обсле́довать

    **examine** *or* **test** иссле́довать

**exchange** меня́ть/обменя́ть; меня́ться/обменя́ться/поменя́ться

    **exchange** *(for)* обме́нивать/обменя́ть

    **exchange** *(with)* обме́ниваться/обменя́ться

**excite** увлека́ть/увле́чь; волнова́ть

**exclude** *(from)* исключа́ть/исключи́ть

**excuse** *or* **forgive** извиня́ть/извини́ть; проща́ть/прости́ть

    **excuse** *or* **explain** объясня́ть/объясни́ть

    **excuse** *or* **justify** опра́вдывать/оправда́ть

**exert** *(on)* ока́зывать/оказа́ть

**exile** высыла́ть/вы́слать

**exist** быть

    *(not)* **exist** (не) быть; нет

**expect** ждать; ожида́ть

**expel** *(from)* исключа́ть/исключи́ть

*(be an)* **expert** *(on)* понима́ть

**explain** объясня́ть/объясни́ть

    *(be)* **explained by** объясня́ться/объясни́ться

**explore** иссле́довать; обсле́довать

**export** вывози́ть

**express** выража́ть/вы́разить

**express satisfaction** *(with)* приве́тствовать

**extend** *or* **retell** передава́ть/переда́ть

**fail** *or* **betray** изменя́ть/измени́ть

*(get)* **faith in** пове́рить

**fall** па́дать

    *(let)* **fall** роня́ть/урони́ть

    **fall in love** влюбля́ться/влюби́ться

    **fall out** *(of)* отвыка́ть/отвы́кнуть

**fascinate** обвора́живать/обворожи́ть

**fasten** застёгивать/застегну́ть

**fear** боя́ться

**feed** корми́ть

**feel** чу́вствовать

    **feel cold** мёрзнуть/замёрзнуть

    **feel the urge** *(to do)* тяну́ть

    **feel sorry** *or* **have pity** жале́ть

    **feel like** хоте́ться

    **feel sorry** жаль

    **feel that** ... находи́ть, что ...

    *(be)* **felt** чу́вствоваться

**fight** *(with/for)* боро́ться

**fight** *(with)* дра́ться/подра́ться

**figure out** *or* **guess** дога́дываться/догада́ться

**fill** наполня́ть/напо́лнить

**fill out** заполня́ть/запо́лнить

**find** находи́ть/найти́; оты́скивать/отыска́ть

    **find** *or* **get** достава́ть/доста́ть

    **find** *or* **search** разы́скивать/разыска́ть

    **find out** узнава́ть/узна́ть

    **find** *(in some place)* попада́ться/попа́сться

    **find** *(at sth)* застава́ть/заста́ть

**find oneself** ока́зываться/
оказа́ться; попада́ть/попа́сть
**find that . . .** находи́ть, что . . .
**find out that . . .** обнару́жить, что . . .
**finish** конча́ть/ко́нчить;
зака́нчивать/зако́нчить;
прибега́ть/прибежа́ть
**fire** стреля́ть
**fit** (in/into) входи́ть/войти́;
влеза́ть/влезть
**fix** исправля́ть/испра́вить;
чини́ть/почини́ть
**flap** маха́ть/махну́ть
**flash** (by) мелька́ть/мелькну́ть;
сверка́ть/сверкну́ть
**flicker** мелька́ть/мелькну́ть
**flow** течь
**flutter against** би́ться
**fly** лета́ть; лете́ть
**fly** (from) вылета́ть/вы́лететь
**fly up to** долете́ть
**fold** скла́дывать/сложи́ть
**fold** or **bend** гнуть/согну́ть
**fold under** отступа́ть/отступи́ть
(перед)
**follow** сле́довать; следи́ть
**follow** or **adhere** держа́ться
**follow advice** or **obey** слу́шать
**follow** or **keep up** (with) следи́ть
**forbid** запреща́ть/запрети́ть
**force** заставля́ть/заста́вить
**foresee** предви́деть
**forget** забыва́ть/забы́ть
**forgive** проща́ть/прости́ть
**form part** (of) входи́ть/войти́
**found** создава́ть/созда́ть
**found** or **cast** отлива́ть/отли́ть
**frame** вставля́ть/вста́вить
(set) **free** (from) освобожда́ться/
освободи́ться
(set) **free** or **release** (from)
отпуска́ть/отпусти́ть
**freeze** мёрзнуть/замёрзнуть;
замерза́ть/замёрзнуть;
замора́живать/заморо́зить

**frequent** бе́гать
(be) **friendly** води́ть (дру́жбу)
(be) **friends with** дружи́ть
**frighten** пуга́ть/испуга́ть/напуга́ть
(get) **frightened** пуга́ться/
испуга́ться
(be) **frozen** замора́живать/
заморо́зить
**fry** жа́рить
**fulfill** выполня́ть/вы́полнить;
исполня́ть/испо́лнить
(make) **fun of** шути́ть/пошути́ть
(make) **fun of** or **laugh at**
смея́ться
**fuss** or **make a fuss over** ня́нчиться
**gain weight** поправля́ться/
попра́виться
**gather** собира́ть/собра́ть;
собира́ться/собра́ться
**gaze** or **stare** всма́триваться/
всмотре́ться
**get** добива́ться/доби́ться;
достава́ть/доста́ть
(not to) **get around to**
(не) собра́ться
(not to) **get enough**
хвата́ть/хвати́ть
**get back** верну́ться
**get** (abstract) возника́ть/
возни́кнуть
**get an idea** (for) приду́мать
**get, become** or **turn** (sth)
станови́ться/стать
**get** (from) получа́ть/получи́ть
**get** or **come across** (in)
попада́ться/попа́сться
**get** or **drive** (to) доезжа́ть/
дое́хать
**get** or **find** достава́ть/доста́ть
**get** or **step out** (of) выходи́ть/
вы́йти
**get** or **walk** (to) дойти́
**get hold** (of) застава́ть/заста́ть
**get in** заезжа́ть/зае́хать;
попада́ть/попа́сть

**get into**   попада́ть/попа́сть; лезть; влеза́ть/влезть; вступа́ть/вступи́ть; занима́ться/заня́ться; разбира́ть/разобра́ть; сади́ться/сесть; вмеща́ть/вмести́ть

**get lost**   пропада́ть/пропа́сть

**get** *(in/under)*   забира́ться/забра́ться

**get into trouble** *(with)*   попада́ть/попа́сть

**get mixed up** *(in)*   вме́шиваться/вмеша́ться

**get off**   сходи́ть/сойти́

**get off** *(the hook)*   отде́лываться/отде́латься

**get on**   входи́ть/войти́; сади́ться/сесть

**get ready** *(for)*   гото́виться

**get together**   собира́ть/собра́ть

**get up** *(from)*   встава́ть/встать; поднима́ться/подня́ться

**get well** *or* **better**   поправля́ться/попра́виться

**get better**   улучша́ться/улу́чшиться

*(manage to)* **get an appointment**   попада́ть/попа́сть

**get to do**   удава́ться/уда́сться

**give**   дава́ть/дать; выдава́ть/вы́дать; сдава́ть/сдать; де́лать/сде́лать

**give** *or* **present**   да́рить/пода́рить

**give** *or* **devote**   отдава́ть/отда́ть

**give** *(meal) or* **feed**   корми́ть

**give away**   выдава́ть/вы́дать

**give back**   возвраща́ть/возврати́ть; верну́ть; отдава́ть/отда́ть

**give up**   броса́ть/бро́сить

**give off**   издава́ть/изда́ть

**give off light** *or* **shine** *(onto)*   свети́ть

**give** *or* **extend**   передава́ть/переда́ть

**give** *or* **grant** *(to)*   предоставля́ть/предоста́вить

**give** *or* **hand** *(to)*   подава́ть/пода́ть

**give more**   добавля́ть/доба́вить

**give** *(out)* **onto**   выходи́ть

**glance**   взгляну́ть; гляде́ть/гляну́ть

**glance** *or* **peep in**   загляну́ть

**glitter** *(with)*   сверка́ть/сверкну́ть

**glue** *(on)*   накле́ивать/накле́ить

**go**   идти́/ходи́ть/пойти́; проходи́ть/пройти́

**go** *(by vehicle or ship)*   е́здить/е́хать/пое́хать; плыть

**go** *or* **drive around**   объезжа́ть/объе́хать

**go** *or* **move**   дви́гаться/дви́нуться

**go all over**   изъе́здить

**go away** *(from)*   отходи́ть/отойти́

**go away** *(to) or* **go different ways**   расходи́ться/разойти́сь

**go down**   съезжа́ть/съе́хать; спуска́ться/спусти́ться; опуска́ться/опусти́ться

**go for** *(to bring sth)*   сходи́ть; уходи́ть/уйти́

**go for a walk**   гуля́ть

**go** *(into)*   входи́ть/войти́

**go often** *(to)*   бе́гать

**go** *or* **run from**   выбега́ть/вы́бежать

**go on**   продолжа́ть

**go to bed**   ложи́ться/лечь

**go** *or* **come out**   выходи́ть/вы́йти; происходи́ть/произойти́

**go out** *or* **leave**   уезжа́ть/уе́хать; уходи́ть/уйти́

**go with**   пойти́

**go repeatedly** *(to)*   быва́ть; бе́гать

**go** *(to)*   разъезжа́ться/разъе́хаться

**go to** *(work, school)*   поступа́ть/поступи́ть

**go through**   разбира́ть/разобра́ть

**go up**   поднима́ться/подня́ться

*(be)* **going to do sth**   идти́; собира́ться/собра́ться

*(let sb)* **go**   отпуска́ть/отпусти́ть

*(say)* **goodbye**  проща́ться/
прости́ться/попроща́ться
**govern**  управля́ть
**grab** *(by)*  хвата́ть/схвати́ть
**graduate** *(from)*  конча́ть/ко́нчить
**grant**  предоставля́ть/
предоста́вить; разреша́ть/
разреши́ть
**grasp**  понима́ть/поня́ть
**greet**  здоро́ваться/поздоро́ваться;
кла́няться
   **greet** *(with)*  встреча́ть/встре́тить;
   приве́тствовать
**grieve**  огорча́ть/огорчи́ть
**grind** *(in)*  моло́ть
**group** *(in)*  объединя́ть/объедини́ть
**grow**  выра́щивать/вы́растить
   **grow** *(out of)*  отвыка́ть/
   отвы́кнуть
   **grow up**  расти́
   *(let sth of oneself)* **grow**
   отпуска́ть/отпусти́ть
**guess**  дога́дываться/догада́ться
**guess** *(sth)*  гада́ть
*(be)* **guest**  гости́ть
**gulp**  глота́ть/глотну́ть
*(have one's)* **hair done**
причёсываться/причеса́ться
**hammer** *or* **bang**  стуча́ть/
постуча́ть
**hand** *or* **pass**  передава́ть/переда́ть;
подава́ть/пода́ть
   **hand** *or* **turn in**  сдава́ть/сдать
**handle**  обраща́ться
   **handle** *or* **manage**  справля́ться/
   спра́виться
**hang**  ве́шать/пове́сить
   *(to be)* **hanging** *or* **hang**  висе́ть
**happen**  происходи́ть/произойти́;
случа́ться/случи́ться
   **happen that . . .**  быва́ет, что . . .
*(be)* **happy**  ра́доваться
**harm**  вреди́ть
**hasten**  торопи́ться
**hate**  ненави́деть

**haunt**  пресле́довать
**have**  име́ть
   **have** *(regularly)*  быва́ть
   **have:** *(sb)* **has**  у (кого́-то) есть
   *(not)* **have:** *(sb)* **has not**
   у (кого́-то) нет
   **have one's hair cut**  стри́чься
   **have a sense** *(of)*/**feeling** *(for)*
   чу́вствовать
   **have on** *or* **wear**  ходи́ть (в)
   **have to do** *(with)*  каса́ться/
   косну́ться
   **have a disease**  боле́ть
   **have it out**  объясня́ться/
   объясни́ться
   **have dinner**  у́жинать/поу́жинать
   **have pictures taken**
   фотографи́роваться/
   сфотографи́роваться
   *(let sb)* **have**  предоставля́ть/
   предоста́вить
   *(start)* **having**  появля́ться/
   появи́ться
**head for**  направля́ться/
напра́виться; дви́гаться/дви́нуться
**heal**  выле́чивать/вы́лечить
*(make)* **healthier**  укрепля́ть/
укрепи́ть
**hear**  слы́шать/услы́шать
   **hear that . . .**  слы́шать
   (о том), что . . .
   *(be)* **heard**  слы́шаться/
   послы́шаться
   *(be)* **heard how . . .**  слы́шалось,
   как . . .
**heat**  греть; согрева́ть/согре́ть
**help**  помога́ть/помо́чь
   **help on** *(with)*  подава́ть/пода́ть
   **help** *or* **cure**  помога́ть/помо́чь
**hesitate**  колеба́ться
**hide**  пря́тать/спря́тать; пря́таться/
спря́таться
   **hide oneself** *(from)*  скрыва́ться/
   скры́ться
**hinder**  тормози́ть

hire  нанима́ть /наня́ть
hit  бить; ударя́ть/уда́рить;
ударя́ться/уда́риться
hit *or* get into  попада́ть/попа́сть
hit *(against)*  ударя́ться/уда́риться
hold  держа́ть; держа́ться;
подде́рживать/поддержа́ть
hold *or* fit  входи́ть/войти́;
вмеща́ть/вмести́ть
hold *(i.e., put on hold)*
откла́дывать/отложи́ть
hold *(on to)*  держа́ться; бра́ться
hold *(with)*  подде́рживать/
поддержа́ть
hold elections  избира́ть/избра́ть
*(get)* hold of  застава́ть/заста́ть
*(be)* held *(in)*  состоя́ться
honor *or* fulfill  выполня́ть/
вы́полнить
*(get off the)* hook  отде́лываться/
отде́латься
hope  наде́яться
hope that . . .  наде́яться (на то),
что . . .
hug  обнима́ть/обня́ть
hug one another  обнима́ться/
обня́ться
hunt *(for)*  охо́титься
hurry *or (be in a)* hurry  торопи́ться;
спеши́ть
hurry *or* rush  мча́ться
hurt  обижа́ть/оби́деть
hurt *or* ache  боле́ть
hurt (on)  разбива́ть/разби́ть
hurt *or* insult  оскорбля́ть/
оскорби́ть
*(get an)* idea of what *(how)* . . .
приду́мать, что (как) . . .
ignore  пренебрета́ть/пренебре́чь
illumine  освеща́ть/освети́ть
imagine  вообража́ть/вообрази́ть;
представля́ть/предста́вить
imagine *(to oneself)* that . . .
представля́ть/предста́вить
себе́, что . . .

imitate  подража́ть
immerse *or* drop  опуска́ть/
опусти́ть
immortalize  обессме́ртить
implore  моли́ть
import  ввози́ть
inaugurate  открыва́ть/откры́ть
include *or* add  включа́ть/
включи́ть
increase  увели́чивать/увели́чить
increase *or* raise  прибавля́ть/
приба́вить
increase *or* grow  расти́
indent  отступа́ть/отступи́ть
indicate  пока́зывать/показа́ть
*(feel)* indisposed  нездоро́виться
*(be or get)* infatuated *(with)*
увлека́ться/увле́чься
inform  извеща́ть/извести́ть;
сообща́ть/сообщи́ть
inform on  донести́
inhabit  населя́ть
inhale  вдыха́ть/вдохну́ть
inhale *(a lot of sth)*  надыша́ться
inherit  насле́довать/насле́довать
*or* унасле́довать; пойти́ (в)
initiate *(into)*  посвяща́ть/посвяти́ть
inquire *(about)*  спра́шивать/
спроси́ть
inquire *or* find out  узнава́ть/
узна́ть
insist *(on)*  наста́ивать/настоя́ть
inspire  воодушевля́ть/
воодушеви́ть
install  устана́вливать/установи́ть
instruct  учи́ть
insult  оскорбля́ть/оскорби́ть
intend (to do sth)  собира́ться/
собра́ться
*(have)* intention  хоте́ть
interest *or (be)* interested *(in)*
интересова́ть
*(take or have)* interest in
увлека́ться/увле́чься
*(be)* interested in  интересова́ться

**interrupt** перебивать/перебить
  **interrupt** *or* **stop** *(with)* кончать/
  кончить
**intimidate** пугать/испугать/
  напугать
**introduce** вводить/ввести
  **introduce** *or* **present**
    представлять/представить
  **introduce** *or* **start** заводить/
    завести
  **introduce to** знакомить/
    познакомить
**invent** изобретать/изобрести;
  придумывать/придумать
**invite** приглашать/пригласить;
  звать/позвать
**involve** увлекать/увлечь
  *(get)* **involved** *(in)* увлекаться/
    увлечься
**iron** *or* **press** гладить/погладить
  *or* выгладить
**irritate** раздражать
**jog** бегать
**join** *(organization)* вступать/
  вступить
**joke** шутить/пошутить
**judge** судить
  *(be a good)* **judge** разбираться/
    разобраться; понимать
**jump** *(down)* бросаться/броситься
**justify** оправдывать/оправдать
  **justify oneself** *(to)*
    оправдываться/оправдаться
**keep** хранить; сохранять/
  сохранить; беречь; спасать/спасти
  **keep** *(in)* держать; содержать
  **keep** *or* **observe** соблюдать
  **keep** *or* **leave** оставлять/оставить
  **keep busy** *(with)* занимать/занять
  **keep on** продолжать
  **keep up** поддерживать/
    поддержать
  **keep up** *(with)* следить
  **keep** *or* **be true to** выполнять/
    выполнить

**kick** бить
**kill** убивать
  *(be)* **killed** погибать/погибнуть
**kiss** целовать/поцеловать
**knock** стучать
**know** знать; чувствовать; помнить
  **know how** *(to do)* уметь
  *(let sb)* **know** сообщать/сообщить
  *(let sb)* **know** *(beforehand)*
    предупреждать/предупредить
*(be)* **knowledgeable in** разбираться/
  разобраться
*(be)* **labeled** называться
**lag behind** отставать/отстать
**land** *(in)* садиться/сесть; сажать/
  посадить
**last** продолжаться/продолжиться
*(be)* **late** опаздывать/опоздать
**laugh** смеяться
  **laugh** *(at)* смеяться; насмехаться
**lay** *(together)* складывать/сложить
**lead** руководить
  **lead** *or* **take (to)** отводить/
    отвести; проводить/провести
  **lead** *or* **bring** *(to)* приводить/
    привести
  **lead across** переводить/перевести
**leak** течь
**lean on** опираться/опереться
  **lean one's elbow on**
    облокачиваться/облокотиться
**learn** учить; учиться; научиться;
  изучать/изучить
  **learn** *(about)* узнавать/узнать
**leave** уходить/уйти; уезжать/
  уехать
  **leave** *(i.e., sail from)* отплывать/
    отплыть
  **leave** *(sb/sth)* оставлять/
    оставить; бросать/бросить
  **leave** *(for)* выезжать/выехать;
    отправляться/отправиться
  **leave** *(to)* предоставлять/
    предоставить; разъезжаться/
    разъехаться

lecture читáть
lend одáлживать/одолжи́ть
let *(do)* пускáть/пусти́ть; дать;
позволя́ть/позво́лить
*(not to)* let *(do)* мешáть/
помешáть
let down *(with)* подводи́ть/
подвести́
let fall роня́ть/урони́ть
let *(in)* впускáть/впусти́ть
let into посвящáть/посвяти́ть
let off *or* release освобождáть/
освободи́ть
let *(out of)* выпускáть/вы́пустить
let's *(do)* давáй . . .
liberate *(from)* освобождáть/
освободи́ть
lie лежáть
lie around валя́ться
lie down ложи́ться/лечь
lie врать
lift поднимáть/подня́ть
light разводи́ть/развести́
light up освещáть/освети́ть
*(give)* light *or* light *(sb's way)*
свети́ть/посвети́ть
like нрáвиться/понрáвиться;
люби́ть
like *(to do/to happen)* люби́ть;
хотéть; хотéться
*(not like)* doing разлюби́ть
*(would)* like *(to do)* хотéться
link *or* connect свя́зывать/связáть;
соединя́ть/соедини́ть
listen слýшать; прислýшиваться/
прислýшаться
listen *(to)* слýшаться/
послýшаться
listen enough *or* a lot *(of)*
наслýшаться
live жить; води́ться
live *(up to)* дожива́ть/дожи́ть
*(be)* located находи́ться
lock запирáть/запере́ть
long for тянýть; хотéть

look *(at)* смотре́ть; гляде́ть/
гляну́ть; осмáтрывать/
осмотре́ть
look *(out)* взгляну́ть
look out *(on)* or give onto
выходи́ть
look *(sth)* вы́глядеть
look after следи́ть; смотре́ть;
ня́нчить
look after наблюдáть
look back *(at)* огля́дываться/
огляну́ться
look for искáть
look good *(on)* пойти́
look *(into/under)* загляну́ть
look like напоминáть/
напо́мнить; получáться/
получи́ться
look onto *(of a window, etc.)*
выходи́ть/вы́йти
look out бере́чься; выходи́ть
*(a window)*
*(one cannot stop)* looking at
(не мóжет) насмотре́ться
lose теря́ть/потеря́ть;
проигрывать/проигрáть
lose *or (be)* lost пропадáть/
пропáсть
*(stop)* loving разлюби́ть
lower опускáть/опусти́ть
*(to have)* luck; be lucky везти́/
повезти́
*(be)* lying лежáть
*(be)* made up of состоя́ть
maintain подде́рживать/
поддержáть
make де́лать/сде́лать;
производи́ть/произвести́
make *or* come out получáться/
получи́ться
*(let sb)* make предоставля́ть/
предостáвить
make *(money)* нажива́ть/нажи́ть
make an appointment *(with)*
запи́сываться/записáться

**make fun** *(of)*   шути́ть/пошути́ть
**make it hard** *(to do)*   меша́ть/
помеша́ть
**make money** *(with)*
зараба́тывать/ зарабо́тать
**make** *or* **build**   стро́ить/
постро́ить
**make out** *or* **discern**
рассма́тривать/рассмотре́ть;
разбира́ть/разобра́ть
**make out** *or* **decipher**   разбира́ть/
разобра́ть
**make** *(to do)*   заставля́ть/заста́вить
*(make)* **mad**   возмуща́ть/
возмути́ть
**make to order**   зака́зывать/
заказа́ть
**make up**   составля́ть/соста́вить
**make up** *(with)*   мири́ться
**make up one's mind** *(to do)*
реша́ться/реши́ться
**manage**   справля́ться/спра́виться
**manage to do**   удава́ться/
уда́сться;успева́ть/успе́ть
**manage without**   обходи́ться/
обойти́сь
**manufacture**   производи́ть/
произвести́
**marry** *(of a man)*   жени́ться
**marry** *(of a woman)*   выходи́ть/
вы́йти (за́муж)
**master**   осва́ивать/осво́ить
*(be)* **meant** *(for)*   существова́ть
**measure**   ме́рить; измеря́ть/
изме́рить
**meet**   встреча́ть/встре́тить
**meet** *(with)*   встреча́ться/
встре́титься; знако́миться/
познако́миться
**melt**   та́ять/раста́ять
*(be a)* **member**   принадлежа́ть
*(be)* **memorable**   запо́мниться
**memorize**   запомина́ть/запо́мнить
**menace**   угрожа́ть
**mend**   чини́ть/почини́ть

**miss**   пропуска́ть/пропусти́ть;
расходи́ть; расходи́ться
**miss**   скуча́ть (без)
**miss** *or* **be late**   опа́здывать/
опозда́ть
*(make a)* **mistake** *(in)* *or* *(be)*
**mistaken**   ошиба́ться/ошиби́ться
**mix**   меша́ть/смеша́ть; разводи́ть/
развести́
*(get)* **mixed up in**   вме́шиваться/
вмеша́ться
**mock**   насмеха́ться
*(make)* **money** *(from)*   нажива́ться/
нажи́ться
**move**   переводи́ть; переноси́ть/
перенести́
**move** *(to)*   дви́гать/дви́нуть;
дви́гаться/дви́нуться
**move** *(in)*   враща́ться
**move away (from)**   отходи́ть/
отойти́; отодви́гать/отодви́нуть;
убира́ть/убра́ть
**move** *(into)*   выноси́ть/вы́нести
**move** *(out of)*   выезжа́ть/
вы́ехать
**move** *(toward)*   подви́гаться/
подви́нуться
**move** *(to)*   переезжа́ть/перее́хать;
передвига́ть/передви́нуть
**nail**   прибива́ть/приби́ть
**name**   называ́ть/назва́ть
*(be a)* **name**   звать
**navigate**   плыть
**near**   приближа́ться/прибли́зиться
**need** *or* *(be in)* **need**   нужда́ться
**need** *or* **require**   тре́бовать/
потре́бовать
**neglect**   забра́сывать/забро́сить;
пренебрега́ть/пренебре́чь
*(make)* **noise**   шуме́ть; стуча́ть/
постуча́ть
**nominate** *(for)*   предлага́ть/
предложи́ть
*(take)* **notes on**   конспекти́ровать
**notice**   замеча́ть/заме́тить

notify извещáть/извести́ть
   *(give)* **notice** *(of)* заявля́ть/
   заяви́ть
**obey** слу́шаться
**object** *(to)* возража́ть/возрази́ть;
   протестова́ть
**observe** соблюда́ть
   **observe** *(that . . . )* наблюда́ть,
   (что . . . )
*(be)* **obsessed** *(with)* (не) расста́ться
**obtain** достига́ть/дости́гнуть
   *or* дости́чь
   **obtain** *or* **get** добива́ться/
   доби́ться
**occupy** занима́ть/заня́ть
**occur** происходи́ть/произойти́
   **occur** *or* **spring up** *(to)*
   рожда́ться/ роди́ться
**offend** обижа́ть/оби́деть
**offer** предлага́ть/предложи́ть
   **offer** *or* **treat** *(to)* угоща́ть/
   угости́ть
   **offer a seat** *(to)* сажа́ть/посади́ть
**omit** опуска́ть/опусти́ть
**open** открыва́ть/откры́ть
**operate** управля́ть
**order** зака́зывать/заказа́ть
   **order** *(to do)* прика́зывать/
   приказа́ть
   *(put out of)* **order** по́ртить/
   испо́ртить
**organize** устра́ивать/устро́ить
**outline** наброса́ть
**outrun** обгоня́ть/обогна́ть
**oversee** *or* **control** наблюда́ть
**overtake** обгоня́ть/обогна́ть
**own** име́ть
**paint** рисова́ть/нарисова́ть;
   писа́ть/написа́ть
**part** *(from)* расходи́ться/
   разойти́сь
   **part** *(with)* расстава́ться/
   расста́ться
**participate** уча́ствовать
**pass by** проходи́ть/пройти́

**pass** *or* **approve** принима́ть/
   приня́ть
**pass** *(exam, etc.)* сдать
**pass** *or* **walk over** переходи́ть/
   перейти́
**pass** *(on) or* **hand** *(to)* передава́ть/
   переда́ть
**pass oneself off** *(as)* выдава́ть/
   вы́дать
**paste** *(on)* накле́ивать/накле́ить
**pay** плати́ть/заплати́ть
**peel** чи́стить
**peer** всма́триваться/всмотре́ться
*(have some kind of)* **perception**
   чу́вствовать
**perch** *(on)* сади́ться/сесть
**perform** де́лать
   **perform** *or* **play** *(in/on)* игра́ть;
   выступа́ть/вы́ступить;
   исполня́ть/испо́лнить
**perish** погиба́ть/поги́бнуть
**permit** позволя́ть/позво́лить
**persecute** пресле́довать
**persuade** *or* **try to persuade**
   убежда́ть/убеди́ть;
   угова́ривать/уговори́ть
**photograph** фотографи́ровать/
   сфотографи́ровать
   *(be)* **photographed**
   фотографи́роваться/
   сфотографи́роваться
**pick** собира́ть/собра́ть; рвать;
   нарыва́ть/нарва́ть; выбира́ть/
   вы́брать
   **pick up** *(from)* поднима́ть/
   подня́ть; подбира́ть/подобра́ть
*(take a)* **picture of** снима́ть
   *(take)* **pictures** фотографи́ровать/
   сфотографи́ровать
   *(have)* **pictures taken**
   фотографи́роваться/
   сфотографи́роваться
**picture** *(to oneself)* представля́ть/
   предста́вить; вообража́ть/
   вообрази́ть

pine (*for*) вздыха́ть
pity жале́ть
place класть/положи́ть
  (*take*) place (*in/on*) состоя́ться
  place (*to/in*) ста́вить/поста́вить
  place oneself (*in*) станови́ться/
  стать
plague мучи́ть
plant сажа́ть/посади́ть; разводи́ть/
  развести́
play игра́ть
  play *or* perform выступа́ть/
  вы́ступить; игра́ть;
  исполня́ть/испо́лнить
  play up обы́грывать/обыгра́ть
please нра́виться/понра́виться
pluck рвать
plunge (*into*) ныря́ть/нырну́ть
point out пока́зывать/показа́ть
poison отравля́ть/отрави́ть
polish чи́стить
populate населя́ть/насели́ть
position oneself (*in*) станови́ться/
  стать
possess име́ть
postpone откла́дывать/
  отложи́ть
  postpone (*from*) переноси́ть/
  перенести́
pounce (on) набра́сываться/
  набро́ситься
pour лить; течь
  pour (*into*) влива́ть/влить
  pour (*into*) (*of sth dry*) насыпа́ть/
  насы́пать
  pour (*into*) налива́ть/нали́ть
  pour (*out of*) вылива́ть/вы́лить
  pour (*over/on*) облива́ть/обли́ть
  pour more *or* add долива́ть/
  доли́ть
  pour *or* give more добавля́ть/
  доба́вить
praise хвали́ть/похвали́ть
pray моли́ться
predict предви́деть

prefer (*to*) предпочита́ть/
  предпоче́сть
prepare гото́вить; гото́виться;
  собира́ться/собра́ться
  prepare (*oneself for/to do*)
  гото́виться
present дари́ть/подари́ть
present (*to*) представля́ть/
  предста́вить
  (*be*) present (*in*) прису́тствовать
preserve *or* keep сохраня́ть/
  сохрани́ть; храни́ть
press гла́дить/погла́дить;
  вы́гладить
print печа́тать/напеча́тать
produce *or* arouse производи́ть/
  произвести́; буди́ть/пробуди́ть
(*make*) progress успева́ть
promise обеща́ть/обеща́ть *or*
  пообеща́ть
  promise (*to do*) бра́ться/взя́ться
pronounce произноси́ть/
  произнести́
propose предлага́ть/предложи́ть
protect (*from*) защища́ть/защити́ть;
  бере́чь
  protect (*against*) спаса́ть/спасти́
protest протестова́ть
prove дока́зывать/доказа́ть
  prove (*to be*) явля́ться/яви́ться
provoke вызыва́ть/вы́звать
publish опублико́вывать/
  опубликова́ть; печа́тать/
  напеча́тать; выпуска́ть/
  вы́пустить
  publish *or* issue издава́ть/изда́ть
  publish *or* make public
  опублико́вывать/опубликова́ть
pull тяну́ть
  pull up *or* uproot рвать
punish нака́зывать/наказа́ть
purify очища́ть/очи́стить
pursue *or* chase пресле́довать;
  добива́ться/доби́ться
push (*in a stroller*) ката́ть

put *or* place *(in)* класть/положи́ть;
ста́вить/поста́вить; устра́ивать/
устро́ить
put устана́вливать/установи́ть
put *or* fit *(into)* вмеща́ть/
вмести́ть
put away убира́ть/убра́ть
put *or* offer a seat сажа́ть/посади́ть
put aside *or* away откла́дывать/
отложи́ть
put *(away)* скла́дывать/сложи́ть
put down *or* lower опуска́ть/
опусти́ть
put into вкла́дывать/вложи́ть;
вставля́ть/вста́вить
put together собира́ть/собра́ть
put into *or* add добавля́ть/
доба́вить
put on the track *(of)* наводи́ть/
навести́
put off откла́дывать/отложи́ть;
переноси́ть/перенести́
put on *(clothes, etc.)* надева́ть/
наде́ть
put on *(makeup, etc.)* ма́зать/
мазну́ть; нама́зывать/нама́зать
put one's arms around
обнима́ть/обня́ть
put on *or* wear *(sth)* одева́ться/
оде́ться
put on *(adhesive)* закле́ивать/
закле́ить
put устра́ивать/устро́ить
put to sleep укла́дывать/
уложи́ть
put together собира́ть/собра́ть;
скла́дывать/сложи́ть;
составля́ть/соста́вить
put *or* turn up поднима́ть/подня́ть
quarrel (with) ссо́риться/
поссо́риться
question *or* doubt сомнева́ться
quit броса́ть/бро́сить;
уходи́ть/уйти́
raise поднима́ть/подня́ть

raise *or* increase прибавля́ть/
приба́вить
raise *or* pick up *(from)*
поднима́ть/подня́ть
rave about хвали́ть/похвали́ть
reach достига́ть/дости́гнуть
*or* дости́чь; дойти́
reach, get, *or* obtain добива́ться/
доби́ться
reach *(with)* достава́ть/доста́ть;
каса́ться/косну́ться
reach *(by flying)* долете́ть
reach by phone дозвони́ться
reach *(in a race)* прибега́ть/
прибежа́ть
reach *or* touch каса́ться/
косну́ться
read чита́ть
*(get)* ready гото́виться
*(get)* ready *(to go)* собира́ться/
собра́ться
reaffirm подтвержда́ть/
подтверди́ть
realize понима́ть/поня́ть;
убежда́ться/убеди́ться
realize, figure out, *or* guess
дога́дываться/догада́ться
realize *or* carry out
осуществля́ть/осуществи́ть
recall вспомина́ть/вспо́мнить
receive получа́ть/получи́ть;
принима́ть/приня́ть
recite чита́ть
recognize узнава́ть/узна́ть;
признава́ть/призна́ть
reconcile мири́ть
reconcile *(with)* мири́ться
reconstruct восстанови́ть
record запи́сывать/записа́ть
*(have)* recourse *(to)*
прибега́ть/ прибе́гнуть
recover поправля́ться/попра́виться
reduce сокраща́ть/сократи́ть
reduce *or* bring *(to)* доводи́ть/
довести́

**refer** *(to)*   направля́ть/напра́вить
**referee**   суди́ть
**reflect**   отража́ть/отрази́ть
   *(be)* **reflected** *(in)*   отража́ться/
   отрази́ться
**refuse** *or* **be refused**
   отка́зывать/отказа́ть;
   отка́зываться/отказа́ться
**register**   запи́сывать/записа́ть;
   запи́сываться/записа́ться
**regret**   жале́ть/пожале́ть
**rehearse**   повторя́ть/повтори́ть
**reject**   отка́зываться/отказа́ться;
   отверга́ть/отве́ргнуть
**rejoice**   ра́доваться
**relate** *(to)*   относи́ть/отнести́
**release**   выпуска́ть/вы́пустить;
   освобожда́ть/освободи́ть
   **release** *or* **set free** *(from)*
   освобожда́ть/освободи́ть;
   отпуска́ть/отпусти́ть
**rely on**   доверя́ть; полага́ться/
   положи́ться
   опира́ться/опере́ться; наде́яться
   *(not to)* **rely on**   сомнева́ться
**remain**   остава́ться/оста́ться
**remember**   по́мнить
   **remember** *or* **memorize**
   запомина́ть/запо́мнить
   **remember** *or* **reminisce**
   вспомина́ть/вспо́мнить
**remind**   напомина́ть/напо́мнить
**reminisce** *or* **remember**
   вспомина́ть/вспо́мнить
**remove** *(from)*   снима́ть/снять
**render** *or* **show** *(abstract)*
   ока́зывать/оказа́ть
**renew**   возобнови́ть
**rent** *(from)*   арендова́ть; снима́ть
**rent** *(to)*   сдава́ть/сдать
**repair**   чини́ть/почини́ть
**repay**   плати́ть/заплати́ть;
   отпла́чивать/отплати́ть
**repeat**   повторя́ть/повтори́ть
**reply**   отвеча́ть/отве́тить

**report**   сообща́ть/сообщи́ть
**reproach**   упрека́ть/упрекну́ть
**request**   проси́ть/попроси́ть
   **request** *or* **demand**
   тре́бовать/потре́бовать
**require** *or* **need**   тре́бовать/
   потре́бовать
   *(be)* **required**   тре́боваться/
   потре́боваться
**research**   изуча́ть/изучи́ть;
   иссле́довать
**resort** *(to)*   прибега́ть/прибе́гнуть
**respect**   уважа́ть
**respond** *(to)*   отвеча́ть/отве́тить
   *(be)* **responsible for**
   отвеча́ть/отве́тить
**rest**   отдыха́ть/отдохну́ть
   **rest on**   опира́ться/опере́ться
**restore** *or* **reconstruct**
   восстанови́ть
**resume**   возобнови́ть; восстанови́ть
**retain** *(for)*   сохраня́ть/сохрани́ть
**retell**   передава́ть/переда́ть
**retreat** *(from)*   отступа́ть/отступи́ть
**return**   возвраща́ть/возврати́ть;
   верну́ть; отдава́ть/отда́ть
   **return** *(from)*   возвраща́ться/
   возврати́ться; верну́ться
**review**   повторя́ть/повтори́ть
**revolve**   враща́ться
*(give a)* **ride** *or (take for a)* **ride**
   ката́ть
   **ride** *(up to)*   подъезжа́ть/
   подъе́хать
   **ride** *(into)*   въезжа́ть/въе́хать
   **ride** *(down)*   съезжа́ть/съе́хать
**ridicule**   высме́ивать/вы́смеять;
   издева́ться
**ring** *(a bell)*   звони́ть/позвони́ть
**rise**   встава́ть/встать;
   поднима́ться/подня́ться
   **rise** *(of the sun)*   всходи́ть/взойти́
**rock** *(in)*   кача́ть
**roll** *(in)*   кача́ть
**roller-skate**   ката́ться

root (for) or be a fan   боле́ть
rouse   буди́ть/разбуди́ть
ruin   по́ртить/испо́ртить
rule   управля́ть
run   бе́гать; бежа́ть
  run (of a liquid)   течь
  run away   убега́ть/убежа́ть
  run in   вбега́ть/вбежа́ть
  run out   выбега́ть/вы́бежать
  run out (of) or go   идти́
  run to   сходи́ть
  run up to   добега́ть/добежа́ть
  (come) running (to)   прибега́ть/
    прибежа́ть
  rush (after or to do)   броса́ться
  rush or hurry   мча́ться
sacrifice   же́ртвовать/поже́ртвовать
sail (on board)   пла́вать; плыть
  sail (from)   отплыва́ть/отплы́ть
  sail (to)   направля́ться/
    напра́виться
save   храни́ть; бере́чь; сохраня́ть/
  сохрани́ть
  save or accumulate   нака́пливать/
    накопи́ть
  save (from)   спаса́ть/спасти́
  save (money)   откла́дывать/
    отложи́ть
  save (seat)   занима́ть/заня́ть
say   говори́ть
  say or deliver (speech, etc.)
    произноси́ть/произнести́
  (be) said   говори́ться
scare   пуга́ть/испуга́ть or напуга́ть
(be) scattered   валя́ться
schedule   назнача́ть/назна́чить
scoff at   насмеха́ться
scream   крича́ть/кри́кнуть
scrub   чи́стить
seal (with)   закле́ивать/закле́ить
search (for) or find
  разы́скивать/разыска́ть;
  оты́скивать/отыска́ть
  seat (on) or (offer a) seat (to)
    сажа́ть/посади́ть

(take a) seat   сади́ться/сесть
(have) seats in   сиде́ть
seclude oneself   запере́ться
see   ви́деть/уви́деть; смотре́ть;
  принима́ть/приня́ть
  see (a doctor, etc.)   пока́зываться/
    показа́ться
  see or find (sb in sth)   находи́ть/
    найти́
  see or view   осма́тривать/
    осмотре́ть
  see (to some place)   провожа́ть/
    проводи́ть
  see a lot   насмотре́ться
  see one another   ви́деться
  see in   встреча́ть/встре́тить
  see to it that . . .   смотре́ть за тем,
    чтобы . . . ; следи́ть (за тем),
    чтобы . . .
seek   добива́ться/доби́ться
  seek an agreement (with)
    догова́риваться/договори́ться
  seek out   охо́титься
seem   каза́ться/показа́ться
seize   хвата́ть/схвати́ть
select or look for   отбира́ть/отобра́ть;
  подбира́ть/подобра́ть/иска́ть
sell   продава́ть/прода́ть
  sell out   расходи́ться/разойти́сь
send   посыла́ть/посла́ть; отправля́ть/
  отпра́вить; отсыла́ть/отосла́ть;
  высыла́ть/вы́слать
  send (to)   присыла́ть/присла́ть
  send or refer   направля́ть/
    напра́вить
  send (money) (to)   переводи́ть/
    перевести́
  send off (for or to do )
    отправля́ться
  send or turn over (to)
    отдава́ть/отда́ть
sense   чу́вствовать
separate   отрыва́ть/оторва́ть
  (get) separated   расходи́ться/
    разойти́сь

serve   служи́ть; обслу́живать/обслужи́ть

   serve *or* set up   подава́ть/пода́ть

set up *(sb)* as   устра́ивать/устро́ить

sew   шить/сшить

shake   колеба́ться

   shake *or* rock   кача́ть

share   дели́ть/раздели́ть

   share (with)   дели́ться/подели́ться

shave   бри́ться/побри́ться

shelter   скрыва́ться/скры́ться

shine   свети́ть

shiver   дрожа́ть

shoot   стреля́ть

   shoot *(film, etc.)*   снима́ть

shorten   сокраща́ть/сократи́ть

shout   крича́ть/кри́кнуть

show   пока́зывать/показа́ть

   show *or* depict   изобража́ть/изобрази́ть

   show *(on TV)*   передава́ть/переда́ть

   show up   пока́зываться/показа́ться

   show *or* render *(abstract)*   ока́зывать/оказа́ть

   show interest *(in)*   интересова́ться

   show oneself *(to be)*   пока́зывать/показа́ть

   show the way *(to)*   приводи́ть/привести́

   show up   явля́ться/яви́ться

   *(start)* showing *(from)*   пойти́

shudder *(from)*   вздро́гнуть

*(be/get)* sick *(with)*   боле́ть; заболева́ть/заболе́ть

   *(be)* sick *(of doing)*   надоеда́ть/надое́сть

sign up   запи́сывать/записа́ть; запи́сываться/записа́ться

*(be)* silent   молча́ть

sing   петь

sink   тону́ть/утону́ть

sit   сиде́ть; сажа́ть/посади́ть

   sit *(down)*   сади́ться/сесть

*(be)* located *(in)*   стоя́ть

*(go)* skating (skiing)   ката́ться (на конька́х/на лы́жах)

slake one's thirst *(with)*   напива́ться/напи́ться

sleep   спать

slow *(down)* or brake   тормози́ть

smash   разбива́ть/разби́ть

smear   ма́зать/мазну́ть

smell *or* sense   чу́вствовать

   smell *(of)*   па́хнуть

smile   улыба́ться/улыбну́ться

smoke   кури́ть

smudge   ма́зать

sneak *(into)*   кра́сться

solve   реша́ть/реши́ть

soothe   успока́ивать/успоко́ить

*(be)* sore   боле́ть

sort   разбира́ть/разобра́ть

sound like   напомина́ть/напо́мнить

sow *(among)*   се́ять/посе́ять

   sow *(in)*   се́ять/посе́ять

spare   бере́чь

spare *(from)*   избавля́ть/изба́вить

sparkle *(in)*   сверка́ть/сверкну́ть

speak *or* converse   объясня́ться/объясни́ться; разгова́ривать

   speak *(language)*   говори́ть

spend   тра́тить/испра́тить *or* потра́тить

   spend *(time)*   проводи́ть/провести́

   spend *(vacation)*   отдыха́ть/отдохну́ть

spill *(onto)*   лить

   spill *(over/on)*   облива́ть/обли́ть

   spill *(out of)*   вылива́ть/вы́лить

   spill *(into)*   налива́ть/нали́ть

splash *(on)*   ли́ться

spoil   по́ртить/испо́ртить

   *(get)* spoiled *(from)*   испо́ртиться

sponge oneself down *(with)*   облива́ться/обли́ться

spot   рассма́тривать/рассмотре́ть

spread *(on)*   ма́зать/мазну́ть; нама́зывать/нама́зать

   spread *or* sow   се́ять/посе́ять

**squeeze through** or **get into**  лезть
**stand** or **bear**  терпе́ть/потерпе́ть
 **stand** or **(be) standing**  стоя́ть
 **stand** (by/behind)  становиться/
  стать
 **stand** (up) or **step** (in/on)
  становиться/стать
 **stand up**  встава́ть/встать;
  поднима́ться/подня́ться
**stare**  всма́триваться/всмотре́ться
**start**  начина́ть/нача́ть;
 начина́ться/нача́ться;
 разводи́ть/развести́
 **start** or **get started on**  сади́ться/
  сесть
 **start** or **get into**  входи́ть
 **start** or **inaugurate**  открыва́ть/
  откры́ть
 **start** or **introduce**  заводи́ть/
  завести́
 **start** (doing)  бра́ться/взя́ться;
  принима́ться/приня́ться;
  идти́
**stay** or **be** (in some place)  сиде́ть;
 лежа́ть
 **stay**  держа́ться
 **stay** or **remain**  остава́ться/
  оста́ться
 **stay** (overnight)  ночева́ть;
  остана́вливаться/остановиться
 **stay** (with)  гости́ть
**steal**  красть
**step in**  вступа́ть/вступи́ть
 **step back**  отступа́ть/отступи́ть
 **step down** (from)  сходи́ть/
  сойти́
 **step on**  наступа́ть/наступи́ть;
  мять/смять
 **step out of**  выходи́ть/вы́йти
**stick one's nose into**  вме́шиваться/
 вмеша́ться
**stimulate**  возбужда́ть/возбуди́ть
**sting** (with)  обжига́ть/обже́чь
**stir**  меша́ть/помеша́ть
(be) **stolen**  пропада́ть/пропа́сть

**stop**  остана́вливать/останови́ть;
 броса́ть/бро́сить; остана́вливаться/
 остановиться
 **stop** or **interrupt** (with)  конча́ть/
  ко́нчить
 **stop** (doing)  перестава́ть/
  переста́ть; бро́сить
 **stop by**  заходи́ть/зайти́;
  забега́ть/забежа́ть; заезжа́ть/
  зае́хать
**straighten** or **set straight**
 поправля́ть/попра́вить
**stream** (down)  течь
**strike**  бить; ударя́ть/уда́рить
**strive**  стреми́ться
**stroke**  гла́дить/погла́дить
(make) **stronger**  укрепля́ть/укрепи́ть
**struggle**  боро́ться
 **struggle over**  би́ться
**study**  учи́ться; изуча́ть/изучи́ть;
 занима́ться; учи́ть
**stun**  оглуша́ть/оглуши́ть
**submit** (in)  подава́ть/пода́ть
 **submit** (to)  представля́ть/
  предста́вить
**subscribe** (to)  выпи́сывать/
 вы́писать
**substitute**  заменя́ть/замени́ть
**succeed** (in doing)  удава́ться/
 уда́сться
(be a) **success** or (be) **successful**
 удава́ться/уда́сться
(be) **sued**  суди́ть
**suffer** or **bear**  терпе́ть/потерпе́ть
 **suffer** (from)  му́читься
**suggest** (to do)  предлага́ть/
 предложи́ть
**suit** or (be) **suitable** (for)  идти́
**summon** (to some place)  тре́бовать/
 потре́бовать; вызыва́ть/вы́звать
(have) **supper** or **dine**  у́жинать/
 поу́жинать
**support** (on)  содержа́ть
 **support oneself** (with)  жить;
  существова́ть

surround  окружа́ть/окружи́ть
suspect  подозрева́ть
swallow  глота́ть/глотну́ть
swap  меня́ться/обменя́ться *or*
поменя́ться
swear  кля́сться
swim  пла́вать/плыть; купа́ться
swim (from)  отплыва́ть/отплы́ть
take (to)  води́ть/вести́; проводи́ть/
провести́; отводи́ть/отвести́
take *or* drive (to)  вози́ть/везти́;
отвози́ть/отвезти́
take *or* board  сади́ться/сесть
take *or* carry (out of/from)
выноси́ть/вынести́
take *or* treat (in some way)
относи́ться/отнести́сь
take *or* occupy  занима́ть/заня́ть
take (away)  убира́ть/убра́ть;
отбира́ть/отобра́ть;
отнима́ть/отня́ть
take (a shower)  мы́ться/
вы́мыться *or* помы́ться
take (all of sth/from)  собира́ть/
собра́ть
take (a course, etc.)  слу́шать
take (an exam, etc.)  сдава́ть/
сда́ть
take (from)  достава́ть/доста́ть
take (from)  принима́ть/приня́ть
(be) taken (from)  пропада́ть/
пропа́сть
take (medicine)  принима́ть/
приня́ть
take (up to)  доводи́ть/довести́
take across  переводи́ть/
перевести́
take advantage (of)  по́льзоваться
take after (sb)  пойти́
take apart *or* disassemble
разбира́ть/разобра́ть
take around  обводи́ть/обвести́
take care (of)  забо́титься;
бере́чь; бере́чься; следи́ть
take down (from)  снима́ть

take from  брать/взять;
забира́ть/забра́ть
take hold (of)  бра́ться/взя́ться
take (in)  заводи́ть/завести́;
сдава́ть/сда́ть
take great interest (in)
увлека́ться/увле́чься
take lessons (from)  брать/взять
take off  отрыва́ться/оторва́ться
take off (from)  вылета́ть/вы́лететь
take off (clothes)  раздева́ться/
разде́ться
take on (sth) *or* agree to  пойти́
take out (of)  вынима́ть/вы́нуть;
выводи́ть/вы́вести; вывози́ть/
вы́везти
take over (to)  относи́ть/отнести́
take part (in)  уча́ствовать
take pictures  фотографи́ровать/
сфотографи́ровать
take place  происходи́ть/
произойти́
take a reading  ме́рить
talk  бесе́довать; разгова́ривать
talk over  обсужда́ть/обсуди́ть
talk into/out of (doing)
угова́ривать/уговори́ть
talk with (about)  говори́ть/
поговори́ть
taste  про́бовать/попро́бовать
teach  учи́ть; преподава́ть;
обуча́ть/обучи́ть
teach (a course, etc.)  чита́ть
tear up  рвать; порва́ть
tear away (from)  отрыва́ться/
оторва́ться
tear down  лома́ть/слома́ть
tear into  разрыва́ть/разорва́ть
tear off  отрыва́ть/оторва́ть
tell  говори́ть/сказа́ть;
расска́зывать/рассказа́ть;
прика́зывать/ приказа́ть;
сове́товать/посове́товать
tell a lot (of)  нагова́ривать/
наговори́ть

**tell fortunes** гадáть
**tell** *(sb)* **that . . .** передáть, что . . .
*(be)* **told** *(of sth)* говорúться
**test** проверя́ть/провéрить
**test** *or* **explore** исслéдовать
**thank** благодарúть/поблагодарúть
**think** дýмать
   **think of** *(doing)* догадáться
   **think** *(of)* *or* **invent** придýмывать/
   придýмать
   **think over** обдýмывать/обдýмать . . .
   взвéшивать/взвéсить
   **think up/of** придýмывать/
   придýмать
   **think that . . .** подозревáть, что . . . ;
   находúть, что . . .
**threaten** угрожáть
**throw** бросáть/брóсить
   **throw** *(off/out of)* выбрáсывать/
   вы́бросить
   **throw** *or* **drive** *(in)* приводúть/
   привестú
   **throw** *or* **spill** *(over)* обливáть/
   облúть
   **throw** *or* **put** *(on/over)*
   набрáсывать/набросáть
**thrust** *(on)* навя́зывать/навязáть
**tie** завя́зывать/завязáть
   **tie** *(around)* обвя́зывать/обвязáть
   **tie** *(together)* свя́зывать/связáть
*(be in)* **time** *or* *(have)* **time** *(to do)*
   успевáть/успéть
**tiptoe** *(in/to)* крáсться
**tire** *or* *(be/get)* **tired** уставáть/
   устáть
*(be)* **tired** *or* **sick** надоедáть/надоéсть
**title, call,** *or* **name** называ́ть/
   назвáть
*(get)* **together** *(to do)* . . . собрáться
   (для тогó), чтóбы . . .
**tolerate** терпéть/потерпéть
**torture** мýчить
**touch** трóгать/трóнуть; касáться/
   коснýться
   **touch upon** касáться/коснýться

**trade** торговáть
**transfer** переходúть/перейтú;
   переводúть/перевестú
**transform** *(into)* превращáть/
   преврати́ть
**translate** переводúть/перевестú
**transport** *(from)* вывозúть/вы́везти
   **transport** *(to)* доставля́ть/
   достáвить
**travel** путешéствовать
   **travel over** объезжáть/объéхать
**treat** обращáться;
   относúться/отнестúсь;
   обходúться/обойтúсь
   **treat** *(to)* угощáть/угостúть
   **treat** *(with)* лечúть
   **treat** *(sb)* **differently** изменя́ться/
   изменúться
   **treat oneself** *or* *(be)* **treated** *(with)*
   лечúться
**tremble** колебáться
**trick** *or* **deceive** обмáнывать/
   обманýть
*(be)* **true** *(to)* выполня́ть/вы́полнить
**trust** вéрить/повéрить; доверя́ть/
   довéрить
**try** прóбовать/попрóбовать
   **try on** мéрить
   **try** *(to do)* старáться; пытáться/
   попытáться
   **try** *(so that)* старáться, чтóбы
**turn** *(to/toward)* повора́чивать/
   повернýть; повора́чиваться/
   повернýться
   **turn into** *(sth)* становúться/стать
   **turn against** восстановúть
   **turn away** отвора́чиваться/
   отвернýться
   **turn down** отвергáть/отвéргнуть
   **turn in** сдавáть/сдать;
   подавáть/подáть
   **turn into** обращáть/обратúть;
   превращáть/преврати́ть;
   превращáться/преврати́ться;
   получáться/получúться

**turn off** выключа́ть/вы́ключить
**turn on** включа́ть/включи́ть
**turn toward** огля́дываться/
    огляну́ться
**turn out** (to be) ока́зываться/
    оказа́ться; получа́ться/
    получи́ться; явля́ться/
    яви́ться
**turn over** (sth to sb/sth) отдава́ть/
    отда́ть
**turn to** обраща́ться/обрати́ться;
    прибега́ть/прибе́гнуть
**turn up** поднима́ть/подня́ть
**type** печа́тать/напеча́тать
**underline** подчёркивать/
    подчеркну́ть
**understand** понима́ть/поня́ть
    (come to an) **understanding**
    разбира́ться/разобра́ться
    (make oneself) **understood**
    объясня́ться/объясни́ться
**undertake** бра́ться/взя́ться
**undress** раздева́ть/разде́ть
(be) **unfaithful** (to) изменя́ть/
    измени́ть
**unite** (in) соединя́ть/соедини́ть
**unlock** отпира́ть/отпере́ть
**untie** развя́зывать/развяза́ть
**uproot** or **pull up** рвать
**use** обраща́ться
**use** испо́льзовать; по́льзоваться
    (be of) **use** or **useful** (to)
    пригоди́ться
    (make) **use of** по́льзоваться
    (get) **used** (to) привыка́ть/
    привы́кнуть
**utter** произноси́ть/произнести́
**vacation** отдыха́ть/отдохну́ть
**value** цени́ть
**verify** проверя́ть/прове́рить
**view** осма́тривать/осмотре́ть
**violate** наруша́ть/нару́шить
**visit** навеща́ть/навести́ть;
    посеща́ть/посети́ть;
    гости́ть; быва́ть

**visit** (often) бе́гать
**visit** or **view** осма́тривать/
    осмотре́ть
**visit** (repeatedly) быва́ть
**visit** (some place) побыва́ть
**visit** or **go through** (all of)
    объезжа́ть/объе́хать
**vote** голосова́ть/проголосова́ть
**wag** маха́ть/махну́ть
**wait** (for) ждать; ожида́ть;
    дожида́ться/дожда́ться
**wake up** or **arouse** буди́ть/
    пробуди́ть
**wake up** or **rouse** буди́ть/разбуди́ть
**walk** ходи́ть
    **walk** or **take** (to) доводи́ть/
    довести́
    **walk** or **pass** (in) проходи́ть/
    пройти́
    **walk** or **take around** обходи́ть/
    обойти́; обводи́ть/обвести́
    **walk** (away from) отходи́ть/
    отойти́
    **walk** (across) переходи́ть/
    перейти́
    **walk** (out of) выходи́ть/вы́йти
    (have a) **walk** гуля́ть
**want** хоте́ть
**warm** нагрева́ть/нагре́ть
    **warm** греть; согрева́ть/согре́ть
    **warm oneself** or **get warm**
    согрева́ться/согре́ться
**warn** предупрежда́ть/
    предупреди́ть
**wash** мыть/вы́мыть or помы́ть;
    стира́ть/вы́стирать
    **wash** (oneself) умыва́ться/
    умы́ться; мы́ться/вы́мыться
    or помы́ться
    (be) **washed by** омыва́ться
**waste** тра́тить/истра́тить/
    потра́тить
**waste** (time) теря́ть/потеря́ть
**watch** смотре́ть; наблюда́ть;
    следи́ть

wave *(sth)* маха́ть/махну́ть
wear носи́ть; надева́ть/наде́ть
   wear *or* put on одева́ться/оде́ться
   wear *or* have on ходи́ть
weigh ве́сить
   weigh *or* think over взве́шивать/
   взве́сить
welcome приве́тствовать
*(get)* wet мо́кнуть
whip ударя́ть/уда́рить
whisper шепта́ть/шепну́ть
wilt вя́нуть/завя́нуть
wipe стира́ть/стере́ть;
   обтира́ть/обтере́ть
wipe *(off)* вытира́ть/вы́тереть
wish жела́ть; хоте́ть
   wish *or* congratulate *(sb)*
   поздравля́ть/поздра́вить
witness *or* be present at
   прису́тствовать
work рабо́тать
work on *(i.e., write or compose)*
   писа́ть/написа́ть

worry about беспоко́ить;
   беспоко́иться; волнова́ться
worry about *or* fear боя́ться;
   волнова́ться
*(be)* worried *(about)* волнова́ть
*(be)* worth *(doing)* сто́ить
would like хоте́ть; хоте́ться
wrap *(in)* завора́чивать/заверну́ть;
   обёртывать/оберну́ть
   wrap *(with)* завяза́ть
wrinkle мять/смять; мо́рщить
write писа́ть/написа́ть
   write *(out) (order, prescription, etc.)*
   выпи́сывать/вы́писать
   write down запи́сывать/записа́ть
   write down *(outline)* наброса́ть
   write *or* compose писа́ть/
   написа́ть
   write out *(from)* выпи́сывать/
   вы́писать
yell *(at)* крича́ть

Printed in the United States
98388LV00004B/108/A

9 780471 012740